让我们一起追寻

The Cambridge World History of Violence

VOLUME III 1500-1800 CE

陈新儒 译

上册

剑桥世界暴力史（第三卷）

公元 1500—1800 年

〔美〕安乐博（Robert Antony）
〔英〕斯图尔特·卡罗尔（Stuart Carroll）
〔英〕卡罗琳·多兹·彭诺克（Caroline Dodds Pennock）

主编

社会科学文献出版社
SOCIAL SCIENCES ACADEMIC PRESS (CHINA)

目　录

·上　册·

第一部分　帝国、人种与族裔

第二部分　战争与暴力的文化

第三部分　亲密关系和两性关系中的暴力

·下　册·

第四部分　国家、刑罚与司法

第五部分　民众抗议与抵抗

第六部分　宗教暴力

第七部分　暴力的表征与建构

图　片

图 2.1　马塞尔·安托万·韦迪耶（Marcel Antoine Verdier）：《殖民地的四桩刑罚》，布面油画，1843 年。图片来源：The Menil Foundation, Houston, Texas。

图 3.1　目击食人仪式的欧洲人谴责巴西沿海的印第安人是野蛮的他者，以此将自己对原住民的屠杀与奴役合法化。安德烈·泰韦（André Thevet）：《南极地区（又称美洲）法国殖民地之奇事》，安特卫普：克里斯托菲·普兰廷（Christophe Plantin），1558 年。图片来源：John Carter Brown Library at Brown University, Providence, RI。

图 3.2　随着非裔巴西奴隶日益为种植园出口经济带来转变，种族化的暴力起到了管教奴隶的作用。西蒙·德·弗里斯（Simon de Vries）：《好奇的艾默金根在东西印度群岛的奇特见闻……》，乌得勒支：约翰内斯·里比乌斯（Johnnes Ribbius），1682 年。图片来源：John Carter Brown Library at Brown University, Providence, RI。

图 3.3　体罚与刺激措施都成为奴隶主的训诫手段，奴隶只有学会服从命令才能生存。让-巴普蒂斯特·德布雷（Jean-Baptiste Debret）：《巴西风景与历史之旅（2）》，巴黎：菲尔

明·迪罗·弗雷斯（Firmin Dirot Frères），1835 年。图片来源：
John Carter Brown Library at Brown University，Providence，RI。

图 7.1　将哥伦布和西班牙征服者与阿兹特克人及其首都
特诺奇蒂特兰分开的楼梯拐角。罗伯托·奎瓦·德·里奥
（Roberto Cueva Del Rio）1933—1941 年在华盛顿特区的墨西哥
大使馆（现墨西哥文化协会）绘制的壁画。图片来源：本章
作者拍摄。

图 7.2　《杜兰手抄本》（*Codex Durán*）对 1519—1521 年
西班牙-阿兹特克战争期间特诺奇蒂特兰中央广场上由佩德
罗·德·阿尔瓦拉多（Pedro de Alvarado）发起的干涸节大屠
杀的描绘。这幅画融合了西班牙和土著的风格，描绘了征服时
代手无寸铁的土著男子被挥舞着剑的征服者屠杀。图片来源：
Science History Images/Alamy。

图 7.3　西奥多·德·布里（Theodor de Bry）的画作，出自
1595 年版吉罗拉莫·本佐尼（Girolamo Benzoni）的《新大陆历
史》（第 19 卷）。这幅画描绘了由弗朗西斯科·德·蒙特霍
（Francisco de Montejo）领导的西班牙远征队对尤卡坦半岛北部
的玛雅人的征服，前景描绘了蒙特霍拔剑的情景，赤身裸体
（因此是野蛮人）的印第安人受害者要么被杀害，要么投降或
逃跑。图片来源：De Agostini Editorial/Getty。

图 13.1　《能干的医生，或吞下苦水的美利坚》，漫画，伦敦，
1774 年。图片来源：Library of Congress，Prints and Photographs
Division，97514782。

图 21.1　西奥多·德·布里为 1595 年在法兰克福出版的
吉罗拉莫·本佐尼所著的《新大陆历史》而创作的第三幅版
画，这幅画描绘了西班牙人用来训诫和控制土著和非洲奴隶工

人的残酷惩罚方式。值得注意的是，在场的西班牙高级官员将酷刑和肢解行为合法化了；他的衣服、椅子、警棍和两名侍从象征着其权威地位，并通过仪式为诉讼程序披上了一层合法外衣。图片来源：Reproduced courtesy of the John Carter Brown Library at Brown University。

图 21.2　1518 年，西班牙人声称他们在墨西哥湾海岸发现了一座祭祀圣坛。到 1671 年，描绘这种说法的插图已演变为图中所示的模样。这幅图收录在《美洲》这部新大陆的地理与历史的伟大汇编之中。该著的英文版本由约翰·奥吉尔比（John Ogilby）翻译，于 1670 年出版，荷兰语版本的译者是阿诺德斯·蒙塔努斯（Arnoldus Montanus），该版本于 1671 年出版。图片来源：Reproduced courtesy of the John Carter Brown Library at Brown University。

图 23.1　《被铁链吊起来的基德船长（Captain Kidd）》，1701 年。图片来源：C. Ellms, *The Pirates Own Book：Authentic Narratives of the Most Celebrated Sea Robbers*（Salem：Maritime Research Society, 1924）。

图 23.2　《罗罗奈的暴行》，1668 年。图片来源：A. O. Exquemelin, *The Bucaniers of America*（London：Printed for William Crooke, 1684）。

图 23.3　《危险的地中海航程》。图片来源：William Okeley, *Eben-Ezer, or a Small Monument of Great Mercy*（London：Printed for Nat. Ponder, 1675）。

图 23.4　1671 年，普林西比港（Puerto del Príncipe）被亨利·摩根洗劫一空。图片来源：John Masefield, *On the Spanish Main*（London：Methuen & Co. , 1906）。

图 27.1 乌得勒支的圣马丁大教堂中遭到破坏的 15 世纪祭坛装饰。图片来源：本章作者个人收藏。

图 27.2 图 27.1 的局部细节。图片来源：本章作者个人收藏。

图 30.1 扬·科内利斯·维尔梅恩（Jan Corneliz Vermeyen）：《查理五世饰演圣地亚哥·马塔莫罗斯》，西班牙，布面油画，1538 年。图片来源：Estenssoro Fuchs and Juan Carlos，'Construyendo la memoria：la figura del Inca y el reino del Perú, de la conquista a Túpac Amaru Ⅱ', in Natalia Majluf et al.（eds.），*Los incas, reyes del Perú*（Lima：Banco de Crédito, 2005），pp. 93-173。

图 30.2 在墨西哥乔鲁拉的干涸节上大开杀戒的西班牙骑士，16 世纪布面画的 19 世纪复制品。图片来源：Biblioteca Nacional de Antropología e Historia, Mexico City。

图 30.3 大神庙中发生的大屠杀，《杜兰手抄本》，墨西哥，16 世纪。图片来源：Biblioteca Real de Madrid, Spain。

图 30.4 特拉斯卡拉城，《特拉斯卡拉画册》的主画面，16 世纪布面画的 19 世纪复制品，墨西哥。图片来源：Biblioteca Nacional de Antropología e Historia, Mexico City。

图 30.5 《胡安·阿塔瓦尔帕的斩首》，布面油画，约 18 世纪。图片来源：Museo del Cuzco, Perú。

图 31.1 《重阳桀石》。图片来源：《点石斋画报》，上海，1886 年。

图 31.2 《广州驳船工人斗鹌鹑》。图片来源：T. Allom, *China Illustrated*（London：Fisher, Son & Co., 1843）。

图 31.3 《耍蛇人和江湖郎中》。图片来源：W. Gillespie, *The Land of Sinim, or China and Chinese Missions*（Edinburgh：

M. Macphail，1854）。

图 31. 4 装扮成神灵的灵媒被抬进游行队伍。图片来源：《点石斋画报》，上海，1885 年。

图 31. 5 斩首后将头颅示众的惩罚。图片来源：《大清刑律图》，18 世纪。

图 32. 1 约翰·萨德勒（Johann Sadeler）：《对无辜者的屠杀》，原作者马尔滕·德·沃斯（Maerten de Vos），版画，1581 年。图片来源：Rijksmuseum，Amsterdam，Gift of D. H. Cevat，Guernsey（RP-P-1938-808）。

图 32. 2 梅尔基奥·洛尔克（Melchior Lorch）：《野人教皇》，版画，1541 年。图片来源：Statens Museum for Kunst，Copenhagen（KKS11246）。

图 32. 3 《1556 年因异端而死在火刑柱上的托马斯·克朗默（Thomas Cranmer）》，作者不详，木刻画，最初收录于约翰·福克斯（John Foxe）的《使徒行传》。图片来源：Wellcome Collection，London，CC BY 4. 0（43090i）。

图 32. 4 《对克里斯托夫·温特（Christoff Windt）的谴责和处决》，彩色木刻画，作者不详，载《可怕多产的凡人事迹实录》，马格德堡：伦纳德·格哈特（Leonard Gerhart），1572 年。图片来源：Zentralbibliothek Zürich，Department of Prints and Drawings/Photo Archive（PAS 10/15）。

图 32. 5 艾哈德·舍恩（Erhard Schön）：《土耳其人在维也纳森林中的暴行》，木刻版画，纽伦堡：汉斯·古尔德蒙德，1530 年。转载自 Geisberg，Der deutsche Einblatt-Holzschnitt in der ersten Hälfte des 16，Jahrhunderts，München 1923 - 1930（30. Lieferung，Nr. 1243）。照片来源：Albertina Museum，Vienna。

图 32.6 乌尔斯·格拉夫（Urs Graf）：《战场》，钢笔画，1521 年。图片来源：Kupferstichkabinett，Kunstmuseum Basel（U. X. 91）。

图 32.7 让·佩里森（Jean Perrissin）、雅克·托托雷尔（Jacques Tortorel）：《1562 年天主教徒在森斯屠杀胡格诺派教徒》，蚀刻画，载《关于这些年来在法国发生的战争、屠杀和动乱的令人难忘的历史》（1570 年），图版 12。图片来源：Rijksmuseum，Amsterdam（RP-P-OB-78. 770-14）。

图 32.8 《在法国对天主教徒实施某些可怕的残忍行为的是那些被人们称为胡格诺派的人》，蚀刻画，载理查德·维斯特根《异端在这个时代的残酷下场》，安特卫普：阿德里安·休伯特（Adrian Hubert），1587 年，第 51 页。版权所有：Herzog August Bibliothek Wolfenbüttel（M：Tq 1300a）。

图 32.9 弗朗茨·霍根伯格（Franz Hogenberg）：《1576 年安特卫普的西班牙狂怒：士兵的暴行》，蚀刻画，载《尼德兰、法国和德意志历史场景版画》，《尼德兰大事记》第 7 卷，1576—1577 年，图版 161。图片来源：Rijksmuseum，Amsterdam（RP-P-OB-78. 784-147）。

图 32.10 雅克·卡洛（Jacques Callot）：《士兵抢劫农舍内的一个大房间并屠杀居民》，蚀刻画，载《战争的苦难》，1633 年，图版 5。图片来源：Rijksmuseum，Amsterdam（RP-P-OB-20. 673）。

地　图

执 笔

安乐博（Robert Antony），山东大学历史文化学院荣誉教授。

撒拉·比姆（Sara Beam），加拿大维多利亚大学历史学副教授。

布鲁斯·博勒（Bruce Boehrer），佛罗里达州立大学英语系伯特伦·H. 戴维斯教授。

步德茂（Thomas Buoye），塔尔萨大学亨利·肯德尔文理学院副教授。

特雷弗·伯纳德（Trevor Burnard），墨尔本大学历史与哲学学院教授。

斯图尔特·卡罗尔（Stuart Carroll），约克大学早期近代史教授。

杜博思（Thomas David DuBois），北京师范大学中国史与民间文化教授。

乔治·达顿（George Dutton），加州大学洛杉矶分校亚洲语言与文化系教授。

托尔加·埃斯梅尔（Tolga Esmer），中欧大学社会与文化历史学学者。

沃尔夫冈·加博特（Wolfgang Gabbert），汉诺威莱布尼茨大学社会学教授。

莫莉·格林（Molly Greene），普林斯顿大学历史与希腊学教授。

黛安娜·霍尔（Dianne Hall），墨尔本维多利亚大学历史学高级讲师。

南希·S. 科尔曼（Nancy S. Kollman），斯坦福大学历史学威廉·H. 邦索尔教授。

克里斯·莱恩（Kris Lane），杜兰大学拉丁美洲殖民史弗朗斯·V. 斯科尔斯讲席教授。

哈尔·朗福尔（Hal Langfur），纽约州立大学布法罗分校历史学副教授。

大卫·莱德勒（David Lederer），爱尔兰梅努斯大学早期近代欧洲史高级讲师。

约翰·吉尔伯特·麦柯迪（John Gilbert McCurdy），东密歇根大学历史学教授。

伊丽莎白·马尔科姆（Elizabeth Malcolm），墨尔本大学荣誉研究员，曾任爱尔兰研究系格里·希金斯教授。

杰克·D. 玛瑞埃塔（Jack D. Marietta），亚利桑那大学历史学荣休教授。

费德里科·纳瓦雷特（Federico Navarrete），墨西哥国立自治大学历史学与人类学学者。

T. J. 德施-欧比（T. J. Desch-Obi），纽约城市大学巴鲁克学院非洲与非洲侨民史副教授。

卡罗琳·多兹·彭诺克（Caroline Dodds Pennock），谢菲尔德大学国际史高级讲师。

威廉·R. 平奇（William R. Pinch），维思大学历史学教授。

马修·雷斯托尔（Matthew Restall），宾夕法尼亚州立大学拉丁美洲史埃德温·厄尔·斯帕克斯教授，拉丁美洲研究系主任。

彭妮·罗伯茨（Penny Roberts），华威大学历史学教授。

朱利叶斯·R. 拉夫（Julius R. Ruff），马凯特大学历史学教授。

苏成捷（Matthew H. Sommer），斯坦福大学中国史学者。

彼得·斯皮伦伯格（Pieter Spierenburg），前鹿特丹伊拉斯姆斯大学历史犯罪学教授。

石康（Kenneth M. Swope），南密西西比大学历史学教授，战争与社会研究中心研究员。

罗伯特·W. 瑟斯顿（Robert W. Thurston），俄亥俄迈阿密大学历史学荣休教授。

康斯坦丁·N. 瓦波利斯（Constantine N. Vaporis），马里兰大学巴尔的摩分校亚洲研究系主任，教授。

塞西尔·维达尔（Cécile Vidal），巴黎法国社会科学高等研究院历史学教授。

彼得·H. 威尔逊（Peter H. Wilson），牛津大学战争史奇切利教授。

查尔斯·齐卡（Charles Zika），墨尔本大学历史学研究员。

第三卷　导言

安乐博

斯图尔特·卡罗尔

卡罗琳·多兹·彭诺克

　　在过去的半个世纪，世界史学界普遍视公元 1500—1800 年[1]为一个特殊的时期。该时期见证了伟大帝国的巩固与扩张、跨洋交流和首次让世界各地联系在一起的复杂全球贸易系统的诞生。这些进步不但引发了首次波及全球的大规模冲突，而且促使各国在国际法框架下首次尝试对冲突规模加以限制。19 世纪以来，学界将下面这一系列历史节点视为该时期的开端：1453 年，奥斯曼帝国攻陷君士坦丁堡；1492 年，哥伦布航行横跨大西洋；1498 年，瓦斯科·达·伽马航行抵达印度；1519 年，西班牙征服者在墨西哥登陆。而质疑欧洲中心主义历史观的学者则转向了其他地区，如 1405 年伟大的中亚征服者帖木儿的去世导致 12 世纪晚期始于成吉思汗的帝国大厦土崩瓦解，又如郑和率领的中国船队在 1405—1433 年远至东非海岸的下西洋之旅。到该时期结束时（19 世纪初），越来越多的人认为，机械动力在工业革命推动下的投入使用，以及大西洋地区由民主革命推翻旧秩序引发的政治体制变革，使世界发生了巨变。[2]学界很早便指出，尽管 18 世纪末的现代世界在社会、知识与文化方面都有了显著进步，但莫卧儿王朝、清朝和德川幕府的统治力均出现了大幅度的下滑。1500—1800 年，暴力难题使关于人类社会组织及其互相影响的基本形式问题的

2　提出与解决变得必要。暴力还往往牵涉到许多重要议题，如社会礼仪、政治主权与政府权力的性质、征服与镇压的合法性、民众抗议的可能性，以及由民族与种族问题引发的动荡等。此外，暴力也为关于人性的深刻思考以及考察我们同神与自然世界的联系提供了原始素材。

15 世纪至 19 世纪初，欧亚大陆与美洲大部分地区的前工业国家（所谓的高等有机社会）在"国家建构"（state building）①与经济建设水平方面达到顶峰。在作为廉价能源的煤炭还未被开采时，世界各地均依赖有机能源，如通过植物为人类和动物提供肌肉能量，以及将木材视为燃料和加工材料。风能和水能也是当时重要的补充能源。高等有机社会的特点在于高活力商业经济驱动下的资本积累、高度集权的官僚机构实施的法律规则、频繁且有效的改革运动，以及经济的长期增长。

1500—1800 年，所谓的"西方崛起"还远没有发生。亚洲的经济发展与政权巩固的进程要比西方开始得早得多（也许早在 10 世纪，中国就已开始这一进程），并一直持续到本卷所讨论的时代的尾声阶段：18 世纪的中国和日本的农业生产力与人均生活水平远超同时期的欧洲各国。[3]以蒸汽动力和生产过程中近乎取之不尽的廉价能源为主要技术优势的现代经济模式，直到很晚才在欧洲西北部得以推行。在此之前，自给自足和高度集权的亚洲各国几乎完全不会忌惮欧洲列强。本卷提供了一种将这些高等有机社会中暴力的种类、用途及其控制方式纳入比较视野的途径。

---

① "国家建构"是本卷中经常出现的历史学术语，相比于"国家形成"，更强调国家诞生过程中的主观能动作用。（本卷所有脚注均为译者注，后文不再特别说明。）

直到英国东印度公司 1757 年在普拉西战役（Battle of Plassey）中获胜，欧洲人才在征服旧大陆（Old World）① 的战场上取得了胜利。18 世纪中叶之前，由于不成熟的军事技术与水土不服，欧洲征服者的暴力与剥削常常遭遇抵抗，欧洲人在当时仅仅征服了西伯利亚、美洲部分地区（主要由于疾病的传播）、非洲部分地区、印度尼西亚以及菲律宾群岛。因此，欧洲在本时期得以兴起的直接原因在于对原住民的暴力征服，以及动用军事力量（尤其是海军）强迫与其进行更加频繁的不平等贸易。[4]

大量暴力活动使得 1500—1800 年的美洲（还有撒哈拉以南非洲）发生了巨变。撒哈拉以南非洲在为满足欧洲人和穆斯林对奴隶的需求而进行的斗争中变得支离破碎，非洲人对其他群体的奴役行径使这一情形进一步恶化。入侵美洲的欧洲人还促使好战的原住民群体之间频繁爆发冲突与战争。巴托洛梅·德·拉斯·卡萨斯（Bartolomé de Las Casas）② 曾经记述了一些"凶残程度闻所未闻且难以想象的暴行"。[5]在近代的玻利维亚，波托西银矿的运作依靠的是上万名工作环境极其恶劣的本地工人，这些从印加帝国的劳务体系中被挑选出的土著（mitayos）在那里从事最令人难以置信的繁重工作。当发现人手不够时，矿主便通过买入上千名非洲黑奴来补充劳动力。另外，这些矿地开采活动也直接推动了"早期近代"或"原始全球化"（proto-globalisation）的进程。有相当大比重的波托西

①　旧大陆是相对于新大陆的地理概念，指欧洲、亚洲和非洲。

②　巴托洛梅·德·拉斯·卡萨斯（1474—1566 年）是本卷经常提及的西班牙籍多明我会士，他致力于保护西班牙帝国治下的印第安人，对虐害他们的西班牙殖民者竭力控诉。

产银跨越太平洋，通过与马六甲、马尼拉、葡占澳门以及日本长崎港有关的曲折贸易来满足中国人对银制品的需求。因此，亚洲各国也在无意间助长了对美洲矿工实施的残酷虐待。18世纪的欧洲西北部各国借助奴隶劳动力迅速积累了财富与权力，其主要经济体制也从小型殖民地转变为大型种植园。从15世纪到19世纪早期，1200万奴隶横渡大西洋，而在彼岸等待他们的是人类历史上最骇人听闻的残酷暴行之一。

早期近代各大欧亚帝国同中有异。中国的明清两朝（1368—1911年）与印度的莫卧儿帝国（1526—1857年）在科学与技术方面取得了关键成就，社会也长期保持了相对和平的状态，这有助于贸易的发展、资本的积累以及人口的大量增长。社会经济矛盾的激化会加剧社会的动荡与冲突。如果将凶杀率作为特定社会中暴力的评估指标，在1600—1800年，中国的凶杀率明显低于同时期欧洲的凶杀率。然而，这种趋势很快又朝着反方向发展。18世纪欧洲凶杀率下降的同时，凶杀案与暴力犯罪的数量在中国却出现了极大幅度的增长。[6]随着1760年后中国国力的衰退，社会变得动荡不安，其中就有千年末世之乱（millenarian rebellions）①、农民起义、民族反叛、海患和匪患等。[7]

相比而言，在1525年的德国农民战争（1789年之前欧洲

---

① 千年末世之乱这一术语出自最早将明清农民起义与千禧年主义相联系的美国历史学家韩书瑞（Susan Naquin），她在《千年末世之乱：1813年八卦教起义》（1976年）和《山东叛乱：1774年王伦起义》（1981年）两本书中认为，宗教秘密组织主要靠千禧年主义吸引农民，农民正是在千禧年末劫观念的驱动下参与起义的。中译本参见韩书瑞《山东叛乱：1774年王伦起义》，刘平、唐雁超译，南京：江苏人民出版社，2008年；韩书瑞《千年末世之乱：1813年八卦教起义》，陈仲丹译，南京：江苏人民出版社，2010年。

历史上最大规模的起义）之后，欧洲再也没有发生过类似的暴力事件，公正且可操作性强的法律制度在其中扮演了重要角色。这一时期的欧洲之所以能够脱颖而出，并非因为强有力的国家政权，而是源自通过共同维系的契约所建立的成熟且充满活力的市民社会（civil society）。由此形成的市民社会与公共领域也为激烈论辩、研究、思考和知识分子参与政事创造了条件，这有助于理解处于变化过程中的社会现实以及人们在其中扮演的角色。这一变化不仅为国家统治提供了合法依据，也酝酿了反抗统治的力量。发生在美国和法国的革命便源于国家与教会权威在公信力方面的缺失。在南欧和拉丁美洲，政府与天主教会联合打压宗教论辩与不同政见，这使公共领域迟至 18世纪晚期才得以形成。尽管启蒙运动使得宗教裁判所的行动步伐有所放缓——卡洛斯三世和卡洛斯四世在位期间（分别为1759—1788 年、1788—1808 年），西班牙仅有 44 起信仰审判（auto-da-fé）①——但天主教会私下解决暴力犯罪，从而削弱了法律机构的权威，这成为更加棘手的难题。在南欧和拉丁美洲，在当局庇护下的谈判与私人交易使暴力文化依然延续，这些社会中的人际暴力程度因此更加严重。与 17 世纪以及更晚时期的亚洲不同，越来越多的欧洲人质疑千禧年主义（millenarianism）②，他们正在丧失重回黄金时代的信念，暴力的性质和目的也受到了质疑。与此形成鲜明对照的是在俄国发

① 信仰审判专指天主教世界当时的宗教审判制度，要求异端者公开忏悔，拒不悔改者会遭受火刑。

② 千禧年主义，原指笃信千禧年到来之时基督再临、世界会出现太平盛世的一种信仰，主要存在于 18—19 世纪的基督教信仰地区。"千禧年主义"这一术语的含义在 20 世纪的历史学界也有所引申，泛指期待世界突然发生积极变化的任何宗教群体，它往往兴起于重大社会变动或社会危机之时。

生的极端暴力事件与以普加乔夫起义（Pugachev's Rebellion，1773—1775 年）为代表的阶级冲突，这揭示了缺乏正统性与公信力的政权面临的困境。

传统观点认为，现代性在欧洲的兴起主要源于一种模式，这种模式混合了由国家和改革后的教会所推动的文明化进程及社会规训。但近年来，学者们对此有着不同的看法。首先，在传统社会中发挥缔造和平功能的教会已被宗教改革运动、教派冲突乃至内部动乱所瓦解。其次，更多惩罚性的法律并未遏制暴力的滋长，因为早期近代法律体系的目的更倾向于恢复秩序而非惩罚罪犯，对簿公堂往往被视为带有敌意的举动，诉讼与暴行则是对不满情绪的一种补偿，打官司并不意味着当事人会放弃暴力，这只是因为他们想要最大限度地争取优势。最后，中世纪的监察体系早在 16—17 世纪便被激增的人际暴力事件所瓦解，欧洲的凶杀率从 16 世纪中叶起开始增长，至 17 世纪中叶达到顶点。在整个欧洲大陆，内部动乱使彼此间的敌意滋生出棘手的社会与政治问题，这一情形直到 17 世纪末才有所改观。

持续不断的内部动乱促成了社会对变革的共识——必须发动一场变革以建立用于保护至高无上的公共利益的强大政府。受到 16—17 世纪民间与宗教冲突的启发，托马斯·霍布斯认为暴力根植于人的本性，并在《利维坦》（1651 年）中期望将人类从孕育暴力的恐惧中解放出来。这种对人类天生憎恨彼此而市民社会保护我们远离无政府状态的置信不仅成为新的礼仪观念形成的基础，其本身也在 18 世纪的欧洲十分盛行。旧的荣誉准则以对个人力量和才干的认可及其所伴随的对一切外在不公待遇的鄙夷为条件，相比之下，新的礼仪观念强调应避免发生的行为，这确保个人能够借由得体的距离感使社会关系免受暴力的影响。在欧洲，通过确定对罪犯、女性乃至动物施加的可被接受的暴行的界限，暴力成为衡量社会文明的尺度。

　　将欧洲与亚洲进行对比有一定的价值，因为同时期的中国 6
和日本也经历了与欧洲类似的社会内部动荡与转型。"早期近代"已成为日本 1568—1868 年织田信长、丰臣秀吉以及德川幕府统治时期的通行称谓。它还被用于描述经过一个世纪的内战后（尤其是在 1603 年德川幕府建立之后）所建立的高度中央集权的政体。这一时期的长久和平与稳定，以武士这一精英军事阶层的严酷特权统治为基础。日本政府通过有效地调节争端来维持秩序，并使自身免受外来侵略，这让其成为 18 世纪世界上经济发展最快的国家之一。日本在德川幕府统治下的中央集权程度超过了清朝，甚至超过了政府干预制度最盛行的欧洲国家。16 世纪的中国出现了提倡公有之善与德性教化的儒家思想之复兴，这成为呼之欲出的公共领域的理念基础。但是，在 17 世纪中期，最终导致明朝覆灭的内部动荡打断了这一趋势。此后，清朝以统一的名义牢牢控制了公共话语权，重焕活力的科举制则对受过良好教育的精英阶层进行顺从式管控。与此同时，康乾盛世（1662—1795 年）通过"文字狱"限制了文化与知识的范围并使其效忠于现有政权，其目的是通过营造恐惧与相互猜忌的氛围来更好地控制和支配士大夫群体。朝廷对不服从者进行严酷打击，上千名知识分子入狱、被流放或被处决。[8]无论是中国还是日本，都没有像欧洲那样建立起激发论辩或挑战传统观念并包容不同意见的市民社会或公共领域。于是，中国和日本在政治上均保留了传统的观念，即不同政见可能导致内讧与敌意，因此必须对其严加管控。

尽管东亚并非完全没有文明举止与道德约束的观念，但在政治文化方面，欧洲与其相比经历了完全不同的发展轨迹。欧洲及其殖民地的列强林立往往会驱动国家之间展开激烈竞争，各国之间的敌意并未被完全抑制，这导致了战事不断以及大国沙文主义抬头，但也使得各国发展出可以通过非暴力方式进行辩论和表达观点以解决政治分歧的社会制度。在欧洲，政治分裂限制了国家权力对思想传播的控制，而不同政见及其论辩并不一定会被当权者视为内讧或造反的信号。某项行为是否符合文明礼仪越来越多地取决于国际通行的规范，这不仅是国家或王朝自尊心的来源，也暗示了自身在文化上的优越性。礼仪还要求革新男性尊严这类传统概念。16—17 世纪盛行的复仇陋习导致人际暴力指数居高不下，在 18 世纪这种陋习盛行的地区缩小至边缘地带（意大利南部、巴尔干地区与地中海岛国）后，欧洲（尤其是西欧）的凶杀率骤然下降。然而，市民社会的界限是以种族和阶级为标志的。出身的优劣决定了一个人是否具有良好的礼仪，这赋予白人与混血儿（*mestizo*）至高无上的权力以及前者对所谓的劣等种族施暴的合法性，这种现象在美洲殖民地最为严重。

虽然早期近代的中国与日本的统治阶层同样提出了要求自我约束的文明秩序观念，但宗族道义与复仇陋习并未被欧洲式的市民社会所取代。在日本，传统的世仇文化通过建立与祖先的牢固联系而得以延续，血债血偿的观念在 19 世纪德川家族平衡各方的力量开始动摇时变得更加盛行。[9]与此同时，在中国社会中，民族与家族之间的冲突也不断加剧，华南地区尤其如此。在 18 世纪的中国，人际暴力指数不断增长，这标志着经济矛盾的加剧、社会冲突以及民众对中央集权渗透的抵抗。在出台新的法律与政治制度方面，清廷的反应过于迟钝，这意味着社会与经济上的不满情绪无法通过有效渠道向上传达，为19 世纪的千年末世之乱以及其他社会反抗活动的爆发（始于1796—1805 年的川楚白莲教起义）埋下了种子。将近十万人在这些反抗活动中丧命，数百万人因此流离失所。

　　对这一阶段世界史的传统研究往往从经济或贸易视角出发，于是这一时期经常被理解为大欧亚帝国之间的角力。这一视角的问题在于——尤其是在研究暴力现象时——高估了战争与制度在塑造和维持秩序方面的重要性。尽管上述两点也是本卷重点考察的对象，但暴力本身是难以捉摸的，它不能被简化为经济或政治方面的可变因素。对近年来的文化人类学界而言，暴力具有"多点透视"（perspectival）① 的性质。根据大卫·里奇斯（David Riches）的说法，暴力是"一种对身体产生伤害的行为，实施者将其视为合法手段而（一些）见证者则将其视为非法举动"。[10]正因为暴力的合法性存在可供讨论的空间，修辞策略在某种程度上被用于说服人们接受暴行，从而减少对此的质疑。如果我们能够理解施暴者、受害者与见证者之间的关系，就能更好地理解暴行背后的政治与社会语境。因此，对暴力的研究使得我们能够分析社会关系及其张力，以及文化准则及其实践方式。大欧亚帝国的统治者所声称的君权神授与世界和平的愿景是一切行动的合法化外衣，早期近代的强权国家通过暴力手段支持并强化了数千年来的宗教思想与实践。但国家法律和宗教律令并非仅有的决定暴力的性质与程度

----

① 　根据下文，此处的"多点透视"是指，在考察历史上的暴力现象时，必须考虑到不同的视角，在一些人看来的暴行可能在另一些人看来恰恰是正义之举。

的因素。官方准则被折中甚至转化为民间的信仰、仪式与习俗，而在传统社会中，规范是由对性别与年龄的认识所塑造的，赋予年轻男性的种种特权都完全不适用于长者与女性。神职机构的权力或许还颠覆了世俗等级制，而且经常引起世界各地对暴政与征服的反抗。

在任何社会中，推行礼仪举止（ritual behaviour）都有助于限制和防止暴力的发生。宗教和习俗扮演着树立道德准则与缓解暴力的角色，这在当时并非新鲜事，极少有政府在当时能够在自己统治的区域内推行合法的垄断霸权。在许多地区，宗教领袖与政治领袖享有同样的权威，宗教律法具有与政府颁布的法律同等重要的地位，甚至还更加重要。公元1500年后的世界有与暴力有关的大量文献证据，并以全新方式对暴力进行思考与记录。数量猛增的文献不仅包括法典、司法文书、传播道德教训的宗教经典与劝诫故事，还包括自述档案与其他以第一人称视角写就的著作。15世纪以来，历史书写文本数量的增长与长途旅行家的出现和帝国征服方式上的变化，以及人类社会由相互隔绝走向彼此相连密切相关。1570年后，关于莫卧儿帝国之历史文献的数量陡然增长。史诗故事，如《西亚克传奇》，借助虚构的马来人身份歌颂如伊斯梅尔王公（Raja Ismail）这样的西亚克海上入侵者的英勇与狂暴。正如蒂莫西·巴纳德（Timothy Barnard）所指出的：“突袭和战斗是《西亚克传奇》作者的全部关注对象，这些行为并不仅仅是为了获取经济或人力优势。暴力本身在西亚克人与马来人的身份认同中占据了首要位置，这也是贯穿于18世纪各国的主旋律。”[11]不同文化之间的混杂（通常伴随着碰撞）还使得人们重新开始书写民族志。我们如今对阿兹特克地区的战争与仪式中活祭习俗的了解主要来自传教士的记载，例如贝尔纳迪诺·德·萨阿贡（Bernardino de Sahagún）写于16世纪70年代的《佛罗伦萨手抄本》，这些记载展现了中美洲文明与战争和暴力的复杂关联方式。如今，历史学家往往会小心翼翼地避免用征服者的刻板视角来看待这些原住民文化及其社会。近年新发现的一些文献资料以及对这些资料的新阐释方式，能够帮助我们更加细致地理解欧洲侵略下的原住民社会及其定位，这些内容都将在本卷中得到印证。

我们不仅需要打破欧洲中心主义的臆想与虚构，还需要认识到，就连欧洲人创造了现代内省自我这样的观点也是一种谬见。就此而言，日本商人榎本弥左卫门（1625—1686年）的日记便颇具参考价值。[12]弥左卫门省吃俭用只为追求更大利润的经历表明，资本主义并非只有当时的欧洲才有。弥左卫门关于暴力的看法同样耐人寻味。尽管他并不属于武士阶层，但弥左卫门在青年时期记述了自己在男性尊严的驱使下频繁诉诸暴力胁迫他人的经历。人到中年后，他才在日记中显示出更加成熟的思考，指出暴力是威胁社会平衡的难题。弥左卫门由此尝试压抑自己内心的暴力冲动并寻找其他解决争端的方式。但显而易见的是，他的首要职责是保护自己的父母和家族，他并不想因为争夺遗产而与家族成员结下不共戴天之仇。弥左卫门对自控与自律的重视体现了早期近代以来日本人将忠君义务置于自我利益之上的武士道精神，这种试图倡导并宣扬男性气概的自觉意识常见于当时的许多文化中：儒家格外推崇理性的力量、人性的完善以及社会的和谐，16世纪在欧洲重新盛行的禁欲观念和弥左卫门提倡的情感约束观念也存在异曲同工之处。

10　　　但欧洲社会中同样存在与此相反的观点。长期以来，骑士精神（chivalry）都是确定社会准则并限制暴力的保障因素，可是，随着16—17世纪宗教战争的爆发，这一传统土崩瓦解。同时出现的宗教改革则是一场意识形态革命，因为它使为捍卫宪法和联邦的政治复仇变得合法。在公共利益的名义下，政客要求对敌人实施打击报复，这种打着政治正义旗号的刺杀与弑君行为在16—17世纪屡见不鲜。在一些地区，这种思想导致了宗教暴行在社区间的大规模爆发。正是这种暴行促使蒙田①探寻解决人性困境的出路，他在《随笔集》中批评男性气概背后的自负观念，并主张用更具反思性与更审慎的风气取代对荣誉的狂热追求。而在《论食人族》这篇考察美洲原住民的随笔中，蒙田甚至走得更远。[13]与将世界其他地方的人视为劣等种族的普遍看法不同，蒙田将土著社会视为用来批评当时欧洲社会的一面镜子。尽管蒙田对欧洲文化产生了深远的影响（《哈姆雷特》中对良心、责任与复仇的灵魂拷问便是受此影响的典型），但他关于原住民的观点在当时并未被普遍接受。

强烈的沙文主义观念不仅根植于欧洲人的"文明"（这本身就是一个18世纪50年代才被创造出来的概念）进程，也根植于欧洲对中东、亚洲、非洲以及美洲原住民的优越性，这使欧洲对后者的征服、镇压与奴役都被赋予了合法性。基于这种信念所产生的市民社会观念同时也将暴行排除在主流视野之外并使其合法化。区别于欧洲对人性的理解方式，基督教化和"开化"的迫切要求导致了针对美洲与非洲土著的暴行频发。通过推行种族在结构上存在差异的观念，美洲的英国殖民者将

---

①　即米歇尔·德·蒙田（Michel de Montaigne，1533—1592年）。

所有非白人集体排除在市民社会之外，这引出了臭名昭著的"一滴血原则"（one-drop rule），并导致了针对黑人和原住民的种族暴力的系统性实施。在西班牙殖民地，尽管美洲土著被宣布为"完整的人"，而且对其进行奴役是非法行径，但社会的边界依然是由血统和种族决定的，克里奥尔人（Creole）[①]的统治地位与针对被视为劣等种族之人的暴行因此变得合法。尽管如此，原住民还是努力通过法律途径对抗泛滥的暴力，这一点不同于大多数非洲黑奴。然而，这些长期受到恶毒的含族诅咒（Curse of Ham）[②]的不幸灵魂从未真正完全参与西班牙殖民地的公共事务。[14]在殖民制度下，使暴力合法化的社会结构与种族等级制产生了影响深远的后果。在启蒙运动时期，自然奴役（natural slavery）的观念在整个欧洲社会中都十分盛行。这种鼓吹某些特定阶级、种族和民族天生就是奴隶，而另一些人天生就是主人的观点，为19世纪的帝国主义大厦与种族统治理论奠定了基础。

　　这种认为暴力并非来自结构而是来自视角的观点指出，人类的能动性在其中发挥了重要的作用。暴力是一个触及道德问题的动态范畴，对这个问题的回答也许会让人们改变看法或摒弃先人为主的偏见。因此，暴力既被文化规范与愿景所塑造，也能反过来将它们颠覆。本卷的框架便来自对上述方式的考察。长期以来，世界史研究者往往采取唯物主义的观点，其重

------

① 克里奥尔人，原指出生于美洲当地而双亲出生在西班牙或者葡萄牙的白种人，后来泛指在美洲殖民地出生的欧洲名门望族的后裔，也可以指殖民地的白人与奴隶的混血后代。克里奥尔化（creolise）同样既可以指接受当地文化的殖民者后代，也可以指由殖民者与当地人的混居造成的混血状态。

② 含族诅咒出自《圣经》，在当时被用来解释落后族群被奴役的原因。

点关注的是国家之间的冲突、征服以及国家自身的建构，围绕这些主题的比较分析在本卷各章节中均得到了充分展示。但另外，本卷基于过去五十年的大量研究成果，还原暴力的社会与文化背景，这使那些被此前的现代话语所忽视的历史现场得以重见天日。这一视角强调了作为秩序和组织原则的阶级、种族和性别在暴力的使用与合法化中的重要性。公元 1500 年后，世界各地更加紧密的联系、文字的推广与文献资料的极大丰富，为我们考察发生在平民、罪犯、帮佣身上乃至日常生活中方方面面的暴力现象提供了前所未有的翔实材料。

　　或许在任何世界史的研究论著中都存在无法覆盖的缺口，在一些不涉及战争的相对较新的领域中更是如此。本卷并非面面俱到，恰恰相反，我们更希望可以启发其他研究者填补这些缺口。对 19 世纪以前非洲史中暴力的研究便充斥着这方面的难题。尽管黑奴贸易在其中占据了较大比重，但相关原始文献大量来自欧洲。此外，这些文献因存在刻板的种族印象以及文化上的误解而疑点重重。与非洲有关的研究的现状就目前而言并不适合专章论述，因为研究非洲的学者仍需克服由文献碎片化带来的方法论与观念上的种种问题。[15] 出于可用文献、结构的可比性以及指出当今时代最为显著的变化之需要等方面的综合考虑，我们将本卷的重点放在了欧洲、亚洲和美洲。本卷第一部分引出了使公元 1500 年之后的时代与之前的时代相区分的主题：帝国的崛起（尤其是入侵美洲）与使用奴工生产高价产品（咖啡、烟草和糖）用于出口的殖民政体的建立。在英国、法国、西班牙和葡萄牙的美洲殖民地，塑造奴隶制的是一种惊惧文化。暴力对在美洲大陆维持这种体制产生了关键作用，这种影响一直持续至今。奥斯曼帝国则建立了一套完全不同的体制，允许多语言宗教社群的广泛共存。这种奥斯曼法制下的共存状态于 17 世纪末达到顶点时因逊尼派所要求的教派分权而受到冲击。到 18 世纪末，由于西欧商人的渗透及其所带来的竞争等新观念，奥斯曼帝国的社群共存观念进一步被动摇。

战争不仅改变了社会，也塑造了国家。"火药帝国"（哈布斯堡王朝、奥斯曼帝国、萨非王朝、明朝和莫卧儿帝国）的兴衰史早已被多次书写。本卷关注的时代见证了当时这些大国之间早期战争（1550—1683 年是东亚漫长的历史上战事最多的年代之一）的战线被拉得越来越长。火器的使用促使为陆军和海军筹集更多资金，为抵御炮弹而建的复杂防御工事同样要求大量资源的投入，奥斯曼人在中东和非洲首先开启了这股风气，他们的大军以近乎无可阻挡之势建立了继罗马帝国之后最庞大的帝国。在 17 世纪，各大"火药帝国"在军事和技术领域势均力敌。直到 18 世纪初，欧洲人所制造的更先进的军事武器以及采用的更快的燧石发射机制才使欧洲在战略上占据了显著的优势。[16]本卷第二部分围绕这一内容展开，但和传统军事史不同的是，我们将重点放在了为战争付出的生命代价以及由战争制造的暴力文化之上。

本卷第三部分通过聚焦于个体暴行，继续探寻暴力对人类的意义。在所有社会中，合法暴行的界限都与性别和身份的理念密切相关。在传统社会观念中，男人的荣誉有高低之分，但女性的荣誉只存在有无之分。对男性荣誉的狂热追求导致男性哪怕只感到一丁点儿尊严受挫都会立即还击。但是，父权制社会同样要求约束男性的性行为，以及对女性的管束。随着对激情的约束越发同社会地位的优越性以及男性主导地位的合理性相关联，一些变化得以出现，当局不再横加干涉当地民众的生活，男人有权殴打妻子以及家长需要暴力管教孩子这样的传统观念也在很大程度上受到来自宗教和道德方面的谴责以及社群方面的压力。

本卷第四部分继续论述"早期现代性"的特点，即国家在发展监察与诉讼制度以维持秩序和打击犯罪方面扮演的角色。欧洲和亚洲的成熟政体均通过颁布法律条文来遏止暴力。关于罪犯是否应该受到体罚这一道德问题，中国和欧洲有着截然不同的看法。越来越多的人相信，适当且有节制的体罚是文明国家的标志。到 18 世纪，欧亚大陆上的各国都相信，政府对惩罚活动的适度调节能力是政体强大合法性的证明。而以暴力实现征服且合法性基础薄弱的政权继续将司法恐怖作为常规统治手段，它们对上述观念不太敏感。

本卷第五部分勾勒了人口增长带来的资源压力以及社会内部出现的紧张氛围所导致的反抗情绪，这在政府日益增大的财政需求下变得更加严重。苛捐杂税同样是一种不能忽视的暴力形式，它们源自政府和贵族在财政和劳动力上对穷苦农人的双重迫害。公元 1500 年后，世界海域的开放为海盗活动和商业掠夺带来了机遇，欧洲各国也首次被迫通过起草法律条文的方式保护千里之外的财产。这种冲突形式与现代海军的奖励机制密切相关，船员所获得的金钱奖励来自从敌舰上缴获的战利品——不仅是西方，世界其他地方也一直将其视为合法与非法海上掠夺之间的灰色地带。

本卷第六部分涉及暴力与宗教的密切关系。对一些信徒而言，暴力是一种神圣的行为。世界上的许多宗教都有与暴力有关的起源神话，它们的历史观都保留了末世论和赎罪论的痕迹。当民间运动通过树立宗教权威来追求正义时，便会威胁政府与社会秩序。欧亚大陆的强大国家中都出现过类似的激进异端教派的兴起，这引发了各宗教群体之间的暴力冲突，也使得政府出面干预并系统地镇压异端。一些帝国（如大英帝国、奥斯曼帝国、莫卧儿帝国和神圣罗马帝国）则采取了宗教宽容的政策。但整体而言，这一时期的欧洲、南美洲和亚洲的政府大多通过驱逐少数群体和将异端信仰非法化来强制推行教派服从。启蒙运动的一大特征是对宗教权威态度的变化，这在18世纪深刻影响了大西洋地区的革命运动。

在本时期，对于一些深入思考人性与神性之关系的人而言，暴力同样提供了素材。"凭良心说我是不是应该亲手向他复仇雪恨？如果我不去剪除这一个戕害天性的蟊贼，让他继续为非作恶，岂不是该受天谴吗？"[1] 这是哈姆雷特（Hamlet）的沉思，当时的思想家、艺术家和诗人也普遍提出过类似问题。对大多数人而言，暴力还为他们提供了消遣与猎奇的方式，比如观看处刑带来的满足感，参与极端暴力事件，或是宗教仪式和捕猎活动中对动物的追捕与屠戮带来的愉悦。但本时期同样出现了一些变化。越来越多的社会精英将这种暴力消遣视为有失体统的粗鄙之举，他们希望政府能够对这些民间风俗进行管束。因此，本卷的最后一个部分"暴力的表征与建构"回顾了本时期世界上的许多共同话题：对暴力进行塑造的性别、代际与阶级观念，政府在划定暴力界限时扮演的角色，决定暴力合法或非法的方式，以及暴力在个人与群体身份形成过程中的核心作用。

---

① 译文出自朱生豪等译《莎士比亚全集（5）》，北京：人民文学出版社，1994年，第410页。

注　释

1. 除非单独注明，本卷中的所有日期年份均为公元后。

2. S. Subrahmanyam, 'Introduction', in J. H. Bentley, S. Subrahmanyam and M. E. Wiesner-Hanks (eds.), *The Cambridge World History*, vol. VI, *The Construction of a Global World, 1400–1800 CE* (Cambridge: Cambridge University Press, 2015), pp. 1–26.

3. J. Goldstone, 'The Problem of the "Early Modern World"', *Journal of the Economic and Social History of the Orient* 41 (1998), pp. 249–84.

4. G. Parker, 'Europe and the Wider World, 1500–1750: the Military Balance', in J. D. Tracy (ed.), *The Political Economy of Merchant Empires* (Cambridge: Cambridge University Press, 1991), pp. 161–227.

5. P. F. Sullivan (ed.), *Indian Freedom: The Cause of Bartolomé de las Casas, 1484–1566, A Reader* (Kansas City, MI: Sheed & Ward, 1995), p. 146.

6. Z. Chen et al., 'Social-Economic Change and Its Impact on Violence: Homicide Historyof Qing China', *Explorations in Economic History* 63 (2017), pp. 8–25. 同时参见本卷第 18 章。

7. S. Naquin, *Shantung Rebellion: The Wang Lun Uprising of 1774* (New Haven, CT: Yale University Press, 1981); R. Antony, *Unruly People: Crime, Community, and State in Late Imperial South China* (Hong Kong: Hong Kong University Press, 2016).

8. L. Kessler, 'Chinese Scholars and the Early Manchu State', *Harvard Journal of Asiatic Studies* 31 (1971), pp. 179–200.

9. 参见本卷第 12 章。

10. D. Riches (ed.), *The Anthropology of Violence* (Oxford: Blackwell, 1986), p. 8.

11. T. Barnard, 'Texts, Raja Ismail and Violence: Siak and the Transformation of Malay Identity in the Eighteenth Century', *Journal of Southeast Asian Studies* 32. 3 (2001), p. 338.

12. L. Roberts, 'Name and Honor: A Merchant's Seventeenth-Century

Memoir', in S. Frühstuck and A. Walthall（eds.）, *Recreating Japanese Men*（*Berkeley: University of California Press*, 2011）, pp. 48-67.

13. J. Martin, 'Cannibalism as a Feuding Ritual in Early Modern Europe', *Acta Histriae* 25（2017）, p. 102.

14. M. E. Martínez, 'The Black Blood of New Spain: Limpieza de Sangre, Racial Violence, and Gendered Power in Early Colonial Mexico', *William and Mary Quarterly* 61. 3（2004）, pp. 479-520.

15. 关于非洲研究者面临的挑战与风险，见 R. Reid, '"None Could Stand Before Him in the Battle, None Ever Reigned so Wisely as He": The Expansion and Significance of Violence in Early Modern Africa', in P. Wilson, M. Houllemare and E. Charters（eds.）, *A Violent World? A Global History of Early Modern Violence and Its Restraint*（Manchester: Manchester University Press, 待出版）。

16. T. Andrade, *The Gunpowder Age: China, Military Innovation, and the Rise of the West in World History*（Princeton, NJ: Princeton University Press, 2016）。

第一部分
帝国、人种与族裔

1 惊惧、恐怖与18世纪的英属大西洋奴隶贸易

特雷弗·伯纳德

在18世纪晚期至19世纪早期的欧洲废奴运动期间创作的 众多绘画作品中，J. M. W. 透纳（J. M. W. Turner）的《贩奴船》①是一幅举世公认的杰作。这幅画于1840年5月4日在伦敦首次展出，恰好比在埃克塞特会堂举行的第一次世界反奴隶制大会早一个月。这不仅是透纳个人的最佳作品之一，也是"西方艺术史上唯一一为纪念大西洋奴隶贸易而作的伟大作品"。许多同时代的批评家都对这幅令人激动但同时也令人不安的画作表示厌恶，其中甚至包括买主约翰·罗斯金（John Ruskin）——当时他认为这是透纳最伟大的作品，但最终对其骇人的主题感到厌烦，并转手将其卖掉。这幅现藏于波士顿美术博物馆的画描绘了一幅可怕的景象：远景中的一艘帆船即将被暴风雨吞噬，而前景中的黑人似乎在被扔下船溺亡的过程中还遭到鱼、鸟撕咬吞食。《贩奴船》的灵感来自詹姆斯·汤姆逊（James Thomson）作于1730年的诗《夏日》。诗人描绘了一头"可怕的鲨鱼"正被"拥挤燥热的人群、疯狂蔓延的疾病和死亡吸引"，从"蹂躏着几内亚及其子民的残酷贸易中"分走一杯羹。[1]

---

① 此处原文《奴隶推翻死者和将死者》（*Slavers Overthrowing the Dead and Dying*）很可能有误，实际画名直译应为《死掉和将死的奴隶被推下船》（*Slavers Throwing overboard the Dead and Dying*）。

透纳在创作时或许还想着另一件事——即使画家没有这么想，观众也能很快将画作与大西洋奴隶贸易中发生的一起臭名昭著的骇人事故关联到一起，认为它是对"桑格号"（*Zong*）在 1781 年末将 122 名奴隶扔下船以期由此获得保险理赔的可怕罪行的视觉重现。[2]"桑格号"事件使废奴运动成为 18 世纪 80 年代晚期英国大众参与程度最高的人道主义抗议运动，它还揭示了如下事实：奴隶贩子实际上将人等同于财产，并认为"夺取黑人的生命和夺取野兽的生命并无二致"。[3]暴力不仅在奴隶贸易中扮演了中心角色，或许也是整个大英帝国产业的中心。英国人接受了自身睥睨全球的帝国主义新角色，但显然也对其中涉及贸易和统治的黑暗面深感不安。

奴隶贸易从 15 世纪中叶一直持续至 19 世纪中叶，在此期间上船的约 12521300 名非洲黑奴中，只有 11062000 人活着下了船，他们中的大部分被运往美洲（尤其是巴西和加勒比地区）作为种植园的劳动力。[4]奴隶贸易中发生的暴力事件数不胜数，而且暴力渗透于其中的每个环节。到 18 世纪的最后数十年，对奴隶贸易中恶性暴力事件的一手记载构成了当时迅速积累的英国废奴主义文献的重要组成部分。当时大多数废奴主义文献集中描绘以下三个方面：奴隶贸易并未带来奴隶制支持者认为的经济利益；奴隶受到了非人虐待；奴隶贸易对白人的道德观念产生了消极影响。但是，将奴隶贸易带入公众视野最有效的方式是对特定暴行的戏剧化呈现。

一些记载来自曾经的奴隶，他们在非洲被抓并被遣送至美洲。[5]关于中间通道（middle passage），最著名的记载者是奥拉达·艾奎亚诺（Oladuah Equiano）——一名可能并非出生在非洲而是南卡罗来纳的男子。他于 1788 年在自称"真实叙述"

的书中写下了自己刻骨铭心的经历：1745 年，艾奎亚诺出生于尼日利亚中部；1756 年，他被抓走并被贩奴船带往巴巴多斯，随后成为英属大西洋世界的种植园奴隶；重获自由后，他以水手身份参与航海和各种贸易活动，并皈依卫理公会，最终成为一名废奴主义者。[6]该书生动记述了中间通道的真实情况以及黑奴在大西洋航程中的真实感受。艾奎亚诺此前从未见过大海，也害怕奇怪的白人。被运上船后，他对未来可能发生在自己身上的事感到恐慌，甚至祈求"最后的朋友——死神——让我解脱"。他在书中强调了恐惧感一步步瓦解黑奴的意志和人性的过程。贩奴船上的白人水手不仅对黑奴"心狠手辣"，对自己人也毫不手软。艾奎亚诺注意到，船长有一次"无情地鞭打一名白人船员……最终那名船员因此丧命"。如果白人可以如此对待同类，那么他们又会怎样对待自己？他对此感到恐惧："我完全可以预见，自己遭受的待遇只会更糟。"艾奎亚诺的居住环境十分恶劣，他与其他人一起被囚禁在甲板下面，比肩继踵，"每个人都几乎没有空间转身"。即使在抵达巴巴多斯后，这种恐惧感也丝毫没有减轻的迹象。艾奎亚诺一度担心，自己"会被这些丑陋的人生吞活剥"。但这种情况并未发生，他们被冲洗干净后被驱赶着登上岸边，来到一个商人的院子，"我们全都被关进这个院子，就像羊群被赶进圈里一样，彼此毫无区别"。最终，艾奎亚诺被卖掉。奴隶们一路共度的苦难铸就的"点滴思绪"都湮没在种植园主的"贪欲"中，作者以深沉忧郁的笔调讲述着发生的一切。艾奎亚诺坚称，他所遭受的暴力不仅仅是身体上的，更是精神上的，因为自己远离亲友和故乡，被当成一件商品。

但是，艾奎亚诺至少在苦难中活了下来，超过 100 万在途中病死的俘虏被直接抛入大海，船上没有留下关于他们名字、年龄、性别或族裔的任何记录。[7]还有一些人的死状则更加悲惨。废奴主义者约翰·牛顿（John Newton）曾经是个贩奴船船长，他在1788年的回忆录中转述了一些骇人听闻的酷刑：在1748年或1749年，另一艘船的船长，残忍成性的理查德·杰克逊（Richard Jackson）在船上"剁"（joint）了两名领头反抗的黑奴。根据牛顿的说法，"剁"是指用斧子依次砍掉每个人的四肢，然后砍掉头颅，最后把尸体抛进大海喂鲨鱼。接着，杰克逊来到前甲板上，站在一群"瑟瑟发抖的奴隶"面前，向他们抛掷套绳，那些不幸被套中头的人会被他拿插进绳套的操纵杆拼命挤压头部，直到"强行使眼球从眼眶爆出"。在一封写给废奴主义者理查德·菲利普斯（Richard Phillips）的信中，牛顿这样评论道："这种精神上的野蛮……已经渗透到……那些掌权者身上……这便是奴隶贸易的氛围，就像充满瘟疫的空气，它的传染性极强，只有极少数人能幸免于此。"[8]

有时，黑奴被杀是因为船长想要在生病的黑奴感染其他健康者前就将其处理掉。在一个关于"桑格号"的回忆案例中，一个"中年"女性奴隶于1791年登上了驶往罗得岛的贩奴船，当时的船长是出生于布里斯托尔的詹姆斯·德·沃尔夫（James De Wolf）。这名奴隶"被发现感染了危险的天花"。船员一开始打算将她隔离，但出于对天花传染性的担忧，德·沃尔夫下令将她绑在主桅杆上，她被吊了整整两天，惊恐不安。气氛逐渐变得紧张，船长召集船员讨论对于此事的看法。他们建议杀死女黑奴以保证剩余黑奴的健康（与售卖价值）。船员们并不相信她能在天花感染中活下来，他们在第二天破晓前就决定，无论生病的女黑奴是否还活着，都必须把她扔下船。于是，女黑奴在被放下来后又被绑到一把椅子上，并被扔下了甲板。根据其他类似情形推测，这名女性要么溺死，要么被通常跟随贩奴船游弋的鲨鱼吃掉。[9]我们今天能够得知这起悲剧的唯一原因是，这艘船的船长日后因为被控谋杀而上了法庭，这在当时并不常见。在庭审记录中，陪审员发现在这起事件中，最令德·沃尔夫难受的事情竟是他因为这个死去的女人损失了一把值钱的椅子。[10]

惊惧 vs 恐怖[①]

大西洋奴隶贸易本身当然也充满了暴力。无论是从中牟利者（例如非洲和欧洲的商人、贩奴船船长、美洲种植园主）还是被迫劳作者（尤其是北至塞内冈比亚、南至安哥拉的西非黑奴，以及欧洲水手）都明白，使这场贸易得以维持的因素就是暴力。水手一方面受到贩奴船船长的虐待，另一方面又对非洲俘虏施虐。在 18 世纪 80 年代，英国社会中反对奴隶贸易的呼声渐涨。奴隶贸易看起来不但预示了当时正在飞速发展的商业资本主义最腐朽的一面，而且彻底暴露了欧洲人残暴的一面。当时的作家认为，这与正在兴起的启蒙运动所提倡的共情理念格格不入。一般而言，大部分废奴主义者是通过"恐怖"这样一种对已发生事件的反感来看待奴隶贸易的，废奴主义作家擅长通过对奴隶贸易中暴力的细节描写来表现这种情绪。例如，詹姆斯·菲尔德·斯坦菲尔德（James Field Stanfield）就有一首以普通水手视角写作的长诗《几内亚之旅》（伦敦，

21

---

① 原文分别为 terror 与 horror。terror 强调的是主体对即将经历的事件的念头，horror 强调的是主体在经历过程中或经历之后的心理，故分别译为惊惧与恐怖。

1788 年）。不久后一篇对该诗的评论认为，斯坦菲尔德在"表现恐怖场景"方面非常出色，他"详述了这件残忍之事的细节，并迫使我们见证这场巨大苦难的每时每刻"。[11]正是这种对恐怖情绪的敏感造就了当时英国知识分子阶层对奴隶制态度的巨大转变，使奴隶制从必要之恶行变成了一种原罪，为了维护欧洲的荣誉必须将其铲除。最终，许多西欧人（伊比利亚人除外）都将奴隶贸易视为几乎唯一的可怕产业，无论它带来的利益有多丰厚，都必须尽快加以遏止。

但本章的观点是，大西洋奴隶贸易并非仅仅激发了"恐怖"的情绪。"惊惧"这种情绪在这场贸易的各个方面都更加显著，这种在事件来临之际的畏惧感与恐怖这一来自事后的情绪有所差别。"惊惧"不仅比"恐怖"更加强烈，而且更加难以预测。"惊惧"和"恐怖"在与暴力的关系上有所不同。引发"惊惧"的微妙场合往往伴随着恐怖的事情可能降临的念头，正是这种念头成为掌权者的重要控制手段。在 18 世纪，奴隶贸易一方面是惊惧的主要来源，另一方面其效率和利润也在不断提高，两者并不存在必然矛盾。奴隶贸易无疑是恐怖的，但它主要依靠惊惧维持运转。在奴隶贸易的各个环节，对暴力的精心实施以及对可能遭受暴力的担忧情绪的利用都处于核心位置。

就像透纳在他的杰作中所描绘的，大部分置身事外的欧洲人仅仅聚焦于对奴隶贸易的"恐怖"的揭示，这往往使他们将中间通道作为重点关注的对象。但是，中间通道只是其中的一部分。在这段持续六周的航程中，赤身裸体的非洲黑奴从西非被运往美洲，他们身陷难以用语言形容的糟糕境遇。然而，是"惊惧"（被抓上船的奴隶担心自己犯下的任何错误都可能招致针对他们的可怕暴力）让大西洋奴隶贸易得以运转。正是对来自系统内部的暴力的滥用使非洲的统治者得以震慑自己的臣民，并以此为欧洲人提供俘虏，而欧洲人随时可以为了钱财或其他货物将这些俘虏脱手。正是非洲人遭遇的暴行让欧洲商人进场，追逐 18 世纪国际商界最早也最复杂的危险贸易中的高额利润。贩奴船船长凭借暴力使他们的船成为人间地狱。

不仅如此，非洲俘虏还沦为可怜的商品，他们变成了能够制造销往欧洲的热带产品的奴隶，正是惊惧使这一转变成为可能。在奴隶贸易结束后，一位利物浦的作家描述道："船长欺凌船员，船员折磨奴隶，奴隶绝望心碎。"[12]因此，暴力对于奴隶贸易而言并非偶然事件，而是不可或缺的组成部分，它使"这场惨无人道贸易的黑暗迷宫"得以运作。斯坦菲尔德将奴隶贸易称为"一台巨型机器"。正如马库斯·雷迪克（Marcus Rediker）所指出的，在这台"机器"中，"在某种意义上，几乎所有人都是俘虏，他们屈从于某种惊惧和死亡的制度化体系"。[13]

斯坦菲尔德与《几内亚之旅》

詹姆斯·菲尔德·斯坦菲尔德以贸易途中见闻为主题的三卷诗集能够帮助我们理解暴力在 18 世纪英国奴隶贸易中扮演的角色。这部精彩的作品从普通船员的角度出发，对奴隶贸易进行了全景观照，尤其对这场贸易如何从非洲开始运作观察入微。和当时对奴隶贸易的常见看法不同，斯坦菲尔德意识到，欧洲奴隶贩子在很大程度上依靠非洲当权者来获得自己想要的奴隶。斯坦菲尔德与当时描写奴隶贸易的大多数作家的另一个区别在于，他反对外貌上的种族歧视，并声称所有人都"血脉相通"。[14]不仅如此，他还下决心进行正面抗争。约翰·奥德

23

菲尔德（John Oldfield）指出，斯坦菲尔德"显然有意震惊他的读者，即使以 18 世纪的标准来看，他描述的一些场面都过于残暴"。但是，斯坦菲尔德并不只是在危言耸听。出于使非洲人沦为货品这一总体目的，暴力在这场贸易中无孔不入，他是当时极少数认识到这点的作家之一。[15]

对斯坦菲尔德而言，这台象征奴隶贸易的"巨型机器"已经腐朽至极，尽管它为非洲统治者、英国商人、美洲种植园主以及英国都带来了巨额财富。他断言，这场生意只不过"有着诚信交易的伪装/背地暗藏龌龊的锋芒/恶毒的目的，阴险的罗网"。他还描述了水手在几内亚船上的艰难处境，他们耻于从事贩奴这份可怕的工作，在离开海岸时通常也没有朋友或家人送别，"愁云布满了每个面孔"。船员还面临着严重的死亡威胁，也许每五个人里就有一个人死于航程中，俘虏的死亡率甚至更高。[16]斯坦菲尔德曾是"老鹰号"（*Eagle*）的船员，这艘又老又破的船在 1774—1775 年往返于利物浦、贝宁和牙买加三地。共有 34 人在利物浦登船，但只有 4 人随船返航，其中就包括臭名昭著的船长大卫·威尔逊（David Wilson）以及斯坦菲尔德本人。[17]不出所料，大多数水手都不愿参与贸易，船长只好通过兵贩子（crimp）①（或劳动中介机构）对一些不检点的水手进行威逼利诱，让他们酩酊大醉或负债累累后被迫签订合同，从而加入这段危险的航程，以海上的"流动地牢"作为在陆地服刑的替代。

在航程的每个阶段，暴力都如影随形。当"老鹰号"抵达加那利群岛时，船员便开始遭受鞭笞。鞭笞很快变得越来越频

---

① 兵贩子在当时指诱骗或强迫别人去服兵役或当水手的人。

繁和激烈，斯坦菲尔德因此感到，暴力"像瘟疫一样蔓延"。当船逐渐靠近非洲大陆时，他担心"野蛮的黑暗力量/每一刻都变得更强"。抵达非洲后，船长的暴虐倾向有增无减。斯坦菲尔德认为，在非洲海岸进行贸易的困难激发了船长最阴暗的一面："在一名几内亚首领于海岸出现的那一刻，恶魔般的残忍便附身于他。"这或许是船长为了对抗中间通道的恐怖氛围从而武装自己的方式。但为何大家的情绪会随着航程的深入变得糟糕，斯坦菲尔德对此有着更意味深长的见解：奴隶贸易的凶残使欧洲人意识到，回归野蛮状态下的自己和非洲人并没有什么区别。他将欧洲奴隶贩子称为"白人强盗"和"人血贩子"。

斯坦菲尔德还相信，中间通道的暴力发生次数之所以居高不下，船员和俘虏之所以都深陷其中，皆源自暴虐船长统治下的一元体制。他认为，"当他们的暴君开始变得喜怒无常，我从未发现船员和俘虏所受的虐待有什么不同"。这显然有些言过其实，因为水手不仅是受害者，也是针对俘虏的可怕暴行的实施者。几乎没有证据显示，白人水手和黑人俘虏会因为遭受同样的虐待而团结在一起。水手们厌恶在这场"肮脏污秽"的贸易中照看俘虏并清理其粪便。他们的厌恶体现为对这群俘虏的极度蔑视，他们不仅经常殴打俘虏，还几乎毫不关心其健康状况。他们认为从俘虏间传来的恶心气味表明，非洲人并不比野兽强到哪里去，也就不把俘虏当人对待。在外科医生埃克洛伊德·克拉克斯顿（Ecroyde Claxton）的笔记中，当被命令为俘虏做清洁时，水手"惨无人道地用手或九尾鞭（cato'-nine-tails）①

---

① 九尾鞭，又称九尾猫，是一种多股的软鞭，它最初在英国皇家海军以及英国陆军中被用作重体罚的刑具。

来打他们"。[18]斯坦菲尔德很可能夸大了水手遭受的苦难，同时又淡化了他们自身的暴行，这是为了让有废奴主义倾向的读者产生同情，后者指控奴隶贸易的一大罪行便是，这场贸易使英国曾经的骄傲"杰克塔"（Jack Tar）① 从海上的支柱力量走向了万劫不复的深渊。[19]

水手在从非洲通往美洲的途中经历了种种不快，而俘虏更是饱受煎熬。斯坦菲尔德在诗中列举了一连串俘虏所遭受的暴行：从让他们处在肮脏的环境中，到强迫喂给他们平时不吃的东西；从严惩试图自杀者，到不计其数的鞭笞……最过分的是"船长对不幸被选中的八九岁的奴隶女孩实施奸淫"。他感到这一罪行可怕到难以用语言描述，但也坚持认为这样的事情"太骇人听闻和血腥残忍，不能就这样在沉默中被一笔带过"。当船只抵达牙买加时，这场暴行终于接近尾声。种植园主像"可怕的恶魔"一般涌入"老鹰号"，他们"以迅雷不及掩耳之势／将瑟瑟发抖的猎物掠夺吞食"。已变成奴隶的俘虏与家人甚至孩子在哀号中生离死别，斯坦菲尔德生动地将这种哀号描绘为"发狂的母亲呼唤与她分离的孩子"。

总而言之，在奴隶贸易的任何时期，暴力都被体制化了，它通过惊惧（担心如果不服从命令就会引来更坏的事）运作。俘虏和水手都对这座"流动地牢"无能为力，于是这台"巨型机器"能够以任何必要手段为非洲和英国的商人攫取利润，后者正是利用他人的苦难赚得盆满钵盈。斯坦菲尔德认为，他们之所以下决心对充斥在贸易中的暴行保密，是因为他们知道，一旦这场贸易中的这层"无法看透的面纱"被抛弃，这

① "杰克塔"是英国皇家海军的别名。

些"仁慈的奴隶商人"将不得不暴露"自己由于贪婪所犯下的掠夺、杀戮和破坏等罄竹难书的罪行"。斯坦菲尔德通过大量骇人的细节揭示，英国的全部财富都建立在他者的苦难上，他认为这场贸易使看起来文明的市民社会退回至野蛮状态。他还提到了一位著名的苏格兰启蒙作家来强化自己的观点："请记住如下事实：哪怕只在中间通道的奴隶间待上一分钟，也肯定比威廉·罗伯逊（William Robertson）的任何一篇文章或英国上议院的所有论辩加起来更能让人看清这场所谓的人类伟业的真正面目。"

发生在非洲的暴力

斯坦菲尔德的诗用了相当长的篇幅描述他在西非的见闻，主要揭示了欧洲人破坏非洲人的宁静与幸福的过程。他这样写道："贪欲席卷每个脆弱的部族/像洪水般扫荡这个不幸的国度。"他还在诗中叙述了一个名叫阿比达（Abyeda）的美丽非洲女人的经历，她在自己与"年轻的夸姆诺（Quam'no）①"的婚礼上被拐卖，随后被运上"老鹰号"并在那里被鞭打至死，"抽搐着咽下最后一口气/可怕的死亡最终降临"。我们接下来将以斯坦菲尔德 1788 年的描述作为起点，继续进行检视。20 世纪 60 年代之前，历史学界普遍认为，欧洲人在西非奴隶贸易中占据了主导地位（斯坦菲尔德想必也会支持这一说法）。但随着沃尔特·罗德尼（Walter Rodney）影响深远的一篇论文的发表，学界在此问题上的观点发生了重大转变。如

---

① 根据本章作者邮件回复，夸姆诺（Quam'no）是夸米纳（Quamina）的缩写，这是当时常见的男性奴隶名字，例如圭亚那的反奴隶制起义领袖夸米纳·格莱斯顿（Quamina Gladstone，1778—1823 年）。

今，我们将非洲统治阶层视为这场贸易的主导力量，至少在贸易的非洲阶段是如此。[20]

26　　奴隶制在非洲并非什么新鲜事，因此非洲的奴隶贩子和统治者并非仅仅为了满足欧洲人对奴隶的需求，他们早已在北非和西非的伊斯兰地区进行大规模的内部奴隶贸易活动。更重要的是，西非大部分地区的政治局面也推动了奴隶制的发展：政权的一再分裂使内战不断，而内战带来大量的俘虏，这些俘虏可以很轻易地像被转手卖给欧洲人一样卖给其他非洲人。大多数大西洋奴隶贸易中的俘虏是战争的意外收获。因此，到 18 世纪，大西洋奴隶制在西非一些地区已经变成暴利贸易。据估计，在 18 世纪 80 年代，奴隶贸易额占据了非洲出口贸易额的 90% 以上。1800 年，非洲的奴隶贩子所获得的利润是 1700 年的三倍至四倍，这意味着大西洋彼岸的种植园主必须为他们的奴隶花费更多的金钱。[21]

　　考虑到非洲统治者在这场贸易中所获利润不断膨胀的趋势，他们持续不断地向欧洲人提供可出售的奴隶便显得合情合理。罗德尼的第二个（也更容易被人接受的）观点是，大西洋奴隶贸易在非洲的暴利促使统治者更频繁地发动以俘获更多奴隶为目标的战争，这不仅导致了"国家形成"（state formation）① 方式的显著变化，也使政体的稳定性遭到破坏。显然，17 世纪晚期至 18 世纪出现的新兴国家与大西洋奴隶贸易的发展关系密切，例如约鲁巴人建立的国家（尤其是他们建立的奥约帝国）以及阿坎人建立的诸邦国（如阿散蒂、阿拉达与 1727—

---

① "国家形成"是本卷经常出现的历史学术语，相比于"国家建构"更倾向于认为国家诞生于客观环境作用。

1740 年的达荷美）。达荷美王国是非常典型的依靠将战俘贩至跨大西洋市场而建立的国家，它在被奥约帝国吞并前的短暂强盛状态下改变了 18 世纪贝宁湾的政治生态。奴隶们不是被卖给欧洲人以获取利润，就是在公开庆典中被戏剧性地处刑以展示达荷美王族的权势。仅维达这一处重要的跨大西洋奴隶贸易出发港口就运送了超过 100 万人抵达美洲。在大西洋奴隶贸易结束后，奴隶制在当地依然盛行，奴隶们被用于在棕榈种植园中收割果实。

强权国家之间的战争显然与大西洋奴隶贸易存在关联。达荷美的统治者和阿散蒂（欧洲人将这个高度阶层化与中央集权的好战之国所在的地区称为"黄金海岸"）的领主以用奴隶换来的枪支弹药来加强自己领地的社会等级制以及征服邻国，这样获得的下一批奴隶便又可以在交易中被用于换得新的火器。富商把持着海关、税收和俘虏的动向，所有参与奴隶贸易的人都变得富有。大西洋奴隶贸易的出现使这些群体主要通过向邻国暴力进犯来增强自身的力量。在达荷美，似乎正是大西洋奴隶贸易的存在才使暴力活动变得频繁。阿散蒂联盟的扩张要早于而非晚于奴隶贸易，因为阿散蒂通过武力来推动奴隶贸易。但另外，这两个地区的军事扩张都加剧了社会分化与冲突，持续不断的侵略战争也使越来越多的欧洲人渗入非洲的奴隶市场。[22]

与罗德尼的观点相反的是，奴隶贸易并不仅仅是塑造西非与非洲人的力量，它同时也是当地政治的体现以及战争带来的问题（这有时会引发更多战争）的一种解决方式。对许多普通的非洲人而言，日益频繁的内战（其中只有一部分与奴隶贸易有关）让他们觉得自己沦为了当权者剥削利用的棋子。与其说他们指责欧洲人，不如说他们更加怪罪当地的奴隶贩子与统治者，并在意识形态中将邪恶势力想象为巫术甚至同类相食。因此，这些暴虐的统治者与恶毒的当地商人常常被视为巫师和食人者而受到谴责。如果我们想要理解暴力如何通过奴隶贸易在西非奴隶制社会中运作，就必须意识到跨大西洋奴隶贸易与当地阶级结构及其对立的关联。那些作为奴隶被运往美洲的非洲人往往都是被本地的当权者抓捕的，这种富人对穷人的暴行体现了早期近代西非与欧洲相似的社会生活印记。[23]

28
中间通道

　　俘虏会害怕在登上贩奴船后被吃掉，艾奎亚诺对此有过记述。考虑到俘虏经常受到的粗暴对待（甚至在登船前就是如此），他们将白人视为食人者似乎是一种合理的猜测。流传的关于白种食人族的大量传说故事表明，民间集体智慧通过类比的方式将奴隶制和奴隶贸易视为一种剥削性质的生意。威廉·皮尔逊（William Pierson）收集整理了这些传说故事，他认为，"根据神话的类比思维，将蓄奴制视为某种经济上的食人行为并非牵强附会，从这个意义上说，关于食人者的传说故事足够真实"。[24]

　　登上了贩奴船的俘虏也许并不会真的被贪得无厌的白人吃掉，但他们所遭受的苦难并不会比这少。大西洋奴隶贸易中对手无寸铁之人进行有计划且持续的虐待，历史上都极少有其他案例能与之相提并论。中间通道上发生的事是人类有史以来最残暴的罪行之一，施暴者却几乎没有因此付出任何代价，这场罪行由此显得更加令人发指。正如一项关于英国蓄奴制影响的开创性研究指出的，从奴隶贸易的运作中获利的英国个人与机构多到难以计数。[25]

在中间通道航行的贩奴船与其说是一艘帆船，不如说是一座流动监狱，里面充满了用来控制非洲黑奴的武器（尤其是火枪）与为数众多的低薪水手。船员的数量之所以如此之多，是因为他们不仅要开船，而且要维持船上的秩序。他们既是水手，又是狱卒和士兵。总之，他们是这一体系的"支柱"（capos）。但贩奴船不是一台杀人机器，船长的目标是让俘虏存活而且尽可能地保持健康（在有限空间内关押并运送如此多的人并非易事），只有这样，俘虏才能够在到达美洲时卖个好价钱。船员的主要职责是采取强制措施，一方面是让俘虏听话，另一方面是要让他们做好进入奴隶市场的准备。同时做好这两件事是困难的，于是在贩奴船上产生的很多问题大都来自体罚与维持健康之间的失衡。

即使贩奴船船长并非暴君，他们也是极其严苛的主人。而且与其他海运贸易相比，贩奴船船长与船员之间地位与财富的鸿沟要大得多，这主要是因为船长可以从航行结束后挑出的"优选"奴隶身上直接获利，他们通过出售一些"优选"奴隶（通常都是免费掠夺来的身强力壮的男性奴隶）提高自己的收入。加勒比人往往对最高品质的奴隶报价慷慨，这使得船长通过"优选"奴隶获得了可观收入，也意味着船员不得不格外关注船长点名的奴隶的健康。

于是，水手往往会将自己的沮丧情绪发泄在俘虏身上。他们拿现成的救生索做成鞭子，用它来强迫奴隶在甲板上"跳舞"，这有时被当作日常执勤的一部分，但更多时候是一种管教或享受施虐快感的方式。可是，水手在惩罚俘虏之外有更多

29

要做的事，他们的职责包括做好让这些俘虏进入市场的准备。他们在残酷对待俘虏的过程中逐渐丧失人性，因而使俘虏变得更像是货品。如艾玛·克里斯托弗（Emma Christopher）指出的，"这一转变过程中发生的许多事件简直就是赤裸裸的恐怖行径，但这些事件也在客观上构成了人类物化历史的更大图景的一部分"。[26]

我们能从对男性俘虏被对待方式的考察中看到自我分崩离析的清晰过程。男性俘虏同能够在船上更加自由地走动的妇女儿童互相隔离，脚踝（有时候也包括手腕和脖子）被铁链环绕束缚，紧紧地挤在船的下甲板处难以动弹，赤裸的身躯让他们看上去更像是牲畜。他们还因为无法够着提供给他们当作厕所使用的桶子而被迫在自己的排泄物中打滚。当然，俘虏也不得不忍受那些被艰难处境逼疯的人的哀号，有时还被迫戴着锁链和因患"痢疾"（贩奴船上最常见的死因）而死亡的人共眠数日。旁观的水手不仅将他们与野兽相比较，也将他们视为野兽。根据一个英国水手的回忆，"房间的地板上全都是血液和因为痢疾产生的黏液，就像是一个屠宰场"，囚徒的呼吸闻起来就好像是"死去多日的动物"。[27]在如此恶劣的环境中，任何人都难以保持人性。斯蒂芬妮·斯莫尔伍德（Stephanie Smallwood）认为，这种扭曲的场面是被有意制造的，当非洲人从人类变成纯粹的货品时，他们就会遭遇"自我身份认同的本体危机"。在她看来，贩奴船在物质和社会的双重苦难与认知失调中沦为一个"无底深渊"（hollow place）。[28]

然而，奴隶船船长之所以对男性俘虏实施严酷囚禁并将其置于如此无助的境遇，其中有着更加实际的考虑。男性俘虏被视为危险分子，以至于不能给他们任何活动空间。奴隶船船长在横跨大西洋的路线上超量招募船员也是出于防止俘虏造反的目的，而俘虏确实有这样做的充分理由。根据大卫·理查森（David Richardson）的研究，贩奴船上的俘虏反抗行为屡见不鲜。他一共记录了485起由非洲奴隶引发的暴力事件，这些事件或者发生在起航前的海岸，或者发生在途中的英国航船上，其中九成发生在1698—1807年，每十次航行中就会有一次受到这种暴力事件的影响。大多数事件发生在船只起航后不久，此时俘虏刚刚意识到他们已经不太可能重回故土，便开始害怕在途中以及航程结束后可能降临的不幸遭遇。于是，有些俘虏不惜一切代价地试图接管船只，并寻找火药的存放处。如果成功找到的话，他们便会试图炸毁整艘船。

出现在贩奴船上的反抗是如此频繁，以至于这些船都配备了大型军火库用于镇压任何可能爆发的反叛。男性奴隶——尤其是来自像塞内冈比亚或黄金海岸这样有着强烈尚武传统的地方的男性奴隶——往往格外受到关注。任何一点反抗的可疑征兆通常都会导致奴隶被射杀。正如前面提到的理查德·杰克逊的逸闻所展现的，反抗的奴隶一旦被抓到，就会受到比平时残酷得多的惩罚。这样一来，大多数奴隶出于对此的巨大恐惧而只能忍受眼下糟糕的境遇。[29]

转向种植园

当航程结束时，暴力并未随之停止。奴隶贸易不仅在为大量种植园输送新劳动力方面起了重要作用，也促使种植园发展出让大量遭受创伤的、被虐待的、具有潜在攻击性的危险奴隶服从管理的策略。17世纪晚期，西印度群岛的大型种植园迅速发展，此时奴隶贸易中的英国水手开始接受军事训练，以便

31 　在种植园管教奴隶，这或许并非偶然。[30]水手或许会厌恶自己在贩奴船上的所作所为，并认为这一行当卑劣且危险，但他们从中学到的技巧（尤其是如何让大量危险的男性奴隶服从管教的技巧）可以在大型种植园中直接发挥作用。

　　无论如何，贩奴船上司空见惯的暴力现象在抵达美洲后确实减少了，身体暴力发生的可能性要远低于精神摧残，至少在俘虏准备被出售时是如此，这些贵重货品的买主并不想损坏他们的巨额财产。但交易的过程同样给奴隶带来了巨大的精神创伤。随着航船逐渐靠近美洲，那些准备投入市场的奴隶会被精心打理，至少让他们看上去能卖个好价钱。根据威廉·巴特沃思（William Butterworth）对 1787 年前往格林纳达的《休迪布拉斯》（*Hudibras*）① 式旅程的记录，俘虏全身都被涂上棕榈油，使得他们的皮肤变得光滑，"那些因年老或悲痛而毛发变成银白色的人被单独拎出来，他们的毛发会被刷成墨色"。其他掩人耳目的诡计则更加令人痛苦。亚历山大·福尔肯布里奇（Alexander Falconbridge）记述了这样一件事：某个船长为了避免患上痢疾的奴隶暴露病情，甚至用塞子堵住他们的肛门，直到交易结束后才将塞子移除，这种"剧烈无比的疼痛"没有任何"可怜虫能够忍受"。[31]

　　一些不走运的俘虏还会遭受"哄抢"——种植园主在船上冲刺并试图在他人得手之前锁定那些品质最高的奴隶。在福尔肯布里奇医生的推动下，哄抢成为出售奴隶的常规方式。他

① 《休迪布拉斯》是塞缪尔·巴特勒（Samuel Butler）在 17 世纪创作的讽刺长诗。诗作的主角休迪布拉斯是一位忠实的长老会信徒，他在诗中一路前行，制止英国社会中的一切嬉戏娱乐活动，途中遭遇了很多令人啼笑皆非的趣事。

对此过程的记载为我们提供了血淋淋的细节："院子的大门轰然打开，大批凶残的买主涌入。"他继续写道："简直无法用语言形容这场骚乱，数名害怕的奴隶爬上庭院的围墙，发了疯般到处乱窜。"[32]类似这样的混乱场景并不多见（几内亚的代理商并不愿意看到自己的值钱货物被如此对待），但这种事时有发生，尤其是在奴隶供不应求的时候。可即使奴隶没有通过哄抢的方式被售卖，他们也会在交易过程中受到多次羞辱。代理商按照状态对俘虏进行区分，将"优质"奴隶和"劣质"奴隶隔离放置，并与种植园主在价格与赊购方面进行激烈的讨价还价。如果在贩奴船抵达时不方便立即处置货物（如艾奎亚诺1757年在巴巴多斯所经历的），奴隶可能会挤在商人的院子里长达数年，就像马一样被监管。当得知白人女性检查裸体黑人男性（特别是检查生殖器）时，废奴主义者便会义愤填膺。然而，当得知白人男性沉溺于非洲女俘虏的裸体时，愤怒情绪就没有那么多了。[33]

32

憎恶与废奴主义话语中暴力的作用

从英国贸易的支柱、维持英国最具经济重要性和活力的殖民地运作的重要部分、孕育了"强大海上力量"的"伟大海员摇篮"，到英国罪恶滔天的象征，[34]为什么对奴隶制的看法会发生如此之大的转变？废奴主义运动将反奴隶制作为重点修辞，并用其论证英国相比其他欧洲国家而言的优越性。英国人普遍认为，作为最能代表自由精神的国度，英国理应在日益被西欧国家支配的世界里占据更显著的主导地位——有什么比仅仅因为某件事是错误的就放弃因其获得的巨大利润更能体现自由之精神呢？很显然，在1787—1788年，突然且前所未有的

反奴隶制情绪的爆发与当时的英国人对未来经济繁荣、国际话
语权以及道德正义方面空前高涨的信心有关。对于当时最有远
见的废奴主义者来说，对奴隶制的反对可能还伴随着某种坚定
自信的帝国主义观念，他们会以此创造一种没有奴隶制的乌托
邦殖民统治图景。[35] 不仅如此，废奴主义者还善于使用感伤主
义的修辞策略，通过煽情来影响 18 世纪中叶沉溺于"情感狂
热"的读者大众。[36]

33　　　但值得注意的是一个在废奴主义修辞中持续出现的主题：
废奴主义者通过强调奴隶贸易中同时存在针对水手和俘虏的暴
行来让公众相信，这场贸易具有邪恶的本质。这一说法引起了
公众的广泛共鸣，他们对从废奴主义畅销书上读到的残暴故事
感到震怒。作为一名重要的早期废奴主义者，托马斯·克拉克
森（Thomas Clarkson）为废奴主义运动奠定了最初的基调。他
有意聚焦于贩奴船上的暴力，因为他知道通过这种方式能够获
得公众对非洲人的同情，后者被视为处于野蛮残暴之下的无助
受害者。不仅如此，他将抨击的火力集中在船长而非船员身
上，正是贩奴船船长的野蛮行径损害了英国的良好声誉。这种
将奴隶视为受害者以及将船长视为魔鬼的修辞在流动的舆论中
经久不衰，并且产生了显著影响。例如在 1792 年审理的一起
备受公众瞩目的案件中，船长约翰·金伯（John Kimber）被
法庭指控（随后被无罪释放）在贩奴船上谋杀了两名女孩。[37]
通过大量收集结束海上掠夺生涯的水手的证言，克拉克森不断
写下关于海上暴行的故事。毫无疑问，这类故事更多聚焦于水
手的困境，而非俘虏的悲惨遭遇。在克拉克森笔下，贩奴船被
视为暴君残酷统治下的混乱场所与法外之地。他对于证据的选
择同样十分谨慎，较少使用一面之词而较多使用有多名证人的

联合署名记录，这构成了对大西洋贸易的罪恶的独特叙述方式。

让我们回到本章开头提到的"桑格号"以及透纳的画作。"桑格号"上有组织有计划的暴力使之成为骇人听闻的案例。这起事件还混合了冷血的惊惧（船员在实施集体屠杀前会争论，这一行为是否能为他们带来好处）与炙热的恐怖（观众从画中便可以想象受害者在被投入海上坟墓时的哀号）。在这幅画中，透纳捕捉到的不仅是惊惧，还有恐怖。"桑格号"事件既是对奴隶贸易的强烈控诉，也是这场贸易走向衰退的显著标志，因为所有人都可以通过透纳的描绘轻易想象其中戴着镣铐的俘虏溺亡与被吞食的恐怖场面。同样重要的是，"桑格号"事件作为典型案例，揭示了奴隶贸易中冷酷无情的商业算计，以及致命的暴力无孔不入地渗透进这场贸易的方方面面。此外，通过提出"英国人在不辨是非的商业与帝国竞争的世界中意味着什么"这样的问题，这起事件还激发了英国人的民族主义情绪。像托马斯·克拉克森这样的年轻人（1783 年他还在剑桥念书，对奴隶贸易的罪恶一无所知）拿起纸笔，几乎从零开始发起了这场英国历史上最伟大的改革运动之一。到 1788 年，克拉克森已成为一名坚定的废奴主义者，他将"桑格号"事件描述为"人类历史上的空前灾难……它的性质是如此黑暗与错综复杂……简直令人无法相信"。[38] 废奴主义者投身于这场运动，因为他们对于这起事件的暴力程度感到不安。为了尽快结束奴隶贸易，他们揭露了其中对无辜之人（首先是奴隶，接着是儿童、女性甚至动物）施加的暴力既是一种罪恶，也是对人性进步观念的否定，这场高扬人道主义旗帜的运动为启蒙运动和现代话语做出了重要贡献。[39]

参考论著

有大量关于奴隶制和跨大西洋奴隶贸易的文献资料可供读者参考。优秀的简史类论著包括 Kenneth Morgan, *A Short History of Transatlantic Slavery*（London：I. B. Tauris，2016）以及 Herbert S. Klein, *The Atlantic Slave Trade*（Cambridge：Cambridge University Press，2010）。读者如果想要参阅精心挑选的书目，参见 David Northrup, 'The Atlantic Slave Trade', www. oxfordbibliographiesonline。读者如果想要在更加广阔的语境中了解奴隶制，参见 David Eltis and Stanley L. Engerman（eds.），*The Cambridge World History of Slavery*，vol. III，*AD1420−AD1804*（Cambridge：Cambridge University Press，2011）；Gad Heuman and Trevor Burnard（eds.），*The Routledge History of Slavery*（London：Routledge，2011）；Robert L. Paquette and Mark M. Smith（eds.），*The Oxford Handbook of Slavery in the Americas*（New York：Oxford University Press，2010）。对更早时期的奴隶制进行研究的两本重要专著分别是 Joseph C. Miller, *Way of Death：Merchant Capitalism and the Angolan Slave Trade 1730 − 1830*（Madison：University of Wisconsin Press，1988）以及 Robert Louis Stein, *The French Slave Trade in the Eighteenth Century；An Old Regime Business*（Madison：University of Wisconsin Press，1979）。

下面这个大型数据库不仅提供了关于大西洋奴隶贸易详细的实证资料，还提供了一系列聚焦于非洲俘虏在船上的生存经历的书籍。网址：www. slavevoyages. org/tast/index. faces。Philip D. Curtin, *The Atlantic Slave Trade：A Census*（Madison：University of Wisconsin Press，1969）是该领域的开拓之作。关于奴隶贸易的数据库还涉及跨大西洋航行。关于殖民地之间的航行，参见 Gregory D. O'Malley, *Final Passages：The Intercolonial Slave Trade of British America，1619 − 1807*（Chapel Hill：University of North Carolina Press，2014）；Wendy Warren, *New England Bound：Slavery and Colonization in Early America*（New York：Liveright，2016）。读者如果想要浏览关于奴隶贸易的优秀地图，参见 David Eltis and David Richardson, *Atlas of the Transatlantic Slave Trade*（New Haven，CT：Yale University Press，2010）。读者如果想要浏览相关历史图像，参见 Jerome S. Handler and Michael L. Tuite Jr 的网站 Slavery Images：A

Visual Record of the African Slave Trade and Slave Life in the Early African Diaspora，http：//slaveryimages. org。

关于奴隶贸易航程的最佳个案研究是 Robert Harms，*The Diligent：A Voyage through the Worlds of the Slave Trade* （New York：Basic Books，2002）。关于贩奴船以及奴隶和水手经历的研究包括 Marcus Rediker，*The Slave Ship：A Human History* （Harmondsworth：Penguin，2007）；Stephanie Smallwood，*Saltwater Slavery：A Middle Passage from Africa to American Diaspora* （Cambridge，MA：Harvard University Press，2007）；Emma Christopher，*Slave Ship Sailors and Their Captive Cargoes, 1730 – 1807* （Cambridge：Cambridge University Press，2006）；Alexander X. Byrd，*Captives and Voyagers：Black Migrants across the Eighteenth-Century British Atlantic World* （Baton Rouge：Louisiana State University Press，2008）。

关于"桑格号"这一臭名昭著案例的一项精彩研究成果是 James Walvin，*The Zong：A Massacre, the Law and the End of Slavery* （New Haven，CT：Yale University Press，2011），而另一项研究成果则雄心勃勃地尝试将"桑格号"事件与当时的经贸环境进行联系，参见 Ian Baucom，*Specters of the Atlantic：Finance Capital, Slavery, and the Philosophy of History* （Durham，NC：Duke University Press，2005）。关于非洲奴隶交易口岸的社会史研究成果，参见 Robin Law，*Ouidah：The Social History of a West African Slaving 'Port' 1727–1892* （Athens：Ohio University Press，2004）；Randy Sparks，*Where the Negroes are Masters：An African Port in the Era of the Slave Trade* （Cambridge，MA：Harvard University Press，2014）；Stephen D. Behrendt （ed. ），*The Diary of Antera Duke：An Eighteenth-Century African Slave Trader* （New York：Oxford University Press，2010）。关于奴隶在中间道进行反抗的研究成果，参见 David Richardson，' Shipboard Revolts, African Authority, and the Atlantic Slave Trade '，*William and Mary Quarterly*，3rd series 58. 1 （2001），pp. 68–92。

大西洋奴隶贸易极大促进了美洲种植园产业的发展。关于种植园体系发展过程的整体考察，参见 Simon Newman，*A New World of Labor：The Development of Plantation Slavery in the British Atlantic* （Philadelphia：University of Pennsylvania Press，2013）；Trevor Burnard，*Planters, Merchants, and Slaves：Plantation Societies in British America, 1650–1820*

（Chicago：University of Chicago Press，2015）。关于种植园体系的内部运作，参见 Justin Roberts, *Slavery and the Enlightenment in the British Atlantic, 1750－1807*（Cambridge：Cambridge University Press，2010）；´Lorena S. Walsh, *Motives of Honour, Pleasure and Profit：Plantation Management in the Chesapeake, 1607－1763*（Chapel Hill：University of North Carolina Press，2010）。关于暴力从奴隶贸易延续至种植园生活的过程，参见 Trevor Burnard, *Mastery, Tyranny, and Desire：Thomas Thistlewood and His Slaves in the Anglo-Jamaican World*（Chapel Hill：University of North Carolina Press，2004）；Vincent Brown, *The Reaper's Garden：Death and Power in the World of Atlantic Slavery*（Cambridge，MA：Harvard University Press，2010）。关于不同地区的种植园奴隶制之间的差异，参见 Richard S. Dunn, *A Tale of Two Plantations：Slave Life and Labor in Jamaica and Virginia*（Cambridge，MA：Harvard University Press，2014）；Ada Ferrer, *Freedom's Mirror：Cuba and Haiti in the Age of Revolution*（New York：Cambridge University Press，2014）；Trevor Burnard and John Garrigus, *The Plantation Machine：Atlantic Capitalism in British Jamaica and French Saint-Domingue*（Philadelphia：University of Pennsylvania Press，2016）。

注　释

1. Marcus Wood, *Blind Memory：Visual Representations of Slavery in England and America*（Manchester：Manchester University Press，2000），pp. 41-64.

2. James Walvin, *The Zong：A Massacre, the Law and the End of Slavery*（New Haven，CT：Yale University Press，2011），pp. 2-3.

3. Ottabah Cuguano, *Thoughts and Sentiments on the Evil and Wicked Traffic of the Commerce of the Human Species*（London，1787），pp. 111-12.

4. David Eltis, 'The Volume and Structure of the Transatlantic Slave Trade：A Reassessment', *William and Mary Quarterly*, 3rd series

58. 1 （2001）, pp. 17-46.

5. Jerome S. Handler, 'Survivors of the Middle Passage: Life Histories of Enslaved Africans in British America', *Slavery & Abolition* 23 （2002）, pp. 25-56.

6. 引自 Oladuah Equiano, *The Interesting Narrative and Other Writings* （1789）, ed. Vincent Carretta （Harmondsworth: Penguin, 1995）, esp. pp. 55-7。关于艾奎亚诺故事受到的质疑，详见 Vincent Carretta, *Equiano the African: Biography of a Self-Made Man* （Athens: University of Georgia Press, 2005）。

7. Stephanie Smallwood, *Saltwater Slavery: A Middle Passage from Africa to American Diaspora* （Cambridge, MA: Harvard University Press, 2007）.

8. Newton to Phillips, 5 July 1788, in Mary Phillips, *Memoir of the Life of Richard Phillips* （London, 1841）, p. 31.

9. Marcus Rediker, 'History from below the Water Line: Sharks and the Atlantic Slave Trade', *Atlantic Studies* 5. 2 （2008）, pp. 285-97.

10. Sowande Mustakeem, ' "She Must Go Overboard & Shall Go Overboard": Diseased Bodies and the Spectacle of Murder at Sea', *Atlantic Studies* 8. 3 （2011）, pp. 301-16.

11. *Monthly Review, or, Literary Journal* 81 （1789）, pp. 277-9.

12. 'Dicky Sam', *Liverpool and Slavery: An Historical Account of the Liverpool-African Slave Trade* （Liverpool, 1884）, p. 36.

13. Marcus Rediker, *The Slave Ship: A Human History* （Harmondsworth: Penguin, 2007）, p. 154.

14. 引自 James Field Stanfield, *The Guinea Voyage, a Poem in Three Books* 以及 *Observations on a Guinea Voyage, in a Series of Letters Addressed to the Rev. Thomas Clarkson* （both published London, 1788）。

15. J. R. Oldfield （ed.）, *The British Transatlantic Slave Trade*, 4 vols. （London: Routledge, 2003）, vol. III, p. 97.

16. Stephen D. Behrendt, 'Crew Mortality in the Transatlantic Slave Trade in the Eighteenth Century', *Slavery & Abolition* 18 （1997）, pp. 49-71.

17. Rediker, *Slave Ship*, p. 136.

18. Emma Christopher, *Slave Ship Sailors and their Captive Cargoes, 1730 - 1807* (Cambridge: Cambridge University Press, 2006), pp. 169-73.

19. Thomas Clarkson, *Grievances of Our Mercantile Seamen : A National and Crying Evil* (Ipswich, 1845), pp. 4-5.

20. Walter Rodney, ' African Slavery and Other Forms of Social Oppression in the Upper Guinea Coast in the Context of the Atlantic Slave-Trade ', *Journal of African History* 7 (1966), pp. 431-3.

21. Philip D. Morgan, ' Africa and the Atlantic, c. 1450-1820 ', in Jack P. Greene and Philip D. Morgan (eds.), *Atlantic History : A Critical Appraisal* (New York: Oxford University Press, 2009), pp. 225-9.

22. Walter Rodney, *How Europe Underdeveloped Africa* (London: Bogle-L'Ouverture Publications, 1972).

23. John K. Thornton, ' Cannibals, Witches, and Slave Traders in the Atlantic World ', *William and Mary Quarterly* 3rd series, 60 (2003), pp. 273-94.

24. William D. Pierson, *Black Legacy : America's Hidden History* (Amherst: University of Massachusetts Press, 1993), p. 12.

25. Catherine Hall et al. , *Legacies of British Slave-Ownership : Colonial Slavery and the Formation of Victorian Britain* (Cambridge: Cambridge University Press, 2014).

26. Christopher, *Slave Ship Sailors*, p. 165.

27. 同上, p. 170。

28. Smallwood, *Saltwater Slavery*, pp. 125-6.

29. David Richardson, ' Shipboard Revolts, African Authority, and the Atlantic Slave Trade ', *William and Mary Quarterly* 58. 1 (2001), pp. 68-92.

30. Trevor Burnard, *Planters, Merchants, and Slaves : Plantation Societies in British America, 1650-1820* (Chicago: University of Chicago Press, 2015), pp. 85-7.

31. William Butterworth, *Three Years Adventure of a Minor* ... (Leeds, 1822), pp. 132-3; Alexander Falconbridge, *An Account of the Slave*

Trade on the Coast of Africa (London, 1788), pp. 35-6.

32. Falconbridge, *Account of the Slave Trade*, pp. 44-5.

33. Christopher, *Slave Ship Sailors*, pp. 187-92.

34. Christopher Leslie Brown, *Moral Capital: Foundations of British Abolitionism* (Chapel Hill: University of North Carolina Press, 2006).

35. Deirdre Coleman, *Romantic Colonization and British Anti-Slavery* (Cambridge: Cambridge University Press, 2005).

36. Brycchan Carey, *British Abolitionism and the Rhetoric of Sensibility: Writing, Sentiment, and Slavery, 1760 – 1807* (London: Palgrave Macmillan, 2005).

37. Srividhya Swaminathan, 'Reporting Atrocities: A Comparison of the Zong and the Trial of Captain John Kimber', *Slavery & Abolition* 31 (2010), pp. 483-99.

38. Thomas Clarkson, *Essay on the Slavery and Commerce of the Human Species* (London, 1788), p. 99.

39. David Brion Davis, *The Problem of Slavery in the Age of Emancipation* (New York: Oxford University Press, 2014).

2 早期英属与法属美洲的暴力、奴隶制与种族

塞西尔·维达尔

1843 年，马塞尔·安托万·韦迪耶（Marcel Antoine Verdier）——让·奥古斯特·多米尼克·安格尔（Jean Auguste Dominique Ingres）以前的学生——向巴黎卢浮宫沙龙展的评审团提交了一幅油画，他声称这幅画能"唤起人们对奴隶制的普遍憎恶"，但最终被评审团拒绝。随后，这幅名为《殖民地的四桩刑罚》的画与其他同样被拒之门外的作品一道在巴黎的一场"反展览"（counter-exhibition）① 中展出。巨大的画布（约147.5 厘米×210 厘米）呈现了加勒比地区种植园中发生的一幕暴力场景。木屋角落的几片香蕉叶与延伸到远方的风景，渲染出热带岛屿的淳朴生活与异域风情。但最吸引人眼球的莫过于处在前景中心的人们：一个全裸黑人的四肢被分别绑在四根桩子上，黑人毫无尊严地呈四肢打开状趴在地上，身旁是他的衣物和铁制的项圈与锁链；一个很可能是种植园工头（driver）的黑人在空中扬起鞭子，即将抽打在那人身上。工头右后方的

---

① 此处作者用"反展览"形容与当时的主流展览宣传的内容背道而驰、旨在揭示主流价值观背后的意识形态问题的展览。关于反展览的定义，参见 Evadne Kelly, Dolleen Tisawii'ashii Manning, Seika Boye, Carla Rice, Dawn Owen, Sky Stonefish and Mona Stonefish, 'Elements of a counter-exhibition: Excavating and countering a Canadian history and legacy of eugenics', *Journal for the History of Behavioral Sciences* 57.1（2021），pp. 12–33。

一个奴隶正在跪着从罐子里倒出什么东西，似乎准备将辣椒与柠檬水混在一起涂到被抽打后的伤口上；在工头左侧，一男一女两名奴隶正等待接受刑罚；背景中的其他男女奴隶似乎都在忙着干活，并未注意到远处发生的这场刑罚。

画面的另一侧，种植园主正漫不经心地倚靠在木屋上注视着暴力场面，旁边坐着他的妻子，妻子怀里抱着他们年幼的孩子，也在观看这场刑罚。女主人被一位奴隶管家照看着，管家屈膝背对着这幕暴力场景并挡在女主人面前，似乎是在保护她。在他们身旁，一个蹒跚学步的黑人幼童一丝不挂，在地上把玩这名正在受罚的奴隶的锁链，此时一只狗正在嗅幼童身上的气味。黑人幼童与狗的亲密无间强调了这场刑罚所体现的泯灭人性的过程。画家用肤色、肢体语言、裸露程度和服装的多样性来表现主人与奴隶之间的种族鸿沟，以及奴工中的社会等级制度。这幅画的每个细节都力图呈现这种将极端暴行视为司空见惯之事的场面。在殖民地种植园的日常运作中，暴力既是关键因素，又是正常现象，因此它必须被下一代的奴隶主与奴隶所继承，这也使得牵涉于其中的所有人在地位、种族、阶级、性别和代际等方面既互相联系，又互相分隔。与此同时，这类暴力习俗也让殖民地与宗主国相区分而成为某种特殊场域。

韦迪耶在画中描绘的刑罚场面是如此普遍，以至于当时的废奴主义领袖维克托·舍尔歇（Victor Schoelcher）在 1842 年为宗主国读者出版的《法属殖民地废除奴隶制的迫切性》一书中两次提到它，但他只提到了"刑罚"或"四根桩子"这样的字眼，而且并未对其进行解释。[1]四年后，曾在马提尼克岛服役的宪兵中尉约瑟夫·弗朗斯（Joseph France）在巴黎出版了一本废奴主义小册子。为了谴责安的列斯群岛奴隶制下的

图 2.1　马塞尔·安托万·韦迪耶：《殖民地的四桩刑罚》，布面油画，1843 年。

38　　"严苛规训"，他首先详细描绘了鞭笞刑罚，然后描绘了一种将奴隶绑到"三到四根桩子"上的刑罚。[2]

　　19 世纪的废奴主义者强调，揭示奴隶制采用的特定刑罚方式并非出于宣传目的而对事实进行扭曲。暴力很早就在法属安的列斯群岛的奴隶制进程中出现，它不仅在种植园内代代相传，而且跨越时空在不同殖民地持续了数个世纪。曾担任军官的让-弗朗索瓦-本杰明·杜蒙·德·蒙蒂尼（Jean-François-Benjamin Dumont de Montigny）写过一本记述自己在法属路易斯安那见闻的游记。他在一个修订版中提到，路易斯安那的奴隶主从法属圣多明戈的种植园主那里学来了惩罚奴隶的方式，尽管他并未直接提到这种方式的名字，但他将其描述为"三根桩子"。[3]然而，在上级委员会的审判法庭中，法属路易斯安

那的奴隶反复提及的却是"四根桩子"。1748 年，一个名叫皮
埃罗（Pierrot）的班巴拉族牛倌向法官表示，自己必须小心翼
翼地避免丢失任何一头牛，否则他的主人就会为他准备四根桩
子。在 1766 年的法庭记录中，一个名叫德谟克里特（Démocrite）
的人承认，当他与一名并不属于当地奴隶社群的奴隶发生冲突
时，他恐吓这个外乡人"如果还跑回来，就把他绑在四根桩
子上抽打他"。[4]这一行为的象征意味如此强烈，以至于它甚至
被用来解决奴隶的内部冲突。"四根桩子"在法兰西帝国的漫
长历史表明，暴力是种族奴隶制的固有特性。

　　在早期近代所有欧洲宗主国的美洲殖民地（尤其是绝大
多数非洲奴隶所在的加勒比地区和北美洲的英属与法属殖民
地）推行的奴隶制不仅是劳动体制和财产形式，同时也是某
种社会统治的特定模式，暴力在其中发挥着至关重要的作用。
暴力根植于奴隶制，尤其是在本章所关注的奴隶社会，暴力已
成为社会"整个制度结构及其价值观念的中枢系统"。[5]这并不
只是历史学界在 21 世纪的事后断言，当时的社会活动家同样
将美洲的蓄奴制视为一种极其残暴的制度——对奴隶和废奴主
义者来说如此，对奴隶制的支持者以及其他态度模棱两可的白
人来说同样如此。

　　奴隶制与暴力的紧密相互作用源于如下事实：奴隶成为属
于他人的法定动产。因此，他们发现自己处于其所有者的长期
个人支配之下。此外，由于大多数奴隶社会中出现了人口停止
自然增长甚至负增长的现象（18 世纪下半叶的巴巴多斯与北美
洲南部的英属殖民地除外），奴隶秩序总是被大量新近到来的俘
虏所削弱，这些来自非洲的新俘虏不得不在管教下适应新的制
度。于是，这种极其不平等且剥削性十足的社会秩序永远无法

不言自明，始终存在对其进行挑战的潜在力量。蓄奴制激起了被奴役者的暴力反抗，因此尽管存在其他进行社会管控的方式，但奴隶秩序的持续运作必然依赖各式各样的暴力。

暴力"在这里指痛苦的折磨，无论这种折磨是身体上的、精神上的，还是显性或隐性的暴力威胁带来的压迫感"。[6]针对奴隶的身体暴力包括劳教、体罚、性侵犯，以及恶劣的生活条件。是否对身体造成伤害是区分身体暴力与精神暴力的标志，但身体暴力往往同样涉及心理与道德层面，因为受害者的人格、尊严、价值观或荣誉感也会受到影响。除了身体暴力，奴隶还会遭受奴隶主在精神与道德方面的暴力对待，包括展示和检查他们的身体、将其作为商品出售、分裂其家庭、用女性作为"种畜"（breeder）来"繁殖"奴隶后代，以及逼迫他们看着自己的亲属受虐。虽然蓄奴制建立在多种形式的暴力之上，但本章集中讨论的是身体层面的暴力，尤其是在废除奴隶贸易与奴隶制的辩论中占据中心位置的体罚。除了奴隶主针对奴工的一般身体暴力外，偶尔也会发生奴隶针对自己主人的身体暴力。

随时空变化的制度暴力

在高度依赖奴工的英属或法属美洲的任何一种经济体中，暴力每天都在发生。奴隶主使用身体暴力的主要原因是强迫他们的奴工干活。要求奴隶（一天之内、一年之内甚至整整一辈子的）持续劳作的强度是如此之大，以至于如果不诉诸暴力，奴隶就不会听话。位于加勒比地区的大型综合甘蔗种植园的劳作条件最恶劣，这些庄园里的奴隶被迫分组从事给甘蔗打孔、制造与分配肥料，以及收割甘蔗的工作，监工（overseer）和

（或）工头①长期以来都用鞭打的方式勒令他们加快劳作节奏。1792 年，在瓜德罗普岛出版的种植园主手册上，让-巴蒂斯特·波延·圣玛丽（Jean-Baptiste Poyen Sainte-Marie）表示，奴隶必须被钟声唤醒，半小时后工头将鞭子抽得噼啪响（这个声音标志着劳动日的开始）时，他们就必须离开小屋。[7]

大型综合甘蔗种植园实施了最严苛的劳动纪律，鞭笞也在如农村或城镇的其他类型蓄奴场所起到了迫使奴隶劳作的作用。《波士顿·金，一个黑人传教士的生平回忆录》记述了年轻时期的作者于 18 世纪晚期在查尔斯顿的商人那里当学徒时所遭受的严重殴打和鞭笞，有一次，作者甚至"被折磨"到整整三个星期没法下地干活。[8]事实上，奴隶主不仅用身体暴力作为尽可能榨取奴隶劳动力的手段，也对反抗、逃跑、偷盗、擅自走动或做出任何不被允许之举动的奴隶进行体罚。施暴有时并无明显的理由，而且，由于暴力随时可能发生，奴隶主常常不必动手惩罚自己的奴隶，仅靠威慑就足以使他们乖乖听话。然而，即使是在暴力最为泛滥的奴隶社会中，暴力也总是以某些复杂的方式与协商结合在一起，奴隶主很多时候只需激励与奖赏就能更有效地迫使奴隶老实干活而非逃之夭夭。

然而，暴力的程度在不同时空有不同的体现。尽管缺乏殖民地或国家规模的量化数据，但现存文献中对暴力的记述与讨论表明，在全球范围内，暴力的发生频率和严重程度随着奴隶社会的形成而不断升级。这一方面是因为奴隶绝对数量与相对数量的不断增长，另一方面是因为殖民者越来越担心已经成为

41

---

① 本章的监工特指奴隶主雇用的白人监工，工头则特指从奴隶中选出来的黑人工头。

多数群体的奴工可能有反抗之心。许多殖民地都在不同时期经历了从"有奴隶的社会"（a society with slaves）到"奴隶社会"（slave society）的转变，奴隶主有充分的理由感受到这种威胁。例如在 17 世纪的最后三十年，牙买加的奴隶起义次数达到历史最高值。1686—1687 年在牙买加生活了六个月的约翰·泰勒（John Taylor）因此认为，对奴隶的严酷刑罚是必要的，否则"他们宁可割开你的喉咙，也不愿对你言听计从"。[9]在经历了对新奴隶秩序艰难的适应期后，奴隶主对于奴隶的反抗或其他报复（如下毒）的恐惧从未消失。从高级官员到中下层居民，每个奴隶社会中都充斥着这样一种想法，即奴隶在当地应被视作永远不可信任的敌人。该想法还促成了一种关于惊惧的共同观念，这种观念可以解释奴隶社会中暴力泛滥的原因。但是，这种强烈的焦虑以及随之而来的暴力程度在不同时空的体现也有所不同，这取决于黑人与白人的人口不平衡程度以及来自非洲的新奴隶的重要性。

在殖民地的不同蓄奴场所（以及不同殖民地），暴力程度也各不相同。我们如今只能在两份一手文献中找到特定时期内体罚方面的量化数据：一份是 18 世纪加勒比地区牙买加监工托马斯·西斯尔伍德（Thomas Thistlewood）的私人日记，他先后管理"葡萄园"（Vineyard）牛栏与"埃及"（Egypt）甘蔗种植园①；另一份是北美地区的贝内特·巴罗（Bennett Barrow）于 1840—1841 年在路易斯安那的棉花种植园中鞭打奴隶的记录。在以上两个案例中，暴力都随处可见：在"葡萄园"牛栏中，一名奴隶平均每十一天就会被鞭打；在"埃

---

① "葡萄园"与"埃及"分别是这里提到的牛栏与种植园的名字。

及"种植园中，关于这方面的数字是每周至少一次；而在巴
罗的种植园中，则是每五天一次。体罚的次数与强度在不同
场所的差异取决于多种因素：结构因素包括劳作场所的条件，
根据活动范围或农作物种类而有所不同；环境因素包括管理
者的个性、其对奴隶制的了解程度（新奴隶主往往更加严
厉），以及是否涉及管理者的私人利益。如果奴隶主因常年
住在宗主国而不在本地，或者奴隶被租给了其他殖民者，监
工往往就不会对这些劳动力手下留情。

暴力的多重统治与关于虐待奴隶的论争

针对奴隶的暴行不仅涉及奴隶主，还涉及非奴隶主与当权
者，它渗透于社会的方方面面。与此同时，奴隶社会中暴力的
普遍性与极端性引发了是否有必要对暴力进行控制的论争。诚
然，蓄奴制与政府在欧洲旧体制社会中对合法暴力的垄断相抵
触，因为中央或地方当局赋予主人自行惩罚奴隶的权力，尽管
奴隶法案对他们能够行使的绝对权力进行了一些限制。但是，
奴隶并未受到和白人相同的法律保护。在英属西印度群岛，当
局会惩罚对奴隶进行肢解或致残的行为，但仅仅通过罚款、监
禁或两者兼施来制裁此类罪行。直到 18 世纪末，大多数英属岛
屿（牙买加除外）都不承认蓄意杀害奴隶是一种谋杀罪行。这
种行为会受到处罚，但并不会被视为重大刑事犯罪，施暴者更
不会被处以死刑。不仅如此，这些法律本身也往往形同虚设。在
法属安的列斯群岛，1685 年颁布的《黑色法典》正式禁止奴隶主
折磨、残害或谋杀他们的奴隶。这部法典随后经历了数次修订，
奴隶主的所有暴力罪行都可能导致被刑事起诉，如果是杀人事件
则会被判处死刑。理论上，这些规定确保了宗主国的司法权高于

当地主权。然而，直到 18 世纪 80 年代，极少有奴隶主会因这些罪行受到起诉，而受到此类起诉的监工只会被判处支付赔偿金。

因此，一些奴隶主公然实施的暴行（包括以最残忍的方式进行的冷血谋杀）不会受到任何惩罚。让·伯纳德·博苏（Jean Bernard Bossu）军官在去往路易斯安那前曾在法属圣多明戈逗留，他写道，自己曾经

48

> 见过一个名叫沙普龙（Chaperon）的殖民者强迫他的一个奴隶进入热熔炉，奴隶在里面悲惨地死去；当奴隶的下巴因为熔化而打开时，野蛮的沙普龙认为奴隶在发笑，于是用叉子戳他；此后这个殖民者就成了奴隶眼中的魔鬼，当他们不服从主人命令时，后者就会威胁他们：我要把你卖到沙普龙那里去。[10]

这类施虐行为受到社会的谴责（博苏将沙普龙描述为野蛮人），但法律容许它们的存在，因为这意味着其他奴隶主不必亲自动手便可以借助威吓驯服自己的奴隶。因此，奴隶制内部的暴力问题不能被简化为家族内部的主仆关系问题，它受到了多种力量的共同作用。

然而，尽管在最残酷的奴隶社会中殖民者早已对极端暴行见惯不怪，但当局与殖民者依然围绕如何合法、公平且有效地惩罚奴隶等问题争论不休。有人认为，滥用暴力会损害奴隶主的道德水准。根据法属圣多明戈的律师米歇尔-勒内·希利亚德·德奥贝特伊（Michel-René Hilliard d'Auberteuil）的说法，"习惯于发号施令的奴隶主会变得自大、敏感、粗暴、易怒、不公、残忍，这会使其在潜移默化中抛弃所有的德行"。[11]其他

人则认为，过度的暴力会导致奴隶逃跑或造反，还会威胁（而非维持）奴隶秩序。在任何地方，如何限制暴力都是社会、政治与道德方面的难题。

人际暴力并非局限于奴隶主和奴隶之间，也涉及非奴隶主，并与司法暴力结合。各国政府不仅在一定限度内赋予奴隶主惩罚他们的奴隶的权利，还让整个白人市民社会都参与对奴隶反抗的遏制。当局要求包括非奴隶主在内的所有白人密切关注奴隶动向，并在某些公共场合对其举止进行监督。奴隶法赋予所有白人对在没有主人授权的情况下分发、收集、携带或交易武器的奴隶实施私人抓捕的权利和义务。对付逃跑奴隶的警察部队也随之发展壮大，公共权力或多或少地参与其中。警方还动用有色人种中的自由人或贫穷白人来打击奴隶犯罪，这也成为种族形成（racial formation）① 过程的一部分。这种维持治安的政策所造成的结果是，政府无法将公共空间作为只有某个种族才能介入的领域。

德奥贝特伊还认为，将这种暴行合法化的结果是，"在法属圣多明戈，任何白人都不会因为虐待黑人而受到处罚，黑人的这种处境使他们不仅是主人的奴隶，同时也是公众的奴隶"。[12]一旦双方发生冲突，白人就有权对黑人使用身体暴力，而奴隶如果想还击，就要冒极大的风险。因此，在如法属新奥尔良这样的城市奴隶社会中，街道依然是不同地位人群和不同种族之间频繁发生肢体冲突的场所，这些冲突通常都由白人挑

44

---

① 种族形成是一种历史学理论，这种理论批判传统的基于族性、阶级和民族的种族理论，认为它们犯了不同类型的简化论错误。该理论重新将种族置于分析的核心，它既非本质，亦非幻象，而是通过种族实现的一种社会建构。

起。底层的非奴隶主（如士兵）也在公共场合与奴隶划清界限，并以暴力维护自己凌驾于他们之上的种族优越感。但和德奥贝特伊的说法不同的是，这些人有时也会因为伤害或杀死属于他人的奴隶而遭到起诉，诉讼程序可能是民事上的也可能是刑事上的，而且只有极少数人在刑事审判中被判处死刑。

实际上，在每个奴隶社会中，以"公共正义"为名的暴行都有助于巩固奴隶制度以及推行严格的种族秩序。尽管通常而言，奴隶主可以在家中管教自己的奴隶，但一些过于恶劣的罪行会被人们视为不适合由私人处理。奴隶法中有对奴隶进行审判的相关条款，并且奴隶法根据犯罪性质确立了罪行的具体种类。例如 1755 年的《佐治亚法案》规定，被指控叛乱、叛乱未遂、谋杀、谋杀未遂、袭击、纵火以及在某些情况下殴打白人的奴隶都必须被判处死刑。大多数情况下，奴隶法庭主要用于对造反的奴隶进行起诉与定罪。相比之下，他们对处理奴隶之间的暴力冲突没有多少兴趣。

通过为奴隶设立单独的法庭（主要在英国而非法国）与限制奴隶作证，按照社会身份对罪犯进行区别对待（针对奴隶且包庇白人），将奴隶定罪（大部分罪名是盗窃和逃跑），执行各种刑罚（鞭打、烙印、致残、焚烧、在轮子上打断他们的四肢、绞死、流放和苦役），考虑行刑者的地位与出身（通常会选择奴隶或者已经获得自由身的奴隶），以及在公开处决中肢解并展示尸体部位等方式，司法系统推动了奴隶秩序的持续运作。被吊死的奴隶被当作叛徒处理，当局将其斩首后把头吊在杆子上，或者直接焚化。任何奴隶所犯的"罪行"都会被视为对既有奴隶秩序的背叛。

出于维护奴隶制的需要，殖民地的司法机构随着时间的推移而走上了与宗主国不同的演变道路。在启蒙运动兴起的背景下，18 世纪的欧洲开启了关于改革刑事司法必要性的辩论。尽管这场辩论显然并非基于海外发生的事，但它也对一些奴隶社会产生了影响。一方面，殖民地当局依然在司法程序中采取刑讯并对奴隶实施可怕的体罚，而这些体罚在大西洋的彼岸正逐步消失；另一方面，在七年战争（Seven Years War）① 后，关于是否需要遏制奴隶主在当地的特权的辩论变得越发激烈。正是在七年战争期间，加勒比地区爆发了诸多奴隶起义。而在和平协议签署后，奴隶贸易迅速反弹。面对如此危机四伏的背景，为了防止奴隶骚乱，法国和英国都感到有必要采取干预措施。1784—1785 年，法国王室试图用更人道的方式进行奴隶制改革，但最终徒劳无功。可与此同时，越来越多的奴隶主因为虐待奴隶被起诉，其中一些著名的审判甚至在宗主国都家喻户晓。

　　随着大西洋地区的废奴主义运动如火如荼地开展，社会上的废奴主义浪潮始终声势不减。废奴主义话语的核心论点是谴责非人道的残忍手段和有辱人格的暴行，在英国尤其如此。1788 年 2 月，由于废奴主义受到广泛支持，当时的首相威廉·皮特（William Pitt）起草了一份关于西印度群岛奴隶贸易和奴隶待遇的报告。随之而来的议会辩论也迫使一些殖民地通过了新的奴隶法，其中就包括保护奴隶的条款。这些法律还受到了从 18 世纪中叶一直持续到美国独立战争结束后在殖民地

---

① 七年战争是 18 世纪中期在英国-普鲁士联盟与法国-奥地利联盟之间发生的一场长达七年的战争。这场战争使得英国成为海上霸主，法国进一步受到削弱，俄国加强其欧洲强国的地位，普鲁士在德意志的特殊地位得到巩固。

发展壮大的改良主义运动的启发。持改良主义立场的种植园主
并不反对奴隶制本身，他们的主要诉求是在难以获得新奴隶的
情况下降低现有奴工的死亡率，因为奴隶的价格在政治动荡和
国际战争期间水涨船高。

身体暴力与符号暴力，或奴隶制与种族

46
废奴主义文献以及各方面的历史参与者写就的所有其他一
手文献（包括奴隶的自述、司法档案记载的对奴隶的询问与
奴隶证词、旅行游记、殖民地志、奴隶主的日记、奴隶主与监
工之间的通信、种植园主手册、行政人员之间的通信、议会调
查报告、支持奴隶制的小册子等）都表明，暴力在奴隶社会
中普遍存在。尽管这并没有什么量化数据可以为证，但有著作
提供了真实的叙述视角，例如法国多明我会士让-巴蒂斯特·
杜·特尔（Jean-Baptiste Du Tertre）撰写的《法属安的列斯群
岛通史》（1667 年）以及《非洲黑奴自传——奥拉达·艾奎
亚诺（又名古斯塔夫斯·瓦萨）生平奇事录：由本人创作》
（1789 年）。艾奎亚诺在第 5 章描述了"1763—1766 年自己在
西印度群岛被关押期间目睹的针对奴隶的压迫、残酷与剥削的
各种生动事例"，这与一个多世纪前的传教士所讨论的"用于
制裁黑人所犯罪行的惩罚"有所呼应，尽管两者对暴力的态
度并不相同，前者表示谴责，而后者在表示遗憾的同时依然为
奴隶制本身辩护。[13]即使是最狂热的奴隶制支持者也至少承认，
在奴隶制的庇护下，专横的奴隶主会做出一些即便在当时也会
被视作暴行的举动。奴隶的记述同样依据暴力对奴隶主进行
"好主人"与"坏主人"的区分，他们不但记下了突然爆发的
反常暴行，也对无处不在的常规暴行进行了谴责。事实上，在

各种文献中都可以找到关于残忍的种植园主用可怕的方式惩罚与杀害奴隶的奇闻异事。但除了上述常见的修辞外，不同的文献在对暴力的描述及呈现方式上存在巨大差异。

这些一手文献给读者带来了两种截然相反的印象，它们都反映了复杂现实的一个方面：针对奴隶的暴行始终没有规律可言，但这些暴行同时也趋于常规化。当时文献中的很大一部分（无论其记录者支持还是反对奴隶制）都强调，奴隶主无所不用其极地发明惩罚奴隶的新工具与新方式。这些文献列举了奴隶主严惩、折磨甚至杀害奴工的各种可怕手段，并认为奴隶主冲动、无规律且不可预测地（简而言之，非理性地）使用暴力；同时重点记述了对奴隶的残害与谋杀，后者往往被视为不可理喻的行为，因为这极大地损害了奴隶主的利益，使他们流失了部分劳动力与资本。奴隶主实施的无差别暴行体现了他们对奴隶的绝对权威。在这些显然缺乏逻辑的行径背后，各种形式的暴行传达了这样一种观念，即奴隶本就不适用于任何法则，因为他们不属于公民社群，也不受任何社会契约的约束或保护。

另外，一些文献（作者通常是种植园主或奴隶制的其他支持者）反对将奴隶制中的极端暴力视为无法被现有体制约束与监管的邪恶衍生物。他们将暴力描述为在奴隶主掌控下的一种可行且必要的社会管理手段。奴隶主需要学会如何以一种适当且可控的方式对身体暴力进行使用与调节，以便在强化自身权威的同时，以最低的人力和经济成本尽可能多地榨取奴工的劳动力。这不仅关乎效率，也是奴隶主维护自身德性的某种方式，无论这种德性是受宗教还是人道主义观念的启发，抑或两者兼有。因此，在法属殖民地，某些特定形式的体罚（如将奴隶绑到梯子上或三到四根桩子上进行鞭打）趋于惯常化与仪式化。对奴隶实施刑罚的习俗与仪式的发展使暴力变得司空见惯。尽管暴力变得常规、可控且可计，但这并非意味着它不再普遍、残忍且有辱人格。

为了阻止其他奴隶反抗或造反，这些奴隶主经常对反抗者公开处刑以儆效尤。出于同样的原因，他们也会根据实际情况谨慎选择惩罚的实施方式。许多奴隶主还会进行惩罚方面的实验或讨论。亚历山大-斯坦尼斯拉斯·德·温普芬（Alexandre-Stanislas de Wimpffen）在游记中详细记述了 1790 年他在法属圣多明戈种植园的收获季中进行的一项"实验"：每过一天就将鞭子的抽打次数增至两倍、三倍、四倍……直到他的奴隶完成收获咖啡豆的要求额度为止。[14]一些奴隶主则认为，他们需要在自己的庄园里进行一些审判。他们还认为，减少随意的惩罚不仅更容易让奴隶接受，也能让他们自己制定的规矩变得固定。

48　　　　对暴力的控制还通过执行体罚的人选来体现。其中的关键问题在于，如何确保奴隶能够接受奴隶主的权威并以此建立一整条指挥链。奴隶主在与其奴工一同生活而非远在海外时，他们既可以亲自责罚奴隶，也可以命令白人监工或黑人工头这样做。一些奴隶主还会雇用刽子手或普通的挥鞭手（在牙买加受雇于地方政府，有时奴隶主也会购买其服务）来代表他们公开责罚奴隶，这种做法在城市与郊区的小型种植园中尤为常见。那些刻意不让自己亲自参与施暴过程的奴隶主往往在乡下经营大型种植园。兰登·卡特（Landon Carter）是 18 世纪弗吉尼亚最富有也最具权势的种植园主之一，他从未在自己长期记录的日记中提到曾经亲自处决任何奴隶。他或许认为，这样的脏活不符合他显赫的社会地位，也不符合 18 世纪下半叶在精英阶层中发展出的高雅文化。这种文化与其他一些不那么高雅的文化一起，发展出一种多元的混合体制。

虽然遭受虐待的奴隶不分性别，但绝大多数时候，负责惩罚奴隶的是男人，因为奴隶主认为，女性不适合作为施暴者。尽管在已知的记录中不存在担任监工的白人女性或被选为工头的黑人女性（除了专门负责处理女人和儿童的情况），但白人女性同样可能参与对奴隶的惩罚，这种现象对白人社会中的性别秩序发起了挑战。马提尼克岛的种植园主和律师让-巴蒂斯特·蒂博·德·尚瓦隆（Jean-Baptiste Thibault de Chanvalon）记述了"她们（美洲妇女）会为了得到受雇机会而表现得极其严厉，严厉程度甚至超过了男人"。[15]考虑到这种现象和其他原因，尚瓦隆将热带殖民地描述为社会规范被倒置的场所。

奴隶社会对暴力的使用使得殖民地在其他许多方面不同于宗主国。诚然，早期近代欧洲私人家庭内部的暴力（特别是主人对仆人的暴力）已存在且被合法化，但这种暴力在奴隶社会中被放大、加剧并被体制化。不仅如此，它还显示了阶级特权以及种族特权的新含义。特定形式的体罚被用来加深和展示种族上的鸿沟，奴隶主不仅广泛采用各种各样的体罚方式（以各种体位将奴隶吊起来或绑起来进行鞭打，从头到脚绑住奴隶数小时等），而且体罚还会与监禁相结合（大型种植园都建有监狱）。这些惩罚的目标不仅是通过施加痛苦来训诫与通过限制行动来防止奴隶逃跑，也是通过肉体上被打上的烙印、残缺的四肢和鞭打的疤痕来识别不守规矩的奴隶并防止其再犯。体罚也起到了羞辱、恐吓和瓦解意志的作用。无论是逼迫其进食排泄物这样的特殊惩罚，还是如同"四根桩子"这样的常规惩罚，对奴隶进行羞辱的目的都昭然若揭。惩罚的工具和方式都旨在让被奴役的男性与女性丧失人性。监工在向海外的种植园主提交年度报告时，通常都会把奴隶与牲口放在一起清点。当惩罚奴隶或者给其烙上奴隶主的标记时，他们也在试图使奴隶自我内化为一种活着的动产（living chattel）。

被奴役的男性与女性所面临的惩罚手段与方式并无区别，但女性受到的惩罚与男性相比会更少且更轻，尽管她们并不能完全幸免。事实上，直到 19 世纪 20 年代，对鞭打妇女的谴责才成为英国废奴主义文献的核心议题。更重要的是，女性在遭受与男性一样的体罚之余还会遭受制度化的性暴力。正如西斯尔伍德在日记中所言，强制性行为——无论是强奸还是女性感到自己别无选择而同意的性行为（即使没有涉及身体暴力）——被白人当作对种植园进行社会控制的途径。男性并未遭受同样的性暴力，但整个体罚制度、白人对女性奴隶的性侵占以及男性奴隶无法保护自己的妻子免受主人的性虐待与身体虐待的事实，共同损害了他们的男性气概并使其自觉低人一等。这种对男性气概的打击在时有发生的阉割事件中不仅具有符号意义，也是对其身体的实际伤害。因此，性别在暴力与种族的交会点上发挥了关键作用，而且随着时间的推移变得更加重要。值得注意的是，面对这样一个充斥着制度暴力与惊惧的机制，被奴役的女性与男性也会奋起反抗，努力维护自身尊严。虽然这种灭绝人性的过程可能对奴隶造成了沉重的心理与道德伤害，但这并未阻止他们对奴隶制进行强硬回击。

奴隶与马龙人的暴力

50

奴隶自己也会采取多种方式对不同的对象实施暴行。被奴役的男性与女性可以通过自我施暴来摆脱奴隶制。自杀是很常见的现象，那些在中间通道遭受创伤后难以在新的恶劣环境中建立社会关系的新来奴隶尤其如此。尽管奴隶自杀的动机尚无定论，但奴隶主会将这种行为视作对他们权威的蔑视与反抗，他们还担心自杀风气会像传染病一样蔓延。他们砍下自杀者的头，肢解其尸体，将头挂在杆子上，并对迷信的奴工解释道，自杀会使自己的灵魂永远无法回到非洲故乡。奴隶主对这些尸体进行带有视觉冲击的惩罚，旨在象征性地将自己的权威投射在上面，通过褫夺死者的权利来给活着的奴隶制造精神恐慌。

　　暴力同样普遍存在于奴隶群体内部。不同种植园之间以及种植园内部都经常爆发流血冲突。因为奴隶社群和任何其他集体（包括那些面临严厉压迫与统治的集体）以一样的方式运作，所以出现暴力事件不足为奇。然而我们无法确定，奴隶之间暴行的程度是否因为奴隶制本身而显得更加严重。日常生活的穷困潦倒与女性的匮乏无疑导致了多起与财产（涉及盗窃、商品和服务的交换以及还债）和家庭（涉及控制女性性行为所导致的家庭暴力以及针对潜在或实际情敌的暴行）有关的暴力事件的发生。男性奴隶还可能出于维护自身始终被奴隶制所打压的男性气概而诉诸暴力。在自我设定的荣誉准则之下，暴力被用于粗暴地捍卫自己的名声。这种暴力尽管只存在于奴隶内部，但同样可能造成奴隶社群的分崩离析。另外，它也构成了一种对奴隶主所施加暴力的应对方式。

　　当奴隶尝试直接反抗被奴役的命运时，大多数人选择的方式是逃跑。事实上，作为奴隶反抗的最常见方式，逃亡通常并不涉及暴力。大多数逃跑的奴隶都在很短的时间内被抓回原来

的种植园，但在一些岛屿［牙买加、多米尼克（Dominica）①
和格林纳达］上，成功逃脱的奴隶建立了长期存在的马龙人
51　（Maroons）② 社区，这些社区在种植园社会内部成为自由人与
被奴役者的中间地带。例如在牙买加，马龙人为了维持人口不
但欢迎新的逃亡者加入，而且会袭击种植园以获得女人和儿
童。通过反复的进攻和游击战术，他们成功吓退了殖民者，在
1729—1739 年的第一次马龙人战争期间尤其如此。由于无法
打败他们，英国当局在 1739 年签署了一系列条约，这些条约
不仅授予马龙人土地，还让他们得到了与英国臣民一致的部分
权利，其中包括携带武器以及自行审判除死罪以外的其他罪
行。作为回报，马龙人承诺帮助追捕逃跑者，支持殖民者镇压
奴隶反叛，以及在入侵战争中保卫岛屿。然而，到 18 世纪的
最后二十五年，马龙人与殖民地当局的关系逐渐恶化，因为越
来越多的马龙人不愿充当殖民警察部队的帮凶，他们有时甚至
会直接站在被奴役者一边。

　　与普遍存在的逃跑行为相比，极少有奴隶会以袭击或谋
杀的方式反抗奴隶主，因为他们知道一旦犯下命案，自己肯
定难逃一死。这类事件或多或少取决于当地的实际情况。例
如在 18 世纪，南卡罗来纳遭到谋杀起诉的奴隶的数量远多于
弗吉尼亚被起诉谋杀的奴隶的数量，因为在平原地带，白人
与黑人之间的人口失衡更加显著，克里奥尔化③奴隶的数量

---

①　本卷的 Dominica(n) 有三种含义：多米尼克（前英属殖民地，官方语言为
　　英语）、多米尼加（前西属殖民地，官方语言为西班牙语）、多明我会
　　（天主教托钵修会主要派别之一）。
②　马龙人，指牙买加的 17—18 世纪为抵抗英国殖民者而逃亡的非洲黑人
　　奴隶。
③　关于克里奥尔化，参见本卷导言。

更少，种植园也更大、更与世隔绝。奴隶在试图保护自己时可能失手杀死自己的主人，也可能蓄意策划谋杀。奴隶主特别害怕被奴隶下毒，或被他们认为的巫术蛊惑。有时，凶杀会被当作为奴隶群体伸张正义的方式，1701 年发生在安提瓜的事件显然就属于此类，当时一群奴隶杀死了他们的主人萨缪尔·马丁（Samuel Martin），因为后者决定取消传统的圣诞假期。

奴隶的暴行还包括起义。奴隶起义偶尔发生，因为奴隶除非相信他们自己能够成功，否则通常不会起来反抗。例如，据说在法属路易斯安那唯一由奴隶密谋策划的起义发生在 1731年 6 月，当时正值纳奇兹战争期间。奴隶起义的频率与规模取决于多种因素，包括奴隶人口的数量、白人与黑人之间人口失衡的程度、奴隶贸易的条件、种植园的大小及其与世隔绝的程度、当地是否存在大量美洲土著、奴隶中是否存在军事文化、民兵与驻军的兵力，以及是否存在诸如流行病、殖民地或国际战争等使白人人口减少的有利条件。相比之下，奴隶组建家庭以及内部市场形成的可能性则成为奴隶方的消极因素，这会使奴隶因为保护亲属的生命以及自己的财产而不愿冒险。我们很难界定宗教方面的影响。在牙买加的"美索不达米亚"种植园的案例中，该种植园的奴隶拒绝加入 1760 年的塔基起义大军，附近摩拉维亚教派的传教士所宣扬的被动服从的教义或许在其中发挥了作用。无论起因如何，奴隶起义大体上都无法形成什么气候，但奴隶主通常会用最严厉的手段来镇压。爆发式的暴力镇压带有某种宣泄的目的：这有助于消除恐惧、恢复统治并赞美团结一致的白人群体。

***

　　无论是在英属美洲、法属美洲还是西半球的其他地区，暴力都是奴隶社会得以长时间维持的关键因素。暴力不是其中唯一的因素，但无疑是最具决定性的，它带来的惊惧文化深刻塑造了奴隶社会并影响了各方对奴隶制的看法，尽管奴隶是其中最大的受害者。暴力在奴隶社会中处于中心位置，这不仅与它的发生频率、严酷程度，以及它涉及所有社会和制度的行为者这一事实有关，而且与它所采取的具体形式有关。体罚始终是一种具有象征性的表达方式。身体暴力的实施方式从来都不是随机选择的，而是往往具有某种意味，因为它们使统治、剥削与压迫制度变得正当与合法。奴隶社会中的特定暴力形态旨在让奴隶失去人性；反过来说，奴隶的非人化过程也助长了这种普遍而残酷的暴力体制，因为它否认奴隶享有和人一样的权利，这缓解了公共正义与奴隶主的残忍之间的矛盾。就此方面而言，英国主权与法国主权的殖民地以相同的方式运作。但其不同之处在于 18 世纪最后几十年间发展出来的关于奴隶制与暴力的辩论分别来自议会委员会和司法领域。同样，尽管法兰西帝国的奴隶没有像大英帝国的奴隶那样发表谴责奴隶制暴行的著述，但他们确实同样将矛头对准了自己的主人。

53　　革命时期发生的一些事件也使得两个帝国走向了不同的道路。纵观世界历史，几乎没有奴隶起义以胜利告终，但其中有一个例外：爆发于 1791 年 8 月的法属圣多明戈奴隶起义。由法国大革命与国际战争带来的政治动荡成为这场起义最终取得胜利的关键因素。法国和海地的革命引发了极端暴力的恶性循环，白人、有色人种中的自由人和奴隶之间展开了一系列恶战。逃离法属圣多明戈的难民记录并出版了许多关于这起事件的著述，他们让世界感受到了在整个大西洋世界蔓延与回响的这种恐惧。不仅仅是法属圣多明戈，对于所有美洲社会而言，海地革命以及更大范围内的革命都宣告了前一个时代的结束。从那时起，奴隶开始抗争，不仅是为了获得人身自由，也是为了在全球范围内推翻奴隶制度。

而且，我们同样可以认为，无论是在英属加勒比地区还是在法属加勒比地区，革命前后都存在相当大的连续性。正如韦迪耶在画中所展示的四桩刑罚那样，在 19 世纪的头几十年，极端暴力依然在英属西印度群岛和法属安的列斯群岛的奴隶社会中盛行。但是，1807—1815 年国际奴隶贸易的废除、奴隶人口的克里奥尔化、人道主义与废奴主义的兴起，以及改革或改进奴隶制的运动的推进，可能在 1833—1838 年大英帝国废除奴隶制与 1848 年法兰西帝国废除奴隶制之前对暴力、奴隶制和种族之间的相互作用产生了某种影响。

参考论著

在为数不多的专门研究早期美洲社会暴力的书籍中，有一本合著值得读者参考，其中的数个章节讨论了奴隶社会中的暴力：John Smolenski and Thomas J. Humphrey（eds.），*New World Orders：Violence, Sanction, and Authority in the Colonial Americas*（Philadelphia：University of Philadelphia Press，2005）。

种植园中的体罚这一主题出现在许多研究早期英属与法属美洲奴隶制的书籍中，但其中没有专论这一主题的作品。其中颇有洞见的论著包括 Trevor Burnard，*Planters, Merchants, and Slaves：Plantation Societies in British America, 1650-1820*（Chicago：University of Chicago Press，2015）；Gabriel Debien，*Les esclaves aux Antilles Françaises（XVIIe – XVIIIe siècles）*（Basse Terre and Fort-de-France：Société d'histoire de la Guadeloupe and

Société d'histoire de la Martinique, 1974）；Philip D. Morgan, *Slave Counterpoint*：*Black Culture in the Eighteenth-Century Chesapeake and Lowcountry*（Chapel Hill：University of North Carolina Press, 1998）。

特雷弗·伯纳德的另一本书以牙买加的一名监工的日记为研究基础，其主题是暴力在奴隶社会的生产与再生产中的作用：*Mastery, Tyranny, and Desire*：*Thomas Thistlewood and His Slaves in the Anglo-Jamaican World*（Chapel Hill：University of North Carolina Press, 2004）。采用西斯尔伍德的日记来研究其他暴力现象的论著还包括 Philip D. Morgan, 'Slaves and Livestock in Eighteenth-Century Jamaica, Vineyard Pen, 1750-1751', *William and Mary Quarterly* 52. 1（1995）, pp. 47-76。文森特·布朗（Vincent Brown）在一篇精彩的文章中认为，奴隶主与工头不但依赖身体暴力，还需要通过精神暴力来加强自身权威：'Spiritual Terror and Sacred Authority in Jamaican Slave Society', *Slavery & Abolition* 24. 1（2010）, pp. 24-53。

越来越多研究奴隶社会的历史学家开始考虑种族奴隶制的性别维度。特雷弗·伯纳德的研究表明，性暴力是加勒比种植园社会控制的重要组成部分：'The Sexual Life of an Eighteenth-Century Jamaican Slave Overseer', in Merril Smith（ed.）, *Sex in Early America*（New York：New York University Press, 1998）, pp. 163-89。关于加勒比地区城市奴隶社会中女性奴隶与女性自由人遭遇的具体暴行，参见 Marisa J. Fuentes, *Dispossessed Lives*：*Enslaved Women, Violence, and the Archive*（Philadelphia：University of Pennsylvania Press, 2016）。

法律、正义和暴力之间的相互作用是另一个重要论题。研究针对奴隶的司法暴力的成果包括 Mindie Lazarus-Black, 'Slaves, Masters, and Magistrates：Law and the Politics of Resistance in the British Caribbean, 1736-1834', in Mindie Lazarus-Black and Susan F. Hirsch（eds.）, *Contested States*：*Law, Hegemony, and Resistance*（New York：Routledge, 1994）, pp. 252-81；Diana Paton, 'Punishment, Crime, and the Bodies of Slaves in Eighteenth-Century Jamaica', *Journal of Social History* 34. 4（2001）, pp. 923-54；Betty Wood, '"Until He Should Be Dead, Dead, Dead"：The Judicial Treatment of Slaves in Eighteenth-Century Georgia', *Georgia Historical Quarterly* 71. 3（1987）, pp. 377-98。关于征用奴隶和自由人作为公共行刑者的研究成果，参见 Gene E. Ogle, 'Slaves of Justice：Saint-Domingue's

Executioners and the Production of Shame ', *Historical Reflections/Réflexions Historiques* 29. 2（2003），pp. 275-93。关于蓄奴制中白人巡逻队的研究成果，参见 Sally Hadden, *Slave Patrols：Law and Violence in Virginia and the Carolinas*（Cambridge，MA：Harvard University Press，2003）。

历史学界有大量关于奴隶抵抗运动的研究成果，其中的代表参见 Michael Craton, *Testing the Chains : Resistance to Slavery in the British West Indies*（Ithaca，NY：Cornell University Press，1982）；Junius P. Rodriguez（ ed. ），Encyclopedia of Slave Resistance and Rebellion, 2 vols.（Santa Barbara，CA：ABC-CLIO，2006）。特里·L·斯奈德（Terri L. Snyder）有一本关于奴隶自杀的开创性研究著作：*The Power to Die：Slavery and Suicide in British North America*（Chicago：University of Chicago Press，2015）。在关于奴隶之间的暴力现象的研究中，没有专门聚焦于早期近代的著作，但可以参见这本近期出版的关于南北战争之前美国南部种植园的专著：Jeff Forret, *Slave against Slave : Plantation Violence in the Old South*（Baton Rouge：Louisiana State University Press，2015）。

关于对艺术和文学作品、奴隶自述以及废奴主义作品中的奴隶施暴现象进行研究的论著，参见 Brycchan Carey, *British Abolitionism and the Rhetoric of Sensibility : Writing, Sentiment, and Slavery, 1760 - 1807*（London：Palgrave Macmillan，2005）；Ramesh Mallipeddi, *Spectacular Suffering : Witnessing Slavery in the Eighteenth-Century British Atlantic*（Charlottesville：University of Virginia Press，2016）；Marcus Wood, *Blind Memory : Visual Representations of Slavery in England and America, 1780-1865*（Manchester：Manchester University Press，1988）；Marcus Wood, *Slavery, Empathy, and Pornography*（Oxford：Oxford University Press，2002）。

注　释

1. Victor Schoelcher, *Des colonies françaises. Abolition immédiate de l'esclavage*（Paris：Pagnerre Éditeur，1842）.

2. Joseph France, *La vérité et les faits. L'esclavage à nu dans ses rapports*

avec les maîtres et les agents de l'autorité avec pièces justificatives (Paris: Moreau Librairie-Éditeur, 1846).

3. M. L. L. Mascrier (M. Dumont), *Mémoires historiques sur la Louisiane* (Paris: Cl J. B. Bauche, 1753), pp. 243−4.

4. Louisiana State Museum, New Orleans, Registers of the Superior Council of Louisiana, 1748/01/12/01, 1766/07/29/04.

5. Arnold A. Sio, review of *The Sociology of Slavery : An Analysis of the Origins, Development and Structure of Negro Slave Society in Jamaica* by Orlando Patterson, *Social and Economic Studies* 17. 1 (1968), p. 96.

6. John Smolenski, 'Violence in the Atlantic World', in D'Maris Coffman, Adrian Leonard and William O'Reilly (eds.), *The Atlantic World* (New York: Routledge, 2015), ch. 14.

7. Jean-Baptiste Poyen Sainte-Marie, *De l'exploitation des sucreries, ou conseils d'un vieux planteur aux jeunes agriculteurs des colonies* (Basse-Terre: Chez Vilette imprimeurlibraire, 1792), p. 52.

8. 'Memoirs of the Life of Boston King, a Black Preacher', *Methodist Magazine* 21 (1798), pp. 105 − 7, 引自 Philip D. Morgan, *Slave Counterpoint : Black Culture in the Eighteenth-Century Chesapeake and Lowcountry* (Chapel Hill: University of North Carolina Press, 1998), p. 393。

9. John Taylor, 'Multum in Parvo or Parvum in Multo: Taylor's Historie of His Life and Travels in America', vol. II, pp. 541−7（手稿），引自 Susan Dwyer Amussen, *Caribbean Exchanges : Slavery and the Transformation of English Society, 1640 − 1700* (Chapel Hill: North Carolina University Press, 2007), p. 66。

10. Jean Bernard Bossu, *Nouveaux voyages aux Indes occidentales* (Paris: Le Jay, 1768), p. 18, n. 1.

11. Michel-René Hilliard d'Auberteuil, *Considérations sur l'état présent de la société française de Saint-Domingue* (Paris: Grangé, 1776), p. 136.

12. 同上，p. 145。

13. Olaudah Equiano, *The Interesting Narrative and Other Writings*, ed. Vincent Carretta (Harmondsworth: Penguin, 2003), pp. 95 − 112; Jean-Baptiste Du Tertre, *Histoire générale des Antilles habitées*

par les Français (Paris: Thomas Joly, 1667), vol. II, pp. 529-34.

14. Albert Savine (ed.), *Saint-Domingue à la veille de la Révolution* (*souvenirs du baron de Wimpffen*) (Paris: Louis Michaud, 1911), pp. 148-9.

15. Jean-Baptiste Thibault de Chanvalon, *Voyage à la Martinique* (Paris: Cl. J. B. Bauche, 1763), pp. 35-6.

3 葡属美洲的种族与暴力

哈尔·朗福尔

　　巴西在早期近代的种族暴力史中处于中心位置，它不仅是欧洲人眼中典型的热带食人族活跃之地，也是奴隶数量最多的美洲殖民地。此外，同样值得我们关注的还有巴西当局长期以来对自身暴力特征的掩饰。本章检视了我称之为"强制灌输"（coercive pedagogy）的早期跨大西洋殖民形式的葡属美洲地区暴力史。在这种"强制灌输"中，殖民地当局精心构造了一整套理念与方式，从而向原住民、非洲后裔以及白人殖民者灌输，在特定范围内，是允许暴行存在的。本章致力于阐明殖民者如何接受按照种族差异来组织的暴力，以及巴西当局日后如何通过解释来淡化其暴力色彩。本章将集中分析对印第安人和黑人的奴役，正如特雷弗·伯纳德在第1章中指出的，渗透于奴隶制"每个环节"的暴力在美洲的殖民化过程中发挥了基础性作用。

　　葡萄牙人采取了一系列做法对大多数非白人居民进行身体和精神上的伤害，并以此积累与扩张自身在美洲的财富。他们企图通过新的暴力规则来建立并巩固自己在热带殖民地的统治基础，其中结合了法律程序、宗教定位、军事和准军事行动，以及针对集体和个人的体罚措施。在对身体侵害的合理化过程中，宗主国派出的最高当局将这些措施视为必要的、高尚的和正义的举动，它们是面对威胁时的正当反应。当局不仅批准了许多被君主与上帝认可的强制措施，而且认为暴力本身就是一种必要的教化手段。葡萄牙人对自己在世俗与宗教事务方面的优越地位深信不疑，他们越发倾向于从种族化的概念中来理解这一点。在这一观念的引导下，他们缔造了旨在传达和确保自身在殖民地新兴社会的等级制度中占据主导地位的暴力形式。 56 为了实现这个目的，他们对原住民、非洲人和混血者进行生物学区分，继而将这种区分转化为精心策划的惩罚措施，并以此达到训诫的效果。

根据中世纪的伊比利亚收复失地运动（Iberian Reconquista）①编年史中的记述，这类暴力经过几个世纪的改进后在葡萄牙的早期海外征服中得到推行。在这个早熟帝国于 15 世纪沿着非洲大西洋海岸展开的冒险中，暴力如影随形。公元 1500 年后，随着葡萄牙王室宣布发现巴西，这一整套暴力手段也扩展至美洲大陆。在那里，葡萄牙人对（与海上扩张相对的）领土的扩张、宗教皈依的必要性、集结劳动力的需求，以及保障白人基督徒殖民者的安全和霸权的敦促变得越来越紧迫。接受正当的暴行被视为一件好事，在向非欧洲血统与相貌的民族灌输服从殖民统治的观念方面尤其如此。

古典哲学、古罗马时期与伊斯兰教历史上的先例、中世纪神学、教皇的默许，以及在收复失地运动期间逐渐成形的伊比利亚法律与社会活动共同定义了奴隶制。在此过程中，奴隶制被俘虏他人者视为一种自然、公正与光荣的制度；对俘虏而言，它富有道德与精神教益。通过灌输这一观念，葡萄牙人不仅将撒哈拉以南非洲的奴隶送到伊比利亚半岛做家仆，还将他

---

① 伊比利亚收复失地运动，简称收复运动，指 718—1492 年，伊比利亚人反对阿拉伯人占领、收复失地的一系列运动。

们运往非洲的大西洋岛屿从事糖料生产劳动，这便是早期出现的奴隶贩卖活动。对这种过程的合理化支持体现了一种被历史学家詹姆斯·斯威特（James Sweet）恰如其分地称为"没有种族的种族主义"视角，该视角旨在将不同人种区别对待。换言之，种族主义的意识形态及其实践早在基于表型的伪科学系统出现之前就已成形。这种观念认为，拥有深色皮肤与其他被歧视的身体特征的人注定要成为奴隶并遭受相应的暴力。[1]

尽管身体上与心理上的惩罚现象普遍存在，但这并不意味着这种惩罚始终是奏效的。通过不断开辟实现自身目标和塑造自身生活的空间，印第安人和非洲人的后裔并未轻易屈服于这种武力与意识形态驱动下的命令。历史学家一直致力于研究对严厉殖民统治的反抗行为，无论这种行为是暴力的还是非暴力的，但它并不属于下文直接讨论的范畴。[2]相反，我们关注的重点始终是葡萄牙人如何在南大西洋通过使用种族暴力来发展壮大帝国的版图。

在简单检视了这段血迹斑斑却长期被遮蔽的历史后，本章转向讨论16—17世纪葡属美洲的殖民者与非白人民族之间压迫关系的实质。16世纪的殖民活动拉开了欧洲殖民者对印第安人统治的序幕，17世纪的殖民活动则与美洲最大规模的非洲奴隶劳动力的创建和控制有关。许多研究大西洋帝国主义的学者认为，以种族为基础的、为殖民统治服务的等级制度要到18世纪才成形，但葡萄牙的跨大西洋事业在此时早已发展多年。

友好的殖民主义

即使涉及对印第安人和非洲人的奴役，强调种族暴力在巴西殖民历史中的中心作用似乎也并不总能自圆其说，巴西历史

的解释者们则始终坚决反对这一观点。短视的学者和其他辩护
者将这个诞生于葡萄牙三百多年统治中的国家描绘为种族和谐
的灯塔，以及一种极其宽容的多元文化殖民主义形式的产物。
他们坚称，水手、商贩和殖民者在这里与殖民地的原住民自由
混居，一种相对温和的奴隶制形式由此诞生。

这种对葡属殖民地的温和研究视角在 20 世纪 30 年代达到
顶峰，当时巴西社会学家吉尔伯托·弗雷雷（Gilberto Freyre）
提出"葡式热带主义"，并用这一概念形容他所理解的葡萄牙的
独特殖民方式。[3]尽管弗雷雷将种族融合或通婚（mestiçagem）视
为一种积极且具有决定性的巴西历史与文化的特征（这在当
时颇具超前眼光），但他同样犯了刻板且武断的结论先行谬误，
这在如今看来是不可思议的。例如，他在讨论巴西殖民化的起
源时断言："巴西人生来就处于一种性迷醉（sexual intoxication）
的环境中。"弗雷雷还进一步认为，"有色人种女性天生就具
有某种魅力，大量葡萄牙人在热带都拜倒在她们的石榴裙
下"。作为殖民者，葡萄牙人"并不寻求在种族、社会和文化
上征服［非欧洲人］"，而是通过"互利共生顺应时代潮流"。
尽管奴隶制在巴西普遍存在，但它是一种"宗法制"而非
"工业化"的奴隶制，这对那些被卷入葡萄牙语世界的人而言
是一种"社会保障体系"。[4]

葡式热带主义迅速在巴西等国家流行开来，一种与此前理
论迥异的新说辞开始在大西洋两岸出现。葡萄牙独裁者安东尼
奥·德·奥利维拉·萨拉查（António de Oliveira Salazar，1932—
1968 年在位）在深思熟虑后，最终于 20 世纪 50 年代接受了弗
雷雷的理论，并将其用于巩固民众对国家维持亚非殖民地的支
持，因为该理论假定他的国家对种族融合有着超乎寻常的亲和

58

力。葡式热带主义还影响了另一批人，这批人着迷于现代巴西社会中引人注目的不同肤色人群和民族间的社交，但也因此忽略了国内长期存在的种族不平等现象。而在国际学界，学者往往将不平等的殖民地社会关系中特有的性虐待误解为力比多过剩的温和表现，而且暗示或明示了这种表现对种族融合的宽容意味。1999 年，一个深受弗雷雷影响的著名美籍巴西人写道："巴西的葡属形象从一开始就存在色情意味。"这句话出自一本被广泛使用的英语教材。还有学者将葡萄牙的结盟和合作倾向与西班牙的战争和征服倾向进行了对比。[5] 上述这些观点都暗示，人种差异无关紧要，葡属美洲的殖民化过程中并不存在什么暴力。

但到了 20 世纪下半叶，越来越多的学者和社会批评家主张并致力于对这些过时观念进行解构。研究者从历史档案中发现的大量证据表明，葡萄牙人与印第安人、非洲人及其多民族后代的关系中同样广泛存在暴行、流血事件和压迫。这些研究者证实，为了实现作为葡萄牙优良传统的种族融合与通婚，恐吓现象普遍存在。他们还揭示了巴西作为早期近代暴力大熔炉的重要性，这种暴力建立在对不同血统、信仰和肤色的人群之间不可通约这一观念的强化上。

这些研究对前人观点进行了修正，但它们并未否认无数和谐共存案例的存在，毕竟历史上的所有殖民活动中几乎都能找到这类案例。和其他殖民地一样，巴西教会和王室对暴力的实施范围进行了约束。暴力从来都不是唯一的殖民手段。换句话说，殖民者并非一定要诉诸暴力才能进行有效统治。更重要的是，当局还规定了何时才是使用暴力的恰当且必要的时机。这使殖民者相信，不到万不得已时都不必采取强制措施，只有在法律和道德允许的情况下，他们才会在适度范围内使用暴力。这种观点在暴力用于教化时发挥着核心作用。

如果我们仔细思考便会发现，将武力作为一种教化手段在当时是再正常不过的现象。殖民者实施的惩罚性暴行往往带有以儆效尤的目的。帕塔·查特吉（Partha Chatterjee）指出，那些无法通过文化熏陶而变得开化的原住民必然会受到武力的规训。[6]文明与暴力这两种要素在葡属美洲处于相互缠绕的状态，但在殖民地的历史书写中，受到文明和文化影响的合作与融合占据了主导地位，而同样盛行的种族暴力现象则被遮蔽了。对暴力的揭示并不意味着要将巴西神话般的种族天堂重新构想为十恶不赦的地狱，这种反向的夸大其词来自自诩文明的北欧人精心塑造的新"黑色传奇"①，旨在将西班牙帝国的殖民历史扭曲重构为一段惨绝人寰的历史。[7]如果葡式热带主义没有在一定的史实基础上对由印第安人、非洲人和欧洲人共同构建的热带殖民地进行理想化的叙述，那么它就不可能有如此大的吸引力。事实上，这是对首批殖民者和当局实地统治手段的一种继承方式。在成为后殖民主义的良药之前，强调友好的种族关系始终是主导的殖民意识形态。

与印第安人的关系

当葡萄牙海员和商贩终于宣布发现巴西时，他们已经在非洲西海岸花费了近一个世纪进行探索和入侵，并且已经充分积累了同那些在外表、思想和行为举止方面与自己不同的人打交道的经验。南大西洋的探险家迅速构建出一套基于神学的种族

60

---

① 本卷第 21 章对"黑色传奇"有专节论述。

分类体系，并用其来区分自己人与他们遭遇的当地人。在这一体系中，欧洲白人基督徒处于最优越的位置。他们不仅将伊比利亚半岛的犹太人和摩尔人是劣等种族的观念扩展到撒哈拉以南非洲的黑人身上，而且通过类似的推论将其投射于新大陆的土著。于是，这种基于对当地人源自外形、社会和文化差异的行为举止的偏见而产生的暴力被合法化了。

朱塞佩·马尔科奇（Giuseppe Marcocci）认为，到中世纪晚期，种族（raza 和 raça）、阶级（casta）以及世系（linaje 和 linhagem）这样的西班牙语和葡萄牙语词语"在整个伊比利亚半岛都成为一系列密切相关术语的组成部分，它们参照动物与人类世界的关系，将行为和外表与自然和繁殖联系起来"。[8]作为一个生物学概念，种族在当时还没有形成正式的理论，也没有18—19世纪理性主义与伪科学思潮的加持，更没有随着葡萄牙人探索非洲海岸、绕过非洲大陆的南端并抵达印度，"种族"在当时远未成为人类多样性的主要指代方式。尽管如此，种族主义（此处指基于遗传的身体特征对他人的贬低）早在1492年哥伦布航行到达新大陆——随后他的葡萄牙同行佩德罗·阿尔瓦雷斯·卡布拉尔（Pedro Álvares Cabral）于1500年首次抵达巴西——之前就在伊比利亚出现了。如果黑人在葡萄牙境内被贴上黑种（negro）的标签，那么这些人就会被视为奴隶。在15世纪，这种观念随着葡萄牙商人率先系统性地将非洲奴隶出口到伊比利亚和非洲的大西洋岛屿而深入人心。黑人与奴隶在法律和道德上都被视为一回事，并且此观念由于王室和教堂将其合法化而在殖民地得以延续。[9]

卡布拉尔舰队中的抄写员佩罗·瓦兹·德·卡米尼亚（Pero Vaz de Caminha）在他起草的一份宣布发现巴西的著名文

件中，将沿海的图皮部落土著的肤色描述为"带点红的深色"，他们"有好脸蛋、好鼻子和好身材"，赤身裸体，显然没有任何宗教信仰，既"野蛮""胆小"，又"善良淳朴"，想要"把任何我们想传授给他们的信仰都铭记于心"。他对当地女性的描述则集中于她们对"羞耻"的展现或生殖器官的暴露。[10]简而言之，葡萄牙人对印第安人的首次观察便预示了被热带和谐共处的话语所遮蔽的潜在冲突，将人种与等级制画上等号的观念在几个世纪后形成了巴西社会中最重要的民族主义神话。

作为跟随卡布拉尔的葡萄牙远征队有过一两次登陆经历的舵手，亚美利哥·韦斯普奇（Amerigo Vespucci）从另一角度记述了土著的行为举止，他的文字比其他任何文献都更易于被用来为集体暴力辩护。韦斯普奇记述了人吃人的行为，包括他的先遣队中的一名成员被伏击、暴打、切碎、"在我们眼前"烤熟后被吃掉。[11]这与卡米尼亚笔下渴望皈依的纯洁乐观土著的形象形成鲜明对照。很快就有人质疑这一说法的真实性，后来一些学者也质疑巴西是否真的存在食人族。但是，没有哪位熟悉殖民时代文献的著名学者如今依然会坚称，欧洲人仅仅为了寻找征服的理由而臆想出所谓的食人族。食人行为或许成为殖民者发动征服的充分理由，但这同样也是历史事实。图皮南巴、图皮尼金和其他部落会在庄重的仪式中吃掉战俘，他们相信，这是维护万物秩序的复仇循环的组成部分。[12]当时的耶稣会士和其他人详细记录了同类相食的行为，用来强烈谴责巴西土著，并通过将其视为野蛮的他者来将自己对原住民的屠杀与奴役合理化。同类相食与葡属美洲的关系比与其他任何殖民地的关系都更加密切。一个多世纪以来，同类相食的场景一直是欧洲地图上描绘巴西的典型民族志形象。用第一人称写就的描绘食人盛宴的畅销书源于作者在殖民地的见闻，作者包括让·德·莱里（Jean de Léry）、汉斯·斯塔登（Hans Staden）和安德烈·泰韦（André Thevet）。这些图文不同程度地强调了巴西土著的他异性（alterity），他们的这种习俗使其天生处于被支配的地位。法国人尼古拉斯·杜兰德·德·维莱加尼翁（Nicholas Durand de Villegagnon）尝试领导胡格诺派（Huguenot）① 在里约热内卢建立殖民地，但最终徒劳无功。他在给约翰·加尔文（John Calvin）的信中写道："他们极其凶猛野蛮，毫无教养和人性，在生活和教育方式上与我们截然不同。我甚至想过，我

图 3.1　目击食人仪式的欧洲人谴责巴西沿海的印第安人是野蛮的他者，以此将自己对原住民的屠杀与奴役合法化。

---

① 胡格诺派是基督教新教加尔文教派在法国的称谓。

们是否落入了披着人类外衣的野兽群之中。"当时的许多作家认为,沿海的印第安人远离尘世,像野兽一样生活在地狱般的热带,他们注定被环境污染并形成残忍的非人个性,因此理应受到奴役。[13]

当葡萄牙人在热带殖民地面对不生产盈余农作物、居无定所且没有金银财宝的半定居民族时,他们想出了切实可行的非军事手段来从中攫取财富。首批殖民者人数很少,而且绝大多数是男性,他们与沿海的图皮-瓜拉尼印第安人广泛混居。其中最著名的人物当数迪奥戈·阿尔瓦雷斯(Diogo Álvares),他的土著朋友称他为"卡拉穆鲁"(Caramuru,意为鳗鱼)。他与多个女人育有子女,迎娶了酋长的女儿,同时精通图皮语,因此扮演了葡萄牙商贩和种植园主急切寻找的中间人角色。这些中间人的后代成为殖民地的首批混血儿或马梅卢科人(mamelucos,该词源自阿拉伯语 mamluk,意为"奴隶士兵"),而且被视为欧洲人和印第安人的共同后裔。16 世纪上半叶,在这种通过血缘关系和易货贸易建立的同盟中,巴西红木(Caesalpinia echinata)居于最重要的位置,这种来自森林的染料木材成为首个产生利润的关键产品。当地劳工将木材拖运到海岸后装上船,用其换取欧洲的布料、工具和其他货物。[14]

由于有着长期奴役黑人的经验,葡萄牙人很快将土著的肤色视为他异性的体现,认为深肤色就是适合受到奴役的标志。在 16 世纪 30 年代农业出口扩大化之后,情况更是如此。在一位早期编年史作者明显夸大其词的记述里,东北地区的甘蔗种植园中形成的社会结构逐渐依赖印第安人劳动力:"无论多穷的白人……都有二三十个黑人奴隶为他服务,而富人拥有整个村庄。"[15]早期殖民者通常将原住民称为土著黑人(negros da terra),这种描述根据他

68

们的出身将其与非洲黑人（*negros da Guiné*），又称普雷托（*pretos*，黑人的另一个称谓）区分开来。但由于他们天生的共同身体特征，这两个群体都与奴隶制相联系。早在抵达美洲之前，葡萄牙人中就流传着一种说法，这种说法将撒哈拉以南的非洲人视为印第安人，这进一步巩固了上述联系，两者都被贬低为异教徒（*gentios*），即生活在天主教规范社会之外的人。

64　　　　伴随甘蔗种植业的加速发展，对土地和劳动力的贪婪需求增加，殖民者发现有必要采取更激进的手段来管教劳工。借助卡拉穆鲁的外交手段，巴西第一任总督托梅·德·索萨（Tomé de Sousa）于 1549 年抵达殖民地后在诸圣湾肥沃的东北海岸建立了宗主国的管辖驻所，这座被称为萨尔瓦多的繁华城市在 1763 年之前都是殖民地首府。索萨同时执行了葡萄牙殖民时代针对土著的两种截然不同的政令。若昂三世（King João Ⅲ，1521—1557 年在位）吩咐他"始终善待一切爱好和平的人，不许对他们进行任何压迫或羞辱"。国王希望，通过减少针对印第安人开展的奴役活动，土著日益高涨的敌意能够有所缓解。但另外，国王也要求他惩罚那些拒不"归顺与臣服"的土著，"摧毁他们的村庄和定居点，杀死和奴役任何人以通过惩罚来以儆效尤"。即使他们前来求和，当局也必须在他们的村庄中处决发动反葡起义的首领，以此作为对潜在叛乱分子的严厉警告。[16]国王下达的命令十分明确：除非在一些被特别允许采取行动的情况下，殖民者必须克制自己的掠夺行径。与此同时，殖民者还须对印第安人惩一儆百，使其认清自身的臣属地位。在此过程中，友好融洽的合作也常常伴随着官方支持下的无情报复。

与索萨一同抵达巴西的耶稣会士要比这些官员更强烈地质

疑将印第安人当成奴隶的做法，但他们接受了早在中世纪神学里就已经出现的被俘虏的原住民在"正义战争"后沦为苦力的观点。不过，显而易见的是，人们几乎无法在正义和非法的战争形式与奴隶制之间划出清晰的界限。例如1556年，巴西的第一任主教佩德罗·费尔南迪斯·萨丁尼亚（Pedro Fernandes Sardinha）惨遭卡埃特印第安人毒手。他在当时被国王召回里斯本以解释他对耶稣会士的批评，不幸的是，船在萨尔瓦多北部搁浅，随后他与一百多名船员和乘客一同遭遇不测。面对这一暴行，第三任巴西总督梅姆·德·萨（Mem de Sá）宣布对行凶者发动正义战争，军队在袭击中摧毁了卡埃特和其他部落，这还殃及了许多居住在耶稣会教区的土著，虽然他们与主教的死并无瓜葛。[17]

梅姆·德·萨的恩威并施代表了葡萄牙王室针对原住民的两种截然不同的政策：对那些皈依基督教并在种植园经济中劳动的土著坚持依法实行人道待遇，而对那些不服从的土著坚决处以残酷的责罚。他认为，军事是对顽固分子必要的矫正手段。他亲自领导了多次针对那些拒绝屈服者的军事行动，正如一位耶稣会士在颂词中所写的，他不但打算"征服他们，而且要让他们明白，这是他们能够理解造物主的唯一途径"。他给其余土著灌输的恐惧使其更加"听从上帝的旨意"。[18]有文献记载，总督在萨尔瓦多以南对图皮尼金人进行夜间伏击，其中还包括为了使土著臣服而实行的策略："当那些野蛮人认为自己高枕无忧时，我们便冲进去并扑倒在他们身上，将所有人（无论男人、女人还是孩子）都斩首、砍伤并扔到地上。"接着，"燃烧的森林绵延数里，火光烛天……循着血迹，父母找到自己的孩子，丈夫找到自己的妻子"。[19]按照梅姆·德·萨的

65

逻辑，只有在土著经过富有教益的暴行洗礼后，殖民者才有可能在这里推行人道待遇。

尽管耶稣会士起初对其持谨慎观望态度，但他们逐渐对福音传道工作的举步维艰感到沮丧，并最终接受了这种恩威并施的方式。他们依然坚持认为，劝说是对印第安人进行再教育的首选途径，但他们同样支持"正义战争"的说法。传教士撰写雄辩的布道文字以让精英阶层相信，自己正在尽最大可能在人道的基础上建立殖民地，在成功说服王室禁止奴役印第安人的行为后尤其如此。1570 年，国王塞巴斯蒂昂一世（King Sebastião，1557—1578 年在位）宣布，奴役印第安人是非法行径。国王在声明中指责，滥用"异端"奴隶对道德和社会有害，并且与使其效忠于上帝和君主制的初衷背道而驰。但是，正义战争并非无懈可击。在王室默许下的军事与准军事行动依然支持俘获与奴役那些被人们认为无法无天的原住民群体，针对他们的奴役仍然普遍存在，这种奴役使土著黑人依然在社会中普遍处于底层。因此在 16 世纪末，在征服、强制劳动力需求和致命流行病的综合作用下，曾经最具活力的东北种植园地带的沿海原住民人口急剧减少。[20]

总之，从葡萄牙在巴西殖民统治的初期开始，王室与教会就不仅通过暴力达到单纯的制裁目的，还以暴力作为一种有效手段来遏制人种差异带来的潜在威胁，同时这也巩固了帝国的殖民统治。法律、政令、布道、主教公告以及其他声明和公报都提出如下忠告：如果殖民者较少使用强制手段也能达到目的，那么他们就不应轻易对沿海原住民发动战争。可是，官方同样不断批准其认为必要且正义的军事和准军事征服行动，以此维护自身作为欧洲人与基督徒的优越地位。对印第安人的奴

役行为得以延续，暴力也由对林中抵抗者的杀戮延展到对那些
在种植园遭受奴役者施加的暴行。在节制与宽容的话语中，暴
力作为一种广泛适用的管教方式蓬勃发展。作为首要或最后的
手段，暴力不仅传达了使殖民地提高生产力且盈利所必需的臣
服理念的训诫，还导致了土著人口的锐减。随着越来越多的殖
民者进入非洲奴隶贸易市场，葡萄牙人也逐渐不再将非洲人视
作完整的人。

与非洲后裔的关系

在糖料出口经济中，葡萄牙殖民者逼迫土著进行劳作的暴
力场面屡见不鲜，他们借鉴了长期以来在非洲盛行的宗教与种
族差异观念。当非洲奴隶成为巴西种植园的主要劳动力后，种
植园主及其在王室和教会中的盟友会重新采取几十年来他们在
袭击沿海印第安人的过程中逐渐熟练的暴力殖民模式。弗雷雷
笔下种植园中的田园牧歌世界夸大了宗族制的力量，而且从根
本上弱化了对奴隶制残酷性的认识。巴西种族和谐神话的支持
者试图通过混血后代的广泛性来证明，存在多种形式的种族融
合。但是，种族融合的存在并不意味着其中不存在任何强制性
的力量。实际上，正是这种力量加速了种族融合，因为已经吃
过亏的奴隶会害怕抵抗可能导致的后果。与针对原住民的奴隶
制一样，由于越来越多的奴隶在中间通道存活下来并成为劳动
力，针对非洲人的奴隶制同样出于严厉管教的目的而依赖种族
化的暴力。

如前文所述，奴隶主的态度与行为都借鉴了他们此前在非
洲的做法。1444 年，一位记述葡萄牙人在拉各斯与西非人交
往过程的编年史作者就毫不犹豫地根据肤色对奴隶进行三六九

67

图 3.2　随着非裔巴西奴隶日益为种植园出口经济带来转变，种族化的暴力起到了管教奴隶的作用。

等的分类，肤色越黑则等级越低。他对这群俘虏感到惊奇："其中一些人的肤色相当白，他们英俊且风度翩翩；一些人的肤色不那么白，就像混血儿；其他人则像埃塞俄比亚人一样黑，他们的脸和身体都丑到畸形，以至于看守他们的人以为自己看到的是一幅南半球最破落地区的图景。"[21]官员、水手、商人和种植园主的这种先入为主的成见迅速跨越大西洋，蔓延至拥有理想气候和土壤条件的葡属美洲。在 1580—1680 年的整整一个世纪中，葡属美洲殖民地都是世界上最大的糖料出口地。到 16 世纪中叶，这里成为奴隶横渡大西洋的主要目的地。到 17 世纪末，这里接收了超过 80 万名非洲俘虏，几乎占据了所有运往大西洋对岸奴隶数量的一半。在整个殖民时代，每 10 名离开非洲的奴隶中就有 4 人以上抵达巴西。根据最可靠的数据估算，在离开非洲海岸的 440 万名俘虏中约有 390 万人在抵达巴西港口时还活着。[22]

正如出发人数与抵达人数之间的鸿沟所表明的，死于航程中的人数量十分惊人；但幸存者的数量同样很多，以至于他们的涌入使本来人口较少的葡属殖民地变得就像是另一个非洲。每年都有数千名奴隶抵达，这远远超过了当地神职人员布道的能力范围。他们的影响不仅体现在民众信教方面，还体现于饮食、治疗方式以及其他众多信仰和习俗。与此同时，他们还影响了当时几乎所有的社会习性及其构造方式。与处理和土著的关系一样，殖民地当局在面对如何管理非裔巴西劳动力这一难题时实际上进行了一些调整，这在日后都被美化成为殖民者相对人道的举措。尽管不少人受到了非洲文化的影响，但暴力依然扮演了主要角色。更值得注意的是，日后会被视为冷酷暴行的举措按照当时的标准却是人道对待奴隶的体现。例如，伯南布哥东北部辖区的一位种植园主教导他的高级管理人员避免用棍棒、石头和砖头殴打奴隶，而要"将他们绑在牛车上以鞭打作为惩罚，之后还应该用剃刀或匕首切割伤口，再用盐、柠檬汁和尿液处理伤口，最后把他们用铁链锁上几天"。此外，这位种植园主还主张把牛和奴隶区别看待："前一天工作过的牛第二天不应该继续工作。"[23]

尽管历史学界此前认为，罗马天主教会在巴西建立的奴隶制在相对意义上富有同情心，但日后的研究使该论点变得站不住脚。教会无条件地支持奴役非洲人及其后代。相对于印第安人奴隶制中的过度虐待，巴西的神职人员将针对非洲人的奴役视为前者的理想替代物。很多牧师自己就是奴隶主，大量神职人员在殖民地同时教导奴隶主和奴隶，使后者理解虔诚信仰在

依赖强制劳动力的社会中的不可或缺性。他们对种植园制度的
批评通常仅限于奴隶遭受的不公正待遇，而不会涉及同样难言
正义的奴隶制本身。最激进的批评者、著名的耶稣会士、演说
家和政治家安东尼奥·维埃拉（António Vieira）坚持遵循这一
原则，他告诫奴隶主，他们应该富有同情心地对待俘虏，还要
慎用体罚，否则将会导致万劫不复的后果。维埃拉自己就是一
名非裔葡萄牙女仆的孙子，他对奴隶制的生理种族基础的质疑
在当时并不多见。他还反对当时流行的一种观点，这种观点认
为非洲人从出生时就离太阳更近，因此在身体、精神和道德上
都存在缺陷。在 1662 年为葡萄牙国王而做的一场著名的主显
节（Epiphany）① 布道中，维埃拉说："一个在扎伊尔（刚果
河）洗净身体的埃塞俄比亚人（非洲黑人）并不会被漂白，
但如果他经过了圣水的洗礼，那么他就不仅仅是个黑人。"[24]然
而，在他的宣讲中，通过皈依获得精神漂白并不意味着非洲人
在新大陆就获得了自由身，奴隶依然只有通过现世的顺从才可
能在来世的天堂中获得公正的回报。

维埃拉的布道所强调的逻辑训练、服从权威以及等级认同
包含了某种巴洛克式的神学观念，他的布道方式尤其别开生
面。维埃拉利用宗教经文、古典神话和历史故事来引导听众了
解自身状况，尽管这听起来并不荒谬，但一定会让人觉得十分
晦涩曲折。他在另一次给巴伊亚天主教会的布道中这样解释
道，"黑人兄弟，你们当前所遭受的奴役，无论看起来多么艰
难和难以忍受，都并非真正的奴役"，因为他们的灵魂始终是

---

① 主显节，又称"显现节"，这个节日被视为一个漫长过程的开始，通过这
个过程，耶稣的身份和意义最终为世界"所知"。天主教会规定此节日的
庆祝时间为公历 1 月 6 日。

自由的。他敦促奴隶"适应"这种身体上的束缚以便"充分利用"自己的被奴役状况。当遭遇不公正的惩罚时，他们应该"勇于以基督徒的精神忍受它，因为这些惩罚相当于殉教"。这还体现了上帝的旨意，通过这种"暂时的囚禁可以更容易地获得永恒的自由"。根据这种说法，奴隶主必须学会如何确立公正的暴力尺度，而奴隶则必须学会接受主人的暴力。对于巴西的黑奴而言，对上帝保持信仰、基督般地接受苦难以及屈服于主人的公正惩罚，这些都是自己获得救赎的方式。[25]

考虑到巴西奴隶的巨大人口规模，针对他们的强迫劳动制度显然也具有异乎寻常的灵活性。到 18 世纪，不但大型种植园以及黄金和钻石开采作业极度依赖奴隶，而且在几乎所有劳动密集型产业中都能看到奴隶的身影，包括食品生产、手工业、商业、运输、建筑和家仆服务，体罚的威胁在所有这些活动中都若隐若现。但是，监工最常对从事需要最多体力和最少技巧的奴隶进行鞭打以及其他形式的身心虐待，这种不成文的规矩尤其迫害那些依赖常规集体作业的大型种植园和矿山的奴工。然而，在大量技巧性或半技巧性的活动中，奴隶主会更加谨慎地使用暴力，他们会将其与一系列积极和消极的刺激措施进行整合。[26]

这些措施与暴力相结合，最终形成一整套教导奴隶服从命令的训诫手段。对于奴隶而言，即使这不是一种屈服，也至少是一种为了生存而不得不忍受的策略。1681 年，意大利籍耶稣会士安德烈·若昂·安东尼尔（André João Antonil）航行抵达巴西，他和当时敏锐的观察者都察觉到了这种微妙的气氛："如果种植园主能够像父亲对待儿子那样对待奴隶，供吃供穿以及提供一些工作之余必要的喘息之机，那么奴隶就会甘愿认他为主人。因此，他们就不会对自己因为不端行为受到公正但仁慈的惩罚有任何怨言。"反之，奴隶也学会了如何"通过承诺自己会表现得更好"来说服主人"不去惩罚他们"。一句出自17世纪某位奴隶主的箴言说得更加直白："要想从黑人身上赚钱，就得爱惜他们的身子，不要让他们过度劳作，更不能轻易下手，否则就会竹篮打水一场空。"[27]巴西的奴隶体制同时存在两种极端情况：一端是鞭打、殴打、烙印、戴锁链关禁闭、致残、强奸、虐待儿童、苦役，以及拒绝提供食物、衣物、住所和医疗保障；[28]另一端则是不断增加的口粮与酒水、从强迫劳作中暂时抽身从事园艺劳动、参加宗教庆典、享受天伦之乐的资格、经商赚钱的机会，甚至在某些情况下，他们还可以连续数周获得人身自由。例如，女性食品商人和男性流动矿工通常都有能力自给自足，他们只需要按主人要求定期上交一部分收入。但奴隶并非毫无顾忌，任何正向激励都随时有可能被收回。

图3.3　体罚与刺激措施都成为奴隶主的训诫手段，奴隶只有学会服从命令才能生存。

一旦奴隶主认定某些行为越界，奴隶就可能遭到体罚和精神折磨。每次对得体行为的奖赏背后，某种威胁往往也隐约可见。

对奴隶职业的分类建立在一种对民族与种族粗略分类的基础上。在巴西出生的奴隶（尤其是肤色较浅的欧非混血奴隶）会更容易获得相对更具技术含量的岗位，他们可以通过良好的表现换取从事惩罚较少的工作，或少受一些体罚。女性及其子女尤其如此，他们最可能从赎身政策——看上去遥远却真实诱人的激励措施——中受益。这种使奴隶有机会自我解放的制度实践，让巴西成为以自由黑人和非洲以外的非洲有色人种后裔为主的人群的安家之地。基于自身偏见，安东尼尔认为这种整体的灵活策略之所以能产生影响，是因为人们有一种共识，即人的肤色越白就越可能占据社会中的主导地位。他写道，这里 [72] 的混血儿"要比其他人都更幸运，无论男女。由于身体中流淌着部分白色血液（这可能来自他们的主人），他们蛊惑主人时，有些主人甚至会纵容并且无条件地原谅他们的任何越界举动"。[29] 值得一提的是，此后出现的良性殖民主义（benign colonialism）观念就源于这类带有性暗示的逆向种族主义。

肤色似乎决定了奴隶在种植园职业秩序中的位置，这一点甚至比奴隶的出身更加重要。来自巴伊亚甘蔗种植园的数据显示，奴工中的黑人远远多于肤色较浅的混血儿，后者被安排至管理、工艺和家务类工作的可能性是黑人的两倍多，黑人更多在奴隶最常遭受持续体罚的田间劳作。[30] 即使奴隶获得了自由，他们也无法摆脱与种族有关的重担。对多种不同殖民地区数据的分析表明，出生在巴西的奴隶（因此肤色可能更白）获得自由身的概率至少是出生于非洲的奴隶的两倍，其中大部分是女性和儿童。从安东尼尔到弗雷雷的评论者都因此假设，这些女性是通过性魅力来掌控她们的主人的。相比而言，当代学者则强调，这种性别差异恰恰是父权统治的证明。虽然拥有自由身份的有色人种的数量在殖民时代迅速增长（这往往被用来鼓吹种族宽容的观点），但那些获得自由的黑人依然遭受阶层与肤色的双重歧视。殖民地社会的复杂性还体现在：几乎每个地区都存在本身就是拥有自由身份的有色人种奴隶主，尤其是小农和工匠。无论是作为集体户还是作为个体户，他们手下的奴隶数量都远少于歧视他们的白人奴隶主。[31]然而，拥有奴隶才是确保自由之身的明确象征。这种现象还提醒我们，奴隶制历史的多面性及其伴随的暴力不能仅仅通过种族的视野来理解。

但许多学者依然认为，当所谓的种族主义和在启蒙运动中兴起的生物分类学于 18 世纪一同首次出现在大西洋世界时，成熟的巴西奴隶制早已深深根植于以劳动力的出身与肤色为基础的压迫方式。暴力在黑人中散播恐惧，有时也会引发反叛、逃亡、自杀、诉讼和其他抵抗行为。可是，暴力也作为管教手段而对奴隶制体系进行调节，即使这种手段可能是鲁莽且粗犷的。居住在巴伊亚的葡萄牙神父兼律师马诺埃尔·里贝罗·罗沙（Manoel Ribeiro Rocha）坚持认为，"为了符合我们的宗教与基督的虔诚，对奴隶的惩罚必须审慎执行"，即在正确的时间、出于正确的理由、以正确的方式实现适当的效果，它不应体现为"怒火与发泄，而应表现出温和与仁慈"。否则，主人可能激怒他的奴隶，这样就无法达到训诫的效果。在罗沙看来，和儿童一样，奴隶同样需要通过恰当的、惩戒性的刑罚才能得到适当的教育。[32]西尔维娅·拉拉（Silvia Lara）将罗沙的观念形容为"名副其实的统治科学"（veritable science of domination）的缩影，她还指出，精英阶层进一步将体罚定义为"指导、规训与纠偏的工具"。[33]尽管罗沙比他的许多知识分子同胞更关心黑人，但他仍然坚信，黑人在智力方面是劣等的，而且由于他们的肤色和出身更容易唤起攻击倾向，奴隶主需要进行专门的惩戒性培训才能让他们做好日后恢复自由身的准备。[34]他因此断言，对奴隶实施适当体罚是一种人道的再教育途径。

种族暴力与殖民统治的终结

在 1822 年脱离葡萄牙而独立前的最后一个世纪中，巴西殖民统治下的奴隶贸易进一步加速，大量奴工从非洲中西部、比夫拉湾、贝宁湾和非洲东南部涌入巴西殖民地。在米纳斯吉拉斯东南部内陆的总督辖区，大量黄金和钻石矿床的发现创造了巨大的财富。在那里的奴隶贩与货商的共同作用下，该殖民地最多的奴隶劳动力得以聚集。淘金热也开始向西蔓延，葡萄牙王室更加努力地向巴西南部边境地区派遣殖民人口，并在亚马孙北部地区开展殖民活动。尽管来自加勒比地区的竞争引发了一段时间的衰退，但沿海地区农业生产的复苏继续推动了这种经济扩张。对这一时期的种族暴力感兴趣的学者往往聚焦于非洲人后裔，但在内陆的扩张同样给原住民带来了新的威胁。基于同样的逻辑，非洲人（包括那些仍然能够自给自足的狩猎采集者）都被人们认为不适合自由生活，所以理应遭受暴力对待。殖民者认为，如果不受欧洲白人基督徒的管教，这些人注定无法独立生存。当土著抵抗殖民者的征服时（他们也的确经常这样做），当局会批准对其采取极端的反制措施。

1808 年，年迈的女王玛丽亚一世（Queen Maria I）和她

74

的儿子摄政王若昂（Prince Regent João）以及数千名王室成员为了逃离拿破仑对葡萄牙的入侵而在巴西定居，这奏响了巴西殖民地时代的最终章。起初，摄政王的政令和葡萄牙人最早在热带殖民地的政令并无区别。为了吞并将三大主要殖民点（巴伊亚、米纳斯吉拉斯和里约热内卢）隔开的广阔雨林地区，他决定向半游牧的博托库多印第安人宣战。摄政王谴责他们是食人者，并援引古老的正义战争原则，宣布只有当印第安人"在正义的恐惧下屈服"、学会服从法治并接受成为臣服的基督徒的时候，才会停止军事进攻。[35]

在巴西独立前夕，就原住民与非裔巴西人而言，他异性、暴力和规训依然密切相关。白人精英阶层仍旧认为，如果要建立一个以正当方式保留自身阶级与种族特权的和谐社会，就必须维持三方力量的精准平衡。他们制定的纲领虽然遭到被压迫阶层的挑战，却塑造了这个1822年才诞生的新国家的未来。奴隶制的合法性在巴西一直延续至1888年，这比其他任何美洲国家都要长。随之到来的民族同化以及对过去暴行的一笔勾销，共同呼应了种族和谐的意识形态，这种意识形态在即将到来的20世纪成为巴西的主流社会思潮。

75

参考论著

英语读者苦于葡萄牙和巴西学界相关研究成果译本的缺乏。大多数关于葡属美洲的针对原住民与非洲人的奴隶制的论著都涉及暴力议题，但极少有人将暴力本身作为主要的研究对象。将巴西的殖民历史置于葡萄牙中世纪收复失地运动、葡萄牙王国的全球探险及其在前哥伦布时代（Pre-Columbian）[①] 所经历奴隶制的背景下的研究成果包括 C. R. Boxer,

---

① 前哥伦布时代是指美洲在明显受到来自欧洲文化影响之前的历史时期。

Race Relations in the Portuguese Colonial Empire, 1415 – 1825（Oxford：Clarendon Press, 1963）; A. J. R. Russell-Wood, *The Portuguese Empire, 1415–1808: A World on the Move*（Baltimore, MD：Johns Hopkins University Press, 1998）; A. R. Disney, *A History of Portugal and the Portuguese Empire*, 2 vols.（Cambridge, Cambridge University Press, 2009）; A. C. De C. M. Saunders, *A Social History of Black Slaves and Freedmen in Portugal, 1441– 1555*（Cambridge：Cambridge University Press, 1982）; William D. Phillips, *Slavery in Medieval and Early Modern Iberia*（Philadelphia：University of Pennsylvania Press, 2014）。越来越多的研究者注意到葡属美洲与非洲在本质上的关联性，例如 Joseph C. Miller, *Way of Death : Merchant Capitalism and the Angolan Slave Trade, 1730–1830*（Madison：University of Wisconsin Press, 1988）; Walter Hawthorne, *From Africa to Brazil : Culture, Identity, and an Atlantic Slave Trade, 1600–1830*（Cambridge：Cambridge University Press, 2010）; Roquinaldo Ferreira, *Cross-Cultural Exchange in the Atlantic World : Angola and Brazil during the Era of the Slave Trade*（Cambridge：Cambridge University Press, 2012）; Mariana Candido, *An African Slaving Port and the Atlantic World : Benguela and Its Hinterland*（Cambridge：Cambridge University Press, 2013）。

除了少数例外，从上一代开始，研究葡属美洲的历史学家才将原住民纳入自身研究范围，此前只有人类学家在做这项工作。近期出现了许多填补这一空白的研究成果，概览性质的英文研究成果参见 John Hemming, *Red Gold : The Conquest of the Brazilian Indians, 1500 – 1760*（Cambridge, MA：Harvard University Press, 1977）; Frank Salomon and Stuart B. Schwartz（eds.）, *The Cambridge History of the Native Peoples of the Americas*, vol. III, *South America*（Cambridge：Cambridge University Press, 1999）; Hal Langfur（ed.）, *Native Brazil : Beyond the Convert and the Cannibal, 1500 – 1889*（Albuquerque：University of New Mexico Press, 2014）。

一些以对暴力的检视著称的研究者更加聚焦于特定的地区或族群，但有时也会将其置于更广泛的、通常被认为是合作性的关系框架中，参见 Alexander Marchant, *From Barter to Slavery : The Economic Relations of Portuguese and Indians in the Settlement of Brazil, 1500–1580*（Baltimore, MD：Johns Hopkins University Press, 1942）; Alida C. Metcalf, *Go-Betweens* and the Colonization of Brazil, 1500 – 1600 （Austin：University of Texas Press，2006）；John M. Monteiro, Blacks of the Land ：Indian Slavery, Settler Society, and the Portuguese Colonial Enterprise in South America, trans. James P. Woodard and Barbara Weinstein （Cambridge：Cambridge University Press，2018）；Hal Langfur, The Forbidden Lands ：Colonial Identity, Frontier Violence, and the Persistence of Brazil's Eastern Indians, 1750 – 1830 （Stanford，CA：Stanford University Press，2006）；Mary C. Karasch, Before Brasília ：Frontier Life in Central Brazil （Albuquerque：University of New Mexico Press，2016）。

基于非裔巴西奴隶制度丰富史料的英文研究成果参见 Herbert S. Klein and Francisco Vidal Luna, Slavery in Brazil （Cambridge：Cambridge University Press，2010）。和有关原住民的历史研究成果一样，关于非裔巴西奴隶制度的研究成果往往聚焦于某个特定的区域或场所。对暴力、种族与肤色三者关系的重要研究成果包括 Stuart B. Schwartz, Sugar Plantations in the Formation of Brazilian Society ：Bahia, 1550 – 1835 （Cambridge：Cambridge University Press，1985）；James H. Sweet, Recreating Africa ：Culture, Kinship, and Religion in the African-Portuguese World, 1441 – 1770 （Chapel Hill：University of North Carolina Press, 2003）；James H. Sweet, Domingos Álvares, African Healing, and the Intellectual History of the Atlantic World （Chapel Hill：University of North Carolina Press，2011）；Mary C. Karasch, Slave Life in Rio de Janeiro, 1808–1850 （Princeton，NJ：Princeton University Press，1987）；Mariza de Carvalho Soares, People of Faith ：Slavery and African Catholics in Eighteenth-Century Rio de Janeiro, trans. Jerry D. Metz （Durham，NC：Duke University Press，2011）；Kathleen J. Higgins, ' Licentious Liberty ' in a Brazilian Gold-Mining Region ：Slavery, Gender, and Social Control in Eighteenth-Century Sabará, Minas Gerais （University Park：Pennsylvania State University Press，1999）；Júnia Ferreira Furtado, Chica da Silva ：A Brazilian Slave of the Eighteenth Century （Cambridge：Cambridge University Press, 2009）。

注 释

1. Robin Blackburn, *The Making of New World Slavery : From the Baroque to the Modern, 1492-1800* (London: Verso, 1997), pp. 12-15; William D. Phillips, *Slavery in Medieval and Early Modern Iberia* (Philadelphia: University of Pennsylvania Press, 2014); A. J. R. Russell-Wood, 'Iberian Expansion and the Issue of Black Slavery: Changing Portuguese Attitudes, 1440 - 1770', *American Historical Review* 83. 1 (1978), pp. 16 - 42; James H. Sweet, 'The Iberian Roots of American Racist Thought', *William and Mary Quarterly* 54. 1 (1997), p. 165.

2. 关于这类现象的概述, 参见 John M. Monteiro, 'Rethinking Amerindian Resistance and Persistence in Colonial Portuguese America', in John Gledhill and Patience A. Schell (eds.), *New Approaches to Resistance in Brazil and Mexico* (Durham, NC: Duke University Press, 2012), pp. 25 - 43; Herbert S. Klein and Francisco Vidal Luna, *Slavery in Brazil* (Cambridge: Cambridge University Press, 2010), ch. 7。

3. 弗雷雷的相关研究众多, 重点参见 Gilberto Freyre, *The Masters and the Slaves : A Study in the Development of Brazilian Civilization*, trans. Samuel Putnam, 2nd English-language rev. edn (New York: Alfred A. Knopf, 1946); Gilberto Freyre, *O Luso e o trópico : Sugestões* ... (Lisbon: Comissão Executiva das Comemorações do V Centenário da Morte do Infante D. Henrique, 1961)。关于弗雷雷研究的影响的近期概述, 参见 Marshall C. Eakin, *Becoming Brazilians : Race and National Identity in Twentieth-Century Brazil* (Cambridge: Cambridge University Press, 2017)。

4. Freyre, *Masters and the Slaves*, p. 85; Freyre, *O Luso e o trópico*, pp. 87, 105, 296.

5. Thomas E. Skidmore, *Brazil : Five Centuries of Change* (New York: Oxford University Press, 1999), p. 23; Thomas Benjamin, *The Atlantic World : Europeans, Africans, Indians and their Shared History, 1400-1900* (Cambridge: Cambridge University Press, 2009), p. 106.

作者在 2010 年出版的修订本中删除了引用的段落。

6. Partha Chatterjee, ' Empire and Nation Revisited: 50 Years after Bandung ', *Inter-Asia Cultural Studies* 6. 4 （ 2005 ）, p. 496; Partha Chatterjee, *The Black Hole of Empire : History of a Global Practice of Power* （Princeton, NJ: Princeton University Press, 2011）, chs. 7-8.

7. 参见 Boaventura de Sousa Santos, ' Between Prospero and Caliban: Colonialism, Postcolonialism, and Inter-Identity ', *Luso-Brazilian Review* 39. 2 （2002）, pp. 21-4。

8. Giuseppe Marcocci, ' Blackness and Heathenism: Color, Theology, and Race in the Portuguese World, c. 1450 - 1600 ', *Anuario Colombiano de Historia Social y de la Cultura* 43. 2 （2016）, p. 40.

9. Alida C. Metcalf, *Go-Betweens and the Colonization of Brazil, 1500-1600* （Austin: University of Texas Press, 2006）, chs. 3 and 6; Sweet, ' Iberian Roots ', pp. 143 - 66; Herbert S. Klein and Ben Vinson III, *African Slavery in Latin America and the Caribbean*, 2nd edn （Oxford: Oxford University Press, 2007）, pp. 193-5.

10. Pedro [Pero] Vaz de Caminha, ' Letter ... to King Manuel ', Porto Seguro, 1 May 1500, in William B. Greenlee, *The Voyage of Pedro Álvares Cabral to Brazil and India, from Contemporary Documents and Narratives* （London: Hakluyt Society, 1938）, pp. 3 - 33; Carole A. Myscofski, *Amazons, Wives, Nuns, and Witches : Women and the Catholic Church in Colonial Brazil, 1500 - 1822* （Austin: University of Texas Press, 2013）, p. 25.

11. Amerigo Vespucci to Piero Soderini, Lisbon, 4 Sept. 1504, in Luciano Formisano （ ed. ）, *Letters from a New World : Amerigo Vespucci's Discovery of America* （New York: Marsilio, 1992）, pp. 87-9.

12. Contrast W. Arens, *The Man-Eating Myth : Anthropology & Anthropophagy* （New York: Oxford University Press, 1979）; Eduardo B. Viveiros de Castro, *From the Enemy's Point of View : Humanity and Divinity in an Amazonian Society* （Chicago: University of Chicago Press, 1992）.

13. Surekha Davies, *Renaissance Ethnography and the Invention of the Human : New Worlds, Maps and Monsters* （Cambridge: Cambridge

University Press, 2016), p. 295, epilogue; Nicolás Wey Gómez, *The Tropics of Empire : Why Columbus Sailed South to the Indies* (Cambridge, MA: MIT Press, 2008), esp. pp. 407 – 10, 423 – 34; John Hemming, *Red Gold : The Conquest of the Brazilian Indians, 1500 – 1760* (Cambridge, MA: Harvard University Press, 1977), pp. 34 (quoting Villegagnon), 46.

14. Metcalf, *Go-Betweens*, p. 95, n. 16; Alexander Marchant, *From Barter to Slavery : The Economic Relations of Portuguese and Indians in the Settlement of Brazil, 1500 – 1580* (Baltimore, MD: Johns Hopkins University Press, 1942; Gloucester, MA: Peter Smith, 1966).

15. Vicente do Salvador, *Historia do Brasil* (1627) (Rio de Janeiro: Impr. Nacional, 1887), p. 94.

16. 引自 Hemming, *Red Gold*, pp. 79 – 80。亦可参见 Beatriz Perrone-Moisés, 'Índios livres e índios escravos: Osprincípios da legislação indigenista do período colonial (séculos XVI a XVIII) ', in Manuela Carneiro da Cunha (ed.), *História dos índios no Brasil* (São Paulo: Companhia das Letras, FAPESP/SMC, 1992), pp. 115 – 32。

17. Hemming, *Red Gold*, pp. 82, 147 – 8.

18. 'The Jesuits and the Indians ', in E. Bradford Burns (ed.), *A Documentary History of Brazil* (New York: Alfred A. Knopf, 1966), pp. 56 – 63.

19. Simão de Vasconcelos, *Chronica da Companhia de Jesu do Estado do Brasil* (Lisbon: Henrique Valente de Oliveira, 1663), pp. 243 – 4.

20. 关于 1570 年颁布的法律，详见 Francisco A. Varnhagen, *Historia geral do Brasil*, 3rd edn (Rio de Janeiro: Typographica do Brasil, 1906), vol. I, pp. 321 – 2; Stuart B. Schwartz, *Sugar Plantations in the Formation of Brazilian Society : Bahia, 1550 – 1835* (Cambridge: Cambridge University Press, 1985), ch. 2。

21. 引自 c. 1452. Gomes Eanes de Zurara, 'The Beginnings of the Portuguese-African Slave Trade in the Fifteenth Century ', in Robert E. Conrad (ed.), *Children of God's Fire : A Documentary History of Black Slavery in Brazil* (University Park: Pennsylvania State

University Press, 1994), p. 9。

22. 数据来自跨大西洋奴隶贸易数据库：www. slavevoyages. org/assessment/estimates。

23. João Fernandes Vieira, 'Instructions on How to Manage a Sugar Mill and Estate ', in Stuart B. Schwartz （ ed. ）, *Early Brazil : A Documentary Collection to 1700* （ Cambridge：Cambridge University Press, 2010）, pp. 225-6.

24. António Vieira, ' Sermão da Epifania （ 1662 ） ', Portal São Francisco, www. portalsaofranci-sco. com. br/biografias/sermoes-padre-antonio-vieira#2. 亦可参见 C. R. Boxer, *Race Relations in the Portuguese Colonial Empire, 1415 - 1825* （ Oxford：Clarendon Press, 1963）, p. 102; C. R. Boxer, *A Great Luso-Brazilian Figure : Padre António Vieira, S. J., 1608 - 1697* （ London：Hispanic and Luso-Brazilian Councils, 1957）, pp. 22-3。

25. Antônio Vieira, ' "Children of God's Fire"：A Seventeenth-Century Jesuit Finds Benefits in Slavery but Chastizes Masters for their Brutality... ［ 1633 ］ ', in Conrad （ ed. ）, *Children of God's Fire,* p. 167; Sezinando L. Menezes, ' Escravidão e educação nos escritos de Antônio Vieira e Jorge Benci ', *Diálogos* 10. 2 （ 2006 ）, pp. 215-28.

26. Klein and Luna, *Slavery in Brazil,* p. 119; Schwartz, *Sugar Plantations,* pp. 133-9, 155-9.

27. 引文来自 1711 年的记录, André João Antonil, *Brazil at the Dawn of the Eighteenth Century,* trans. Timothy Coates and Charles R. Boxer （ Dartmouth, MA：Tagus Press, 2012）, pp. 41, 43; 引文来自 1644 年的记录, Joannes de Laet, ' Históriaouanais dos feitos da Companhia Privilegiada das Índias Ocidentais ', *Anais da Biblioteca Nacional de Rio de Janeiro* 41 （1925）, p. 86。

28. James H. Sweet, *Recreating Africa : Culture, Kinship, and Religion in the African-Portuguese World, 1441 - 1770* （ Chapel Hill：University of North Carolina Press, 2003 ）, ch. 3; José Alipio Goulart, *Da palmatória ao patíbulo : Castigos de escravos no Brasil* （ Rio de Janeiro：Conquista, 1971）.

29. Antonil, *Brazil at the Dawn*, p. 40.

30. Schwartz, *Sugar Plantations*, pp. 142, 152.

31. Klein and Luna, *Slavery in Brazil*, pp. 49 - 53, 250 - 60; James H. Sweet, *Domingos Álvares, African Healing, and the Intellectual History of the Atlantic World* (Chapel Hill: University of North Carolina Press, 2011), pp. 93-6.

32. Manoel Ribeiro Rocha, *Etíoperesgatado, empenhado, sustentado, corrigido, instruído e libertado* (1758) (São Paulo: Editora UNESP, 2017), pp. 132-3.

33. Silvia Lara, *Campos da violência : Escravos e senhores na Capitania do Rio de Janeiro, 1750 - 1808* (Rio de Janeiro: Paz e Terra, 1988), p. 53.

34. Celia M. Azevedo, ' Rocha's " The Ethiopian Redeemed " and the Circulation of Anti-Slavery Ideas ', *Slavery & Abolition* 24. 1 (2003), pp. 116-18.

35. ' Carta Régia (royal edict) ao Governador e Capitão General da capitania de Minas Gerais sobre a Guerra aos Indios Botecudos, 13 May 1808 ', in Manuela Carneiro da Cunha (ed.), *Legislação indigenista no século XIX : Uma compilação (1808 - 1889)* (São Paulo: Universidade de São Paulo, 1992).

4 奥斯曼帝国的暴力与宗教

莫莉·格林

　　16世纪的法国博物学家皮埃尔·贝隆（Pierre Belon）写道："土耳其人不强迫任何人按照土耳其的方式生活，但所有基督徒都得遵守他们的法律。这正是土耳其人强大力量的源泉，因为他们在征服一个国家时，只要对方臣服，他们便心满意足。只要对方按时交税，信什么都无所谓。"[1]贝隆以及其他无数欧洲人的类似观点不断强化了西方眼中土耳其人的宗教宽容形象。时至今日，土耳其的领导者当然也十分清楚这一点。在我们所处的多元文化时代，他们同样愿意将帝国的这一特点视为当代土耳其人自豪感的来源。2009年，时任土耳其欧洲事务部长的埃盖曼·巴厄什（Egemen Bağış）在接受《纽约时报》的记者采访时说道："奥斯曼帝国征服了世界三分之二的地区，在其他地区的少数民族受到压迫时，帝国并未强迫治下的任何民族改变自己的语言或宗教。土耳其人有理由为这一优良传统感到自豪。"[2]

　　显然，这种对苏丹领地的描述与早期近代奥斯曼帝国中以宗教驱动的暴力问题直接相关。的确，奥斯曼帝国的治理传统不仅有效遏制了暴力，还使国内始终保有宗教、种族和语言上的非凡多样性。不可否认的是，在14世纪到20世纪初的帝国长期统治时期，巴尔干半岛上的大多数居民之所以依然是基督徒，主要是因为奥斯曼人对强迫非穆斯林皈依不感兴趣。

　　然而和以前相比，今天研究奥斯曼历史的学者并不那么同意贝隆的说法，理由有以下四点。其一，贝隆认为奥斯曼帝国的宗教宽容政策源于漠不关心的态度："他们在征服一个国家时，只要对方臣服，他们便心满意足。只要对方按时交税，信什么都无所谓。"奥斯曼人在意识形态上并不热衷于宗教事务的观点也在奥斯曼史学界长期盛行。在描述奥斯曼人如何被视为伊斯兰世界的罗马人时，杰马尔·卡法达尔（Cemal Kafadar）很好地阐明了这一观点：

> 和罗马人一样，奥斯曼人享有比前代文明的代表更好的统治者与战士的美誉。他们或许在智慧与哲学方面造诣较低，但在创造与运用权力方面更加成功。[3]

但从今天看来，奥斯曼帝国对国民信仰的重视程度显然远甚于人们此前认为的程度，历史学家也不再把当局假设为冷漠的旁观者。我们在下文还会继续追问，帝国中更虔诚的精英阶层是否引发了更多与宗教有关的暴行。

其二，奥斯曼帝国存在宗教迫害现象，但这种迫害最常针对的是穆斯林这一群体。西欧学界倾向于关注奥斯曼帝国中的基督徒和犹太人，因此常常忽视这一点，就连研究奥斯曼历史的学者也是如此。直到近年这一倾向才有所改观。

其三，是历史分期问题。奥斯曼帝国的统治延续了六个多世纪，国家政策不可能在如此之长的时间内始终如一。[4]本章聚焦于所谓的古典时期（约1300—1800年），而不会深入探讨帝国统治下暴力日益增长并最终酿成灾难的最后一个世纪。在帝国统治的最后一个世纪中，民族主义的产生、改革政府的宏伟计划以及欧洲逐渐频繁的政治干涉，都使奥斯曼帝国的局势与先前五百年的截然不同。

其四，奥斯曼历史研究者如今谨慎地指出，无论是对伊斯坦布尔的苏丹还是他们的臣民而言，宽容本身并没有什么特别之处。相反，宽容只是国家能够使用而且实际使用过的治理策略中的一种，另外的策略还包括迫害、同化、皈依和驱逐等。[5]

79　　奥斯曼帝国的正统历史书写始终把政治放在首位，今天的历史学家非常了解这一传统，并且努力兼顾其他方面。因此，本章在借鉴现有研究和现存资料的基础上，还将考虑宗教暴力在奥斯曼社会中所处的地位。

1400—1600 年的宗教、国家治理与征服

奥斯曼帝国不但从中世纪安纳托利亚的土耳其诸酋长国中脱颖而出，而且在与拜占庭帝国的战争中取胜，并于 1453 年结束了后者延续千年的统治。由于这场战争的双方是基督徒和穆斯林，所以似乎很容易就会产生奥斯曼人对基督徒实施屠杀并强迫其余人口皈依的宗教暴行。然而，奥斯曼人并没有这样做，不仅在 1453 年没有，而且在随后的几个世纪中也极少如此。这并不意味着这场始于巴尔干半岛，随后逼近拜占庭帝国首都君士坦丁堡的征服本身也与暴力无关，但奥斯曼人的确给了许多人（最著名的是居住在希腊北部阿索斯山的古老修道院建筑群中的人）提前臣服从而避免被屠戮殆尽的机会。当然，也有一些显然受到宗教激情驱使进行圣战（jihad）① 或加

---

①　圣战，伊斯兰教术语，指穆斯林为驱逐外国人及异教徒和建立纯粹意义上的单一宗教国家所进行的军事活动。

沙（*gaza*）① 的私人军团。可除此之外，在奥斯曼帝国的努力下，无论是臣属部队还是高级军官，由基督徒组成的军队中有许多人成为帝国的盟友。[6]

当时的巴尔干地区确实存在从基督教到伊斯兰教的皈依现象，但这种皈依是在多种原因作用下逐渐开展的。显而易见的是，奥斯曼军队就像是一个大熔炉，与穆斯林士兵并肩作战的基督徒大都皈依了伊斯兰教。我们如今对这一皈依过程的细节所知甚少，但皈依确实发生了，因为到 16 世纪，依然信仰基督教的奥斯曼帝国普通士兵会被视为令人难以忍受的异类。甚至此前就已经有研究者指出，不能因为奥斯曼帝国存在宗教信仰方面的自由主义和融合主义的倾向就想当然地觉得，穆斯林、基督徒和皈依士兵之间始终相安无事。当时记述战士圣徒事迹的传记颂扬了他们针对基督徒的暴行，比如刺杀 400 名基督徒或把异教徒放在火上烤。这些记述可能恰恰来自皈依者并作为他们自证忠诚的一种方式，但他们这样做并非为了将基督徒或皈依者逐出军队，而是在基督徒普遍融入帝国引起广泛焦虑的背景下提醒苏丹和奥斯曼的精英阶层，忠诚热情的穆斯林才是（也理应是）奥斯曼政权的核心。[7]

在 16 世纪，巴尔干地区的城市人口多数是穆斯林，他们中的一部分是来自安纳托利亚的穆斯林移民，还有一部分则是皈依的前基督徒。这些皈依是城市化（大多数皈依者才迁入城市不久）、社会压力与国教的崇高声望相结合的产物。虽然我们无法确切得知这些动因各自所占的比重，但国家的强制政策绝非皈依的因素之一。

---

① 加沙，即土耳其语中的*gazā*，意思与"圣战"相同。

接下来，让我们转向帝国内部对穆斯林的迫害。征服君士坦丁堡（今天的伊斯坦布尔）当然是奥斯曼历史上浓墨重彩的一笔，但在国家政策方面，这件事并未对被视为异端的穆斯林群体产生重大影响，影响要到 16 世纪初萨非王朝在波斯崛起后才出现。与作为政治对手的埃及马穆鲁克人不同，萨非人对奥斯曼人而言既是政治威胁又是宗教威胁，这是因为他们不但信仰什叶派伊斯兰教义，而且以此为基础吸引了安纳托利亚东部不安分的土库曼人。

1511 年，安纳托利亚东部爆发了第一场萨非人支持下的起义，这场起义史称"沙库鲁之乱"（Şahkulu Rebellion），得名于起义军中一位领袖的名字。[8]奥斯曼帝国派出一支剿匪军队，但这支军队除了杀死了沙库鲁以外并无太多战果。直到 1514 年，塞利姆一世御驾亲征，奥斯曼人才在今天土耳其和伊朗边界的查尔迪兰战役中大败萨非人。尽管已经在军事上大获全胜，但奥斯曼人还是决心要在帝国内部消灭萨非人的追随者，这些人因为所戴的红色头饰而被讥讽为"红发人"（kızılbaş）。对他们的迫害贯穿于整个 16 世纪，遍及奥斯曼帝国广阔领土的每个角落，不仅包括安纳托利亚东部，还包括伊拉克甚至也门。例如在 1570 年，一份来自艾恩塔布（今天的加济安泰普）的颇具代表性的报告中，当地官员告知苏丹，他们逮捕了一个名叫"穆罕默德"（Mehmed）的人，他被指控实施了诅咒哈里发（caliph）[①]的异端罪行。他最终被下令处决。[9]

此前的研究者将奥斯曼帝国对"红发人"的迫害视为帝

---

① 哈里发，对伊斯兰国家政教合一领袖的称呼。

国宽容政策在局部地区与特定时期的例外事件，它只不过是当局在奥斯曼领土受到萨非人迫在眉睫的威胁时所采取的安全措施。但如今，一些历史学家提出，它或许是更大棋局中的一个棋子，即当局为了让帝国（及其穆斯林臣民）奉行逊尼派伊斯兰教义而坚定执行的长期计划的一部分。[10]大量证据表明，奥斯曼帝国奉行"逊尼化"（Sunnitisation）政策，[11]这与认为当局对宗教事务漠不关心的早期观点相左。此外，历史文献还显示，此类政策早在萨非王朝崛起之前就已开始，尽管它因来自东方的威胁而得到更加严格的执行，但我们不能仅仅将其视为对外部因素的一种回应。早在穆罕默德二世（Mehmet Ⅱ）统治后期，奥斯曼帝国就设置了祈祷官（namazci）这样的职位，后者的任务是惩罚那些不遵守每日祈祷五次规定的臣民（通常是罚款）。[12]1530 年，苏丹下诏要求每个没有清真寺的村庄都要建清真寺，这项诏令遍布帝国的每个角落。[13]

　　类似的措施还不止于此。但我们更感兴趣的问题是，"逊尼化"本身是否涉及暴力。很少有证据能够表明，16 世纪的奥斯曼社会中基本不存在暴力。而根据另一项来自 16 世纪下半叶的皇家法令，对拒绝祈祷者的惩罚措施并非只有罚款。这项法令规定，如果他们坚持拒绝祈祷，可以将其判处监禁甚至死刑。但我们如今已经无法得知，这项法令究竟在多大程度上得到了执行。[14]另外，如果对"红发人"的迫害是实施宗教正统计划的一部分，那么奥斯曼帝国似乎比预想中更愿意使用暴力来达成宗教目的。奥斯曼人针对"红发人"的政策可能（或者部分）与萨非人的威胁无关，有如下事实为证：正如最近的研究者所揭示的，早在沙库鲁发动反叛之前，奥斯曼帝国就已经开始密切关注什叶派群体，在反叛平息后，这项政策依然长期持续。

而且，一些记录还表明，各种各样的违规行为（如不遵守斋月的规定）都可能导致违规者被指控为"红发人"，这种指控有时来自他们的邻居，有时甚至来自他们的家人。这表明，至少有一些公民配合实施了强制推行宗教正统的官方政策。[15]

17 世纪对宗教正统界限的管制

然而毫无疑问的是，直到 17 世纪，宗教暴力才在被称为"卡蒂扎德里"（Kadizadeli）的团体组织中得到了更加充分的体现。该团体迫害的对象同样是其他穆斯林，它得名自狂热的伊斯兰传教士卡蒂扎德·穆罕默德（Kadizade Mehmet），他于 1630 年前后突然在伊斯坦布尔现身，这让他的信众兴奋不已。在伊斯坦布尔最负盛名的清真寺的讲坛上，"卡蒂扎德里"对苏非派（Sufis）① 的抨击尤为激烈。苏非派的宗教信仰中有许多神秘主义式的习俗［如唱歌、诵经、旋跳（whirling）② 和舞蹈］，这些习俗的目的在于使个人更接近真主。[16]苏非派盛行于帝国各地，而且在奥斯曼精英阶层中也有大批信众。这些信众不仅参与苏非派的集会，笃信苏非派的教义，而且拉拢宫廷对其慷慨赞助，甚至许多乌理玛（ulema，意为学者阶层或拥有解释伊斯兰法律的权力并以多种身份服侍苏丹的神职人员）成员自己就是苏非派信徒。除了抨击苏非派外，"卡蒂扎德里"还推动当局禁止咖啡、烟草和鸦片这些非伊斯兰产品的流通。17 世纪，整个奥斯曼帝国都笼罩在"卡蒂扎德里"的

---

① 苏非派，亦称苏非主义，伊斯兰教神秘主义派别，是赋予伊斯兰教信仰隐秘奥义、奉行苦行禁欲功修方式的诸多兄弟会组织的统称。

② 旋跳是苏非派独有的一种舞蹈形式，始于 13 世纪，特点是表演者长时间不停地旋转，如今已成为一种独立的舞蹈艺术形式。

阴影之下，这尤其体现在 17 世纪陆续出现的三次暴力浪潮中。

在卡蒂扎德·穆罕默德的煽动下，他的信众不但谴责并殴打个别苏非派领袖，而且捣毁他们的集会场所。当时在位的苏丹穆拉德四世（Murat Ⅳ）以官方身份支持上述袭击活动，不但小酒馆和咖啡馆纷纷倒闭和被毁，而且有数百人因违反烟草禁令而遭处决。尽管苏丹和宫廷并不愿意完全断绝与苏非派的关系，但出于法律与秩序方面利益的考虑，宫廷与"卡蒂扎德里"达成了某种程度的合作关系。

在此后的十余年间，官方对"卡蒂扎德里"暴力活动的容忍度起伏不定。1651 年，大维齐尔（苏丹的宰相）下令摧毁苏非派的集会场所，负责执行这一任务的正是"卡蒂扎德里"。"卡蒂扎德里"放话，他们不但有权攻击苏非派信众，而且对会所内的普通访客也绝不会手软。被抓捕者只有两个选择：要么皈依，要么受死。[17]但在 1655 年，随着柯普吕律·穆罕默德（Köprülü Mehmet）出任大维齐尔，这场由"卡蒂扎德里"发起的道德审判运动被叫停。柯普吕律对这种私刑正义嗤之以鼻，并将这场运动的领袖流放至塞浦路斯。然而，仅仅过了几年，一位更得民心的大维齐尔（柯普吕律·穆罕默德的儿子）准许"卡蒂扎德里"发动最后一波暴力活动。在这场活动中，苏非派再次遭到伊斯坦布尔清真寺讲坛的清算，即使是城中最富有的会所——加拉塔的梅夫莱维会所——也被迫遵守对公开表演苏非派舞蹈仪式的新禁令。国内追求信仰统一的驱动与国外同敌对异端势力的斗争相关联，而"卡蒂扎德里"运动的兴衰也在一定程度上与此相关。例如，传教士瓦尼·穆罕默德（Vani Mehmet）不仅是这场运动最后阶段的领袖，也是反对哈布斯堡王朝运动的最坚定支持者之一。随着

1683 年奥斯曼帝国第二次进攻维也纳以失败告终，他的影响力消退，此后"卡蒂扎德里"也再未兴风作浪。

如果说对"红发人"的迫害长期被视为奥斯曼帝国历史上的一个例外，那么"卡蒂扎德里"暴行的成因可以从伊斯兰教内部追溯到先知时代的论点进行解释：这类原教旨主义运动总是会不可避免地周期性爆发。[18] 近年来，学界出现了一种更加关注奥斯曼帝国本土背景的观点。[19] 根据这一观点，"卡蒂扎德里"是奥斯曼帝国漫长逊尼化过程的重要组成部分。在 16 世纪，奥斯曼帝国都在努力将逊尼派伊斯兰教义灌输给穆斯林臣民。除了上文讨论的清真寺建设计划和其他自上而下的举措之外，伊斯兰教文化及其教义真正渗入社会的各个角落，部分原因是识字率的提高。识字人口的数量已经远超学者阶层人口的数量，这使精英阶层对老百姓在没有指导的情况下自主阅读的现象感到忧虑。[20]

国家对宗教教育的控制与推广逊尼派教义的努力造成了意想不到的结果，即引发了关于何为正确的伊斯兰举止以及围绕信仰、正统和国家之间关系的辩论。[21] 一些学者担心，对经文的随意阅读会产生危险的后果；而另一些学者则警告，狂热的"卡蒂扎德里"是对社会秩序的威胁。当时的历史学者卡提卜·切莱比（Katib Çelebi）告诫他们，"不可传播极端主义观念，这会挑拨民众并在穆罕默德社群中制造纠纷"。[22] 不过，"卡蒂扎德里"及其信众显然对此不屑一顾。17 世纪的这些辩论与 16 世纪的辩论大体类似，其本身就证实了国家在努力推广识字方面的成功。但识字人口的增长也意味着，非精英阶层掌握了决定谁是和谁不是优秀的逊尼派穆斯林的权力。正如上述事件所表明的，民众更愿意使用暴力来实现愿景。奥斯曼当局在是否应该宽恕民众暴力方面显得举棋不定，但努力追求逊尼派伊斯兰教的规范定义，这为之后的变革埋下了伏笔。

需要强调的是，"卡蒂扎德里"只在伊斯坦布尔活动。尽管在早期近代，奥斯曼帝国的逊尼化进程显然一直依靠暴力向前推进，但这种推进其实并没有扩展到少数特定的城区中心之外。奥斯曼帝国幅员辽阔，在大多数地区，苏丹首先考虑的问题是民众是否服从统治，而非宗教正统是否得以树立。叙利亚北部山区的阿拉维派就是一个很好的例子。一直以来，大多数逊尼派都视其为异教徒（甚至邪教分子），奥斯曼当局当然对他们了如指掌。根据当时的税务登记册的记载，他们有义务缴纳特殊的人头税，这除了名字外与帝国的基督徒和犹太人要缴纳的税并没有什么不同。当时的法庭记录还表明，政府官员在迁怒于阿拉维派领袖时，会毫不犹豫地从宗教上对他们进行诋毁。但政府同样依靠当地领袖对当地人征税，这些官员会将包税权（tax farm）① 授予此前自己羞辱过的阿拉维派。[23]

在公元 1600 年后，即使是危险的"红发人"，奥斯曼当局也基本停止了对他们的迫害。当时在安纳托利亚爆发了大规模的农民暴动（又称杰拉里起义），这使社会秩序和政治稳定成为帝国政策的重中之重。只要安纳托利亚东部的民众不到处宣扬自己的宗教偏好，当局就会睁只眼闭只眼。他们甚至通过授予当地人职位和头衔以收买忠诚，授予名门望族赛义德（seyyid，意为先知的后裔）的称号并使其享有减免税收的待遇。[24]总而言

85

---

① 包税权来自包税制（farming）这一前现代时期的常见税收制度。包税制是指国家将政府的征税活动承包给出价最高的投标者，后者只需要付给国家定额的税金就可以保留其余的税收收入。包税制使政府不用派遣官员便能获得税收。

之，在帝国的大部分地区，奥斯曼人奉行的是入乡随俗的宗教政策。

奥斯曼当局努力约束逊尼派臣民，并建立逊尼派的正统价值规范，这并未引发针对国内基督徒或犹太人的暴行。苏丹即使在对非穆斯林群体不断施压的时期，也明确表示自己只是在行使帝国的统治特权，所有穆斯林臣民均不得插手此事。苏丹清醒地意识到，大众一旦染上宗教狂热就会变得危险。例如在16世纪，几座著名的教堂被改建为清真寺。尽管这些行动总是受到极大的赞誉，但苏丹还是小心翼翼地抑制了伴随赞誉而产生的狂热情绪。当时伊斯坦布尔的帕玛卡里斯托斯教堂被改建为费特希耶清真寺，这掀起了一阵极为强烈的宗教狂热，苏丹当即下令禁止将帝国范围内的任何教堂改建为清真寺。[25]

与帝国内部的所有伊斯兰改革运动一样，"卡蒂扎德里"的首要目标是他们的穆斯林同胞，他们对基督徒和犹太人兴趣寥寥。但在17世纪60年代至70年代的最后一波暴力浪潮中，情况有所不同。在瓦尼·穆罕默德的敦促下，对销售和消费葡萄酒的禁令已经殃及非穆斯林群体。他还强烈反对公共祷告的传统，当时城市中的穆斯林、基督徒和犹太人在各自领袖的带领下一同祈祷，这种活动尤其常见于出现瘟疫或军队出征之时。

同样是在这一时期，1660年，伊斯坦布尔遭遇了有史以来最严重的大火，这场火灾摧毁了整座城市三分之二的建筑。这场火灾的余波同样不同寻常。过去发生火灾之后，城市中的基督徒和犹太人都会被允许重建他们的房屋、教堂和犹太会堂。但这一次，国家严格执行了禁止建造非穆斯林宗教建筑的伊斯兰教法，而且尤其禁止犹太人重建自己的会堂。犹太人的

密集聚居区位于城市的商业中心，这里还有一座未完工的清真寺，该清真寺始建于 16 世纪后期，但后来这项工程被中止。 86
当时的瓦里苏丹（"苏丹之母"）① 趁着此次火灾的时机重建了这座宏伟的瓦里苏丹清真寺（如今被称为新清真寺）。犹太人不仅被禁止重建家园和会堂，还被统统赶出了这片区域。从编年史到各种文件的书面记录清楚地表明，该清真寺的建造不仅体现了对穆斯林的支持，也体现了对犹太人的谴责。清真寺捐赠契约的部分内容如下：

> 根据真主的尊贵旨意，神圣的愤怒之火把犹太人的所有街区都破坏殆尽。在这场天谴之火中，那个误入歧途的社区的房屋和住所都付之一炬。每一处犹太居所都变成了火星四溅的火之神殿。²⁶

这些针对基督徒和犹太人的严厉政策之所以能够实施，部分原因是瓦尼·穆罕默德坚称，这两个社区在首都显得过于刺眼，需要削减它们的规模。他的利益与帕夏（*Pasha* 或 *Paşa*）② 法齐尔·艾哈迈德（Fazil Ahmet）——当时的大维齐尔——以及强势的瓦里苏丹的利益紧密相连，帕夏和苏丹都试图从这种宗教热情中捞取政治资本，因为十余年来的宫廷内斗玷污了统治者的精英形象，苏丹的军队此时也似乎在克里特岛陷入了无休无止的苦战。③

---

① 即下文提到的哈蒂杰·图尔汗。
② 帕夏是奥斯曼帝国行政系统里的高级官员，早期指军事统帅，后来泛指一切文武官员。
③ 17 世纪中叶，奥斯曼大军连续远征克里特岛，但苦战二十年后才成功征服该岛。

　　然而，大维齐尔和瓦里苏丹的目标并不仅仅是提高他们的威望。他们都与"卡蒂扎德里"密切相关，并致力于个人信仰方面的革新，而且最终将穆罕默德四世（Mehmet Ⅳ，1648—1687 年在位）拉入了自己的阵营。17 世纪下半叶是一个特殊的历史时期，此时奥斯曼帝国的最高当权者——由苏丹、大维齐尔以及瓦里苏丹哈蒂杰·图尔汗（Hatice Turhan）领导的三头统治集团——向境内的基督徒和犹太人施压，要求他们皈依伊斯兰教。

　　1666 年，沙巴泰·泽维拉比① （Rabbi Shabbatai Tzevi）宣布皈依，这在当时显然是轰动事件。泽维是犹太教历史上最狂热的弥赛亚运动之一的领袖，奥斯曼当局多年来一直对泽维的活动采取放任态度，但最终在他前往伊斯坦布尔的船上将其逮捕。当泽维被捕时，苏丹及其随行人员都对他手下的大批狂热信众感到震惊无比。事实上，在他被关押的伊斯坦布尔地牢外聚集了如此多人，以至于狱卒不得不将他转移到城外。²⁷ 这名拉比被传唤到坐落于埃迪尔内的奥斯曼帝国宫殿，他在那里接受苏丹和瓦尼·穆罕默德的审判，面临皈依或者受死这两个仅有的选择。最终，泽维选择了皈依，并以阿齐兹·穆罕默德大人（Aziz Mehmet Efendi② ）这个新名字在宫中开始任职。

　　尽管从早期近代史来看，沙巴泰·泽维的皈依是对整个欧洲和地中海世界都产生影响的一件大事；但从奥斯曼帝国的角度来看，拉比在苏丹面前被迫皈依并不是什么值得大书特书的特殊事件，因为苏丹历来就有招安反叛者的习惯。来自安纳托

---

① 拉比，犹太人社团或犹太教会的精神领袖。
② Efendi 是奥斯曼帝国对有学识或有较高社会地位者的尊称。

利亚东南部的库尔德苦行僧赛义德·阿卜杜拉谢赫①（Sheikh Seyyid Abdullah）宣称他的儿子是救世主或天选之人，并以此发动反叛。仅仅一年后，这两名当局的眼中钉被传唤到王宫。他们在王宫同样受到了瓦尼·穆罕默德的拷问，而当他们放弃自己的宗教信仰时，阿卜杜拉的儿子当即被授予宫殿守卫的职位（这实际上与泽维被授予的职位相同），而阿卜杜拉这个曾经组建反抗苏丹军队的人则被安排在伊斯坦布尔的苏非派集会场所任职。[28]

不过，事件并未随着拉比的皈依而结束。他的许多追随者也一同皈依。当时来自欧洲人和犹太人的文献都记载，这位刚刚皈依的拉比"率领一大群戴着头巾的犹太皈依者"漫步在伊斯坦布尔的街道上，并进入犹太会堂以吸引更多的追随者。[29]与此同时，作为几年前在旧犹太社区的废墟上建造清真寺的监督，瓦里苏丹告诉宫廷医疗队中的许多犹太人，要么皈依，要么滚蛋。拉斐尔·阿布拉瓦内尔（Raphael Abravanel）之子、宫廷中最杰出的私人医生摩西·阿布拉瓦内尔（Moses Abravanel）因此选择皈依，并改名为哈亚蒂扎德·穆斯塔法·费夫齐大人（Hayatizade Mustafa Fevzi Efendi），这显然并非在瓦里苏丹的压力下被迫皈依的个例。17世纪初，宫廷医生中的犹太教徒与穆斯林的比例为3∶1；而到了17世纪末，该比例变成了1∶17。宫廷医生中大部分是皈依的穆斯林。[30]这表明，奥斯曼当局对于宗教多样性的容忍程度正在变低。

---

① 谢赫是阿拉伯语中常见的尊称，指"部落长老""伊斯兰教教长""智慧的男子"等，通常是超过40岁且博学的人。在阿拉伯半岛，谢赫是部落首领的头衔之一；在南亚和东南亚，谢赫往往是阿拉伯后裔男子的称号；阿拉伯基督教徒也常用该尊称。

88　　　穆罕默德四世有自己的皈依计划。他将目光放到鲁米利亚
这片帝国内众所周知的欧洲森林地带，而皈依的对象则是基督
徒，其中许多是普通农民。通常而言，鲁米利亚是奥斯曼人中
欧军事行动的发起地，苏丹也喜欢在这里享受打猎的乐趣。传
统观点认为，穆罕默德四世是个沉迷于打猎的昏君。但一项最
近的研究揭示，他在荒淫无度外还有着不为人知的另一面：正
是苏丹亲自让大量基督徒皈依伊斯兰教。[31]首先，他招募了多达
3.5万名农民驱赶动物穿过森林。接着，他像古代的奥斯曼苏丹
一样骑在马背上，行动敏捷，精力充沛，以这场远征为契机举
办户外皈依仪式。根据穆罕默德四世在位时的一名编年史家的
记述，在靠近狩猎场的地方，一头母牛将要分娩，"出于王室的
慈悲，陛下希望协助那头母牛分娩，因此将牛倌带到自己面
前"。[32]苏丹与牛倌交谈，询问他是不是穆斯林。当牛倌说自己
不是穆斯林而是基督徒时，苏丹说："来吧，成为一名穆斯
林。让我赐予你谋生的手段，真主会宽恕你的一切罪孽，你将
在来世直接进入天堂。"此时牛倌还没有意识到和他说话的人
是谁，于是拒绝了这一邀请。但当他被告知，这是苏丹本人邀
请他加入伊斯兰教时，他便很快皈依了，并在惊讶之余承认自
己早已在梦中被赐予真正的信仰。穆罕默德四世统治期内的历
史文献中有数百处与此类似的记载："人们发现，无论是在埃
迪尔内、伊斯坦布尔还是周边地区的任何打猎场所，只要苏丹
在场，就会有人皈依。"[33]

　　大多数基督徒殉教事件发生在17世纪下半叶，尽管很难
证明这些案例的发生与该时间点的直接关联，但这绝非巧合。
在1679—1683年这短短几年中，就有七人被判叛教罪而在伊
斯坦布尔处决。[34]尽管伊斯兰法律中并没有强制皈依的条款，

但基督徒依然可能受到叛依的胁迫，拒绝叛依者可能会遭处
决。基督徒还会面临叛教（放弃伊斯兰教信仰）的指控。　89
1680 年，一起发生于伊斯坦布尔的引人注目的事件不但体现
了殉教的过程，而且直指"卡蒂扎德里"时代帝国社会的悖
论。当时正值 8 月，一位名叫安吉利斯（Angelis）的金匠和
他的朋友们正在庆祝圣母升天节，庆祝的人群中既有基督徒也
有穆斯林，后者是最近叛依伊斯兰教的人。他们在节日气氛的
感染下决定互换服装，安吉利斯因此戴上了一名穆斯林朋友的
头饰。第二天，他的朋友们就向当局告发，安吉利斯因为戴上
了头巾，所以成了一名穆斯林。这是不是让他叛依的伎俩，我
们如今已无从得知。我们能知道的是，安吉利斯拒绝承认自己
叛依伊斯兰教，这最终导致他被处死。[35]

　　我们可以从这场悲剧中看到，当时的穆斯林和基督徒之所
以可以轻易建立友谊，是因为这些穆斯林此前不久还是基督
徒，他们显然仍与自己以前的生活有着千丝万缕的联系。但与
此同时，这种距离上的亲近对双方而言都充满了危险。穆斯林
所制造的这些似乎骇人听闻的事件并非空穴来风，因为在
1680 年，"卡蒂扎德里"的势力在伊斯坦布尔仍旧十分强大。
庆典结束后的第二天，穆斯林就开始担心，与基督徒朋友一起
参加基督教节日可能会让自己付出代价。当然，对于基督徒而
言，代价甚至更大。

　　基督徒还有另一种殉教的方式，这种有意为之的方式甚至
更具戏剧性。从 17 世纪一直持续到 18 世纪，少数基督徒会公
开叛教，在叛依后于公共场合高调宣布放弃伊斯兰教信仰。因
此，奥斯曼当局除了处决他们之外别无选择。从 1700 年前后
开始有记载的殉教史清楚地表明，这些事件往往是公然进行的

壮观场面。铁了心要赴死的年轻殉教者（而且他们总是年轻人）与当地的穆斯林政府走向对抗。政府往往不愿意对叛教者施以极刑，而更希望他们能够自行恢复理智。[36]例如在港口城市伊兹密尔的鞋匠纳诺斯（Nannos）的案件中，这座城市的穆斯林政府恳求他："想想你的生活吧，想想你还多年轻；只要你说自己是土耳其人，你就可以得救。"[37]但让政府感到头痛的是，大量穆斯林在此地聚集，要求必须将叛教者处死。

90

这些事件的背后往往有宗教领袖的推动。根据文献记载，这些叛教者多为鞋匠、金匠或皮革工人，他们在义无反顾地宣布自己的决定前，通常会在希腊正教（Greek Orthodoxy）① 的修道院中心阿索斯山度过一段时间。因此，这些叛教者的背后都有进行精心策划的推动者，所以有学者将其称为"神学教会的宣传手段"。[38]但这样做究竟出于何种目的？一些正教领袖之所以精心准备这些殉教行动，部分原因是对在 17 世纪达到顶峰的伊斯兰皈依浪潮的回应，这种回应针对的对象包括但不限于"卡蒂扎德里"与穆罕默德四世。但在 18 世纪，这种"教会宣传"也经常面向基督徒中的上层阶级，修道院领袖同样致力于为他们的殉教做好准备，并用简单易懂的希腊语将他们的事迹公之于众。修道院领袖还在希腊正教内部发动了一场被称为"科利瓦德斯"（Kollyvades）的特殊运动，这场运动主要是围绕何时为死者举行追悼会而展开的论辩。（"科利瓦"是活动期间供应的煮熟的小麦的名称。）这场论辩是关于欧洲启蒙运动对奥斯曼帝国统治下希腊社会影响的更大规模论辩的

---

① 希腊正教，源自希腊文明的救世主信仰，最初盛行于地中海东部沿岸的希腊语地区，日后发展为东正教。此处指使用拜占庭礼仪的正教。

组成部分。"科利瓦德斯"不但代表了对当时西方思想的激烈抵触，而且代表了对越发迷恋现代事物的希腊富人阶层提出的严厉抨击，后者集中生活在奥斯曼帝国的港口城市。因此我们也就不难理解，为何港口常常成为 18 世纪殉教事件的发生地点。这些直面死亡、为了基督教而放弃伊斯兰教的青年成了正教教义中的英勇榜样，而他们的行为也是对基督徒同胞的一种责难。[39]

结语：对宗教多样性的管控

无论是"卡蒂扎德里"、叛教后在伊斯坦布尔的犹太会堂寻找皈依者的拉比，还是为年轻人做殉教准备的基督教士，他们在奥斯曼帝国各个社群（穆斯林、犹太教徒和基督徒）的宗教领袖阶层中均属于特例。在更广泛的奥斯曼社会中，这类事例同样十分罕见，因为无论是国家最高掌权者还是个别村庄的长老，他们在维护政治和社会秩序方面都存在广泛的利益关系，任何类型的宗教狂热分子都会对这一利益共同体构成威胁。泽维不仅此后在伊斯坦布尔遭到犹太教领袖的抵制，在其他地方也同样如此，他在抵达首都之前就不止一次被犹太当权者驱逐，奥斯曼当局正是通过每座城市犹太当权者的这些举动了解其行踪。同样地，17—18 世纪的普世牧首（Ecumenical Patriarchate）①也反对殉教的做法。奥斯曼当局本身则无意助长宗教反叛或培养狂热信徒，当局还会试图说服这些人放弃殉教。伊斯坦布尔的穆斯林精英阶层对"卡蒂扎德里"及其狂热的宗

91

---

① 普世牧首，奥斯曼帝国的正教领袖，长居伊斯坦布尔，是正教会的精神领袖和主要发言人。

教情感极为蔑视。事实上，奥斯曼人正是依靠三个宗教群体内部的精英阶层来加强和维持社会秩序。

出于维持传统力量平衡的共同利益，这些维持秩序的手段不仅通常会奏效，而且历史学家可能会受此诱导，描绘出一幅相安无事的奥斯曼社会图景，即持续数个世纪的共存与宗教和解，这是奥斯曼帝国官方日常执行宽容政策的产物。但是，对社会稳定的普遍诉求显然不会自动转化为稳定的社会局面。例如，战争经常颠覆现有的社会秩序。在地中海沿岸，威尼斯人与哈布斯堡王朝之间爆发的冲突导致双方大量人员沦为奴隶，许多平民也未能幸免。在奥斯曼帝国境内，不法之徒也趁机将当地的奥斯曼基督徒伪装成被俘的敌方战斗人员，并对其进行奴役。[40]除此之外，紧张局势还会周期性爆发，这来自奥斯曼政权年复一年面临的各个社群在宗教节日期间的紧张关系。尽管目前没有对其全面的研究，但众所周知的是，在像复活节这样的节日中，基督徒和犹太教徒的关系总是会变得剑拔弩张。

宗教共存理论同样没有充分注意到不同地域的特殊语境。正如金匠安吉利斯的案例所表明的，在伊斯坦布尔，穆斯林与基督徒进行交往可能招致横祸。在整个奥斯曼帝国统治期间，基督徒和穆斯林的领袖都反对不同宗教群体混居在一起。16世纪的杰出法学家埃布苏德（Ebussuud）在一条教令（*fetva*）中写道，"宗教社群应该彼此分居"，而且穆斯林也不应使用非穆斯林的语言，这会使社群之间的界限变得模糊。[41]皈依伊斯兰教者被一再要求切断他们与原社群的联系，他们还会因为继续庆祝复活节和与基督徒一同跳舞喝酒而遭到指责。反观基督教，教会往往禁止基督徒使用伊斯兰法庭，而与殉教有关的叙述往往暗示了与穆斯林接触可能招致危险的警告。然而，最近一项对叙利亚和巴勒斯坦城镇和村庄的宗教生活的研究表明，宗教空间的广泛共享似乎并未引发太多争议。[42]在霍姆斯，曾经的圣海伦教堂在16世纪初被改建为清真寺，但基督徒被允许继续在里面祈祷。穆斯林也经常在伯利恒的圣诞教堂内进行礼拜，甚至将其当作临时住所。法国旅行家泰弗诺[①]在书中记录了自己对这一现象的不满，他认为教堂本应只属于基督徒。

在中东地区，作为宗教少数群体的基督徒和犹太教徒在穆斯林的统治下和平共处了数个世纪。如果我们将中东地区与巴尔干半岛和安纳托利亚半岛进行比较就会发现，不稳定的局势更有可能造成宗教之间的紧张关系乃至暴力冲突。例如，由新近皈依者组成的穆斯林社群与他们的基督徒邻居的关系，跟他们与那些已长期建立身份和社群界限的穆斯林社群的关系完全不同。最后，这种宗教共存在其他地区也有类似的体现，只是与城市中的类似做法相比，农村地区的皈依和宗教融合较少引起人们的关注。

在奥斯曼帝国，人们通过所属的宗教团体来确定自己的身份。因此，社会冲突也往往在宗教方面有所体现。一起发生在1770年的惨烈事件汇集了所有要素，包括偶发的宗教暴行、战争本身令人不安的特性，以及从宗教方面体现的社会变革与群体冲突的关系。这一年，伊兹密尔的居民目睹了奥斯曼海军的主力在俄国人的火力下全军覆没。这场袭击发生于1768—1774年的俄土战争期间，它给帝国的内外形势带来了新的不利变化。随后，俄国舰队开进地中海东部，这导致了两个世纪以来内海区域首次出现大规模海战。与此同时，希腊南部的一

98

---

① 即让·德·泰弗诺（Jean de Thévenot，1633—1667年）。

些基督教武装团体倒戈支持俄国的入侵行动。

法国驻伊兹密尔领事佩松内尔（Peyssonnel）用生动的语言描述了这一场景，我们在此详细引用他的文字：

> 1770 年 7 月 8 日周日凌晨 4 点，奥斯曼海军全军覆没的消息传到了士麦那，我们对此早有预料……因为我们可以清楚地听到战舰被大炮击沉时的巨响。这起史无前例的事件令人难以置信，残酷的事实吓坏了穆斯林，沉重的绝望情绪笼罩在整座城市上空。[43]

根据佩松内尔接下来的记述，在港口海关官员易卜拉欣阿加（Ibrahim Agha）的煽动下，这些穆斯林开始屠杀在港口工作的基督徒，共有 1500 人被杀，其中大多数是希腊人。

除了战争成为暴力的催化剂，另外值得一提的是，所有针对基督徒的暴力事件参与者以及事件本身都和港口有关，而在基督教群体生活的教区则并未发生此类事件。在 17 世纪早期，伊兹密尔还是一个不起眼的小镇，但在俄军发动进攻的那年已是地中海的主要港口之一。在这个快速发展的城市，港口处于社会和经济变革的中心。奥斯曼帝国的基督徒经常在这里与欧洲伙伴进行贸易往来，这种来自伊兹密尔当地和欧洲的基督徒的不寻常力量为伊兹密尔赢得了"异教伊兹密尔"的称号。在这些新兴商业场所中，所有宗教社群领袖都没有他们此前在一些城市社区中享有的控制权。

让我们回到本章开头提到的历史分期问题。考虑到奥斯曼帝国的统治延续了数个世纪，无论我们认为帝国的宗教政策宽容与否，如果只强调其中一方，就会失之偏颇。越来越多研究奥斯曼帝国历史的学者认为，局势在 18 世纪变得更糟。因此，1770 年在伊兹密尔发生的事件不但被视为奥斯曼帝国随着与欧洲贸易的增加而出现变化的某种缩影，而且它还预示了接下来的历史走向。随着奥斯曼帝国的基督徒发展壮大，越来越多的穆斯林开始产生不满，当局也逐渐认为基督徒臣民并不忠于自己的统治。[44] 所有这一切都为一种新型暴行的出现铺平了道路，而发生在伊兹密尔的杀戮仅仅拉开了这一暴行的序幕。

但同样重要的是，这一宏观的观点还需要结合当地的具体历史背景。在那些没有受到全球贸易影响的地区（如巴尔干半岛的农村地区），对伊斯兰教的皈依趋势依然在延续，（新近皈依的）穆斯林男性与基督教女性同样可以通婚。这让我们很难断言，在整个帝国内，穆斯林和基督徒正在逐渐走向敌对。在中东地区，上述并未涉及暴力的宗教习俗同样没有间断。即使是在曾经于 1770 年爆发了支持俄国人起义的（希腊南部的）摩里亚——孕育希腊民族主义的主要地点——近期的一项研究也表明，我们无法按照宗教信仰将他们的社群分门别类。显然并非所有的希腊人都参加了起义，一些人实际上反而帮助了试图镇压这场起义的奥斯曼军官和他们的穆斯林邻居。在一些关键问题上，不同帝国官员的记述中存在截然相反的说辞。而且，我们如今很难分辨他们究竟站在哪边，这也表明了情况要比此前的爱国主义解释更加复杂。例如，当俄国支持下的反叛分子袭击西海岸的加斯通镇时，奥斯曼官员和基督徒农民都试图逃离此地，但他们都被当地的穆斯林官员拦住，并被要求必须支付现金才能离开，这令所有人都大感震惊。因此，当我们试图解释动荡期间各方的行为时，个人利益和地方竞争似乎与宗教身份一样重要。[45]

因此，奥斯曼帝国对宗教多样性的管控并不存在时间或空间上的一致趋势。从外力影响下发生在伊兹密尔的反常暴力事件，到社群对立情绪导致的日常敌意与争端，不同宗教群体之间的紧张关系所引发的结果并不相同。在帝国的某些地区，因宗教分歧产生的争端（如家庭内的异族通婚与不同宗教身份引发的争端）极其普遍。而在另一些地区，宗教变得更加同质化。在 18 世纪的奥斯曼帝国，社会和平机制大体上依然能够维持运转，但同样可以肯定的是，经济的迅速变化放大了传统的对立情绪，由变革引发的敌意和焦虑往往体现在宗教方面，伊兹密尔就是典型的例子。而到了 19 世纪，随着经济变化的加剧，社会也变得更加动荡不安，发生在伊兹密尔的暴行很快遍布奥斯曼帝国各地。

95

参考论著

研究奥斯曼帝国历史的学者在此前很长一段时间内都假设，奥斯曼人只是继承了前几个世纪的伊斯兰传统。近年来，历史学家才基于对文献记录和手稿的细致研究证实，奥斯曼人有自己独特的"逊尼化"计划。其中的几个突出成果包括 Tijana Krstić, *Contested Conversions to Islam : Narratives of Religious Change in the Early Modern Ottoman Empire* （Stanford, CA: Stanford University Press, 2011） 以及 Derin Terzioğlu, 'How to Conceptualize Ottoman Sunnitization: A Historiographical Discussion', *Turcica* 44 （2012/13）, pp. 301–38; 'Where 'Ilm-I Hāl Meets Catechism: Islamic Manuals of Religious Instruction in the Ottoman Empire in the Age of Confessionalization', *Past & Present* 220. 1 （2013）, pp. 79 – 114。两位作者都讨论了宗教灌输与暴力的关系，尽管这并非他们主要关注的方面。前者还研究了备受争议的奥斯曼帝国的宽容概念，并强调了这一过程始终处于变动不居的各方博弈之中，其状态并非一成不变。

对奥斯曼帝国进行全面叙述的新成果是 Karen Barkey, *Empire of Difference : The Ottomans in Comparative Perspective* （Cambridge: Cambridge

University Press，2008）。这部拥有广泛读者的著作以宗教多样性为主题展开论述。该著还在概念上对奥斯曼帝国的宽容政策进行了抽丝剥茧式的分析，尽管在其他方面，该著的研究方法相当传统。作者在书中认为，奥斯曼帝国在早期几个世纪的主导意识形态是自由主义，但之后变得更加正统和僵化，这导致了族群之间关系的恶化。相比而言，M. Baer, *Honored by the Glory of Islam：Conversion and Conquest in Ottoman Europe*（Oxford：Oxford University Press，2008）对苏丹穆罕默德四世统治时期的奥斯曼帝国展开了研究。作为对前书相对概览式叙述的有趣补充，本书的核心论点是，在穆罕默德四世统治时期，奥斯曼人表现出异常的宗教热情。

Elizabeth Zachariadou,‘The Neo-Martyr's Message’, *Δελτιο Κεντρου Μικρασιατικον Σπουδων*（*Bulletin of the Centre for Asia Minor Studies*）8（1990-1），pp. 51-63 一文为我们理解新殉教者现象中的意识形态利害关系提供了绝妙的视角。

现代阿拉伯历史学界关于宗派主义的争鸣十分激烈。多数研究都聚焦于 19 世纪和 20 世纪，但其中一些研究也考虑了更早时期的宗派主义，以及奥斯曼帝国时期的治理方式对后世的宗派斗争产生的影响（无论结论是有还是没有）。这方面有价值的论著参见 Bruce Masters, *Christians and Jews in the Ottoman Arab World：The Roots of Sectarianism*（Cambridge：Cambridge University Press，2001）；Ussama Makdisi, *The Culture of Sectarianism：Community, History and Violence in Nineteenth-Century Lebanon*（Berkeley：University of California Press，2000）。近期还有一部著作对奥斯曼帝国治下阿拉伯各省的宗教文化及其与社群的关系进行了令人耳目一新的研究，参见 James Grehan, *Twilight of the Saints：Everyday Religion in Ottoman Syria and Palestine*（Oxford：Oxford University Press，2014）。此外，该著还提出了"农业宗教"（agrarian religion）的概念。

注　释

1. 引自 Maria Todorova, *Imagining the Balkans*（New York：Oxford University Press，1997），p. 74。该著作者还写道："虽然这些印象

有助于形成广泛的穆斯林宽容观念，但需要强调的是，它们是在欧洲（尤其是法国）宗教偏执的高峰期产生的，因此应该适当考虑具体语境。"

2. *New York Times*, 4 Dec. 2009.

3. Cemal Kafadar, *Between Two Worlds : The Construction of the Ottoman State* (Berkeley: University of California Press, 1996), p. 1.

4. Tijana Krstić, *Contested Conversions to Islam : Narratives of Religious Change in the Early Modern Ottoman Empire* (Stanford, CA: Stanford University Press, 2011), p. 147.

5. Karen Barkey, *Empire of Difference : The Ottomans in Comparative Perspective* (Cambridge: Cambridge University Press, 2008).

6. Th. Stavrides, *The Sultan of Vezirs : The Life and Times of the Ottoman Grand Vezir Mahmud Pasha Angelovic 1453 – 1474* (Leiden: Brill, 2001).

7. Krstić, *Contested Conversions*, esp. ch. 2.

8. "沙库鲁"是这位领袖给自己取的名字，意为"沙的仆人"，"沙"是指当时萨非的领导者伊斯玛仪沙（Shah Ismal）。（Shah 是波斯语，意为国王。——译者注）

9. C. H. Imber, 'The Persecution of the Ottoman Shī'ites According to the Mühimme Defterleri, 1565–1585 ', *Der Islam : Journal of the History and Culture of the Middle East* 56. 2 (1979), pp. 245–73, at 250.

10. A. Karkaya-Stump, *The Kizilbash-Alevis in Ottoman Anatolia : Sufism, Politics and Community* (Edinburgh: Edinburgh University Press, 2019), p. 2；在此感谢作者向我分享她的研究成果。

11. Derin Terzioğlu, 'How to Conceptualize Ottoman Sunnitization: A Historiographical Discussion ', *Turcica* 44 (2012/13), pp. 301–38.

12. 同上，p. 313。

13. G. Necipoğlu, *The Age of Sinan : Architectural Culture in the Ottoman Empire* (Princeton, NJ: Princeton University Press, 2005), p. 49.

14. Derin Terzioğlu, 'Ottoman Sunnitization ', p. 314.

15. Karkaya-Stump, *Kizilbash-Alevis*, p. 21.

16. M. Zilfi, 'The Kadizadelis: Discordant Revivalism in Seventeenth Century Istanbul ', *Journal of Near Eastern Studies* 45. 4 (1986),

pp. 251-69.

17. 同上，p. 258。

18. 同上，pp. 253-4。

19. 此处同样主要是指 Derin Terzioğlu，'Ottoman Sunnitization'。

20. Khaled El-Rouayheb, *Islamic Intellectual History in the Seventeenth Century* (Cambridge: Cambridge University Press, 2015), p. 119.

21. 德林·泰尔齐奥卢（Derin Terzioğlu）称其为"逊尼派的增加及其对逊尼派伊斯兰教解释的多样化"，参见 Derin Terzioğlu，'Ottoman Sunnitization', p. 319。

22. Zilfi, 'Kadizadelis', p. 251.

23. Stefan Winter, *History of the Alawis : from Medieval Aleppo to the Turkish Republic* (Princeton, NJ: Princeton University Press, 2016).

24. Karkaya-Stump, *Kizilbash-Alevis*, p. 29.

25. G. Necipoğlu, *The Age of Sinan : Architectural Culture in the Ottoman Empire* (Princeton, NJ: Princeton University Press, 2005), pp. 58-9.

26. M. Baer, 'The Great Fire of 1660 and the Islamization of Christian and Jewish Space in Istanbul', *International Journal of Middle East Studies* 36. 2 (2004), p. 172.

27. 同上，p. 126。

28. 同上，p. 130。

29. 同上，p. 131。这个由皈依者组成的群体日后被称为"多梅"（Dönme），他们在奥斯曼帝国史上具有独特的地位，并且一直延续到帝国末期，甚至进入了现代土耳其国家。

30. 同上，p. 133。

31. 同上，p. 179。此外，还有基督徒在埃迪尔内的苏丹宫廷庆祝活动期间皈依（见 p. 190）。

32. 同上，p. 186。

33. 同上，p. 195。

34. E. Gara and G. Tzedopoulos, *Χριστιανοι και μουσουλμανοι στην Οθωμανικη Αυτοκρατορια Θεσμικο πλαισιο και κοινωνικες δυναμικες* (*Christians and Muslims in the Ottoman Empire: Institutional Framework and Social Dynamics*) (Athens: SEAB,

2015），p. 216. 他们在文献中被称为"新殉教者"（neo-martyrs），以此区别于早期基督教的殉教者。

35. 同上，p. 217。

36. N. M. Vaporis, *Witnesses for Christ : Orthodox Christians Neo-Martyrs of the Ottoman Period 1437-1860*（New York：St Vladimir's Seminary Press, 2000）.

37. Gara and Tzedopoulos, *Χριστιανοι και μουσουλμανοι*, p. 222.

38. E. Zachariadou, 'The Neo-Martyr's Message', Δελτιο Κεντρου Μικρασιατικον Σπουδων（*Bulletin of the Centre for Asia Minor Studies*）8（1990-1），p. 55.

39. Gara and Tzedopoulos, *Χριστιανοι και μουσουλμανοι*, p. 227.

40. Joshua White, *Piracy and Law in the Ottoman Mediterranean*（Stanford, CA：Stanford University Press, 2017）.

41. Bruce Masters, *Christians and Jews in the Ottoman Arab World : The Roots of Sectarianism*（Cambridge：Cambridge University Press, 2001），pp. 26, 30.

42. James Grehan, *Twilight of the Saints : Everyday Religion in Ottoman Syria and Palestine*（Oxford：Oxford University Press, 2014）.

43. Gara and Tzedopoulos, *Χριστιανοι και μουσουλμανοι*, p. 141.

44. Barkey, *Empire of Difference*, p. 165.

45. 关于这起事件以及 1770 年的摩里亚事件经过修订后的全面论述，参见 B. Gündoğu, 'A Boiling Cauldron of Conflicts and Cooperation：The Question of Two Distinct Societies during and after the Morea Rebellion of 1770', *International Journal of Turkish Studies* 20（2014）。

5　美洲的人祭、暴力仪式与殖民遭遇

沃尔夫冈·加博特

　　1500—1800 年大致为美洲的殖民地时代。15 世纪晚期以来，欧洲入侵者与原住民的殖民遭遇（colonial encounter）① 往往伴随着可怕的暴行。短短数十年间，大部分土著人口要么死于征服期间殖民者的过度压榨，要么死于探险家和征服者带来的疾病（比如麻疹或天花）。由于此前从未见过这类疾病，他们对此毫无抵抗力。因为印第安人的暴力仪式——例如人祭、针对俘虏的酷刑和同类相食（食人）——特别适合成为对征服和殖民统治正当性的辩词，所以它在欧洲人撰写的相关文献中屡见不鲜。然而，极少有文献"来自土著视角"，因此我们必须对征服者、殖民者或传教士的记述进行仔细检视，从而了解原住民对这类现象的真正态度。

　　本章提出了殖民地时代与土著和欧洲人有关的暴力的若干方面，尤其关注其中的暴力仪式。其一，虽然欧洲人强烈谴责印第安人的同类相食和人祭习俗，但殖民者的一些行为比他们自己愿意承认的要更恶劣。其二，虽然殖民话语倾向于构建一个相对同质的殖民"他者"，但土著的暴力仪式在等级森严与人际平等的原住民社会中存在显著的区别——在年龄和性别的差异之外，或许还存在其他不平等制度（这种区别在本章接下来的分析中至关重要）。其三，美洲不同地区的印第安人受到来

―――――――――

　　①　殖民遭遇，在本章中特指殖民者在美洲大陆遭遇原住民时所发生的事。

自欧洲征服和殖民统治的影响也不尽相同，这取决于他们的政治组织形式以及其他方面。其四，在一定程度上，土著和欧洲人的暴力仪式互相影响。其五，尽管欧洲人谴责土著暴力仪式（例如人祭或对战俘的处理方式）是野蛮的，但当他们与这些被认为扰乱世俗和神圣秩序的人打交道时，也并未表现出更加人道的一面。考虑到殖民者在遭遇印第安文化时的多种不同情形，本章接下来讨论的仅仅是一些基本趋势和若干具体案例。

人祭习俗、同类相食与殖民遭遇

至少从古希腊时代开始，欧洲人便习惯性地将生活在"文明"世界边缘或之外的人称为食人者（man-eaters）。因此，哥伦布在1492年到达加勒比地区时发现，自己对可能遭遇食人族的预测变成了现实。讲阿拉瓦克语的印第安人告诉他，住在南部一个小岛上的"加勒比"民族有吃人的习俗。[1]埃尔南·科尔特斯（Hernán Cortés）在写给国王的信中提到，他在1519年去征服阿兹特克帝国的途中遭遇了尤卡坦半岛（墨西哥）的玛雅人：

> 他们的习俗极其令人作呕，理应受到惩罚……每当他们祈求神灵时，为了使其灵验，他们都会将许多男孩女孩甚至成年人带到神像处，活活将这些人的胸膛剖开，取出心脏和其他内脏在神像面前焚烧，并将焚烧的烟雾作为祭品。我们中的一些人目睹了这一幕，他们都说，这是他们见过的最可怕、最令人毛骨悚然的事。[2]

1537年6月9日，教皇保罗三世（Pope Paul Ⅲ）发布圣谕，宣布印第安人是"真正的人"而非"供我们差遣的愚蠢牲畜";[3]此后,关于美洲原住民的话题变得特别重要,殖民者也由此不再将其当作"天生的奴隶"看待,对他们的征服、奴役和剥削必须通过"正义战争"等方式加以合法化。多明我会士弗朗西斯科·德·维多利亚(Dominican Francisco de Vitoria)是国际法的创始人之一,他将"野蛮人的主人对其手下的个人暴政"或"野蛮人针对无辜者的暴力强迫性质的习俗"——比如人祭或同类相食——作为向印第安人开战的正当理由。[4]显然,这些伊比利亚的国际法发起者主要谴责的对象是那些抵抗欧洲人统治的印第安食人族。同类相食不但是野蛮的,而且是"异质性的典型象征",[5]因此特别适合以之在"我们"和"他们"这两个群体之间建立一种本质区别。但是,这种象征在欧洲和印第安人文化中都若隐若现。不仅一些欧洲人怀疑西北海岸①的土著有食人习俗,这些土著也怀疑,欧洲人才是真正的食人族。[6]

我们必须批判性地看待关于食人现象的文献记述,其中有很多原因,包括但不局限于殖民者有意借此来为自身殖民统治的合法性辩护。此外,欧洲人本来就相信,他们会在新大陆的"异教徒"和所谓的野蛮民族中发现食人族的身影。许多文献的证据都间接来自邻近部落对所谓同类相食行为的指控,而直接来自目击者的一手文献同样问题重重。即使是对当地语言有一定了解的欧洲人也可能产生误解,因为"吃"可能只是土著语言中的一种隐喻。例如,对易洛魁人而言,"吃掉一个民族"这个说法指的是发动战争、剥头皮或俘虏。[7]某些处理尸体的方式(比如剥皮、斩首、砍断腿和

---

① 本章的"西北海岸"特指北美洲西部的海岸地带。

手臂等）往往被视为食人存在的证据，但这些其实可能只是殡葬仪式的组成部分。类似的情况还出现在一些南美洲的平原部落中，他们有一种食用死者的肉或骨灰的习俗。直到 20世纪，瓦里人依然认为，"对于垂死之人而言，与其被留在地底腐烂，不如消失在部落成员的身体中"。[8] 在 16 世纪的文献中，当时的耶稣会士也记载了类似的现象，图皮南巴的囚犯"非常愿意自己在死后被人吃掉，这使他们心甘情愿受死……因为他们说，死掉、发臭然后被昆虫吃掉是一种悲哀的死法"。[9] 对于图皮南巴的战士来说，遭处决后被吃掉才是死得其所，"因为他们说，只有懦夫和弱者才会在死后被埋起来，去支撑本就极其沉重的大地的重量"。[10] 因此，尽管有充分的理由质疑许多关于原住民祭祀和欧洲人对同类相食的记载（特别是其中"烹饪"人体方面的各种记载），但已有足够证据显示，人祭习俗在欧洲征服之前的美洲就已普遍存在。甚至在许多情况下，食人现象同样如此。现有证据已经表明，因纽特人、克里人、易洛魁人、休伦人、北美海湾和西北海岸的一些部落、中美洲的阿兹特克人和玛雅人、奇布查人、图皮-瓜拉尼人和南美普图马约河流域的土著部落等群体中都存在同类相食的习俗。[11] 因此，这种做法似乎遍布美洲大部分地区，无论这些社会的组织方式（从小型因纽特人部落到庞大的阿兹特克帝国）之间存在多大的差异。

尽管殖民者大肆谴责原住民的同类相食习俗，但即便是在欧洲，也并非人人都对食用人体部位嗤之以鼻。16—18 世纪，人体的肉、血、心脏、骨髓和其他部位都出于医疗目的被制成药品。当时流行一种木乃伊药（Mumia），它由真正的木乃伊或突遭死亡（最好是暴力死亡）之人的遗骸制成。对于帕拉塞尔苏斯（Paracelsus）① 和民间医学的追随者而言，这种药物十分重要。人们还认为，如果喝下由刽子手出售的被处决罪犯尚温的血液，就可以有效治疗癫痫等疾病。[12]因此，尽管欧洲人和印第安人都会摄取人体部位和成分，但在欧洲的医学同类相食中，这些材料的人体来源被"非人格化和物化"了。[13]正是由于对出于医疗目的的食人行为的非人格化，殖民者可能会或多或少地认为，他们的行为与被当成"野蛮人"的土著的行为存在根本差异。

土著的多样性与不同背景下的征服和殖民

欧洲人的征服和殖民化对原住民宗教习俗（包括暴力仪式）的影响十分不均衡，其时间、形式和强度在美洲大陆的各个地区也不相同。在墨西哥和安第斯中部，西班牙征服者及其本土盟友在短短数年内就征服了阿兹特克帝国和印加帝国（分别在1519—1521 年和 1532—1539 年）。16 世纪上半叶，在这些以集约型农业、城市化和阶级分化为特征的土著社会中，殖民统治已经牢固确立。西班牙殖民者还驱逐了帝国当局派来的领导者，将自己确立为当地政治等级制中的唯一统治者。对于中央集权程度较低的土著酋长领地来说，殖民者更难将其征服乃至建立殖民统治，因为这些领地的基础是亲属群体内的不平等制度，该制度在北美洲东南部、西印度群岛、美洲中部（Central America）② 的

① 帕拉塞尔苏斯（1493—1541 年），瑞士医学家，他把医学和炼金术结合起来，开创了医疗化学这门新的学科。
② 美洲中部是地理概念，指连接南美洲和北美洲的狭长陆地，包括危地马拉、伯利兹、萨尔瓦多、洪都拉斯、尼加拉瓜、哥斯达黎加和巴拿马这七个国家；中美洲（Mesoamerica）则是历史文化概念，指从墨西哥南部延伸至哥斯达黎加西北边界的整个区域，这个区域发展出了数个层次分明、文化相关的农业文明，因此中美洲文明也指这些前哥伦布时期的印第安文明。

大部分地区、南美洲北部以及主要低地河流沿岸肥沃的冲积平原（*varzeas*）等地占主导位置，殖民者在这些地方必须逐一征服不同政体或聚居地。在美洲其他地区，政治分裂更加严重，因此征服和殖民也更为困难。在南美洲的平原地带，大部分居民都是将狩猎、捕鱼、采集和种植相结合的游牧民族。而在北美地区，觅食者（forager）① 漫游在北极地区和大盆地，由于气候恶劣或缺乏合适的耕种工具来改造草皮，他们不可能从事农业生产。但北美地区的大多数土著群体能够结合农耕和狩猎，他们在城镇和村庄中过着半定居的生活。殖民者无法对其中的大部分地区进行有效控制，欧洲人与印第安人长期争夺这类土地，甚至直到殖民地时代结束仍是如此。

另一个塑造殖民遭遇的决定性因素是，来到美洲大陆的欧洲人怀着各不相同的目的。大多数伊比利亚人是冲着金银财宝而来的，他们的生活来源主要靠剥削中美洲和安第斯中部的大量土著农民和工人，或榨取殖民地周边区域以及巴西的奴工劳动力。而在 16 世纪抵达北美的欧洲人多为探险家、渔民或商贩，他们较少与土著接触。情况从 17 世纪开始出现变化，当时大批殖民者涌入这里寻找农业用地，因此出现了两种截然不同的殖民主义：在北美东部发展起来的定居殖民地，土著是一个令人不安的因素，殖民者需要将其驱逐甚至消灭；而在伊比利亚人活跃的中美洲和安第斯中部的核心地带，殖民者已经建立了基于土著劳动力的统治政权。相比之下，南美洲内陆和北美洲大部分地区的印第安人在 18 世纪乃至此后更长的时间内

---

① 觅食者，又称狩猎采集者（hunter-gatherer），在人类学中指一种以原始状态生存的人，他们猎捕食物和直接采摘可食用果实，而不太依靠驯养或农业。他们广泛存在于农业社会出现之前的全球各地。

都仍然不受管控，欧洲殖民者的主要活动范围依旧局限在相对较小的狭长沿海地带。虽然在殖民地的核心区域，前哥伦布时期的习俗很快受到殖民地官员和传教士的压制，但印第安人能够在其他地区维持他们的传统（其中就包括各种暴力仪式）。而且无论是作为敌人还是作为盟友，印第安人与欧洲人都在这些地区以某种方式长期共存。

印第安的人祭习俗与暴力仪式

"献祭"一词意指，放弃某些有价值的东西并将其奉献给某个对象（如祖先或超自然之物），其目的可能是展示虔诚、祈求利益或表达感激之情。祭品既可以是献祭者自己的身体，也可以是部落成员或外来者的身体，这类暴力仪式在美洲有着悠久的历史和广泛的分布。自我献祭——包括与世隔绝、禁食、在变化无常的天气中暴露身体、放血、切割甚至截掉身体的一部分（如手指）——是"通过仪式"（rites of passage）[①] 的重要组成部分，这或许与为了保障某人或某个团体的利益而进行的考验有关。在所有类型的原住民社会中，外来者（如战俘或奴隶）都是最常见的祭品。在中美洲和南美洲的等级社会（如阿兹特克和印加），以及北美洲东南部的密西西比文化（如纳奇兹人的文化）中，除了将外来者作为活祭品之外，还会将某些部落成员（如儿童或已故酋长的妻子和仆人）摆上祭台。[14]在北美洲和南美洲，由猎人、采集者和种植者组成的

---

① "通过仪式"是本卷中经常出现的人类学术语，指个人生命流程重要阶段的民俗仪式，提出者是盖涅普（Arnold van Gennep）。通过仪式包括孕育生命时的胎教及嗣后的诞生、成年、结婚、育子、做寿、丧葬等习俗仪式。一些文明认为，必须严格地、按部就班地完成每一个阶段的通过仪式。

社会有相对平等的人际关系，仪式中的杀戮通常只针对外来者，而且大多发生在冲突与战争的背景下，其典型动机是为他人实际遭受或假想的伤害实施报复。除了敌方部落成员造成的实际杀戮外，进行报复性袭击也可能是因为相信族群内出现的死亡事件并非正常现象，而是由于受到附近团体一些身体或精神上的有害活动（如魔法或巫术）的影响。因此，死者的在世亲属有义务通过为其报仇来安抚这些亡灵。这些信仰引发了一种被称为"哀悼之战"（mourning war）的特殊冲突形式，后者在北美洲（特别是平原地带和东北部）广泛存在，也时常在南美洲低地出现。[15] 由悲伤引起的哀悼行为有时还会体现为自残，如割伤自己的腿和手臂。哀悼结束后，他们会重新将矛头对准外来者，并且依据仪式实施攻击行为，包括组织战斗队伍去杀死或活捉敌人。由于战争是男性建立声望的最重要手段，哀悼者很容易就能借此激励年轻男性与他们一起参加复仇性质的突袭行动。在煽动战争方面，女性哀悼者同样发挥着关键作用。这里以易洛魁人为例：

> 亲属被杀害的女性会现身公共舞会和宴会，并痛哭流涕；如果这还不足以激发战士的复仇情绪，她们可能会提供报酬或指责反应迟钝的战士是懦夫……只有出现了报复性的杀戮和酷刑，此前被杀之人的血才算没有白流，他们才能安心死去。[16]

夺取在袭击中被杀死的敌人的身体部位（如头颅或头皮）是很常见的现象，但不同部落对此的态度不尽相同。而且，这些身体部位在不同仪式中也具备不同的功能。虽然头皮在一些族

群（主要在平原、东部林地、东南部和西南部）中主要被用
于祭祀亲人，但这种祭祀方式在另一些族群看来可能是种冒犯
和侮辱。在一些族群，特别是在北美东南部的族群（如卡多
人、纳奇兹人和卡卢萨人）中，头皮和其他身体部位主要被
用于祭祀鬼神，它们或许是安抚死者灵魂的一种手段，抑或仅
仅作为象征战士勇气的标志。

在许多印第安族群中，战士的成功十分依赖他俘获敌人的
能力。与当场杀死敌人相比，活捉敌人被认为更能树立威望，
这可能与通过仪式有关，如巴西海岸的图皮部落（Tupi）①：

> 他们能够赢得的最高荣誉……就是在战争中俘虏
> 敌人，他们相信，这比杀死敌人更重要，因为俘虏者
> 会把俘虏交给别人杀死。杀死俘虏的人每杀死一个俘
> 虏，就会获得一个新名字，他们名字的数量和被杀死
> 敌人的数量一样多，但最受尊敬和被认为最勇敢的人
> 是俘虏者。[17]

针对俘虏的酷刑仪式在美洲并不普遍，但在某些族群中的确存
在，如加勒比地区的加勒比人、哥伦比亚考卡山谷的印第安
人、智利南部和阿根廷的阿劳坎人、图皮南巴人、纳奇兹人，
以及密苏里的波尼人。这类仪式在东北地区的印第安族群
（蒙塔格奈人、休伦人、易洛魁人和萨斯奎哈纳人）中尤其常
见。酷刑的实施方式多种多样，包括但不限于：扯掉指甲，切

---

① 图皮部落是分布于南美洲亚马孙雨林的最大土著部落，本卷提到的图皮-
瓜拉尼人、图皮南巴人和图皮尼金人都是图皮部落的组成部分。

断或咬掉手指，用火炬、炭火和热金属灼烧身体的各个部位，切割耳朵、鼻子、嘴唇、眼睛或舌头。俘虏经常被绑在柱子或木桩上，或者被固定在支架上。许多人在酷刑中死去，但并非人人都会如此。

处决俘虏的仪式虽然在许多方面有所不同（如有时存在酷刑，有时又不存在），但也有许多相似之处。这些俘虏经常被迫在仪式中唱歌跳舞。处决前的仪式同时是考验活祭品勇气的时刻。根据对地理上相距甚远的族群（如加勒比人、图皮南巴人、田纳西河沿岸的奇克索人和易洛魁人）的记载，至少有一些俘虏会在仪式中炫耀自己在战争中的事迹，尤其会提到自己杀掉了多少俘虏者的同伴。他们威胁折磨他们的人，自己的同伴会对其展开报复，并嘲笑折磨者"毫无折磨他人的技巧"。[18]这样做除了能够证明自己的英勇气概，或许也是为了激怒折磨者直接将自己杀死，这样就能缩短在酷刑中煎熬的时间。

104 除了现实目的（如引起敌人的恐惧）外，对囚犯实施酷刑和处决的目的还包括安抚死去的亲人的灵魂，或将其献祭给神明。例如，东北地区的莫霍克人和休伦人折磨和杀害俘虏，后者成为献给战神的祭品，以此确保赢得未来的战争。而北卡罗来纳的萨波尼人则担心，如果他们不对囚犯施加酷刑，就会受到来自神明的惩罚，如暴风雨或庄稼歉收。[19]这种酷刑是祭祀活动的一部分，这一点在节日期间的许多活动安排中都有所体现，如处决、上文提到的俘虏被迫唱歌舞蹈、施刑仪式、坚持用特定的方式杀死囚犯（易洛魁人喜欢用刀，图皮南巴人则用某种特定的棍棒），以及取出心脏和食用血肉。[20]

在北美东南部、中美洲、安第斯中部和哥伦比亚中部的等级社会中，有专门的人员来举行仪式，将战俘献祭给众神，这是由统治者控制的高度集中化的宗教信仰的一部分，在欧洲殖民者牢固确立自身统治前，情况都是如此。相比之下，在人际关系更为平等的印第安部落中，献祭囚犯是男女老少都会参与的集体事务。在对待俘虏以及在仪式上对其实施酷刑的过程中，女性往往发挥着关键作用。通过加强生者之间及生者与死者灵魂的联系，仪式强化了部落的凝聚力。此外，仪式还重申了部落拥有的权力，这也是一个通过摄取英勇战俘的肉体、器官或血液等来获得受害者的精神力量的机会。休伦人这样描述对被献祭的俘虏尸体的处理方式："他们把心脏从胸前挖出来，放在炭火上烤，如果囚犯在酷刑的煎熬中表现英勇，就把心脏用鲜血调味后拿给小伙们狼吞虎咽，正如他们所说的，这是为了让骁勇善战的年轻人汲取勇者的英雄气概。"[21]这种仪式还是一种与周边部落维持友好关系的手段。图皮南巴人会邀请邻近部落的人参加他们的祭祀盛宴，他们会在盛宴中畅饮木薯酒（manioc beer）①。易洛魁人的突击队会在凯旋途中经过的几个村落里举办宴会，并在宴会仪式中折磨他们的俘虏。

尽管献祭或折磨囚犯致死的戏剧性事件引起了来自欧洲的观察者和文献编纂者的极大关注，但同样有证据表明，这些事件并非经常发生。事实上，在人际关系更加平等的部落中，俘虏敌人（尤其是女性和儿童）以弥补先前的损失或增加人口是发动战争的普遍动机：这往往与复仇或"哀悼之战"这种情结有关。在袭击中被杀害或被抓后遭献祭的多为男性；女性

————————

①　木薯酒，又称卡伊姆（Cauim），是一种产于南美洲和中美洲的酒精饮料，通常是用木薯根发酵而成的。

和儿童往往可以通过婚姻或收养而幸免于难，并在未来被同化。一位活跃在休伦人当中的耶稣会士记载道："除非发动突袭，这些野蛮人通常不会伤害妇女或儿童。事实上，许多年轻人甚至毫不介意迎娶勤劳能干的囚犯，囚犯在婚后就成了部落成员。"[22]在图皮南巴人、克里人、阿尔冈昆人、易洛魁人、特拉华人和苏族人等族群中，都有俘虏通过婚姻加入当地族群的文献记载。相比较而言，在北美东南部、中美洲和南美洲的复杂社会中，俘虏在大多数情况下不会被接纳，他们要么沦为奴隶，要么被献祭。

欧洲对原住民的暴力仪式和祭祀的影响

在欧洲人于 15 世纪末抵达美洲后，他们带来的五大决定性因素对原住民产生了从宏观（印第安战争）到微观（暴力仪式）的影响。其一，殖民者不仅影响或有效控制了印第安人口，还传播了他们的规范、宗教和仪式习俗。其二，欧洲动植物的引入带来了全新的生活方式，例如在北美平原、南美大草原（Pampas）和大平原（Chaco）盛行的骑乘勇士文化就是如此，阿劳坎人依靠骑术占据了对其邻近部落的军事优势，并且能够抓获比以前更多的俘虏。其三，当时未知疾病的流行导致人口骤减，但印第安人普遍认为，这是非自然的死亡现象，因此认定其来自敌对部落的诅咒（上文已指出这一点），这就必然导致报复性袭击频繁发生。其四，殖民者对印第安人产品（如贵金属或毛皮）的需求以及金属工具和枪支等欧洲商品的传入强化了战争的经济动机，这些欧洲商品很早便成为土著的必需品。其五，殖民者对印第安奴隶的需求导致许多部落改变了他们的战争策略，男性战俘通常会因为具有售卖价值而幸免

于难，那些缺乏可以用来与欧洲人交换的产品的印第安人
"摇身一变成了奴隶主并大发战争财"。[23]

　　易洛魁人的历史恰如其分地体现了上述影响因素的作用过
程。由于受到毛皮贸易的竞争、欧洲殖民者数量的增长带来的
压力以及 17 世纪流行病造成的高死亡率的影响，易洛魁人与邻
近部落之间的冲突数量急剧增长。因为燧石武器被铁或黄铜制
成的箭头以及能穿透传统木质盔甲的火器所取代，如果大型武
装团体还采用旧的交战模式，就会显得过于冒险。由此，旧模
式被伏击和小规模的突袭所取代。易洛魁人与西部和北部的印
第安人因争夺狩猎河狸的地盘而展开一系列冲突，这些冲突也
被称为"河狸战争"（Beaver Wars）。在此背景下，对易洛魁人
和休伦人来说，对俘虏施以酷刑和将俘虏献祭的仪式变得越来越
重要。根据托马斯·阿布勒（Thomas Abler）和迈克尔·罗根
（Michael Logan）的解释，这些仪式的目的是通过增加献给神祇的
祭品的数量来更好地掌控不稳定的环境，并增强部落的凝聚力。[24]

　　印第安人普遍受到来自欧洲人的多方面影响，包括流动群
体对资源的依赖、奴隶市场或毛皮市场的发展，以及对进口商
品的依赖，易洛魁人只是其中的代表。在印第安人感受到这种
影响但仍保持自治的地区和历史时期，土著部落之间的暴力冲
突尤其频繁。然而，当欧洲人认为印第安人之间的冲突和战争
威胁到了他们的政治宗主权或经济利益（如贸易关系，以及
对当地劳动力的剥削）时，他们也会通过干预来减少此类行
为的发生次数。例如在加拿大，哈德逊湾公司（Hudson Bay
Company）[①] 的政策就阻止克里人与因纽特人爆发冲突。虽然

---

　　① 哈德逊湾公司是当时垄断哈德逊湾地区所有贸易的英国殖民公司。

在中美洲和安第斯中部，特别是在早期征服时期，西班牙人煽动、利用和加剧了土著之间的内斗；但在统治巩固后，他们也会镇压这类争斗，并缓和臣民之间的敌对情绪。

107 　　在与印第安人的接触中，欧洲人不但带来了海外的植物、商品和技术，还改变了暴力（仪式）的方式和流程。尽管纳撒尼尔·诺尔斯（Nathaniel Knowles）认为，印第安人在火刑柱上烧死俘虏的做法可能是从欧洲人那里学来的，但其他人对此表示怀疑。例如阿布勒就指出，两者采用的是完全不同的手法。虽然火是欧洲人的"死亡凶器"（the instrument of death），但印第安人只是将火烧视为一种酷刑手段，他们实际上还是依靠刀或斧头进行杀戮。然而，印第安人显然是在与欧洲人接触后才开始使用炽热的铁器（如枪管或斧头）来烙活祭品的。[25]例如，根据西班牙人的文献记载，阿劳坎人会将活祭品钉死在十字架上。如果记载真实可信的话，这种现象很可能同样是在他们与殖民者进行接触后才出现的。在 18 世纪的边远地区，欧洲人普遍接纳了印第安式的剥头皮习俗。可他们不仅摒弃了这种行为的仪式意味，而且将其视为鼓励土著盟友攻击共同敌人的一门"生意"。在欧洲人支付的高额赏金的驱使下，剥头皮和取下身体其他部位的活动变得越发频繁。印第安人有时会"将头皮一分为二，保留一半供内部使用，而将另一半卖给白人当局"，[26]以此来化解用于商业还是用于仪式的两难困境。

　　欧洲人实施折磨、肢解和火刑时往往出于实用目的，如获得情报或惩罚抵抗者。这些极端的暴行在征服战争期间和边远地区尤其常见。其实在某种程度上，虐待俘虏成为一种风潮应归因于欧洲人对原住民群体的影响。例如，一位图皮的耶稣会士这样描述原住民："他们天生就有杀戮欲，但并不残忍；因为他们通常不会折磨［虐待］敌人……如果他们有时变得残忍，那是因为他们在效仿葡萄牙人和法国人。"[27]

虽然包括人祭在内的暴力仪式在能够保持自治的印第安部落中公开存在，但出于根除土著"迷信"和传播基督教的需要，这些习俗在欧洲人建立了殖民统治的地区被破坏殆尽。然而，土著的宗教习俗（包括始终秘密流传的暴力仪式）往往与基督教元素相融合，创造出某些复合形式。这类习俗还在16世纪50年代晚期至60年代早期的尤卡坦引发了一场惊天丑闻，当时的西班牙人发现，"异教"仪式依然存在于洞穴里、灌木丛中、本地贵族的屋内甚至教堂里。尤其令方济各会士愤怒的是，作为与印第安社群建立殖民关系的最重要的中间人，大量玛雅贵族以及原住民身份的教会助理在这些仪式的实施过程中发挥了关键作用。神像崇拜的道具不仅包括柯巴脂的熏香和玉米供品，还包括作为活祭品的人流淌的鲜血。一些基督教元素也被纳入，例如将儿童钉死在十字架上，还有一些人在教堂内被开膛破肚取出心脏，然后被活活扔进"神圣天井"（cenote，意为天然形成的沉洞）。[28]

在安第斯地区，印加人的夏至庆祝活动"太阳节"（Inti Raymi）与纪念圣徒的天主教节日融为一体。印加人的暴力仪式不但涉及动物献祭，而且涉及当地社群的上层（hanan）和下层（hurin）之间的宗教斗争，这类斗争往往导致参与者受伤流血甚至死亡。时至今日，这种或许是为了确保来年丰收的仪式仍以某种融合的形式延续着。

印第安人抵抗运动中的暴力仪式

印第安人反抗殖民统治的抵抗运动通常并不仅仅涉及现世

政治，宗教仪式和先知领袖激活的千禧年主义①观念往往同样
起到了关键作用。各种抵抗运动的共同目的是根除欧洲人的影
响和统治地位，这一点在早期尤其重要。例如，发生在 1546—
1547 年尤卡坦的所谓"玛雅大起义"中，起义者不仅杀死了
西班牙男人、女人和儿童，也将一些人钉在十字架上折磨或用
柯巴脂熏烤，另有一些人在献祭过程中被开膛破肚取出心脏。
起义者还处死了那些自愿效忠于殖民者的土著，以及西班牙人
养殖的所有动物，包括马、牛、鸡，甚至狗和猫也不放过。

虽然某些基督教元素（如钉在十字架上的酷刑的观念）已
经在早期的土著抵抗运动中有所体现，但是，信仰和实践的融
合特征在晚期出现的抵抗运动中体现得更加明显。因此，哈辛
托·卡内克（Jacinto Canek）——1761 年在尤卡坦的基斯泰尔
镇揭竿而起的玛雅先知领袖——告诉他的信徒，如果他们在战
斗中忍住不动自己的嘴唇，西班牙人的子弹就伤不到他们。他
还命令手下"杀光西班牙人的猪，因为他说，猪身上有西班牙
人的灵魂，宰杀这些猪可以赋予玛雅人杀死西班牙人的能
力"。29，不过，他也任命了当地的牧师。这些牧师除了履行本土
宗教的职责外，还会穿上天主教神职人员的法衣主持圣礼并诵
读玫瑰经（rosary）②。

安第斯中部地区发生了诸多由印第安人发动的起义，这些
起义的领导者利用深入人心的印加复兴观念③自立为王。与前
文提到的尤卡坦模式类似，起义者在意识形态和实践两方面均

109

---

① 关于千禧年主义，参见本卷导言。

② 玫瑰经，源自 12 世纪的欧洲，是天主教徒用于礼敬圣母玛利亚的祷文，
包括《天主经》《圣母经》《光荣颂》及默想耶稣和圣母的生平事迹。

③ 关于印加复兴观念，参见本卷第 30 章。

结合了本土宗教和基督教的元素。事实上，他们常常认为自己才是"真正的基督徒"。由图帕克·阿马鲁二世（Túpac Amaru Ⅱ）和图帕克·卡塔里（Túpac Katari）于1780—1782年发动的起义就是如此，这是拉丁美洲历史上由印第安人、混血儿和其他混血种族（castas）共同发动的最大规模起义。根据估算，在这场起义期间，安第斯地区共有10万人丧生，约占该地区总人口的8%。[30]根据记载，许多被杀的西班牙人不仅被斩首，而且他们的眼睛被戳瞎，舌头被割掉，心脏被挖出。他们的尸体也不会被埋葬，在安第斯人的观念中，这是为了防止他们将来复活。起义军领袖告诉手下，如果自己战死沙场，几天之后就会复活。一些酋长还禁止部落成员穿戴西班牙人的服饰，他们提倡回归一种更加快活的本土生活方式。[31]

18世纪中期的北美洲，在特拉华人的先知尼奥林（Neolin）影响下出现的几次印第安人改革运动也明显体现了宗教复兴主义理念。印第安人一方面认为，应该拒绝欧洲人的生活方式和欧洲产品（酒精也不例外），但同时也在某些方面融合了基督教元素，比如信仰全能的创世神，以及废除一夫多妻制和萨满信仰。尼奥林的理念还引发了所谓的"庞蒂亚克战争"（以一位渥太华的领导人命名），这场战争发生在1763—1764年，当时说着不同语言的印第安部落结成联盟，共同反抗北美的英国殖民者。[32]

千禧年主义、宗教复兴主义的思潮，以及通过宗教仪式和身体暴力铲除邪恶欧洲人的观念，可能为备受压迫和分裂之苦的印第安部落提供了反殖民的意识形态和实践方式。运动的许多参与者认为，战斗是一种宗教义务。虽然他们拒绝臣服于欧洲殖民者，却没有拒绝基督教教义及其行事方式，后者甚至经

110

常在原住民运动中发挥重要作用。殖民遭遇表明，为了成功抵抗殖民者，这种新的宗教不失为一种获得强大精神力量的途径。

针对印第安人以及殖民者内部的暴力仪式

如前文所述，殖民者接纳了一些源于土著的暴力习俗（如剥头皮），但摒弃了其中的宗教意味。然而，欧洲人同样带来了他们原有的各种暴力仪式，这在以下两方面体现得尤为明显：对重大罪行（特别是那些破坏公共秩序的罪行）的惩罚，以及对宗教异端和巫术的迫害。

例如，无论是在欧洲本土还是在西班牙殖民地，胆敢挑战王权者往往会遭到严厉的制裁。抵抗运动头目不但会被处死，他们的肉体也会在此过程中被毁。1761 年 12 月 14 日，哈辛托·卡内克在尤卡坦的梅里达遭到酷刑处决：他的四肢被折断，肉体被钳子大卸八块，"直到自然死亡"，接着他的尸体被焚烧，"骨灰随风飘散"。[33]图帕克·阿马鲁二世的命运也好不到哪里去。在 1781 年 5 月 18 日于秘鲁的库斯科主广场被处死之前，他被迫目睹了他的妻子、几名亲属和"主要头目"被处决。之后，他的舌头被割掉，四肢被分别绑在四匹马上准备被分尸——但这并未奏效，他最终被斩首。接着，他的躯干在篝火中被烧毁、骨灰被抛进风中，他的头、手臂、腿则和他的妻子、儿子、叔叔被肢解的尸体一道被送往起义军的几个中心据点。[34]

对起义军领袖的尸体进行焚烧并让他们的骨灰随风飘散或将其扔进河里，这正是欧洲人为防止异教徒的追随者收集和祭拜遗体而在审判后采取的做法，这种做法也被认为是上帝的额外制裁。事实上，罪行（offence）和罪孽（sin）在观念上密切相关。反抗西班牙的统治，就相当于对作为最高权威的上帝与国王（上帝在尘世的直接代理人，因此象征着人类的最高权威）的冒犯。基督教团体和王权政体都必须通过从肉体上摧毁抵抗运动领导人的方式来进行净化，以免臣民受到他们的玷污。[35]

从 16 世纪初开始，旨在消除异端和渎神行为的天主教裁判所便在美洲十分活跃。在西班牙人于 1570—1571 年在墨西哥和利马建立专门的法庭之前，宗教裁判权一直掌握在修士或主教手中。例如在 1539 年，墨西哥中部纳瓦镇特斯科科的土著领袖唐·卡洛斯·奥梅托钦（Don Carlos Ometochtzin）被烧死，教会指控他企图复辟旧神崇拜。尽管印第安人在 1571 年被正式纳入宗教法庭的豁免范围，但针对原住民的诉讼依然源源不断。那些被怀疑为异端的土著经常遭受酷刑，例如"坐水凳"（waterboarding）[①] 或"拷问台撕裂"（strechting）[②]，受害者的手腕会被吊起来，双脚或许还会绑上重物。在公共仪式期间，罪犯会受到 50 次、100 次甚至 200 次鞭笞的严厉惩罚。在尤卡坦的主教弗雷·迭戈·德·兰达（Fray Diego de Landa）于 1562 年发起的圣像崇拜审查运动中，可能有超过 150 名土著死于酷刑。甚至如果认定已经死去的印第安人犯有圣像崇拜罪，他们的骨头也会被挖出并在同年举办的信仰审判[③]中被公开焚烧。[36]

无论是美洲土著还是欧洲殖民者，他们都普遍对邪恶的魔

---

① "坐水凳"是水刑的一种，指将受害者的手脚双双绑在特制长凳上，脚部抬高，头部盖上白布，行刑者不停在受害者头部浇水，令对方有溺毙窒息之感。

② "拷问台撕裂"是指将受害者放在拷问台（rack）之上，用手柄或棘轮拉紧绳索，加大施于受害者四肢的拉力，直至其关节脱臼。

③ 关于信仰审判，参见本卷导言。

112　法和巫术深信不疑。正如我们此前已经看到的，对巫术和魔法的恐惧引发了印第安部落之间的冲突和战争，并且印第安人也因此在某些时期遭到殖民地政府的迫害。但在拉丁美洲，大规模的猎巫狂潮并不多见，负责调查此类案件的主要是宗教法庭或主教，以及世俗机构。在数百次信仰审判中，至少有 20 人被当成女巫烧死，此外还有许多程度较轻的惩罚措施。北美历史上出现过四次大规模的女巫狩猎潮（时间为 1651 年、1662—1663 年、1665 年、1692—1693 年），这导致了数百项指控，约有 40 人因此被处决，其中大部分是女性，而且大多被处以绞刑。[37]除此之外，新英格兰的清教徒还热衷于追捕异见者，如 17 世纪的贵格会教徒：

> 柱子和颈手枷、鞭笞柱上的条纹或牛车的轨迹、罚款和监禁、烙印和截肢、放逐、绞刑，这些都是常见的刑罚手段……许多人被关进监狱，一些人被关了很多年。由于被罚款，有些人从富足变得一无所有。以法律的名义，有些人的耳朵被割掉了，有些人的舌头则被热铁穿透。有两个人被勒令卖身为奴以支付罚款。更多人遭受了无情的鞭打，无论男女老幼都不能免于这类惩罚。[38]

结　语

暴力仪式并未随着欧洲的征服和殖民统治的建立而终结。尽管土著的暴力习俗在殖民统治已经建立的区域受到严格管控，但殖民者又带来了他们自己的习俗，即基于宗教或魔法世界观的暴力仪式。反抗西班牙统治权的起义或巫术被视为对世俗社会秩序和上帝宏伟计划的反叛，因此无论是图帕克·阿马鲁二世等起义军领袖，还是被指控为女巫的人，都要通过仪式被处决，这类仪式在某种意义上可以被视为具有赎罪意义的献祭之举。只有在等级森严的美洲印第安人社会中，将活人献祭给神祇或作为上层人物的陪葬才十分常见。在其他印第安部落中，对俘虏进行处决以及有时施加酷刑，主要是为了安抚亡亲的灵魂，或作为对鬼神的祭品。食用人体部位或人体成分通常也是这类仪式的组成部分，欧洲人并不会对它们感到陌生。被处决的重罪犯的血液和其他人体成分有时被用于治疗某些疾病，在人们的设想中，这些成分含有大量来自被认为理应身体健康、体力充沛的死者的生命能量。印第安人和欧洲人似乎都认为，食用死者的身体成分便能够吸收死者的精华或能量。但印第安人相信，这凸显了优异个体的非凡勇气，而在欧洲人看来，死者只具有年轻且健康生命的一般特征。

　　正如西班牙王室对反抗自己统治的起义者或新英格兰的清教徒对宗教异见者施加的暴行所显示的，在暴力仪式方面，欧洲人在对俘虏施加酷刑和献祭上，与印第安人相比有过之而无不及。尽管当地部落在这些行为中只不过充当了被动的观众，但男人、女人，有时甚至是儿童往往都会成为这些献祭和酷刑的直接参与者，在等级制度并不鲜明的印第安部落中更是如此。与欧洲人的做法不同的是，俘虏通常并不会被视为必须切断所有社会联系的弃儿。印第安人会通过设宴的方式向被处决者致以敬意，也会通过与一些俘虏建立拟亲属关系来让他们融入部落。

　　考虑到本章所述内容，我们既无法否认美洲大陆在前哥伦

113

布时期存在包括人祭在内的暴力仪式（它们并非殖民者的夸大其词），也不能简单地将欧洲征服过程中的屠杀视为合理之举。文艺复兴时期的法国哲学家米歇尔·德·蒙田在 1581 年的随笔《论食人族》中的断言无疑符合事实：

> 就我听到的情况看，我觉得在那个［图皮南巴］部族里，没有任何的不开化和野蛮，除非人人都把不合自己习惯的东西称为野蛮……按照理性的准则，我们可以称他们为野蛮人，按照我们自己的情况则不能，因为我们在各方面都比他们更野蛮。[39①]

参考论著

尽管有许多关于美洲人祭和暴力仪式的个案研究，但学界少有概览或比较性质的研究。因此，下面两篇长文虽然已有些年头，但依旧非常重要。关于北美洲的印第安人，参见 Nathaniel Knowles, ‘The Torture of Captives by the Indians of Eastern North America ’, *Proceedings of the American Philosophical Society* 82. 2（1940），pp. 151 – 225；关于南美洲的印第安人，参见 Alfred Métraux, ‘Warfare, Cannibalism, and Human Trophies ’, in J. H. Steward（ed.），*Handbook of South American Indians*（Washington, DC: Smithsonian Institution, 1949），vol. V, pp. 383 – 409。近年来，有三本经过精心编辑的论文集提供了考古学和人种历史学的个案研究成果，它们开始填补上述研究领域的空白：Richard Chacon and Rúben Mendoza（eds.），*North American Indigenous Warfare and Ritual Violence*（Tucson, AZ: University of Arizona Press, 2007）；Richard Chacon and Rubén Mendoza（eds.），*Latin American Indigenous Warfare and*

114

---

① 译文出自〔法〕蒙田《蒙田随笔全集（上卷）》，潘丽珍、王论跃、丁步洲译，南京：译林出版社，2001 年，第 231—236 页。

Ritual Violence（Tucson，AZ：University of Arizona Press，2007）；Richard Chacon and David H. Dye（eds.），*The Taking and Displaying of Human Body Parts as Trophies by Amerindians*（New York：Springer，2007）。关于北美土著的人祭、猎人头（head-hunting）① 和食人行为的证据，详见下面这部收录了大多基于已发表材料的十几项个案研究成果的著作：George F. Feldman，*Cannibalism，Headhunting and Human Sacrifice in North America ：A History Forgotten*（Chambersburg，PA：Alan C. Hood，2008）。

Reuben Gold Thwaites（ed.），*The Jesuit Relations and Allied Documents：Travels and Explorations of the Jesuit Missionaries in New France，1610-1791*，73 vols.（Cleveland，OH：Burrow Bros.，1896-1901）是关于印第安人文化以及印第安人与欧洲人关系的不可或缺的原始资料合集，其中包括有关北美东部暴力仪式的大量资料。关于上述主题的细致辨析（其中包括对 137 起酷刑案件的定量分析），参见下面这篇博士论文：Adam Stueck，'A Place under Heaven：Amerindian Torture and Cultural Violence in Colonial New France，1609-1729'，Marquette University，2012（http：//epublications. marquette. edu/dissertations_ mu/174）。关于北美土著妇女在宗教暴力中扮演的积极角色的详细考察，参见 Felicity Donohoe，'"Hand Him over to Me and I Shall Know Very Well What to Do with Him"：The Gender Map and Ritual Native Female Violence in Early America'，in F. Donohoe and R. Jones（eds.），*Debating the Difference ：Gender，Representation and Self-Representation*（Duncan of Jordanstone College of Art ＆ Design，2010），www. scottishwordimage. org/debatingdi-ference/DONOHOE. pdf。

关于 15—18 世纪的欧洲人对印第安人看法的详细剖析，参见 Anthony Pagden，*The Fall of Natural Man ：The American Indian and the Origins of Comparative Ethnology*（Cambridge：Cambridge University Press，1986）；Anthony Pagden，*The Burdens of Empire ：1539 to the Present*（New York：Cambridge University Press，2015）。亦可参见 Jorge Cañizares-Esguerra，*Puritan Conquistadors*（Stanford，CA：Stanford University Press，2006）。关于墨西哥殖民地东南部对印第安人仪式习俗的镇压的细致讨论，参见博士论文 John Chuchiak，'The Indian Inquisition and the Extirpation of Idolatry：The Process of Punishment in the Provisorato de Indios

---

① 猎人头在本卷专指印第安人在杀死敌人后将其首级割下的习俗。

of the Diocese of Yucatan, 1563-1812', Tulane University, 2000。对 16—19 世纪拉丁美洲殖民暴力的简明扼要的长期追踪，参见 Wolfgang Gabbert, 'The Longue Durée of Colonial Violence in Latin America', *Historical Social Research* 37. 3（2012），pp. 254-75。将印第安人和欧洲人的暴力仪式置于历史背景的研究成果，参见 Bruce Trigger and William Swagerty, 'Entertaining Strangers: North America in the Sixteenth Century', and Neal Salisbury, 'Native People and European Settlers in Eastern North America, 1600 - 1783', 两篇文章均见于 Bruce Trigger and Wilcomb Washburn（eds.）, *The Cambridge History of the Native Peoples of the Americas*, vol. I, *North America*, part 1（Cambridge: Cambridge University Press, 1996）, pp. 325-98, 399-460。

115   关于食人的讨论，参见 W. Arens, *The Man-Eating Myth : Anthropology & Anthropophagy*（Oxford: Oxford University Press, 1980）; W. Arens, 'Rethinking Anthropophagy', in F. Barker, P. Hulme and M. Iversen（eds.）, *Cannibalism and the Colonial World*（Cambridge: Cambridge University Press, 1998）, pp. 39 - 62; Shirley Lindenbaum, 'Thinking about Cannibalism', *Annual Review of Anthropology* 33（2004）, pp. 475 - 98; Laurence R. Goldman（ed.）, *The Anthropology of Cannibalism*（Westport, CT: Bergin & Garvey, 1999）。最后这本书中有一篇关于为何证实同类相食如此困难的简明讨论：Michael Pickering, 'Consuming Doubts: What Some People Ate? Or What Some People Swallowed?', pp. 55-67。关于人祭的整体概览以及案例研究成果，参见 Nigel Davies, *Human Sacrifice*（New York: William Morrow, 1981）这本经典之作以及 Jan N. Bremmer（ed.）, *The Strange World of Human Sacrifice*（Leuven: Peeters, 2007）。关于有力地证明了易洛魁人之中存在食人仪式的研究成果，参见 Thomas S. Abler, 'Iroquois Cannibalism: Fact not Fiction', *Ethnohistory* 27. 4（1980）, pp. 309-16。关于 18 世纪的欧洲医学史上使用尸体的全面历史，参见 Richard Sugg, *Mummies, Cannibals and Vampires : The History of Corpse Medicine from the Renaissance to the Victorians*, 2nd edn（London: Routledge, 2016）。

　　有关暴力仪式的更多参考资料，特别是在拉丁美洲等级森严的土著部落中的暴力仪式，读者可以参阅其他有关这一主题的论著，尤其是本丛书第二卷第 19 章提供的参考论著。

注　释

1. Anthony Pagden, *The Fall of Natural Man*: *The American Indian and the Origins of Comparative Ethnology* (Cambridge: Cambridge University Press, 1986), pp. 80-1.

2. Hernán Cortés, *Letters from Mexico* (New Haven, CT: Yale University Press, 1986), p. 35.

3. 引自 Wilcomb E. Washburn and Bruce G. Trigger, 'Native Peoples in Euro-American Historiography', in B. Trigger and W. Washburn (eds.), *The Cambridge History of the Native Peoples of the Americas*, vol. I, *Mesoamerica*, part 1 (Cambridge: Cambridge University Press, 1996), p. 66。

4. Francisco de Vitoria, *Political Writings* (Cambridge: Cambridge University Press, 1991), pp. 287-8.

5. Laurence R. Goldman, 'From Pot to Polemic: Uses and Abuses of Cannibalism', in L. R. Goldman (ed.), *The Anthropology of Cannibalism* (Westport, CT: Bergin & Garvey, 1999), p. 1.

6. Christon I. Archer, 'Cannibalism in the Early History of the Northwest Coast: Enduring Myths and Neglected Realities', *Canadian Historical Review* 61. 4 (1980), p. 466.

7. Francois Xavier de Charlevoix, *Journal of a Voyage to North-America Undertaken by Order of the French King* (London: R. & J. Dodsley, 1761), vol. I, pp. 301, 312.

8. Beth Conklin, *Consuming Grief*: *Compassionate Cannibalism in an Amazonian Society* (Austin: University of Texas Press, 2001), p. xvii.

9. Fernão Cardim, 引自 Donald W. Forsyth, 'The Beginnings of Brazilian Anthropology: Jesuits and Tupinamba Cannibalism', *Journal of Anthropological Research* 39. 2 (1983), p. 167。

10. José de Anchieta, 引自同上, p. 155。

11. Nathaniel Knowles, 'The Torture of Captives by the Indians of

Eastern North America', *Proceedings of the American Philosophical Society* 82. 2 （1940）, pp. 186, 202, 204, 213, 215; Alfred Métraux, 'Warfare, Cannibalism, and Human Trophies', in J. H. Steward （ed.）, *Handbook of South American Indians* （Washington, DC: Smithsonian Institution, 1949）, vol. V, pp. 400- 5; Charles A. Bishop and Victor R. Lytwyn, ' "Barbarism and Ardour of War from the Tenderest Years": Cree-Inuit Warfare in the Hudson Bay Region', in R. Chacon and R. Mendoza （eds.）, *North American Indigenous Warfare and Ritual Violence* （Tucson: University of Arizona Press, 2007）, p. 37.

12. Karen Gordon-Grube, 'Evidence of Medicinal Cannibalism in Puritan New England: "Mummy" and Related Remedies in Edward Taylor's "Dispensatory" ', *Early American Literature* 28. 3 （1993）, pp. 193- 6, 199 - 201; Mabel Peacock, 'Executed Criminals and Folk-Medicine', *Folklore* 7. 3 （1896）, pp. 270-1.

13. Conklin, *Consuming Grief*, p. 13.

14. 详见本丛书第二卷第 19 章的有关论述。

15. 关于这一冲突形式之概念的详细研究成果，参见 Marian Smith, 'American Indian Warfare', *Transactions of the New York Academy of Sciences* 13 （1951）, pp. 352-5, 359, 363; Daniel K. Richter, *The Ordeal of the Longhouse : The Peoples of the Iroquois League in the Era of European Colonization* （Williamsburg: University of North Carolina Press, 1992）, pp. 32-8。

16. Anthony F. C. Wallace, *The Death and Rebirth of the Seneca* （New York: Vintage, 1972）, p. 101.

17. José de Anchieta, 引自 Forsyth, 'Beginnings of Brazilian Anthropology', p. 329。

18. John Heckewelder, *Account of the History, Manners, and Customs of the Indian Nations Who Once Inhabited Pennsylvania and the Neighboring States* （Philadelphia: Abraham Small, 1819）, p. 209.

19. Knowles, 'Torture of Captives', pp. 181, 186-7.

20. 更多案例参见 Reuben Gold Thwaites （ed.）, *The Jesuit Relations and Allied Documents : Travels and Explorations of the Jesuit*

Missionaries in New France, 1610 – 1791（Cleveland, OH: Burrow Bros., 1896 – 1901），vol. I, pp. 269 – 71, vol. IX, p. 257, vol. X, p. 228, vol. XXII, p. 263; Métraux, 'Warfare, Cannibalism', vol. V, p. 401。

21. Thwaites, *Jesuit Relations*, vol. V, p. 227.

22. 同上，vol. IX, p. 255。

23. Métraux, 'Warfare, Cannibalism', vol. I, p. 386.

24. Thomas S. Abler and Michael H. Logan, 'The Florescence and Demise of Iroquoian Cannibalism: Human Sacrifice and Malinowskis Hypothesis', *Man in the Northeast* 35（1988），pp. 14 – 15.

25. Knowles, 'Torture of Captives', pp. 173, 202, 209, 216, 219; Thomas S. Abler, 'Scalping, Torture, Cannibalism and Rape: An Ethnohistorical Analysis of Conflicting Cultural Values in War', *Anthropologica* 34. 1（1992），pp. 11 – 12.

26. Abler, 'Scalping, Torture', p. 8.

27. José de Anchieta, 引自 Forsyth, 'Beginnings of Brazilian Anthropology', p. 161。

28. 详见 France V. Scholes and Eleanor B Adams（eds.），*Don Diego Quijada, alcalde mayor de Yucatán, 1561 – 1565*, vol. I（México: Porrúa, 1938），pp. xlvi – xlviii, li, lvii – lxx, 相关证据见 pp. 71 – 173 *passim*, esp. pp. 78 – 81, 163 – 5。

29. Robert W. Patch, 'Culture, Community, and "Rebellion" in the Yucatec Maya Uprising of 1761', in S. Schroeder（ed.），*Native Resistance and the Pax Colonial in New Spain*（Lincoln and London: University of Nebraska Press, 1998），pp. 77 – 8.

30. 详细数据参见 Luis M. Glave, 'The "Republic of Indians" in Revolt（c. 1680 – 1790）', in F. Salomon and S. B. Schwartz（eds.），*The Cambridge History of the Native Peoples of the Americas*, vol. III, Mesoamerica, part 2（Cambridge: Cambridge University Press, 1999），p. 535。

31. Jan Szeminski, 'Why Kill the Spaniard? New Perspectives on Andean Insurrectionary Ideology in the 18th Century', in S. Stern（ed.），*Resistance, Rebellion, and Consciousness in the Andean Peasant*

World, *18th to 20th Centuries* (Madison: University of Wisconsin Press, 1987), pp. 169-70, 178-9, 185-6.

32. Alfred A. Cave, 'The Delaware Prophet Neolin: A Reappraisal', *Ethnohistory* 46. 2 (1999), pp. 265-90.

33. Patch, 'Culture, Community', p. 79.

34. 'Castigos ejecutados en la ciudad del Cuzco con Túpac-Amaru, su mujer, hijos y confidentes ... Cuzco, 15 May 1781' ('Punishments Executed in the City of Cuzco ... '), in *Documentos para la Historia de la sublevación de José Gabriel de Túpac-Amaru, cacique de la provincia de Tinta, en el Peru* (*Documents for the History of the Uprising of José Gabriel de Túpac-Amaru, leader of the province of Tinca, in Peru*) (Buenos Aires: Imprenta del Estado, 1836), pp. 52-4.

35. Jorge Castillo Canché, 'La ofensa a dios y al rey: El delito de lesa majestad en la rebelión maya-yucateca de 1761' (An Offence to God and King: The Crime of Lese Majesty in the Mayan-Yucatec Rebellion of 1761'), *Historia* 2. 0 5. 3 (2013), pp. 20-2, 25.

36. Scholes and Adams, *Don Diego Quijada*, pp. xl-xli, xlv, xlvii, il-li, 25.

37. Carol F. Karlsen, *The Devil in the Shape of a Woman. Witchcraft in Colonial New England* (New York: W. W. Norton, 1998), pp. 47-9.

38. Horatio Rogers, *Mary Dyer of Rhode Island : The Quaker Martyr that was Hanged on Boston Common, June 1, 1660* (Providence, RI: Preston & Rounds, 1896), pp. 4-5.

39. Montaigne, 1581, 引自 Goldman, 'Pot to Polemic', p. 1。

第二部分
战争与暴力的文化

6 中国的战争方式

石 康

帝制中国的秩序之所以能够延续两千多年，意识形态
（其中最突出的是儒家思想）起到了重要作用。但近年来，也
有学者强调，军事力量或国家支持/批准的暴力在维持和扩大
帝国版图方面同样不可或缺。1500—1800 年这三个世纪是帝
制中国的漫长历史中最重要的军事时期之一。在横跨明清的这
几百年内，发生了以下几件大事：火药武器的广泛使用；明朝
和朝鲜在 16 世纪 90 年代联合抵御倭寇入侵；大规模农民起义
与清军入关推翻了明王朝，清朝随即建立统治并且稳步一统天
下——这不但终结了长期以来草原游牧民族对中原的威胁，而
且构成了如今中华人民共和国的主要版图。此外，明清两朝境
内同样面临着一系列令人应接不暇的棘手威胁，从边疆少数民
族的起义到王公作乱，再到宗教起事以及东南沿海的海盗猖
獗。根据孙来臣的观点，1550—1683 年其实是东亚历史长河
中战争最为频繁的时期。[1]

研究中国战争各个方面的学者近年来都强调，国家支持的
暴力在维护朝廷域内外权威方面有更为广泛的作用，这还引起
了我们对中国社会本土暴力现象的关注，其暴力程度远超我们
想象。教派、土匪、海盗和地方武装等组织经常使用暴力来达
成预期目的，而官方也会针锋相对地予以还击。

事实上，在对中国战争方式的重新审视中，学界着重强调
暴力在维护和强化帝国在亚洲的权威方面发挥的作用。在一段

时间内，欧洲启蒙哲学家可能会把当时的中国理想化为礼仪之邦，他们还会赞扬中国的官僚机构与同时代欧洲的相比明显缺少暴力。但实际上，早期近代的中国社会中不仅存在暴力，而且帝国统治的合法性和权威性主要依靠暴力，而非儒家关于仁政的老生常谈来维持。[2]尽管在中国，"正义战争"的构建和表述方式与欧洲有所差别，但显而易见的是，处于帝制晚期的明清朝廷在数百年间的军事发展和治理传统基础同样依赖对暴力的垄断，朝廷借助暴力来扩大其对权力和国土的控制。[3]

近年来，围绕该时期的研究者摒弃了上述对中国社会与文化重文明（文）、轻军事（武）的假设，转而强调尚武倾向在中国的重要地位。卫周安（Joanna Waley-Cohen）认为，"对军事的强烈关注"是清廷最鲜明的特征之一。[4]她进一步指出，清朝出现了稳固的军事文化和常年延续的尚武价值观，这在此前的中国历史中从未出现过。鲁大维（David Robinson）则重点关注了明朝的"尚武活动"，并强调这是元朝（1271—1368年）遗风的延续。[5]这些研究让我们注意到，战争和暴力在晚期帝制中国文化中处于核心位置，内忧外患的明清两朝十分依赖具有灵活性和适应性的军事力量。尽管统治者致力于打造天朝上国的美名，但军事行动的数量之多与范围之广都表明，暴力对于大量百姓而言已成为一种司空见惯的社会现实。事实上，有证据表明，官府对其臣民的暴力威慑在维持社会秩序方面至关重要。

121　　在检视中国的战争方式之前，我们必须首先意识到，明清两朝在民族与地理方面拥有令人难以想象的多样性，因此其军队不得不处理大量迥异的军事战略问题，这些问题的复杂程度远远超过了同时代许多国家（或许奥斯曼帝国除外）所面临问题的复杂程度。明清朝廷有能力处理这些问题并制定新的解决方案，这不仅是两个王朝的强大军事实力与创新能力的体现，也值得中国军事史以及比较军事史的研究者给予其更多关注。本章对特定时期的中国战争方式进行了概述，重点探讨了早期近代中国社会中战争与暴力的关系。我们将按照时间顺序对明清两朝应对军事威胁的方式进行叙述，这可以让我们更加了解传统方式与革新方式的相互作用，正是这种相互作用使得明清跻身世界上最成功的王朝之列。此外我们也可以借此发现，明清两朝的统治者如何诉诸暴力来维护自身权威。

明清战事

比较军事史学家在研究明清两朝时，首先应考虑到的是其庞大规模。1500—1800 年，中国人口从约 1.5 亿增长至约 4 亿。如果要管理一个幅员如此辽阔的帝国，就需要借助能够应对复杂多变地形下的多种威胁的庞大军事力量。即使我们只是粗略翻阅一下被称为《明实录》和《清实录》的官方编年史也会发现，当时统治者关心的首要问题始终与军事有关。因此，明清两朝源源不断地开发新的军事技术，并尝试新的军事策略，以此实现王朝的战略目标。朝廷在不同时期对军事威胁的应对方式存在差异，这取决于自身的军事实力，而且皇帝个人与强势的官僚权力集团的特定需求和利益也是影响因素。明朝中叶的皇帝更倾向于采取守势，而万历皇帝（1573—1620 年在位）在其统治初期试图凭借武力重新确立明朝在亚洲的主导地位，但很快又因为满人崛起带来的威胁而再次转为防守姿态。[6]对于清朝统治者而言，他们在历经了四十年的战争并最

122 终将南明余党击溃后，便开始了中国历史上前所未有的发展。[7]
根据历史文献的记载，明清两朝都定期开展简称"平乱"的
运动，小至剿灭地方土匪或海盗，大至调动数十万大军的大规
模战役。

事实上，无论是当时文献的作者，还是日后的历史研究者，
所有人都认为，暴力问题在这一时期尤其严重。汤维强（James
Tong）进行的一项关于明代集体暴力的研究显示，80%的暴力
事件发生于 1506—1644 年。[8]作为在明朝灭亡后不久出版的最
受瞩目的历史著作之一，谷应泰①的《明史纪事本末》也印证
了汤维强的论点。[9]在《明史纪事本末》涉及晚明的卷中，约
三分之二的篇幅都在讨论军事议题。此外，在该书结尾处以附
录形式出现的六卷中，谷应泰还专门讨论了明军 16 世纪后期
在东北地区与女真军队交战相关的军事战略问题。杰弗里·帕
克（Geoffrey Parker）最近在一本关于 17 世纪全球危机的著作
中指出，当时中国受到的气候变化和战争灾难的不利影响比世
界上其他任何地方的都大。[10]在帝国统治者眼中（当然也是在
当权者视角下的正史记载中），是他们为百姓带来了和平与秩
序。但从当地百姓的视角来看，官府常常只是在以暴制暴的过
程中让暴力愈演愈烈。

总体而言，明清两朝面临的最大难题是，经常需要同时应
对多种威胁。我们在此列举了明清统治者所面临的八种主要军
事威胁，其来源既有一手文献也有二手材料，它们呈现了当时
官方展现暴力的方式。其中大部分可以被视为只在帝制中国时

---

① 谷应泰（1620—1690 年），字赓虞，清朝初期官吏、历史学家，以其影
响深远的著作在清代学术史上占有不容忽视的地位。

期出现，但有些则延续至今。从当权者的角度来看，这些战略
上的重要威胁如下：（1）（明清时期的）蒙古人；（2）农民起
义与匪患；（3）民族起事；（4）海上劫掠；（5）万历朝鲜战
争（1592—1598 年）；（6）满人崛起（1616—1644 年）；（7）教
派起事；（8）兵变。

　　上述对帝国统治的挑战有时会表现为多种威胁的组合，我
们并非总能严格划定它们之间的界限，其中一种威胁也可能会
导致另一种威胁的产生。小规模的土匪活动可能引发更大规模
的农民起义，教派起事也同样如此，尤其是在自然灾害泛滥以
及政局动荡之际。边境地带的兵变有时被少数民族视为起兵良
机，进而造成蒙古人进犯或本地民众起事。教派起事同样可能
导致大规模起义的爆发，最典型的例子是 1796—1805 年的川
楚白莲教起义。① 根据汤维强的观点，虽然这些威胁的类型并
不总是与其严重程度存在直接的关联，但官府更加担心的是这
种威胁扩大的可能性。[11]与流行的笼统说法大相径庭的是，文
献记载表明，整个帝国内部都充斥着暴力和危险。

　　上述威胁的相对重要性还取决于它们所处的时间段。在明
朝统治的大部分时间内，蒙古人都是对王朝安全的最大威胁。
但在 16 世纪晚期之后，明朝在军事上的节节胜利以及和平条
约的缔结共同颠覆了此前军事力量的平衡，此时的蒙古人远不
如过去那般让人害怕。取而代之的头号威胁是所谓的"倭
寇"——这些海盗在 16 世纪中叶登上中心舞台，并且在 16 世
纪 90 年代成为明朝的主要战略威胁，当时他们频繁进犯东亚

---

　　① 由于中国历史上爆发过多次打着白莲教旗号的起义，本卷用"川楚白莲
　　　教起义"专指嘉庆年间爆发于四川、陕西、河南和湖北边缘地区的白莲
　　　教教徒武装反清起义。

大陆沿海。到了 17 世纪，满人又成为明朝的头号大患，随后于 17 世纪 20 年代爆发的教派起事与农民起义同样令统治者头痛不已。在明清之际的漫长动荡中，起事的领导者都选择性地使用暴力来巩固统治并使其合法化。为了在边境冲突中达到某种战略目的，清朝使用了新的暴力手段，但边境问题往往不会发展成对帝国生存的威胁。教派起事在 18 世纪末重新出现，这似乎预示着清朝在军事上走向衰落。因此，战略威胁范围之广使统治者必须采取多样化的战争方式，并在战略层面诉诸暴力。

蒙古人

正是由于明朝推翻了蒙古人统治的元朝，蒙古人自然成为明朝统治期间的首要威胁。明朝初年，统治者多次发动进军亚洲腹地荒原的长线战役，这些战役旨在一劳永逸地根除蒙古人的威胁，但最终徒劳无功。[12] 由于几个世纪以来与中亚民族的紧张关系，蒙古人通常被塑造成暴力与好战的形象。但很显然，也正是蒙古人的尚武特征使其颇受明朝军队欢迎。鲁大维一针见血地指出，蒙古人的军事价值观和文化习俗对明朝统治者产生了深远影响。因此，尽管这样做偶尔会产生不良后果，但朝廷还是会经常让蒙古人手握重权、担任要职。[13]

明朝采取了多种不同的战略来应对蒙古人的威胁，从建立正式联盟后使其从内部瓦解，到静态防御与间或实施的主动打击，再到投入前文所述的大规模军事力量，这些战略使明朝得到了许多蒙古人所辖地域。长城当然是明朝抵御蒙古人进犯最著名的象征，但值得注意的是，长城不仅从来没有成为明朝的最后一道防线，也并非仅仅用于防御。而且，它也没有像一些批评者说的那样毫无作用。或许看待这个问题的最好方式是从明朝的一般战略出发，即以全域之力来威慑游牧的对手。尽管长城的修建成本巨大，但朝廷依然认为它要比在亚洲腹地发动战争更加划算。修建长城的目的在于强调明朝不惜动用武力的决心，因为长城是为了防止蒙古人进犯而设置的屯营，使明军能够在后者的土地上实施破坏其稳定的"外科手术式打击"（surgical strikes），并通过缴获牲畜和武器以及离散对方的营地来降低其军事发育能力。虽然这些方式有时能在短期内显著降低蒙古人带来的威胁，但它们也使游牧民族与农耕民族陷入暴力冲突的血腥循环。

直到 1571 年，蒙古人才不再是威胁明朝统治的最大隐患。当年，明朝与最强大的蒙古首领俺答汗（Altan Khan，1507—1582 年）缔结了和平条约，并授予其顺义王①的称号，双方开始在边境定期开展贸易活动。[14]当时俺答的孙子叛逃降明，于是几位能干的将领与内阁大臣一同精心策划了一场政治谈判，最终促成了和平条约的缔结。这项条约的签订可谓十分成功，因为条约签订后，明朝与蒙古人之间极少再发生大规模冲突。但如果我们认为，明蒙关系从 1571 年开始变得融洽，那就大错特错了。双方实际上都没有遵守最初的协议条款，明朝直到覆灭都在对蒙古草原发动袭击，希望通过夺取牲畜来造成某些部落局势不稳，而蒙古人同样趁乱进犯明朝边境城镇和卫所，以逼迫对方进一步妥协。尽管如此，蒙古人在 1571 年后已不再构成对明朝安全的主要威胁，因为当时的蒙古各部在政治上

①　1571 年，明朝与蒙古首领达成封王、贡市协议，隆庆皇帝册封俺答汗为"顺义王"，授予镀金玉印，其子孙世袭，定期向明朝上贡。

处于分裂状态，而同时期的明朝处于一场持续至 17 世纪 10 年代的全面军事复兴中。

17 世纪晚期，蒙古人重新成为清廷的首要威胁。17 世纪 70 年代，当时的蒙古首领噶尔丹（Galdan）统一蒙古各部，于 1679 年控制了西域的大部分地区。接着，噶尔丹在 17 世纪 80 年代将统治范围扩至东部的喀尔喀蒙古地区，并于 17 世纪 90 年代在西藏与清廷发生冲突①。噶尔丹的图谋惹恼了清廷，康熙皇帝（1662—1722 年在位）甚至为此御驾亲征。噶尔丹于 1697 年去世，但在接下来的二十年里，清军继续在西藏与蒙古准噶尔部落交战。

1728 年，清廷与俄国签订了《恰克图条约》，此后清廷再次将注意力转向重整旗鼓的准噶尔汗国，后者此时已足以被视为一个强大的帝国。经过雍正帝在位期间（1723—1735 年）的一系列战争与谈判后，乾隆皇帝（1736—1795 年在位）最终决定彻底平定准噶尔。他以调解当时准噶尔汗国的继承权之争为由，发动大军武力征讨草原。满人凭借数十年来统一中原并将川藏边缘地区并入大清帝国版图的军事经验，在中蒙西南边境线上成功设立清军的补给据点，这使得他们能够比以前任何一个朝代都更加深入地进军北方草原地带。在 18 世纪先进火器（蒙古人同样拥有火器，但数量较少）的加持下，清朝成功扫除了游牧民族对中原王朝的威胁，这是此前任何朝代都未做到的事。在此过程中，清廷将准噶尔汗国一举打败，濮德培（Peter Perdue）将该行动直接称为"灭顶之灾"。[15]尽管和

---

① 原文如此，但实际上，在 17 世纪 90 年代，噶尔丹与清朝的冲突主要发生在漠南而非西藏。

平是以前所未有的大规模暴力为前提的，但近代的中国史研究　126
者普遍认为，这主要体现了中华民族发展与融合的统一历史
进程。

农民起义与匪患

　　或许冥冥之中自有天意的是，明朝由农民起义军建立，也
在很大程度上被农民起义军所推翻。但与蒙古人的威胁不同，
农民起义往往起因于特定的社会经济事件，包括干旱、饥荒、
歉收和其他自然灾害。[16]此外，许多明末所谓的起义农民实际
上是军人或驿卒①，他们因为官府裁减或单纯因为朝廷的弊政
而陷入贫困，走投无路。这些满腹苦水之人在被迫回乡时，往
往能够带来丰富的军事技能和经验。明朝某些地区（尤其是
西北地区）的武装力量越发强大，暴力成为日常生活的一部
分。几乎所有主要的晚明农民起义领袖都来自西北地区。尽管
汤维强在关于明朝集体暴力的研究中指出，"政权的掌控力"
以及与权力中心的距离是煽动农民起义的重要因素，但鲁大维
并不认同这种观点，他更强调整个明朝社会的暴力性质。[17]

　　例如，在1628年秋季爆发的王嘉胤起义中，战火烧遍了
整个华北平原，这场起义就源于大范围的年荒乏食与官兵压迫
现象。一般而言，朝廷处理农民起义的政策是招安起义领袖，
然后出于稳定军心的目的赦免普通士兵。在一些情况下，主动
投降或说服同伴归顺的领袖甚至会被授予军衔。官府在必要之
时还会采取救荒赈灾措施。只有当这些不那么严厉的措施失败
时，朝廷才会出兵平乱。但究竟是招安还是镇压，决定权主要

---

①　驿卒指李自成，他曾经是银川驿的驿卒，在被裁撤后返乡起事。

在负责处理相关问题的特定官员手上，这在很大程度上取决于他们的能力和偏好。

出于种种原因，以上策略带来的结果往往好坏参半。许多士兵本就出身于社会底层，他们经常会同情陷入困境的农民起义者。感到被官府欺压的低级军官往往也容易倒戈加入起义军，他们还经常能凭借其军事经验在其中担任领袖。这意味着地方起义可能在短期内就发展为区域性乃至全国性的威胁，在自然灾害泛滥的时期尤其如此。[18]而且，如果官府真的出兵与起义者交战，后者完全可以潜伏于乡村，把自己隐藏在其他农民中间。

农民起义的星星之火不但使镇压起义的明军疲于奔命，而且镇压最终也被证明是徒劳的。明朝末年的明军在机动作战和深入群众方面都十分落后，而且起义军领导人员的分散也通常使擒贼先擒王的策略收效甚微。因此，官府通过计算"裹尸袋"的数量，或者更准确地说，"数耳朵"的方式来统计被杀敌人的数量，这不但可以计算军功，而且能作为威慑敌人的策略。但这种做法适得其反，因为官兵经常会为了获得更多奖赏而杀良冒功，这反过来又导致更多老百姓落草为匪，社会的武装冲突因此愈演愈烈。

尽管同样被农民起义问题所困扰，但清廷通过安抚地方社群、整顿秩序、鼓励农业和恢复传统职业等方式最终消除了这些威胁。为了维持地方治安，清廷建立了拥有正式军队编制的绿营兵，这种用于维护国家内部安全的步兵部队基本由汉人（而非满人）群众组成。当百姓重新安居乐业时，他们就不愿加入当地土匪帮派。尽管大规模的平叛运动并未完全消失，但社会的武装化程度确实在逐渐变弱。例如1662—1664年，在根除川东地区所谓"夔东十三家"的最后一次军事行动中，清廷调集了来自三个省的 20 万大军，镇压了盘踞山寨的反叛分子。清廷所仰仗的战术由来已久：一方面震慑敌人，另一方面鼓励叛军首领和支持他们的老百姓前来投诚。[19]

　　与农民起义问题相关的还有底层匪患，这类土匪活动多是小打小闹。在政治和社会动荡或自然灾害时期，匪患往往随之增加。但当时的文献记载如此频繁地提到匪患，说明这是个剪不断理还乱的难题。土匪往往伺机而动，所以匪患常常爆发于破坏性的官府镇压活动之后。在地方层面剿匪的能力被视为官员整体维持和平安定的能力之体现，在地方层面剿匪也是军官获得作战经验的一种方式。前述镇压农民起义的大部分措施与剿匪类似，尽管后者的范围要更加狭窄。简言之，官府通常会对土匪软硬兼施，首先会尝试以礼劝降，但如果行不通的话，就会大肆动用武力。明清时期的小规模土匪活动之普遍固然令人震惊，但就其本质而言，这些活动的暴力程度似乎并不比任何其他早期近代社会的类似活动更高。[20]

民族起事

　　本地民众（或者说少数民族）是对明清统治的另一种威胁力量。在朝廷眼中，西南地区的各种少数民族既未开化又迷信，更不用说他们还既强横又好战。16 世纪初，明代官员诸葛元声将西南地区的苗族描述为"其风俗，身椎跣，手刀剑，好巫觋而信鬼尚斗"[①]。在统治者看来，这些特征使他们更具

---

①　原文引自诸葛元声撰《两朝平攘录》卷五，明万历原刊本，台北：台湾学生书局，1969 年，第 401 页。

暴力倾向，且易受别有用心者的操纵。颇具讽刺意味的是，统治者自己也喜欢将来自少数民族的人培养成精锐部队乃至贴身护卫，后者因常常受到征募而变得十分抢手。其中名声最不好的是西南黔桂地带①号称"狼兵"的部队，他们被视为极其残暴的蛮夷战士。

因此，与历朝历代都不同的是，明清统治者试图拉拢和收编民众中的所谓暴力分子，并利用后者来达成一统天下的目标。在实施过程中，这些暴力分子将皇帝的统一要求发扬光大，因为这意味着"野蛮"元素被用于积极的目的。值得一提的是，明朝似乎更广泛地将少数民族作为突击敢死队使用，有意识地构建多民族王朝的清廷则早早强调这些民族天生的勇武，并热切接纳了前朝推动的对其实行汉化的使命。清朝更是将少数民族地区纳入其正式行政区划，这一过程被称为"改土归流"，即"由流官对少数民族地区进行常规行政管理"。

为了换取对方的忠诚，明朝统治者在大部分时间内都安于实施当地少数民族首领大权独揽的土司制度，再加上缴纳"贡赋"和偶尔的兵役。但根据官方文献的记载，土司常常傲慢且专横，他们不但藐视朝廷，而且煽动本地民众造明朝最高统治者的反。由于这类起事通常发生在山高皇帝远的帝国边陲地带，它们很容易就会变得难以管控。其中规模最大的是 16 世纪末苗族土司杨应龙发动的起事，根据记载，起事人数超过 10 万，朝廷出动了 25 万大军才将其平息。[21]因此我们不难看出，朝廷为何如此重视少数民族制造的威胁。

---

① 原文为贵州，但根据史料，狼兵在广西、贵州都有活动，而且主要在广西活动。

尽管主流观点将这些少数民族起事的煽动者描绘为郁郁不满的反社会分子，但我们仍然可以发现，这些反叛的民族比其他暴力团体要更具有被动攻击（passive-aggressive）的特征。很显然，由于不信任朝廷，他们尽可能地保持一定程度的自治，但也极少会发展成足以推翻帝国统治的巨大威胁。少数民族起事的导火索似乎大多为以下两个因素：汉人大规模进入其地盘，以及明清时期的政策制定者为应对人口增加而进行的帝国建设。明清朝廷试图使地方势力相互制衡，后者同样借此手段与朝廷对抗，这显示了暴力活动随着不断延展的帝国边界而不断升温。朝廷（有时会）要求少数民族抛弃他们传统的生活方式，转而学习汉人的生活方式。[22]一旦他们反抗，就会被贴上反叛的标签。此外，由于军事行动可能破坏当地经济，对一场起事的镇压经常会引发其他起事。

从朝廷的角度来看，这些镇压措施十分必要，因为朝廷对西南边疆地区天高皇帝远的混乱状态非常担忧。很显然，朝廷不但积极鼓励汉人在该地区定居，而且希望通过加强对此地区的控制来对付周边人群。18 世纪的川西发生了多起金川之战（Jinchuan Wars）①，这些战争使不断拓展的清廷与反抗当地官员的部落首领之间产生了冲突。除此之外，明清文献中还有大量官军在边境与当地人发生冲突的记载。但总体而言，上述这些策略产生了一定效果。由于先进的技术、与当地人结盟以及人口结构的优化促进了晚期帝制中国的持续拓展，中央政府此时也稳步提高了对西南地区的控制程度。

---

①　金川之战，即大小金川之战，是乾隆时期的清朝平定四川大小金川反叛，维护西南边疆稳定的两次大规模战役。

海上劫掠

在中国史学界以地区暴力为主题的研究中，与海盗有关的研究成果尤其引人注目。一些研究者倾向于强调地方性社会暴力在塑造帝制中国晚期海盗的世界观和文化方面的重要性，[23] 而另一些研究者则侧重考察官府对海盗行为的应对措施，特别是在 16 世纪中叶"倭寇"（日本海盗）进犯期间的应对措施。[24] 在明代，大部分倭寇其实不只在海上活动，而且他们并不全都是日本人，其中不仅有中国人，甚至还有来自远至非洲的海上劫掠者。在明朝国力强盛的时候，海盗活动就会减少。但当国家面临其他威胁（如俺答汗）而无暇南顾时，海盗活动就会猖獗。

尽管倭寇实际上从未构成对明朝统治的严重威胁，但他们是 16 世纪中叶明朝走向腐败、低效和军事无能的缩影。对于沿海地区的这种次要威胁的束手无策促使明朝建立了一支更加强大的海军，这支军队在 16 世纪 90 年代对倭寇的作战中表现得相当出色。起初，明朝采取了双管齐下的战略来消除海盗的威胁：第一，隆庆皇帝（1567—1572 年在位）在 1567 年全面解除了海上贸易的禁令；第二，在内阁首辅张居正（1525—1582 年）的主持下，明朝的军力迎来全面复兴。张居正同时也是抗倭将领戚继光（1528—1588 年）的支持者。除了任命有能力的军官担任要职外，张居正还通过改进预警系统、重建破败的城墙及其他海岸防御工事来加强明朝沿海的防寇力量。

131　　18 世纪末，随着海盗在中国东南沿海结盟并发展壮大，海盗活动重新变得猖獗。历史学家对这一现象的主要原因提出了不同的解释：一些人将其归因于越南的政治动荡，这与一场名为西山起义的大规模民变有关;[25]另一些人则强调与人口增加和资源枯竭有关的域内社会和环境因素。[26]但无论原因如何,清廷最终通过胁迫和外交两种传统手段解决了海患。海盗并没有什么先进技术,于是清军没有被迫开发新式武器就击溃了这群两栖匪徒——但四十年后,清廷在与西方列强交涉的过程中付出了惨痛的代价。

万历朝鲜战争①

从 1592 年一直持续到 1598 年的万历朝鲜战争是 16 世纪世界范围内参战人数最多、波及范围最广的一次大规模战争。当时日本的实际统治者丰臣秀吉致力于创造一个以自身统治为核心的东亚世界新秩序。[27]为了实现这一目标,他组建了一支超过 15 万人的军队,此外还有大约 20 万名预备役士兵,他们不仅都配备了日本刀,还配备了产自葡萄牙和中国的火器。

如果从超越国界的视角来看,这是一场明朝和朝鲜眼中的"正义战争",因为明朝动员了数以万计的士兵来援助其陷入困境的藩属国,并且消除了近代以前所谓的天朝秩序面临的最大威胁。在这场战争中,明朝诉诸国家层面的暴力,旨在威慑日本人并维持自己在东亚的霸主地位。尽管双方对战争的准备都不充分,但明军还是笑到了最后。明朝派往朝鲜的军队中还包括来自西南地区的少数民族的兵员,朝廷试图用他们的暴力表现吓退日本人。战争结束后,许多明军士兵被直接派往四川与上文提及的杨应龙率领的苗族叛军作战,其中就包括此前已

132

---

① 此处原文为 The Japanese Invasion of Korea,直译为日本侵略朝鲜,为了符合中文语境,此处译为约定俗成的万历朝鲜战争。

降明的日本士兵，他们以火器专家的身份被征召。

明朝-朝鲜联军凭借先进的火炮技术、更好的后勤保障、更强大的海军（此外还有朝鲜游击队在农村的抵抗）而最终取胜。虽然这场战争对朝鲜的社会影响已被充分记载，但它对明朝的影响直到今天才被学界注意到。例如，明朝西南地区的一些起事便可直接归因于万历朝鲜战争带来的苛捐杂税。因此，国家在战略层面对外使用武力可能同样会给本土带来严重的影响。

满人崛起

在整个明朝时期，这个后来自称满洲的民族都被称作女真人，他们声称自己是 12—13 世纪统治中国部分地区的王朝①的后裔。因此，他们不但流淌着天子的血液，而且从清朝建立后采取的后续措施上看，他们对自己的历史、如何使其适应更广泛的东亚世界秩序和如何名正言顺地成为正统华夏王朝都有着清醒的认识。女真人居住在东北亚时，对明朝和朝鲜王朝（1392—1910 年）都构成了军事上的威胁。在明朝的行政区划中，女真人的待遇与蒙古人和西南少数民族部落相同，其部落首领被授予权力印玺和世袭贵族头衔，作为承认明朝皇帝最高统治权的交换条件。明朝军官甚至会直接将自己欣赏的女真统帅纳入麾下，这在后金（后来成为清朝）的开创者努尔哈赤（1559—1626 年）的重要案例中可见一斑。

在与女真人打交道时，明朝倾向于采用与对付蒙古人相同的方式，即分而治之。明朝会出兵袭击女真人，并向其首领提

---

① 此处指金朝（1115—1234 年）。

供官职和贸易特权以换取他们的臣服。一旦出现机会，明朝也会不惜出卖昔日的盟友，掠夺女真人的牲畜并烧毁其定居点以削弱其力量，从而将潜在的威胁扼杀在摇篮中。[28]努尔哈赤的父亲①就在一次这样的袭击中被明军"意外"杀死，当时还在敌人城池中的他死于城池陷落后明军展开的杀戮。尽管存在种种问题，但明朝的这一政策直到 17 世纪初都运转良好，这也是国家名义的暴力如何被用于维持秩序的又一例证。明朝决定赋予努尔哈赤很大的自治权，但这最终适得其反，因为他得以在 1619 年对明朝的首次作战中集结大约 6 万人的军队。

教派起事

在明清历史中，教派起事同样占据了重要位置。[29]由于明朝开国皇帝本人在起事之时十分倚重教派组织的支持，他在登基后很快就认识到这些组织的潜在危险。此后，统治者也始终将教派起事的煽动者视作妖言惑众的方士，他们虚张声势地施展巫术与千禧年主义②的愿景。他们通常还与白莲教有关，后者是佛教中的千禧年主义支派，宣扬弥勒佛（Maitreya）③ 在后世的回归。在统治者眼中，白莲教的教义几乎就是暴力和不稳定的根源。晚明爆发了两场由白莲教引发的大规模起义：1512 年的李福达起义和 1622 年规模更大的徐鸿儒起义。这些起义涉及成千上万的信众，并在鼎盛时期遍及多个省份。然而，一旦朝廷将军事火力对准他们，起义军就会迅速遭到镇压。

---

① 努尔哈赤的父亲塔克世和祖父觉昌安都在这场乱战中被误杀。
② 关于千禧年主义，参见本卷导言。
③ 弥勒佛又称未来佛，他的下世时间在佛教中始终不能确定，所以他在民间被普遍奉为未来拯救社会之佛。

对于拥有一大堆令人眼花缭乱的宗教信仰与习俗的庞大帝国来说，国家不可能对宗教生活的方方面面都进行立法。道教的道士和佛教的僧侣都必须在官府登记注册。官府还对在家修行的居士以及那些借助宗教活动习武的人严加管束，扣押举止可疑的教派首领，并定期打压教派活动。这些活动显然无法根除农村的宗教信仰基础，但能够把潜在的反叛因素扼杀在萌芽状态，或者将大多数人的宗教活动限制在威胁较小的程度。只有当朝廷忙于处理其他问题或处于极度困难的时期，宗教活动才可能变得不受当局管控，1622 年徐鸿儒在山东发动的起义就是如此。

尽管徐鸿儒起义很快就被平定，但作为明代最早的大规模起义之一，它成为明朝开始走向灭亡的标志。不仅白莲教教徒遍布全境，起义领袖还试图取代明朝皇帝自立为帝，这直接威胁到明朝的统治。与大多数域内造反者的下场一样，徐鸿儒在京师西市被公开问斩以儆效尤——这是朝廷通过认可的暴力来声明和巩固自身统治正当性的另一种方式。

清朝同样深受秘密帮会起事之苦，其中一些帮会由于与反清复明的思潮有关而更具破坏性。最引人注目的当数天地会，西方人更熟悉它的另一个名字："三合会"。但近年来的研究者认为，并没有确凿的证据表明三合会在 18 世纪 60 年代之前就已在中国成形。[30]

白莲教也在清朝中期卷土重来，并发展为一种威胁力量，其中最著名的是 1774 年在山东（白莲教的根据地）爆发的王伦起义，以及 18 世纪末爆发的川楚白莲教起义。[31]在王伦起义中，清军尽管在最初的一些交战中处于劣势，但最终以多管齐下之势反攻并击溃起义军，民间秩序由此恢复。起义平息后，清廷按照惯例将起义军头目处决，并放逐从犯。

然而，在1796—1805年的川楚白莲教起义中，情况截然不同。由于清廷出现了严重的腐败现象，起义范围不断扩大，并且持续时间更长。事实上，清廷最终依靠雇用地方团练与起义军作战才有效镇压了这场威胁其统治权威的起义。一些学者指出，正是这种做法助长了在晚清社会普遍出现的地方民兵武装，暴力活动也因此变得更加频繁。[32]官府还采取了一种类似于某些晚明官员对在同一地区发生的农民起义所采取的办法，即运用"坚壁清野"的策略来孤立反叛的帮会，并以此剥夺他们在当地的资源。[33]通过这一策略，人员和资源将集中于设有防御工事的堡垒或山寨内，而郊野土地将被清空。这种低成本高收益的策略至少从唐代开始就以各种形式被官军使用，但其同样可能对当地造成负面影响，因为为了防止物资落入敌手，普通农民的田地和房屋都会遭到破坏。

兵 变

兵变通常因各种各样的军事管理不善而起。由于哨岗在边远地区的重要性，以及大多数士兵并不愿意戍边，官府在执行都司或将军府①的规定时往往较为松懈。这就导致部队有时候变得懒散，士兵习惯于在军营中过着无人监管的惬意生活。一旦受命执行新任务，或者实际履行本职工作，他们可能会产生强烈的抵触情绪。在一些案例中，他们甚至杀死了自己的指挥官和驻地官员，比如1524年的大同兵变。[34]朝廷对此类事件的

---

① 明朝的都司和清朝的将军府分别是各自朝代负责地方军事的机构，它们位于边疆地区，相当于这里原文中的边境指挥部（frontier command）。

应对方式取决于主管官员的态度。在大同兵变中，一名负责调查的官员实际上倾向于宽大处理，嘉靖皇帝自己也同意如此，他认为是巡抚都御使"抚驭失宜"，"督工严刻"，从而"激众致变"。[①] 因此，皇帝只打算逮捕罪魁祸首，并以仁政赦免其余的叛兵。不过，当这一策略失效后，朝廷动用了压倒性的武力来镇压反叛。[35] 发生在 1592 年的宁夏兵变就是如此，镇压这场反叛的战役是史称的"万历三大征"之一。当时从蒙古投奔而来的哱拜（Pubei）已效忠于明朝大约二十年，在此期间，他手握的权力与日俱增。不仅如此，他还利用恢复蒙古帝国的模糊承诺使得当地的蒙古酋长都支持他起兵。然而事实上，哱拜可能主要出于对朝廷官员对其打压排挤的不满才发动了这场兵变。[36]

136　　从朝廷的角度来看，兵变是危险的，因为参与者不但拥有军事才干，而且对官府及其镇压策略了如指掌。兵变的另一个令人不安的方面是，军队本身可能声称自己的行为合理合法，而且符合相应的原则和行为标准，这有可能损害朝廷的权威——他们完全可以声称，自己这样做是为了江山社稷而铲除腐败官员。兵变的领导者和其他起事者一样，往往不遗余力地寻求当权者的认可，这对于赋予自己的暴行以正当性而言至关重要。最后，如果兵变领袖能够获得当地人的支持并以此强化易守难攻的防御阵地，那么兵变将非常难以平息。漫长的围困在人员和物资方面的消耗都十分巨大。此外，兵变往往意味着这支军队的上级军官难逃一死，或被叛军处决，或事后被朝廷问斩。

---

① 原文引自《明世宗实录》卷四二，嘉靖三年八月癸巳条。

结　语

本章虽然只关注了中国历史上短短三个世纪中发生的暴力活动，但其中的许多现象也同样出现在其他朝代。数不胜数的战略威胁（以及应对这些威胁时所采取的新办法）都揭示了当时统治者尚武的一面，而这是保守的儒家政权不愿承认的。事实上，当涉及维护权威和确立正统时，朝廷支持的暴力似乎要比单纯的儒家仁政更加广泛地被采用。军事问题始终是明清朝廷内外政策的重中之重。暴力有时（如动荡不安的明末清初）弥漫于整个社会，这使统治者最后不得不动用压倒性的武力来恢复秩序，即通过战争来实现和平。从同时期其他国家的情况出发，与明清时期国家名义的暴力及其与军事行动的关系进行比较，这会是一个有趣的研究视角。尽管就明清遭遇的多种威胁来说，同时期很少有其他国家能与其比拟，但检视这些国家如何处理类似的军事问题，以及使国家支持的暴力变得正当与被认可的方式，都将给研究中国和世界历史的学者带来深刻启发。而且，这也更清楚地揭示了朝廷支持的暴力所扮演的角色，以及它在中国社会各个层面的多重交叉意义。

参考论著

英语学界第一部严肃研究中国战争历史的著作是 Frank A. Kierman Jr and John King Fairbank（eds.），*Chinese Ways in Warfare*（Cambridge, MA：Harvard University Press, 1974）。此外还有两本近年出版的概览性著作：Peter Lorge, *War, Politics, and Society in Early Modern China, 900 - 1795*（London：Routledge, 2005）；Tonio Andrade, *The Gunpowder Age：China, Military Innovation, and the Rise of the West in World History*（Princeton, NJ：Princeton University Press, 2016）。

关于明朝的军事活动，参见 David Robinson, *Bandits, Eunuchs, and the Son of Heaven : Rebellion and the Economy of Violence in Mid-Ming China* (Honolulu：University of Hawai'i Press, 2001)；*Martial Spectacles of the Ming Court* (Cambridge, MA：Harvard University Press, 2013)（此书已有中译本，〔美〕鲁大维：《神武军容耀天威：明代皇室的尚武活动》，柳青、康海源译，北京：社会科学文献出版社，2020 年）。近年还有一本关于明朝将军戚继光的研究著作，参见 Y. H. Teddy Sim (ed.), *The Maritime Defence of China : Ming General Qi Jiguang and Beyond* (Singapore：Springer, 2017)。关于明朝军事衰退现象的全面研究成果，参见 Kenneth Swope, *The Military Collapse of China's Ming Dynasty, 1618 – 1644* (London：Routledge, 2014)。

关于万历朝鲜战争的研究包括 Kenneth Swope, *A Dragon's Head and a Serpent's Tail : Ming China and the First Great East Asian War, 1592–1598* (Norman：University of Oklahoma Press, 2009)；James Lewis (ed.), *The East Asian War, 1592–1598：International Relations, Violence, and Memory* (London：Routledge, 2015)。

关于明末农民起义的研究成果，参见 James Parsons, *Peasant Rebellions of the Late Ming Dynasty* (Ann Arbor, MI：Association for Asian Studies, 1993)。关于明末起义的领袖：与李自成有关的研究成果参见 Roger Des Forges, *Cultural Centrality and Political Change in Chinese History : Northeast Henan in the Fall of the Ming* (Stanford, CA：Stanford University Press, 2003)，而另一项研究主要关注了张献忠及其义子们的起义经过，参见 Kenneth Swope, *On the Trail of the Yellow Tiger : War, Trauma and Social Dislocation in Southwest China During the Ming-Qing Transition* (Lincoln：University of Nebraska Press, 2017)。

关于八旗军事制度的研究成果，参见 Mark Elliott, *The Manchu Way : The Eight Banners and Ethnic Identity in Late Imperial China* (Stanford, CA：Stanford University Press, 2001)。关于清朝军事文化的研究成果，参见 Joanna Waley-Cohen, *The Culture of War in China : Empire and the Military under the Qing Dynasty* (London：I. B. Tauris, 2006)。

关于清朝的教派起事，参见 Susan Naquin, *Shantung Rebellion : The Wang Lun Uprising of 1774* (New Haven, CT：Yale University Press, 1981)。关于当时的秘密社团，参见 Dian Murray, *The Origins of the*

Tiandihui : The Chinese Triads in Legend and History （Stanford，CA：Stanford University Press，1994）；David Ownby，*Brotherhoods and Secret Societies in Early and Mid-Qing China : The Formation of a Tradition* （Stanford，CA：Stanford University Press，1996）。关于中国内陆的白莲教起义与东南沿海的大规模海盗活动的比较研究成果，参见 Wensheng Wang，*White Lotus Rebels and South China Pirates : Crisis and Reform in the Qing Empire* （Cambridge，MA：Harvard University Press，2014）。关于清朝中叶的土匪活动以及秘密帮会，参见 Robert Antony，*Unruly People : Crime, Community and State in Late Imperial South China* （Hong Kong：Hong Kong University Press，2016）。更多关于中国海盗活动的研究文献，参见本卷第 23 章的参考论著。

注　释

1. L. Sun，'The Century of Warfare in Eastern Eurasia, 1550 – 1683：Repositioning Asian Military Technology in the Great Divergence Debate'. 论文宣读于在埃默里大学举办的世界史研讨会，2014 年 3 月 18 日。

2. 关于早期近代中国社会的暴力特质，参见 R. Antony，*Like Froth Floating on the Sea : The World of Pirates and Seafarers in Late Imperial South China*，China Research monograph （Berkeley：University of California, Institute of East Asian Studies，2003）；R. Antony，*Unruly People : Crime, Community, and State in Late Imperial South China* （Hong Kong：Hong Kong University Press，2016）。

3. 关于儒家传统思想中的"正义战争"概念，参见 Feng Zhang，*Chinese Hegemony : Grand Strategy and International Institutions in East Asian History* （Stanford，CA：Stanford University Press，2015），pp. 40-2。

4. J. Waley-Cohen，*The Culture of War in China : Empire and the Military under the Qing Dynasty* （London：I. B. Tauris，2006），p. 1.

5. D. Robinson, *Martial Spectacles of the Ming Court* (Cambridge, MA: Harvard University Press, 2013).

6. 关于万历皇帝的军事野心，参见 K. Swope, 'Bestowing the Double-Edged Sword: Wanli as Supreme Military Commander', in D. Robinson (ed.), *Culture, Courtiers, and Competition* (Cambridge, MA: Harvard University Press, 2008), pp. 61-115。关于满人军事力量的崛起过程，参见 K. Swope, *The Military Collapse of China's Ming Dynasty, 1618-1644* (London: Routledge, 2014)。

7. 关于清朝版图的扩展过程，参见 P. Perdue, *China Marches West : The Qing Conquest of Central Eurasia* (Cambridge, MA: Belknap Press, 2005)。

8. J. Tong, *Disorder under Heaven : Collective Violence in the Ming Dynasty* (Stanford, CA: Stanford University Press, 1991), pp. 6, 46.

9. 谷应泰：《明史纪事本末》（1658 年初版），重印于《历代纪事本末（全二册）》，北京：中华书局，1997 年。

10. G. Parker, *Global Crisis : War, Climate Change, and Catastrophe in the Seventeenth Century* (New Haven, CT: Yale University Press, 2013), p. 117. （此书已有中译本，〔英〕杰弗里·帕克：《全球危机：十七世纪的战争、气候变化与大灾难》，王兢译，北京：社会科学文献出版社，2021 年。）

11. Tong, *Disorder under Heaven*, p. 44.

12. M. Rossabi, 'The Ming and Inner Asia', in D. Twitchett and F. Mote (eds.), *The Cambridge History of China*, vol. VIII, *The Ming Dynasty, 1368 - 1644*, part 2 (Cambridge: Cambridge University Press, 1998), pp. 224-41.

13. 参见以下两篇文章：D. Robinson, 'The Ming Court and the Legacy of he Yuan Mongols', in D. Robinson (ed.), *Culture, Courtiers, and Competition : The Ming Court (1368-1644)* (Cambridge, MA: Harvard University Press, 2008), pp. 365-422; 'Politics, Force, and Ethnicity in Ming China: Mongols and the Abortive Coup of 1461', *Harvard Journal of Asiatic Studies* 59. 1 (1999), pp. 79-123。

14. 参见 H. Serruys, 'Four Documents Related to the Sino-Mongol Peace of 1570-1571', *Monumenta Serica* 19 (1960), pp. 1-66。

15. Perdue, *China Marches West*, pp. 284–7.

16. 关于对两者的比较，参见本卷第 22 章的相关内容。

17. Tong, *Disorder under Heaven*, pp. 96–132；D. Robinson, *Bandits, Eunuchs, and the Son of Heaven*（Honolulu：University of Hawai'i Press, 2001）.

18. 关于晚明自然灾害与农民起义规模的关系，参见 R. Des Forges, *Cultural Centrality and Political Change in Chinese History：Northeast Henan in the Fall of the Ming*（Stanford, CA：Stanford University Press, 2003）, pp. 168–77；Swope, *Military Collapse*, pp. 76–9, 103–8。

19. 参见顾诚《关于夔东十三家的抗清斗争》，载《李岩质疑：明清易代史事探微》，北京：光明日报出版社，2012 年，第 296—310 页。

20. 关于清朝中叶的匪患以及朝廷对其进行镇压的活动，参见 Antony, *Unruly People*。

21. K. Swope, 'Civil-Military Coordination in the Bozhou Campaign of the Wanli Era', *War and Society* 18.2（2000）, pp. 49–70.

22. 参见 J. Herman, *Amid the Clouds and Mist：China's Colonization of Guizhou, 1200–1700*（Cambridge, MA：Harvard University Press, 2007）。

23. 参见 Antony, *Like Froth Floating*，以及本卷第 23 章。

24. 英语学界的相关代表论著是 K. W. So, *Japanese Piracy in Ming China during the Sixteenth Century*（East Lansing：Michigan State University Press, 1975）。亦可参见 C. Hucker, 'Hu Tsung-hsien's Campaign against Hsü Hai, 1556', in F. Kierman and J. Fairbank（eds.）, *Chinese Ways in Warfare*（Cambridge, MA：Harvard University Press, 1974）, pp. 273–307。

25. D. Murray, *Pirates of the South China Coast, 1790–1810*（Stanford, CA：Stanford University Press, 1987）。

26. Antony, *Like Froth Floating*.

27. 参见 K. Swope, *A Dragon's Head and a Serpent's Tail：Ming China and the First Great East Asian War, 1592–1598*（Norman：University of Oklahoma Press, 2009）。

28. 参见谷应泰《明史纪事本末》，第 2488—2491 页。

29. 参见本卷第 25 章。

30. 参见 D. Murray, *The Origins of the Tiandihui : The Chinese Triads in Legend and History* (Stanford, CA: Stanford University Press, 1994)。关于秘密帮会的暴行，参见 Antony, *Unruly People*。

31. 关于王伦起义，参见 S. Naquin, *Shantung Rebellion : The Wang Lun Uprising of 1774* (New Haven, CT: Yale University Press, 1981)。关于白莲教起义，参见 Y. Dai, ' Civilians Go into Battle: Hired Militias in the White Lotus War, 1796-1804', *Asia Major* 22. 2 (2009), pp. 145-78。

32. P. Kuhn, *Rebellion and Its Enemies in Late Imperial China : Militarization and Social Structure, 1796 - 1864* (Cambridge, MA: Harvard University Press, 1970), pp. 37-49。

33. 关于明朝对这种策略的使用，参见 K. Swope, ' "Clearing the Fields and Strengthening the Walls": Defending Small Cities in Late Ming China ', in K. Hall (ed.), *Secondary Cities and Urban Networking in the Indian Ocean Realm* (Boulder, CO: Lexington Books, 2008), pp. 123-54。

34. 参见谷应泰《明史纪事本末》，第 2353—2355 页。

35. James Geiss, ' The Chia-ching Reign, 1522 - 1566 ', in Frederick W. Mote and Denis Twitchett (eds.), *The Cambridge History of China*, vol. VII, *The Ming Dynasty, 1368-1644*, part 1, pp. 440-510 (Cambridge: Cambridge University Press, 1988), pp. 450-3.

36. 关于宁夏兵变，参见 K. Swope, ' All Men are Not Brothers: Ethnic Identity and Dynastic Loyalty in the Ningxia Mutiny of 1592 ', *Late Imperial China* 24. 1 (2003), pp. 79-129。

7 加勒比和中美洲的殖民入侵
（1492—1547 年）

马修·雷斯托尔

从科尔特斯到哥伦布

在华盛顿哥伦比亚特区的墨西哥大使馆旧址的一面巨大的楼梯墙上，绘有一幅迷人但令人费解的壁画。游客爬上楼梯后，映入眼帘的是阿兹特克帝国的首都特诺奇蒂特兰，此时的画面展现出一幅安居乐业、耕作纺织与家庭生活的静谧景象。这幅充满浪漫气息的画作绘于 20 世纪早期，它如实反映了 20 世纪早期伟大的墨西哥壁画家描绘当年阿兹特克社会的方式。

然而，这种田园牧歌只是暴风雨前的宁静，因为靠左边的墙上绘有来自西班牙的征服者，他们正在朝此地进军。一艘搭载了士兵、牧师和官员的巨型帆船正在靠岸，这艘颇具象征意义的帆船甚至比阿兹特克金字塔还要大。在陆地上，一个侵略者往土里插上一座十字架，另一个侵略者则持剑挥舞。那个持剑的红胡子征服者正是大名鼎鼎的佩德罗·德·阿尔瓦拉多（Pedro de Alvarado），他是对墨西哥的阿兹特克人和危地马拉的玛雅人发动征服战争的头领，在今天依然是暴虐的代名词。人们因此能够推测，站在高处俯视全景的人物可能就是埃尔南多·科尔特斯（Hernando Cortés）[1]，他是摧毁特诺奇蒂特兰的西班牙远征队的首席指挥官。事实上，描绘这场战争正是画家的初衷。

但在 1821 年，随着墨西哥的独立，科尔特斯成为墨西哥人努力抛之脑后的一个沉重的殖民历史象征，他也因此变得不受待见，在 1910 年墨西哥革命爆发后更是如此。1933 年，墨西哥画家罗伯托·奎瓦·德·里奥（Roberto Cueva Del Rio）开始绘制这幅壁画。起初，他打算描绘科尔特斯。但在 1941 年作品即将完成时，他决定用克里斯托弗·哥伦布（Christopher Columbus）取代这个臭名昭著的征服者。作为更加中立的人物，哥伦布在画中身穿非军事服装，手持迎风招展的旗帜，而不是一把剑。让哥伦布入画的决定是明智的，而且对今天的美国游客和大使馆来说同样颇具深意。因为在 19 世纪，这位来自热那亚的新大陆发现者被美国树立为爱国主义符号和"美洲"的缔造者，华盛顿特区公共场所的数十件雕像和绘画都以他作为刻画对象。[1]

因此，对于北美人（无论是美国人还是墨西哥人）而言，用哥伦布代替科尔特斯的主要目的在于：用"发现"替代"征服"，用"探索"替代"侵略"，用"和平交往"替代"流血冲突"。在 1492—1504 年的跨大西洋航行中，哥伦布与阿兹特克帝国并无接触，后者直到 1519 年才被西班牙人发现，因此出现在大使馆壁画上的哥伦布起初显得有些不合时宜。尽管如此，哥伦布还是构成了本章的两个重要主题。第一，将

---

[1]　埃尔南多·科尔特斯即本卷第 5 章提到的埃尔南·科尔特斯（Hernán Cortés）。科尔特斯习惯自称埃尔南多，但大部分史学家称他为埃尔南。

图 7.1　将哥伦布和西班牙征服者与阿兹特克人及其首都特诺奇蒂特兰分开的楼梯拐角。罗伯托·奎瓦·德·里奥 1933—1941 年在华盛顿特区的墨西哥大使馆（现墨西哥文化协会）绘制的壁画。

1492 年后的半个世纪里席卷加勒比海、墨西哥和中美洲的侵略与征服战争视为单向历史进程（尽管这一进程本身复杂而且分为多个阶段）的一部分，可以让我们更好地理解这些内容。问题的关键不是哥伦布是否负有侵略责任，而是给阿兹特克人、玛雅人和其他中美洲民族带来剧变的历史转折是在哥伦布早期航行的十年间开始的。

　　第二，作为在现代社会中人为制造的美式爱国主义符号，哥伦布不仅使科尔特斯这个争议重重的历史人物相形见绌，而且促使我们思考那些几个世纪后仍令人不安的战争的真正起因。答案并非那么简单，但就本章的论题而言，"暴力"是个

140

合理的关注焦点。除了战场伤亡和其他因军事接触产生的暴力之外，这些战争中还存在多种形式的暴力。侵略和殖民固然是暴力的，但在美洲，真正摧毁原住民群体的是侵略者带来的疾病。侵略者也没有在开战时间方面遵循原住民的传统，这扰乱了他们的农业周期，并引发了饥荒。侵略者还迫使原住民变成劳动力，并强迫他们放弃自身宗教、婚姻以及其他习俗，这些破坏当地社会、政治和经济的举动往往对原住民部落造成了恶劣影响。

最重要的是，征服者和早期殖民者对数十万原住民进行了奴役。尽管西班牙法律规定对"印第安人"实施奴役是非法行径，但有两个漏洞被殖民者普遍利用。如果"印第安人"已经是其他"印第安人"的奴隶，那么他就可以被明码标价出售。在此情况下，土著并未获得自由，而是在西班牙人的"拯救"名义下继续为奴。此外，他们在被视为反抗西班牙君权的叛乱分子时，便也会被视为奴隶。一旦发生叛乱，男性参与者往往会被屠杀，但妇女和儿童通常会被奴役，他们要么在拍卖会上被出售，要么被流放——甚至远至西班牙。将年轻的原住民女孩作为性奴隶贩卖的交易十分常见；其中一个名叫马林津或马林奇（Malinztin/Malinche）的奴隶作为科尔特斯的翻译官为自己赢得了一定的地位和长久名声，尽管她的个人经历（以及双方交易的全部过程）经常被曲解为某种机会主义（她自己）或浪漫主义（她为科尔特斯生了一个儿子）的故事。[2]

所以我们很难想象，在加勒比地区或中美洲有任何一个家庭（更不用说一个村庄）没有受到一种或多种形式的暴力破坏的影响，其中许多家庭甚至因此支离破碎。事实上，侵略者对原住民实施的暴力具有如此的多样性与广泛性，乃至有学者认为这类行径完全可以被称为"种族灭绝"。[3]

加勒比的"奴隶制枷锁"

> 哈图伊（Hatuey）的惨死使古巴的印第安人普遍感到恐惧，以至于他们没有进一步抵抗就屈服于奴隶制的枷锁。
>
> ——J. H. 坎普（J. H. Campe），1799 年[4]

1515 年上半年，一艘来自西班牙的帆船在委内瑞拉沿海的库马纳附近抛锚。船长戈麦斯·德·里贝拉（Gómez de Ribera）带领一小队人马上岸，与当地一个被视为印度人（indios）的群体进行了接触，并邀请他们登船进行贸易。当时加勒比海岸线这条特殊地带由多明我会士管理，因此原住民会说一点西班牙语，并对西班牙人有一定的信任。于是，里贝拉成功地说服了 18 名男女登上他的船。但船长没有和他们谈贸易，而是拔锚起航，驶向伊斯帕尼奥拉。在那里，这 18 名被锁链拴住、脸被打上烙印的"印度人"被当成奴隶卖掉。[5]

这段小插曲充分展现了在 1492 年之后的半个世纪里，西班牙人与原住民在加勒比、环加勒比地区、中美洲以及墨西哥进行接触的大致场面。尽管这些赤裸裸的事实与西班牙人进行殖民活动的本意相违，但总体而言，它们大体反映了土著遭受的各种暴行——从背叛、奴役、异地安置，到强奸、残害和大屠杀。如此看来，在欧洲人探索和殖民美洲的最初几十年间，双方接触的最典型特征是暴力，而非上帝、黄金和荣耀（God，gold and glory）[1]。

从 1515 年发生的这起事件的细节中（尤其是里贝拉所钻的法律漏洞），我们能够发现，西班牙人在这一地区的早期殖民活动有着更为复杂的历史。例如，里贝拉及其船员并没有贩奴执照，他们本来的任务是找出在圣文森特岛杀死两个西班牙人的"加勒比人"。自 1493 年哥伦布远征队首次使用"加勒比人"来指称怀有敌意的原住民部落以来，西班牙人已经将岛屿和环加勒比地区的民族复杂性简化为两大人为建构的类别，即"好印第安人"和"坏印第安人"——西班牙人虽然不会在正式场合使用这两个标签，但在自 1493 年以来的几个世纪里，欧洲人和他们在美洲的后裔都以此划分印第安人。我们如今将"好印第安人"称作"泰诺人"（学界已经认识到这也是人为发明的概念，重现前哥伦布时期美洲土著的族裔身份的工作目前仍在持续）。在泰诺人的语言中，"nitaín"是一个形容词，意为"善良、高尚"；而用来形容"坏印第安人"的"caribe"指残暴的食人者，这使屠杀或奴役他们的行为变得合法。

事实表明，里贝拉的船根本没有打算驶往圣文森特。他们很可能在多明我会的教区附近找到了一个方便停泊的海湾，去诱骗并绑架和善的印第安人，进而重新将其定为可被奴役的加勒比人——这要比抓捕"真正的"加勒比人更加便捷与安全。在整个西班牙殖民地，这种对原住民的人为区分方式十分普遍。同样普遍的还有西班牙官方对上述奴役行为的暗中配合；里贝拉的 18 名俘虏在伊斯帕尼奥拉的首府圣多明各被卖给了

---

[1] 上帝、黄金和荣耀是传统历史学界对欧洲殖民者征服美洲动机的最常见解释，即传播教义、寻找财富和扩大帝国版图。

当地官员和赐封者（encomenderos，意为持有特殊群体劳动力的相关劳动许可证的西班牙人），后者甚至在委内瑞拉海岸修士的抗议信送达该市前就清楚里贝拉的经营执照是伪造的。这18 人中包括唐·阿隆索（don Alonso）——受过洗礼的当地酋长（cacique）——和他的妻子。即使按照西班牙法律的扭曲逻辑，对这对夫妇实施奴役也并不合法。

这起事件产生了极其恶劣的影响，以至于巴托洛梅·德·拉斯·卡萨斯①——当时最著名的多明我会士——对此事发表了极其愤怒的言论，这番言论通过文献记录而保存至今。作为主教兼修道士，卡萨斯在法庭上为捍卫原住民的权利而奔走，这让他在征服者中声名狼藉，但也让他在现代社会中声名远扬。但是，唐·阿隆索和他的家人以及同胞再也没能重回故土。到 1515 年底，库马纳的教区被为唐·阿隆索报仇者或乘虚而入的教会敌人所摧毁。1518 年，国王命令伊斯帕尼奥拉的法官阿隆索·德·苏阿索（Alonso de Zuazo）寻找并遣返唐·阿隆索的妻子（无名的酋长夫人）。但没有证据表明，苏阿索是否真正执行了这项任务。此外，这项命令还忽略了其他17 名俘虏（尽管它确实指出，被非法奴役的印第安人通常都会被安置在方济各会或多明我会的修道院）。这些细节再次说明了当时更大的历史图景：尽管殖民地存在一些旨在保护原住民群体并促进和平的法律，也有一些西班牙人愿意为捍卫这些法律而奋斗，但与他们相比，那些将法律漏洞视为某种通行证并借此牟利者几乎总是占据了大多数。[6]

在 16 世纪的头十年，砂金矿开采中的暴力、奴役和过度

143

---

① 关于卡萨斯的介绍，参见本卷导言。

劳作导致了泰诺族人口的"崩溃"（*quebrantamiento*），后者使从佛罗里达到南美洲北部海岸的整个加勒比地区发生了长达十年的奴隶劫掠。在此过程中，众多岛屿的人口锐减，被奴役者数以万计。对土著的屠杀和对原住民家庭以及粮食生产的破坏导致原住民人口在一代时间内就骤减数十万，甚至（如卡萨斯所声称的）数百万——我们或许永远无法知晓确切的数字，学界至今对此争论不休。[7]

1518 年，一场天花疫情在整个加勒比地区肆虐，这场疫情在几个月内让伊斯帕尼奥拉四分之一的印第安人死亡（至少苏阿索如此认为），奴隶掠夺许可证的发放数量因此急剧增加。随着"印第安人"的"收成"越来越差，加勒比地区的西班牙人趁机前往殖民者在当时尚未涉足的美洲大陆大肆掠夺。恰好也在这一时期，古巴总督迭戈·德·维拉斯凯斯（Diego de Velázquez）于 1517 年派出一支远征队前去探索大陆的海岸线以及尤卡坦（它当时被认为是一个大岛）。尽管远征队队长弗朗西斯科·埃尔南德斯·德·科尔多瓦（Francisco Hernández de Córdoba）在这次行动中负伤身亡，但远征队带回了富饶且人口众多的原住民王国存在的诱人证据，1517 年也因此成为两场相互纠缠的三十年战争——西班牙与中美洲的三十年战争以及西班牙与玛雅的三十年战争——的开端。[8]

"征服墨西哥"："一些人的邪恶天性"

> 并非我们中的所有人都十分善良——相反，邪恶就是一些人的天性。
>
> ——伯纳尔·迪亚兹（Bernal Díaz），16 世纪 80 年代[9]

我们将两场持续三十年的战争视为1517年后该地持续数 144
十年的暴行，这一视角颇具新意的原因在于，它优先考虑了原
住民的视角。而在过去的五个世纪中，人们往往不会从这一视
角出发去看待这两场入侵战争。对于中美洲人而言，侵略者年
复一年的各种暴行不但扰乱了他们的生活，而且摧毁了他们的
家庭。但对西班牙人来说，战争很快就被简化成一场持续了两
年的神奇胜利。这场胜利指的是1519—1521年发生在墨西哥
的战争，它以阿兹特克的首都特诺奇蒂特兰被围攻并陷落而告
终。很快，在西班牙人和其他欧洲人口中，这场战争被称为
"征服墨西哥"，西班牙人在战争结束后不久就开始使用这个
说法。1552年后，由于弗朗西斯科·洛佩斯·德·戈马拉
（Francisco López de Gómara）所著的《墨西哥征服记》大获成
功，这部将科尔特斯作为那场战争中的主要征服者并赞美其功
绩的传记让"征服墨西哥"的用法固定下来，[10]直到今天它仍
然是这场战争的通行名称。但是，这一称呼不仅忽略了1521
年之后发生的暴力和战争，也强化了西班牙人的观点，即这场
战争是对一个野蛮帝国的征服，这一征服过程不但短暂，而且
因为体现了上帝旨意而变得光荣。

　　在战争中发生的重要事件众所周知，但它们给中美洲带
来的灾难及其促使暴行加剧的方式，至今依然值得我们总结。
1517年，一支由总督维拉斯凯斯资助的远征队在尤卡坦海岸
被玛雅军队击溃后提前折返。在接下来的两年中，又有两支
远征队进行了远征。远征队的队长受维拉斯凯斯的委任进行
探索、贸易和奴役（如果队长可以利用"印第安人"的食人
习性以及针对叛乱分子的法律漏洞），而非征服和殖民。然
而，这些远征队的主要成员并非探险家、商人或士兵，而是

全副武装的殖民者。他们探索、战斗、寻求交易战利品和奴隶，希望以此达到作为特权殖民者在新的西班牙省份定居的目的。

1518 年，远征队抵达阿兹特克帝国统治的沿海地区，并按照指示返回古巴向总督报告。1519 年出发的另一支远征队则进一步从海岸向内陆推进，进入今天的韦拉克鲁斯（Veracruz）周边地区，他们在那里为是返回古巴还是重新组建一个只效忠于西班牙国王的团体而争吵了四个月。这支队伍最初由大约 450 名西班牙男子以及 1000 多名泰诺人奴隶和仆从组成，再加上少量非洲奴隶和仆从、一些非泰诺妇女、十几匹马和一些獒犬（或战犬）。其中的大多数人死于随后的战争，他们的位置被其他殖民者（在所有从加勒比和西班牙出发前往参与 1519—1521 年战争的征服者中，最初的 450 人占比不到 15%），以及数以万计的原住民盟友取代。

1519 年 8 月，在决定背叛维拉斯凯斯后，科尔特斯开始指挥部下向内陆进军。三个月后，他们将抵达墨西哥山谷和阿兹特克帝国腹地。他们在途中攻打了特拉斯卡拉城邦（city-state）①，并陷入苦战。最后，西班牙人和特拉斯卡拉人同意缔结和约并建立同盟，特拉斯卡拉酋长成功说服了西班牙的远征队队长们，与特拉斯卡拉常年为敌的阿兹特克帝国现在是他们共同的敌人。10 月，西班牙人与特拉斯卡拉人的联合部队向乔鲁拉进军，那是一座处于阿兹特克人庇护下的重要城市。在持续三天的暴行中，该城市的居民遭到屠杀，而屠杀的幸存

① 本章中的城邦特指以独立、自主、单独的城镇为中心的国家，又称"城市国家"。

者也沦为奴隶。

11 月，这支军队抵达特诺奇蒂特兰，在外交仪式上受到了当时的皇帝（*huey tlahtoani*）蒙特祖马（Moctezuma）——或者更准确地说，蒙特祖马津（Moteuctzomatzin）①——的接待。后来，科尔特斯和他的部下将这一场景描述为阿兹特克人的正式投降。随后西班牙人抓住蒙特祖马，并迫使他宣布，殖民者将会在接下来的八个月统治这个帝国。根据这一声明，西班牙人有权将这几个月中对他们与阿兹特克人的和平关系进行破坏的举动视为不断发展的叛乱行径。在市中心举行的干涸节（Toxcatl）② 期间，殖民者对阿兹特克祭司进行了屠杀，这加剧了"叛乱"的程度，当时大部分西班牙士兵不在城内，他们忙于应付来自古巴的敌对远征队。西班牙士兵回来后发现，特诺奇蒂特兰已经陷入战争状态，数周的战斗导致蒙特祖马和三分之二的西班牙人被杀。1520 年 7 月，幸存者在夜里绝望地逃离该城，并撤退至特拉斯卡拉。

从西班牙人的视角来看，他们当时面临的挑战是，需要粉碎曾通过艰苦战斗和娴熟外交手段战胜的帝国的叛乱。西班牙人声称，这场叛乱是由一个不断壮大的自治城邦联盟发动的，这些自治城邦要么是与阿兹特克人为敌的城市（如特拉斯卡拉），要么曾经是帝国的重要驻地（如特斯科科③）。1520 年

---

① 蒙特祖马即蒙特祖马二世（1466—1520 年），他的全名是蒙特祖马·索科约津（Motēcuhzōma Xōcoyōtzin），简称蒙特祖马津。他是古代墨西哥阿兹特克帝国的君主，曾一度称霸中美洲。

② 干涸节，阿兹特克人的传统节日，持续时间大约为 5 月 5 日至 22 日，最大的特色是在仪式中将活人（通常是战俘）献祭。1520 年，西班牙人以献祭仪式会威胁自身安全为借口，在节日中对阿兹特克人展开屠杀。

③ 特斯科科（Tetzcoco）是当时已四分五裂的阿兹特克帝国名义上的帝都，在 1520 年后成为反对西班牙殖民者的城邦联盟的重要参与地。

底，特斯科科加入联盟，盟军逐渐对首都特诺奇蒂特兰展开围攻。1521 年 8 月，随着阿兹特克帝国的末代皇帝瓜特穆斯（Cuauhtemoc）被俘，这座宏伟都市基本上被夷为平地。[11]

146

图 7.2　《杜兰手抄本》[①]对 1519—1521 年西班牙-阿兹特克战争期间特诺奇蒂特兰中央广场上由佩德罗·德·阿尔瓦拉多发起的干涸节大屠杀的描绘。这幅画融合了西班牙和土著的风格，描绘了征服时代手无寸铁的土著男子被挥舞着剑的征服者屠杀。

对西班牙人来说，围攻的结束标志着特诺奇蒂特兰统治时代的终结，这也意味着代表王权的新墨西哥首都从这座城市废墟中的崛起。此外，这还标志着野蛮的阿兹特克时代的终结，取而代之的是新西班牙（New Spain）[②]的基督教王国。随后展

---

① 《杜兰手抄本》是在当时的美洲殖民地流行的手抄本，作者是迭戈·杜兰（Diego Durán）。

② 新西班牙在本章中特指狭义的新西班牙，即西班牙在美洲中北部的殖民地总督辖区，首府位于墨西哥城。广义的新西班牙则包括新西班牙、新格拉纳达、秘鲁、拉普拉塔以及菲律宾这五个西班牙的海外总督辖区。

开的军事活动延伸至墨西哥腹地的南北各地，并一直持续到大约 1547 年，这构成了西班牙人称之为"平叛"的巩固性征服。其中的大部分活动是对反叛的镇压，当局还因此允许殖民者奴役和出售土著男女和儿童。

尽管墨西哥城的奴隶市场蓬勃发展，数十年来，西班牙殖民者与原住民战士组成的部队也在墨西哥和征服边境之间不断交火，但西班牙人认为，墨西哥已被完全征服。对他们来说，下述三种制度的稳定运作远比持续的暴力征服更加重要：殖民地政权的行政等级制（从墨西哥城的西班牙总督到被认定为中美洲城镇和村庄统治者的原住民理事会），赐封制（encomienda）①的网格化体系（西班牙人被赠予城镇和村庄，从而有特权享有自己的劳动力和贡品），以及通常建立在暴力基础上的新式教会（涉及教区、建筑、布道等多个方面）。[12]

三十年战争："一个好战的民族"

> 这些印第安人迫使我们卷入多场战争，并阻止我们进入他们的土地，因为他们是不屈不挠的印第安人，一个好战的民族。
>
> ——梅里达市议会，1542 年[13]

然而，即使我们采取那些与阿兹特克人作战的西班牙人的

---

① 赐封制是西班牙殖民者在西属殖民地（拉美、菲律宾等地）实行的土地制度。指由西班牙君主将一定范围的赐封地内向当地原住民征收赋税的权力授予在殖民事业中有"功"的人员，这些被赐予征税权的人称为封君。封君仅受委托征税，并未得到赐封地的土地所有权。

视角，这种观念对其中的大多数人而言也是更广泛的地方经验的组成部分。在16世纪20年代，前往墨西哥和其他中美洲地区的征服者很少直接来自西班牙，他们中的大多数常年在加勒比地区从事航海、奴役和殖民活动。因此，征服者十分清楚，与原住民群体的接触会不可避免地导致暴力（这种暴力无一例外地被归咎于"印第安人"），而对原住民实施奴役是从探险和征服中获利的最快途径，许多人甚至相信，这是唯一的途径。

为了更清楚地了解西班牙与阿兹特克帝国的战争将多种暴行作为核心手段的方式，我们需要避免此前主流叙事的视角与重点，后者往往围绕科尔特斯这位"征服"传奇的缔造者展开。[14]虽然有多种可以避免采取胜利者视角的研究方式，但本章将主要聚焦于以下三点。第一点已在前文指出，即将1519—1521年西班牙与阿兹特克帝国的战争置于更大的历史背景中进行考察，包括在侵略墨西哥之前以及同时发生的加勒比地区的暴力探索和殖民，还有这一进程此后在墨西哥北部和玛雅地区的延续。[15]

第二点是同时考虑西班牙人与原住民的视角。在此综合视角下，科尔特斯并非军事天才和战争的唯一主使，其他自私自利、为生存和利益而不择手段的西班牙队长同样扮演了显著的角色；同时，这一视角更加准确地指出，这场战争因缺乏控制而显得更加混乱，因此也更加暴力。同样地，许多当地部落的酋长所发挥的关键作用可以得到我们更加充分的关注。例如，在特斯科科发迹的新崛起的统治者（tlahtoani）伊克特利切特尔（Ixtlilxochitl）① 就是个强大的政治人物，而非科尔特斯的

---

① 此处指伊克特利切特尔二世（Ixtlilxochitl II，1500—1550年）。

傀儡。在他于西班牙人与特拉斯卡拉人之间的巧妙斡旋下，墨西哥山谷的权力中心从特诺奇蒂特兰转移至特斯科科。这一视角不仅可以让我们更准确地认识这场战争，也避免了西班牙中心主义的倾向，所以有助于我们理解这场战争变得如此暴力的原因。由于伊克特利切特尔有能力影响所有参战方，这场战争并未导致严重的后果。尽管伊克特利切特尔的作用被严重低估了，但他对整体局势以及战争结果的掌控力毕竟有限。在实现对所有相互竞逐和以牟利为目的的战争的控制方面，伊克特利切特尔并不比科尔特斯做得更好。因此，平民和士兵的死亡率都格外高，村镇屠杀事件频发，数十万中美洲人沦为奴隶，其中大部分是妇女和儿童。

第三点也正是我们在上段最后所强调的：应该将屠杀和奴役的高发生率（而非投降时刻，或被铭记为悲壮或光荣的战斗）作为理解战争的中心。乔鲁拉大屠杀历来都被视为这场战争中发生的特殊且唯一的事件，但其实代表了大多数墨西哥人在1519—1521年战争中经历的典型场景。不仅如此，它也是大多数中美洲人经历这场长达三十年的战争的典型方式。

在伯纳尔·迪亚兹笔下的“征服新西班牙”叙述中，我们可以找到有力证据证明，屠杀和奴役处于这场战争的中心位置，而这一点经常被人们忽视。迪亚兹具有征服者和殖民者的双重身份，他参加了在墨西哥和危地马拉的战争，并根据亲身经历撰写了一部长篇回忆录，这部首版于1632年的著作至今仍被广泛阅读。但无论是首版还是几乎所有的现代版本，都删除了原始手稿中的一些章节。在题为“为何有如此多的印第安男女在新西班牙沦为奴隶”的一章中，迪亚兹坚称，由于蒙特祖马已经向科尔特斯投降，此后爆发的暴力事件都源于阿兹特克人的叛乱。正如前文所述，根据王室法律，叛乱分子可以被奴役。因此，迪亚兹声称，在1519—1521年的战争期间，西班牙国王"允许我们奴役墨西哥印第安人和那些叛变并杀害西班牙人的城镇土著人，并在他们脸上烙上'G'符"。[16]

149　　事实上，这些土著既没有在一开始就投降，也没有在后来发动叛乱。他们起初以外交礼节接待了入侵者，最终当战争不断侵蚀这片土地时，抵抗侵略者的力量也逐渐壮大。西班牙人与"印第安人"开战的一部分原因是对战利品和奴隶的垂涎——迪亚兹笔下的"G"代表的是战争（guerra）。迪亚兹也承认：

> 毫无疑问，在对印第安人烙印这一点上存在巨大的骗局，因为并非我们中的所有人都十分善良——相反，邪恶就是一些人的天性。当时来自卡斯蒂利亚和加勒比群岛的许多西班牙人既贫穷又在获取财富和奴隶方面贪得无厌，所以他们采取了能够确保让这些自由人受自己奴役的必要措施，即给他们打上代表奴隶的烙印。[17]

　　简而言之，迪亚兹无意间在这段话中体现了我们在上文强调的所有三个重点。如果我们从长期战争这一更大背景出发就可以发现，成千上万的征服者都期望获得战利品和奴隶作为回报，他们事实上经常使用烙铁和武器来达成这一目标。迪亚兹在短短的一章中展示了这些因素如何共同作用，使中美洲地区的原住民遭受持久暴行，这也正是该章节在大多数版本中被删除的原因。

迪亚兹不仅提到了西班牙与阿兹特克帝国的战争，而且提到了西班牙与中美洲的三十年战争（尽管他并不这样称呼它）。在这场规模更大的战争中，有一场冲突被称为西班牙与玛雅的三十年战争。它之所以值得我们单独关注，一方面是因为它提供了截然不同的暴力形式，另一方面是因为学界目前对玛雅战争的研究成果远少于对阿兹特克战争的研究成果。

1517 年（西班牙与玛雅发生冲突的起始年份），征服者与玛雅军队之间爆发了首场全面战斗——这场战斗迫使埃尔南德斯·德·科尔多瓦的远征队撤回古巴。1547 年（这场冲突的结束年份），由弗朗西斯科·德·蒙特霍领导的第三次远征（*entrada*）对尤卡坦东部的土著进行了最后的杀戮。玛雅文明其他地区的大多数征服事件都发生在这三十年间。[18]在玛雅地区，当时已经建立了两个小型西班牙殖民地，它们分别位于尤卡坦西北部和危地马拉高地。此外还有一些规模更小的殖民地，但许多在随后的几十年里被遗弃。西班牙与玛雅的三十年战争结束后，西班牙殖民地变得像群岛一般支离破碎。直到1697 年，西班牙摧毁了位于今天危地马拉北部的伊察玛雅王国，大部分玛雅地区才被征服。此后，许多较小的玛雅政体仍然保持独立，有些政体一直延续到了 20 世纪。

因此，正如一位历史学家在早些年指出的，"征服玛雅"并非一起孤立事件或者一场短暂的决定性战争，而是长达三十年的"漫长、痛苦与停滞不前"的暴力冲突。[19]这场西班牙与玛雅之间旷日持久的冲突，在接下来几个世纪表现为间歇爆发的暴力冲突。我们应该如何解释这场冲突变得旷日持久的原因

150

图 7.3 西奥多·德·布里的画作，出自 1595 年版吉罗拉莫·本佐尼的《新大陆历史》（第 19 卷）。这幅画描绘了由弗朗西斯科·德·蒙特霍领导的西班牙远征队对尤卡坦半岛北部的玛雅人的征服，前景描绘了蒙特霍拔剑的情景，赤身裸体（因此是野蛮人）的印第安人受害者要么被杀害，要么投降或逃跑。

呢？在经历了两年的激烈战争后，墨西哥周围地区的暴力活动依然长期存在。相比之下，玛雅地区仅仅长期经历了暴力活动，而没有发生激烈的战争。为何如此？上述这位历史学家通过援引征服者自己的观点，给出了以下三个解释：缺乏吸引西班牙人的金银矿产，其他地区（如 16 世纪 30 年代的秘鲁）的征服活动分散了注意力，以及被形容为"桀骜难驯"的玛雅人的"反叛"与"抵抗"。[20]

前两个解释有一定道理，但最后一个解释只不过反映了征服者对玛雅人的常见抱怨。正如梅里达的殖民者在 1542 年刚刚建城几个月后所说的那样，"玛雅人在战争的炮火中出生并长大，他们迫使我们卷入多场战争，并阻止我们进入他们的土地，因为他们是不屈不挠的印第安人，一个好战的民族"；科尔特斯也曾感叹，1525 年自己在危地马拉北部遭遇的玛雅人"极其骁勇善战"，而且"对西班牙人造成了很大杀伤"。[21]西班牙人通过上述刻板印象来解释玛雅人的持续抵抗现象，但这种现象实际上是几十年来这片土地上普遍存在的暴力的一种表现，既源于西班牙在企图进行征服和殖民时采取的手段，也来自玛雅人面对西班牙的侵略时所采取的意料之中的顽强抵抗方式。

西班牙与玛雅的战争旷日持久的另一个原因是，所谓的玛雅帝国并不存在，玛雅地区存在至少四十个不同的政权或王国。加斯帕·安东尼奥·奇（Gaspar Antonio Chi）是玛雅贵族，他出生于西班牙与玛雅交战期间，并成为尤卡坦早期殖民地的翻译官。用他的话来说："当征服者入侵时，这些领地本就已经四分五裂，彼此为敌。他们之间几乎一言不合就会开战，开战时战士会跟着首领和旗帜倾巢而动，大多数战士赤身裸体，全身涂着黑色的条纹，作为大战即将来临的标志。"[22]远征队的队长试图利用当地部落之间的敌对情绪来煽动玛雅各部互相对抗。1521 年后，这成为征服者的惯用伎俩，因为他们相信，特诺奇蒂特兰的陷落正是由于科尔特斯巧妙地利用了特拉斯卡拉人盟友（他们确实至关重要）。在某种程度上，这也在玛雅奏效了。在危地马拉，基切人、卡奇克尔人和楚图希尔人都乐于利用西班牙人入侵的机会来打击老对手，这一点正中

152 　阿尔瓦拉多兄弟①下怀。在 16 世纪 20 年代末至 30 年代初，西班牙部队的领袖之所以在尤卡坦半岛东部和东南部都得以存活，是因为玛雅各部落很少会为了反抗西班牙人而联合对外，而且当地酋长往往更愿意将危险且贪婪的外国佬引到邻近部落附近（受伤、疲惫、迷路和营养不良的入侵者很容易被他们玩弄于股掌之间）。但是，这些行动最终演变为灾难。当地部落间的敌对关系不但没有让征服者如愿，反而为许多战争前线上无休无止的暴力事件埋下了隐患。

　　西班牙之所以能够成功殖民阿兹特克帝国，是因为帝国本身足够完整，它的行政区划、贸易路线和进贡模式逐渐成为将新西班牙团结在一起的力量。反观相邻的玛雅地区，部落之间互相对抗，殖民者在这里面对的只有经年累月的世仇。这种挑拨离间的策略不但没能使玛雅地区在被入侵后变得易于殖民，反而加剧了长期的地方争斗，这使有效的殖民进程被推迟或受阻。因此，阿尔瓦拉多家族挑起的基切人与卡奇克尔人的争斗在危地马拉高地引发了长达二十年的暴行泛滥。对 1546—1547 年所谓的"玛雅大起义"（实际上是西班牙在尤卡坦东北部的又一次战役）的成功镇压也并没有扩大总督管辖的疆域，反而使此后几个世纪的辖区边界变得固定。在今天的金塔纳罗奥和伯利兹南部，西班牙人的征服活动均以失败告终，他们此后再也没能征服这些地方。失败的征服还使在此后的几个世纪中西班牙与玛雅之间持续存在小规模的暴力循环。

---

　　① 　阿尔瓦拉多兄弟共有五人，分别是佩德罗·德·阿尔瓦拉多、戈麦斯·德·阿尔瓦拉多（Gómez de Alvarado）、贡萨洛·德·阿尔瓦拉多（Gonzalo de Alvarado）、豪尔赫·德·阿尔瓦拉多（Jorge de Alvarado）以及胡安·德·阿尔瓦拉多（Juan de Alvarado），他们构成了阿尔瓦拉多征服集团的核心，所以也被称为阿尔瓦拉多家族（The Alvarados）。

因此，玛雅各部落的多样性，以及西班牙人在地盘斗争方面的短视行为，使玛雅地区始终未能形成大型的殖民辖区，殖民者被迫拼命维护辛苦建立的小型殖民地。然而，随着西班牙军队陷入持久战的泥潭，这场征服的形势也逐渐变得不受控制。换言之，随着每一次入侵（entrada）或战役的失败或仅仅取得极小的胜利，西班牙侵略者渐渐失去了出其不意、不可预测以及装备方面的优势；同样地，玛雅人渐渐在预测西班牙人的行为和反应模式方面取得优势。

无奈之下，西班牙人只能相应地采取短期的暴力与奴役策略，这些策略使他们在加勒比地区的殖民功亏一篑。[①] 这还导致了另一个后果，那就是由流行病、农业周期中断与战乱导致的人口下降问题在玛雅地区变得更加严重。人口的减少不但使殖民者深陷持久战的泥潭，而且阻碍了他们的殖民进程，因为这里并没有蒙特霍家族和阿尔瓦拉多家族徒劳追寻的金银矿产，殖民地最重要的资源就是玛雅人。1530 年，蒙特霍在阿卡兰的小型玛雅王国定居，并试图在这里建成半岛范围内的新殖民中心，但仅仅一年后就将其废弃。一位征服时代的编年史家这样解释该事件："这里的印第安人少到无法满足西班牙人，他们只提供食物，不提供黄金。"[23] 此外，那些独立的玛雅部落依然坚持斗争，并鼓励民众逃离战区和被征服的王国；这是被殖民者的反复侵略激发的一种战略迁移，其反过来又加剧了西班牙人的长期暴行及其有限殖民地的分化。[24]

最后，玛雅酋长并非始终对入侵者抱有敌意，而是友善的

153

---

① 西班牙人始终没有在加勒比地区成功开辟殖民地，最终在此殖民的主要是英国人和法国人。

好奇与敌意互相交织（这也使西班牙人抱怨"印第安人"表里不一）。在前哥伦布时期，玛雅地区根深蒂固的移民历史和与墨西哥中部的深入接触，使尤卡坦人、基切人和其他玛雅人中形成了关于自身统治贵族来自遥远地带或外国的神话。因此，玛雅人有时会受到这种神话的影响，仔细观察和评价外来者的行为举止，他们认为其中一些殖民者在未来或许会成为部落成员。尤卡坦人对外国人的称呼"dzul"在玛雅语言中还指"源于父亲的姓或名"，这也是尤卡坦东南部的一个王朝政体或王国的名称；[25]这可能意味着，在西班牙侵略之前，"外来者"（而非"外国人"）在玛雅人的语言中并不具有种族意味。

因此，玛雅酋长在最初迎接西班牙人时往往表现出饶有兴趣的欢迎姿态，但贪婪的入侵者将其视作投降的信号，他们迫切希望1519年蒙特祖马向科尔特斯投降的著名场面在每个玛雅王国都能上演。但蒙特祖马的投降本身就是在他被杀害后才由西班牙人编造出来的谎言，在西班牙与玛雅交战的三十年间，这个谎言已经被添油加醋成一部令人惊叹的虚构传奇，而阿尔瓦拉多家族、蒙特霍家族和其他领导者都信以为真。于是，当玛雅酋长拒绝成为第二个蒙特祖马时，殖民者便恼羞成怒。[26]

154　　玛雅人饶有兴致地举办欢迎仪式，被西班牙领导者误以为是对方向自己投降的信号，但日后学界证明，这种欢迎仪式其实往往同样另有所图，即搜集情报以便在日后暴力驱逐侵略者——1520年，阿兹特克人就在特诺奇蒂特兰这样做过。在墨西哥、玛雅王国和其他中美洲地区，西班牙人很快就自封为胜利的征服者。他们建立了城市，并计划建立殖民地，但对

"印第安人"的暴力"叛乱"感到愤怒与绝望。西班牙人没有意识到，如果从原住民的视角出发，那么既不存在投降，也不存在叛乱；既不存在胜利，也不存在失败——有的只是侵略、流行病、饥饿、屠杀与奴役的恶性循环。这类误解使更多种类的暴行在加勒比和中美洲的侵略战争中持续蔓延。

参考论著

关于史学界对西班牙征服美洲时代的概述，一篇对读者有所帮助的文章是 Matthew Restall, 'The New Conquest History', *History Compass* 10. 2（2012），pp. 151-60。关于新西班牙的历史研究中更广阔视野下的研究趋势梳理，参见 Kevin Terraciano and Lisa Sousa, 'The Historiography of New Spain', in José Moya（ed.）, *The Oxford Handbook of Latin American History*（New York：Oxford University Press，2010），pp. 25-64。

关于西班牙人早期在加勒比地区对原住民部落的奴役和暴行，参见 Massimo Livi Bacci, *Conquest：The Destruction of the American Indios*（Cambridge：Polity Press，2018）；Erin Stone, 'Slave Raiders vs. Friars：Tierra Firme，1513-522', *The Americas* 74. 2（2017），pp. 139-70。关于美洲（包括整个北美）土著被奴役的详细研究成果，参见 Andrés Reséndez, *The Other Slavery：The Uncovered Story of Indian Enslavement in America*（Boston，MA：Houghton Mifflin Harcourt，2016）。

关于西班牙人和美洲土著的早期暴力冲突的一项早期研究成果是 Bartolomé de Las Casas, *Historia de las Indias*，但该著至今没有英译本，因此读者亦可参见 Bartolomé de Las Casas, *An Account, Much Abbreviated, of the Destruction of the Indies*，trans. Andrew Hurley（Indianapolis：Hackett，2003）。关于早期在加勒比地区发生的暴行，以及对使用"加勒比人"这一术语为原住民奴隶制辩护的有力概述，参见 Neil Whitehead, *Of Cannibals and Kings：Primal Anthropology in the Americas*（University Park：Pennsylvania State University Press，2011）；该著是关于拉丁美洲起源的系列研究丛书的第 7 卷。这套丛书不但提供了关于西班牙征服的历史和文学方面的主要文献资料，而且附有易于读者理解的介绍。

有关入侵和征服墨西哥腹地的战争的更多研究成果，参见 Matthew

Restall, *Seven Myths of the Spanish Conquest* (New York: Oxford University Press, 2003); Matthew Restall, *When Montezuma Met Cortés : The True Story of the Meeting that Changed History* (New York: Ecco, 2018); Matthew Restall and Robert Schwaller, 'The Gods Return: Conquest and Conquest Society (1502 – 1610) ', in William H. Beezley (ed.), *A Companion to Mexican History and Culture* (Oxford: Blackwell, 2011), pp. 195-208。关于西班牙征服墨西哥北部战争的案例研究成果，参见 Ida Altman, *The War for Mexico's West : Indians and Spaniards in New Galicia, 1524 – 1550* (Albuquerque: University of New Mexico Press, 2010); Ida Altman, *Contesting Conquest : Indigenous Perspectives on the Spanish Occupation of Nueva Galicia, 1524-1545*, 该著是关于拉丁美洲起源的系列研究丛书的第 12 卷 (University Park: Pennsylvania State University Press, 2017)。

学界有大量关于侵略和征服尤卡坦的研究成果，其中包括 Robert S. Chamberlain, *The Conquest and Colonization of Yucatan, 1517 – 1570* (Washington, DC: Carnegie Institution, 1948); Inga Clendinnen, *Ambivalent Conquests : Maya and Spaniard in Yucatan, 1517-1570*, 2nd edn (Cambridge: Cambridge University Press, 2003); Elizabeth Graham, *Maya Christians and Their Churches* (Gainesville: University Press of Florida, 2011); W. George Lovell, *Conquest and Survival in Colonial Guatemala : A Historical Geography of the Cuchmatán Highlands, 1500 – 1821*, revised 4th edn (Montreal and Kingston: McGill-Queen's University Press, 2015); Matthew Restall, *Maya Conquistador* (Boston, MA: Beacon Press, 1998) and 'Invasion: The Maya at War, 1520s-1540s', in Andrew Scherer and John Verano (eds.), *Embattled Bodies, Embattled Places : War in Pre-Columbian Mesoamerican and the Andes* (Washington, DC: Dumbarton Oaks, 2013), pp. 93-117。关于在更大背景下对西班牙人在尤卡坦南部的长期征服及西班牙人与玛雅人的长期冲突的研究成果，参见 Pedro Bracamonte y Sosa, *La conquista inconclusa de Yucatán : Los mayas de la montaña, 1560-1680* (Mexico City: CIESAS, 2001)。关于危地马拉伊察王国的陷落，参见 Grant D. Jones, *The Conquest of the Last Maya Kingdom* (Stanford, CA: Stanford University Press, 1998)。

除了上面列举的大多数论著外，关于原住民在西班牙征服战争中的作用的研究还包括 Florine G. L. Asselbergs and Matthew Restall，*Invading Guatemala : Spanish, Nahua, and Maya Accounts of the Conquest Wars*，该著是关于拉丁美洲起源的系列研究丛书的第 2 卷（University Park： Pennsylvania State University Press，2007）；Amber Brian，Bradley Benton and Pablo García Loaeza，*The Native Conquistador : Alva Ixtlilxochitl's Account of the Conquest of New Spain*，该著是关于拉丁美洲起源的系列研究丛书的第 10 卷（University Park：Pennsylvania State University Press， 2015）；Laura Matthew and Michel R. Oudijk（eds.），*Indian Conquistadors : Indigenous Allies in the Conquest of Mexico*（Norman： University of Oklahoma Press，2007）；Camilla Townsend，*Malintzin's Choices : An Indian Woman in the Conquest of Mexico*（Albuquerque： University of New Mexico Press，2006）。关于征服战争时期的原住民部落分布地图，参见 Florine G. L. Asselbergs，*Conquered Conquistadors : The Lienzo de Quauhquechollan : A Nahua Vision of the Conquest of Guatemala*（Leiden：CNWS，2004；Boulder，CO：University Press of Colorado，2008）；关于中美洲当地部落的史料汇编，参见 James Lockhart（ed.），*We People Here : Nahuatl Accounts of the Conquest of Mexico*（1995）（Eugene，OR： Wipf & Stock，2005）；Matthew Restall，Lisa Sousa and Kevin Terraciano （eds.），*Mesoamerican Voices : Native Language Writings from Colonial Mexico, Oaxaca, Yucatan, and Guatemala*（Cambridge：Cambridge University Press，2005）。

注　释

1. 更多信息详见位于华盛顿哥伦比亚特区的墨西哥文化协会的展览以及哈里·艾斯兰德（Harry Iceland）在该机构网站上撰写的一篇文章：www. instituteofmexicodc. org/mansion. php # murals。奎瓦·德·里奥的绘画灵感来自他的导师迭戈·里维拉（Diego Rivera）， 但他也受到如西奥多·德·布里（Theodor De Bry）这样的欧洲艺术家对征服时代的早期刻画的启发。

2. Camilla Townsend，*Malintzin's Choices : An Indian Woman in the*

Conquest of Mexico（Albuquerque：University of New Mexico Press，2006）. 关于将原住民视为叛乱分子从而利用法律漏洞对其进行奴役的更多记述，参见本卷第 21 章。

3. 我曾经引用茨维坦·托多罗夫（Tzvetan Todorov）的话对此进行了详细讨论，参见 Matthew Restall，*When Montezuma Met Cortés：The True Story of the Meeting That Changed History*（New York：Ecco，2018），pp. 328–30，347–8。

4. 哈图伊是塔伊诺部落的酋长。这段话的较早英译（转译自德语）参见 J. H. Campe，*Columbus，or the Discovery of America：As Related by a Father to His Children，and Designed for the Instruction of Youth*（London：Sampson Low，1799），vol. II，Vol. 2，p. 179。

5. 关于这个案例，详见 Erin Woodruff Stone，'Slave Raiders vs. Friars：Tierra Firme，1513–1522'，*The Americas* 74. 2（2017），pp. 139–70。亦可参见 Bartolomé de Las Casas，*Historia de las Indias*（Mexico City：Fondo de Cultura Económica，1951），vol. III，pp. 127–31；Enrique Otte，*Cédulas reales relativas a Venezuela，1500–1550*（Caracas：Fundaciones John Boulton y Eugenio Mendoza，1963），pp. 101–4。

6. Stone，'Slave Raiders vs. Friars'，pp. 139–42，154–5；Otte，*Cédulas reales*，pp. 103–4.

7. Massimo Livi Bacci，*Conquest：The Destruction of the American Indios*（Cambridge：Polity Press，2008）；Erin Woodruff Stone，'Indian Harvest：The Rise of the Indian Slave Trade and Diaspora from Española to the Circum-Caribbean，1492–1542'，未出版的博士论文，Vanderbilt University，2014（论文标题中"印第安人"的"收成"颇具讽刺意味；亦可参见 Stone，'Slave Raiders vs. Friars'）；Andrés Reséndez，*The Other Slavery：The Uncovered Story of Indian Enslavement in America*（Boston，MA：Houghton Mifflin Harcourt，2016），pp. 34–45，325。

8. 需要注意的是，此处的称谓来自我的创造，旨在帮助读者把握更大的历史图景，请勿与（1618—1648 年发生于欧洲的）三十年战争混淆。

9. 译文出自 Bernal Díaz del Castillo，*Historia verdadera de la conquista de la Nueva España*，ed. José Antonio Barbón Rodríguez（Mexico

City：El Colegio de México, 2005），vol. I, p. 834。下文有更加详细的援引。

10. 英译参见 Cortés ：The Life of the Conqueror by His Secretary （Berkeley：University of California Press, 1964）。

11. 支持上述文字的文献来源太多，无法在此处一一引用，可参见 Restall, *When Montezuma Met Cortés* 带有大量原文引用的记述。

12. 关于墨西哥这一进程的概览，参见 Matthew Restall and Robert Schwaller,‘The Gods Return：Conquest and Conquest Society （1502 - 1610）’, in William H. Beezley （ed.), *A Companion to Mexican History and Culture* （Oxford：Blackwell, 2011), pp. 195 - 208。关于整个拉丁美洲这一进程的概览，参见 Matthew Restall and Kris Lane, *Latin America in Colonial Times*, 2nd edn （Cambridge：Cambridge University Press, 2018）。

13. 译文出自 Diego López de Cogolludo, *Historia de Yucatán* （Madrid：Juan García Infanzón, 1688）。

14. 关于这种叙事，参见 Matthew Restall,‘Moses, Caesar, Hero, Anti-Hero: The Posthumous Faces of Hernando Cortés’, *Leidschrift* 31. 2 （2016），pp. 33 - 58，文中有许多一手文献的引用；Restall, *When Montezuma Met Cortés*, pp. 231-52。

15. 关于墨西哥北部，参见本章参考论著中提到的艾达·阿尔特曼 （Ida Altman） 的研究；关于玛雅地区，后文还会详细讨论。

16. Díaz, *Historia verdadera*, vol. I, pp. 830-6 （第 213 章）；亦可参见 Restall, *When Montezuma Met Cortés*, pp. 338-40。

17. Díaz, *Historia verdadera*, vol. I, p. 834.

18. 玛雅地区包括今天的恰帕斯、塔巴斯科、危地马拉、伯利兹以及洪都拉斯西部。有三个弗朗西斯科·德·蒙特霍，分别是父亲、儿子和侄子，他们在塔巴斯科、尤卡坦和洪都拉斯的各个入关处担任队长 （只有老蒙特霍持有官方的入侵许可证）。参见 Robert S. Chamberlain, *The Conquest and Colonization of Yucatan, 1517-1570* （Washington, DC：Carnegie Institution, 1948）；以及本章参考论著中的 Clendinnen, Graham, Lovell, Restall and Asselbergs, Restall。

19. Chamberlain, *Conquest and Colonization*, p. 3.

20. 同上，pp. 3–5。

21. 参见 Restall and Schwaller, 'Gods Return'; Restall and Lane, *Latin America*; Matthew Restall, 'Invasion: The Maya at War, 1520s–1540s', in Andrew Scherer and John Verano (eds.), *Embattled Bodies, Embattled Places : War in Pre-Columbian Mesoamerican and the Andes* (Washington, DC: Dumbarton Oaks, 2013), pp. 93–117。

22. *Relaciones de Yucatán* (Madrid: Real Academia de la Historia, 1898), vol. I, pp. 142–53 中，第 149 页的相关内容引自 *Relación de Chunchuchu y Tabi*; 关于奇的生平，参见 Matthew Restall, *Maya Conquistador* (Boston, MA: Beacon Press, 1998)。

23. Gonzalo Fernández de Oviedo, *Coronica de las Indias* (1547) (Madrid, 1851–5), book 32, ch. 4 （这段引文亦见于 Chamberlain, *Conquest and Colonization*, p. 89)。

24. 这种战略迁移可以追溯到许多个世纪前的古典玛雅时代；参见 Stephen D. Houston and Takeshi Inomata, *The Classic Maya* (Cambridge: Cambridge University Press, 2009), p. 45。

25. 这个王国的名字是"Dzuluinicob"（外国人），这可能是邻近部落对它的称呼；Grant Jones, *Maya Resistance to Spanish Rule : Time and History on a Colonial Frontier* (Albuquerque: University of New Mexico Press, 1991)。

26. Restall, *When Montezuma Met Cortés*, esp. ch. 2.

8 印度修士的战争方式

威廉·R. 平奇

兄弟啊，我从未见过如此这般的瑜伽士。他们就这样走来走去，漫不经心，鲁莽随便。

……他们如此狡猾地挑起争斗。他们究竟是虔心苦行的僧侣，还是暗箭伤人的凶手？

——卡比尔（Kabīr）：《秧苗集》（*Bījak*）①，第 69 章，第 1、6 页，约 1750—1780 年[1]

在这个世界上，有两种人敢于刺破美丽的太阳盘：

一种是从出生就遵循瑜伽之道，以冷静淡漠态度战斗之人；

另一种是在战场上热血沸腾，必须立刻拼出你死我活之人。

——帕德玛卡（Padmākar）：《希马特·巴哈杜尔之颂》，第 105 页[2]

---

① 卡比尔（1398/1440—1448/1518 年），伟大的古代印度诗人，当时印度最有名的圣者之一。《秧苗集》是在他死后被整理出版的首部诗集，其写作和出版时间均有争议。

苦行战士在印度有着悠久的历史传统。其中最著名的例子是《罗摩衍那》中的毗奢密多罗（Viswamitra）以及《摩诃婆罗多》中的德罗纳大师（Dronacharya），他们分别是罗摩（Rama）和阿周那（Arjuna）的兵法导师。事实上，《罗摩衍那》对赐予毗奢密多罗强大力量的印度传统苦行观念（tapas）进行了详述，这也证明了苦行在印度古典思想中的重要乃至支配性地位。这部分内容出现在这篇史诗的较靠前的段落中，而且还解释了作为刹帝利的毗奢密多罗和他的对手、婆罗门圣人婆私吒（Vasistha）之间坎坷关系的发展历程。[3] 早在罗摩出生之前，毗奢密多罗就在世间游历，寻找可以征服的领土。当他前往婆私吒的修行处并受到圣人的款待后，毗奢密多罗表示希望得到婆罗门圣人的那头神奇的许愿牛，但婆私吒和这头牛都拒绝了他的要求。一场战斗随之发生，毗奢密多罗的家族军团被歼灭。沮丧的毗奢密多罗前往喜马拉雅山脉，他在那里进行了大量的苦行，并得到了湿婆（Siva）的恩赐。在毗奢密多罗选择拿起兵器后，他与婆私吒的战斗重新打响。但婆私吒仍然过于强大，毗奢密多罗连声叹息："刹帝利的力量真可耻！婆罗门的力量才是力量，他只用了梵杖一条，我所有的武器都被打光。"[4][①] 于是，毗奢密多罗选择进行更加艰巨的苦行，但他现在的目标是成为一名婆罗门——出乎所有人意料的是，他竟然成功做到了。最终，婆私吒以平等的态度与他和解。多年以后，毗奢密多罗作为一位婆罗门苦行者指导罗摩学习兵法，并赠予他一个武器库。

---

① 译文出自〔印度〕蚁垤《罗摩衍那（一）》，季羡林译，南昌：江西教育出版社，1995年，第308页。

　　上述故事也经常出现在现代印度文化中。毗奢密多罗的苦行生活至今依然是挂历插画中的流行主题，尤其是拉贾·拉维·瓦尔玛（Raja Ravi Varma）在 19 世纪绘制的相关画作。1948 年，刺杀甘地的凶手纳图拉姆·戈德塞（Nathuram Godse）在法庭上说，他在枪杀圣雄（Mahatma）之前向后者双手合十行礼，就像阿周那在战场上杀死他的导师德罗纳大师之前行礼一样。根据其中一位法官的说法，当时法庭上无人不为之动容，如果陪审团是由在场听众组成的，戈德塞就会被无罪释放——尽管他对罪行供认不讳。[5]

　　将苦行生活默认等同于权力（包括杀戮的权力），这对西方人来说不但难以理解，而且似乎容易产生一种望文生义的困惑。这是由于基督教一千多年以来所推崇的虔诚笃信为苦行主义注入了修道院式的道德意味，其中蕴含了浓厚的和平主义色彩。甘地在打造他的非暴力学说时也借鉴了基督教的和平主义（以托尔斯泰为代表），同时还混合了耆那教的戒杀（ahimsa）与毗湿奴派的虔信（bhakti）这两种观念。甘地的非暴力学说在西方仍然有很强的吸引力，但毗奢密多罗与德罗纳大师等印度人物的持久影响提醒我们，甘地的观念是对传统印度观念的一种现代式背离或革新。[6]毗奢密多罗与德罗纳大师的苦行生活更接近于其在前基督教时期的原始含义，即自律或修行（askesis）。

158

　　本章探讨的是早期近代印度的战士苦行主义，在我所著的《苦行战士与印度帝国》中有对这一主题的更深入探讨。但遗憾的是，目前关于战士苦行生活的文献很少直接来自苦行战士自身的视角。尽管苦行战士在 18 世纪与 19 世纪之交在政治和军事方面取得了巨大成就，但关于他们历史事迹的文献记载依然少得可怜，这在很大程度上是因为他们卑微的出身。我们如今只能得知，18世纪最强大的两个苦行战士阿努普吉里（Anupgiri）和乌姆拉吉里（Umraogiri）在襁褓中就成了孤儿，而且在加入军队之前，他们的身份很可能都是奴隶；最终二人在军中升任为指挥官。我们将在下文展开详细讨论。在勾勒战士苦行主义的图景时，我们必须依靠基于欧洲和南亚语言（包括波斯语、乌尔都语和印地语）的一系列叙述，尤其是在苦行战士最活跃的18世纪。

壮　大

如果说苦行战士的传统观念建立在刹帝利与婆罗门的古老斗争之上，那么对于近代以来出现的战士苦行主义，现代学者往往从印度教徒与穆斯林之间假定的长年冲突来解释其诞生的原因。因此，在近代印度社会的口述传统中，与世无争的印度教桑雅士（*sanyasi*，该词字面意为"放弃继承权的人"）正在遭受穆斯林士兵（ghazi）[①] 的迫害和骚扰。他们请求统治者批准自己全副武装，而批准者正是莫卧儿皇帝阿克巴[②]。这些口述传统不仅反映了19世纪对"地方自治主义"历史认识的日益认同，还体现了20世纪印度民族主义的日益稳固。

拉金德拉吉里（Rajendragiri，卒于1753年）是18世纪最赫赫有名的苦行军的先驱，我们从关于他的记载中能够得知关

[①] 此处的穆斯林士兵专指伊斯兰国家对抗异教徒的圣战士兵。

[②] 阿克巴全名阿布·乌尔法特·贾拉尔丁·穆罕默德·阿克巴（Abu'l-Fath Jalal-ud-din Muhammad Akbar，1542—1605年），印度莫卧儿帝国第三代皇帝，伊斯兰世界著名的政治家、军事家和宗教改革家。

于战士苦行主义起源的一个截然不同的说法，故事的讲述者是　159
18 世纪 90 年代的杰尔卡里诗人曼·卡维（Mān Kavi）。在卡
维的叙述中，年轻的拉金德拉吉里在一个洞穴的入口处把守，
而他的导师就坐在洞中冥想。一个神秘的陌生人走了过来，试
图闯入洞穴，但年轻的拉金德拉吉里挡住了去路。结果这个陌
生人就是洞穴中的圣人的导师，他被拉金德拉吉里的勇气所打
动，并让后者许一个愿。年轻人许愿成为国王，很快他的愿望
就实现了：成年后的拉金德拉吉里率领大军，开始发动战争、
征服领土并积累财富。然而，他的导师对这位门徒有所担忧，
并敦促其听从瑜伽士（yogi 或 jogi）的崇高召唤，专注于打磨
心性。拉金德拉吉里尽职尽责地服从这一命令，可他越是静心
冥想，在战场上就越发所向披靡：苦行主义的纪律同时提高了
他的战术素养、政治敏锐性和战略眼光。他成了卓越的瑜伽大
师（yogi-raja）。[7]

　　在拉金德拉吉里皈依瑜伽的故事中，他的形象并非 20 世
纪早期关于阿克巴的起源故事中奋力抵御外敌（穆斯林）的
印度教徒，这表明战士苦行主义在早期近代印度的兴起源于某
种内部因素。这种转变与前文提到的苦行生活和权力自古以来
的内在共通性相一致（这也是印度传统苦行观念的逻辑），但它
使像卡比尔这样的虔诚信徒批判战场上的瑜伽士。事实上，这
种激烈的批判声音恰恰反映了如下事实：在 18 世纪印度北部宗
教和政治形势的催生下，战士苦行现象变得越来越普遍，苦行
战士的人数也变得越来越多，他们逐渐被赋予多个不同的称谓，
最常见的包括瑜伽士、托钵僧（gosain）、巴拉吉（bairagi）、
桑雅士、天体僧（naga）以及游方僧（fakir）。除了泛指外，
这些称呼还可以指特定的教派，或者含有特定的宗教意味。例

如，"游方僧"源自阿拉伯语中的 *faqr*，字面意为"贫穷"，原指苏非派①中行乞的修行者。但是，这些称谓也经常被更广泛地用来称呼武装或非武装的苦行僧。唯一的例外是"天体僧"（*naga* 意为裸体，源自梵语中的 *nagna*），这类苦行战士往往很少穿或不穿防护衣物，裸体相当于他们的统一制服，所以这一称呼具有特定的军事意味。印度苦行战士的大量不同称谓表明，它们并非源于某个特定的教派，而是源于苦行生活与早期近代军事文化在组织和结构上的共通关系。

160   如果我们剥去 20 世纪早期关于阿克巴的口述传统中的地方自治主义外衣，那么这个故事中至少有一点是真实的：皇帝的确遇到了信仰印度教的苦行者，后者求助于他来调解一场冲突，这件事发生于 1567 年德里北部的泰斯瓦尔神殿。然而，这场冲突的双方并非印度教徒与穆斯林，而是两派印度教苦行者（瑜伽士与桑雅士）。波斯语的文献记载清楚地显示，他们早在皇帝介入之前就已剑拔弩张。阿克巴和其他人注意到，16—17 世纪的苦行军往往由数量不多的男性（和一些女性）组成，他们都用简陋的武器武装自己。关于阿克巴的历史文献与绘画作品都曾描绘一场发生于 1567 年的小规模冲突，其中涉及的武器包括剑、长矛、棍棒、弓箭和石头。其他作者（包括欧洲人和印度人）都提到了由瑜伽士组成的流浪队伍，他们蓬头垢面，从一个村庄流浪到另一个村庄乞求（或要求）施舍，他们手持剑、长矛、铁尖棒和铁盘（*chakras*），并通过对这些简陋兵械的熟练使用及其能够造成致命伤害的力量来逼迫村民听命于自己。

---

① 关于苏非派，参见本卷第 4 章。

　　到 17 世纪末，随着苦行军人数逐渐增加，多样化的战术开始出现。据 17 世纪末至 18 世纪初的文献记载，苦行战士在当时已划分为步兵和骑兵，他们已经成为国家权力编制的重要组成部分。根据保存在斋浦尔的一份文献的记载，莫卧儿皇帝奥朗则布（Aurangzeb）在 1692—1693 年颁布了一项法令，授权五位巴拉吉指挥官"带领骑兵和步兵，高举军旗，携带半球形铜鼓在整个帝国自由驰骋"，他警告当地的地主和军官"禁止在路上设置任何关卡或阻碍，这样他们就可以畅通无阻地从一个省前往另一个省"。[8]1695—1696 年，在印度西部游历的法国旅行家卡瑞里①同样看到了"举着旗帜、长矛和其他武器列队行进"的"瑜伽士"军队。[9]这些描述意味着，当时苦行军的规模已经比早些年由流浪瑜伽士组成的苦行军的规模要大得多。

　　18 世纪 60 年代，英国控制了孟加拉和比哈尔，此后大量英国文献都提到了苦行战士。苦行战士对英国东印度公司（下文简称"公司"）的统治构成了威胁，因为他们声称，自己有权对季节性迁徙时途经的村庄征收税款。[10]他们奋起抵抗公司，并企图将其铲除，他们的活动如今作为长达数十年的"桑雅士与游方僧起义"而被历史铭记。[11]在往来信件中，公司的官员经常提到英国在孟加拉遇到的苦行军，并认为他们有着杰出的战术和战略才能。公司派遣的部队经常认为自己已经击败了苦行军，结果却被引诱落入圈套，他们在圈套中弹尽粮绝，最后溃不成军。其中一起典型事件发生于 1767 年，当时

161

---

　　①　卡瑞里（1651—1725 年）全名乔凡尼·弗朗切斯科·杰梅利·卡瑞里（Giovanni Francesco Gemelli Careri），他是意大利人，作者把他与所引文献中的另一位法国旅行家约翰·塔维诺（John Thavenot）混淆了。

5000 名桑雅士进军比哈尔北部的萨兰县，他们轻松击败了当地指挥官派来迎战的两个印度列兵（sepoy）① 连。"桑雅士坚守阵地，在印度兵打光了弹药后，他们开始凶猛还击，杀伤了近 80 人，打跑了其余的印度兵。"[12]

尽管这一时期公司的往来信件频繁提及由桑雅士和游方僧组成的"突袭军"，但印度北部最显赫，也是在军事上最重要的苦行军的指挥官是上文提到的拉金德拉吉里。或者更确切地说，这支军队的指挥官是他的门徒乌姆拉吉里（卒于 1809 年）和阿努普吉里（卒于 1804 年）。两人都声称，自己的波斯语化名（nom de guerre）是"希马特·巴哈杜尔"（Himmat Bahadur），由"阿瓦德的纳瓦布"（Nawab of Awadh）② 在 18 世纪 50 年代或 60 年代（不同文献来源的说法不同）授予。但这一化名通常指的是更加年轻的阿努普吉里。苦行军的战斗素养以及可在短期内招募大量人员，使得他们受到许多地方割据势力的青睐，包括阿瓦德的纳瓦布、马拉塔人、贾特人以及当时的莫卧儿皇帝沙·阿拉姆二世（Shah Alam Ⅱ）。最终，英国人在 1803 年与阿努普吉里结盟，这颇具讽刺意味，因为他们之前深受孟加拉苦行军之苦。日后发生的事证明，这一决定是英军同年成功攻占德里的关键因素。在鼎盛时期，乌姆拉吉里与阿努普吉里手下的士兵一度达到 2 万人，其中许多人（甚至大多数人）是不同类型的苦行者（其中的主力是托钵僧）。最重要的是，他们首先将自己视为雇佣兵（soldiers for hire），

---

① 印度列兵，指旧时英国或欧洲长官手下的印度士兵，在本章中专指英国东印度公司的私人部队。

② "阿瓦德的纳瓦布"，18—19 世纪英国殖民者扶持下的阿瓦德土邦的行政长官。纳瓦布赐予的战时化名在当时被战士视为一种荣耀的象征。

因此保证了对雇主的绝对忠诚。正如乌姆拉吉里在 18 世纪 70
年代向德里的公司官员提议时所说的，他"并不是什么文官
（*Motteseddy*），而是一名战士"，而且他"认为自己不得不依
靠武力生存，因为他除此之外一无所有"。[13]

　　拉金德拉吉里、阿努普吉里、乌姆拉吉里及其部下的英勇
事迹广为流传。18 世纪 80 年代，古拉姆·侯赛因·汗（Ghulam
Hussain Khan）用波斯语写道，1751 年，他们每天都在阿拉哈
巴德"骑着上好的骡马，与最勇敢的子民一道……在阿富汗
的营地周围驰骋，如果不杀死几个最强悍的敌人就不会班
师"。[14]无独有偶，方济各会士马可·德拉·通巴（Marco della
Tomba）在 18 世纪 70 年代早期也用意大利语记载道，在布克
萨尔战役（1764 年）之后，公司军队与舒贾·道拉（Shuja
ud-Daulah）① 的部队发生了小规模冲突。他将"赤裸的游方
僧"（*fakiri nudi*）描述为"为了捍卫自身利益而善于割喉的刽
子手"，他们所发动抵抗的"激烈程度是英国人此前从未遭遇
过的"。这些"赤裸的游方僧"几乎可以肯定就是阿努普吉里
和乌姆拉吉里麾下的托钵僧，他们此时受雇于舒贾。根据德
拉·通巴的记载，"这些［人］既不在乎大炮，也不在乎英国
人的火力，直接和敌人拼刺刀"，如果不是公司军队十分坚
韧，英国人"就完蛋了"。[15]

　　19 世纪早期的文献中也有类似记载。苏格兰籍的测量员
弗朗西斯·布坎南（Francis Buchanan）写道："天体僧是一群
赤身裸体的亡命徒，他们全身刮得干干净净且涂满了光滑的
油，以至于没人能将他们生擒。他们的武器是一把两端都锋利

①　舒贾·道拉是当时的"阿瓦德的纳瓦布"。

162

无比的匕首，行凶时将手握在匕首的中间位置。"[16] 1809 年，托马斯·布劳顿（Thomas Broughton）遇到了阿努普吉里手下的一支托钵僧军队，他的记述将其"视作勇敢且忠诚的士兵"。[17] 陆军中校瓦伦丁·布莱克（Valentine Blacker）在他对 18 世纪印度步兵部队崛起的思考中同样提到了"托钵僧"，并将他们描述为"散布在印度不同地区的、有着特殊习俗的印度人"，他们"一直都被认为是优秀的军人"，与罗希拉阿富汗人（Rohillah Afghans）①、贾特人以及卡尔沙（khalsa）② 齐名。[18]

168　　　考虑到 18 世纪战士苦行主义的不断扩展，雇用苦行军可能已成为满足南亚军事革命不断增加的武力需求的主要途径，这在如今看来一点也不令人惊讶：大卫·拉尔斯顿（David Ralston）在约翰·基根（John Keegan）观点的基础上进一步指出，新的步兵团需要一种新式士兵，这类士兵能够在战斗中承受前所未有程度的混乱与屠戮，这"体现了一种与以往大不相同的战斗人员的态度，即一种强调克制乃至忘我的精神"。[19] 我们也可以联系本章开头引用过的诗人帕德玛卡的话："在这个世界上，有两种人敢于刺破美丽的太阳盘：一种是从出生就遵循瑜伽之道，以冷静淡漠态度战斗之人；另一种是在战场上热血沸腾，必须立刻拼出你死我活之人。"帕德玛卡拉还记述了阿努普吉里的军队与宿敌拉杰普特人阿琼·辛格（Arjun Singh）在 1792 年进行的一场战斗，这场战斗以阿努普吉里的胜利（据说他亲自将阿琼斩首）及其对本德尔坎德的征服告终。总体而言，这场战斗可以概括为以下两点：旧的战

---

① 罗希拉阿富汗人是阿富汗的一个民族，18 世纪时生活在印度北部。
② 卡尔沙是由锡克教信徒组成的军事团体。

争方式鼓励激情的一对一交锋，以此来证明自己的刹帝利男子气概；新的战争方式则提倡一种超然的态度，对混乱的战局采取一种瑜伽式的"冷静淡漠"。

除了苦行淬炼和流浪生活本就有益于训练士兵外，阿卡拉（akhara）① 体系中的导师-门徒（guru-chela）模式似乎也符合军事等级和纪律的需要。导师要求门徒绝对服从。正如当时一位观察者指出的，苦行军的领袖"对这类人的思想施加了一种非常特殊的影响。根据他们独特的制度和习俗，下级无条件地听命于上级意志，上级的特权使其格外受到顺从和尊重，尤其是在宗教事务上，这绝非仅靠等级与财富就能达到的效果"。[20]在 20 世纪初，关于阿努普吉里童年的口述传统就很好地捕捉到了阿卡拉和士兵在生活方面的共同特征。这个故事中的小阿努普吉里经常和黏土士兵一起玩耍，他被这种游戏迷住了，甚至因此无法聚精会神地做其他日常事务，他的导师拉金德拉吉里不禁注意到了这一点。最后，拉金德拉吉里安排阿努普吉里进行真正的军事训练，"包括摔跤、剑术和棍术练习……在导师的帮助下，阿努普吉里在快 19 岁时就已精通军事与马术"。[21]

164

衰　落

我们在之前已经了解到，拉金德拉吉里在他导师的洞口完成了从瑜伽士到战士的转变。但在该传说之外，还有另一个与之相关的世俗版本的故事。约翰·贝里（John Baillie）是推动阿努普吉里与公司在 1803 年结盟的英国代理人。根据他的说

---

①　阿卡拉是印地语中苦行军的通称。

法，拉金德拉吉里此前是占西的一位有名望的钱庄老板，但由于"拉金德·吉尔（Rajinder Geer）① 的人与某些流氓之间产生了一些骚乱"而被迫背井离乡。[22]最终，拉金德拉吉里建立了自己的军队，并以本德尔坎德的莫斯镇作为军队大本营。

无论拉金德拉吉里在当兵之前是否曾涉足贸易与金融行当（显然在贝里的故事中是如此），重要的是，苦行生活对从军和经商都有助益，而且苦行还有提升个人才智的作用。托钵僧不仅深谙商业之道，而且独具慧眼，以至于沃伦·黑斯廷斯（Warren Hastings）在 18 世纪 80 年代试图依靠他们与藏人进行贸易往来。[23]甚至有证据显示，他们还参与了公司占领孟加拉的行动。1757 年，在普拉西战役之前的加尔各答，有一位名叫尼姆（Nimoo）的托钵僧② "在王国周边拥有由大量乞丐僧人（Facquier）组成的武装军团"。他不仅向公司官员提供了关于当地政治状况的情报，甚至还表示愿意在任何即将到来的敌对冲突中站在英国人一边。具有讽刺意味的是，在接下来的几十年里，公司与孟加拉苦行军之间的敌对冲突反而愈演愈烈。即使是黑斯廷斯本人也被桑雅士搞得焦头烂额，但他毫不掩饰对他们的钦佩之情，尤其钦佩桑雅士的机动性、速度、无情以及在表里不一与背信弃义方面的突出天性。[24]正如一位在达卡工作的公司征税官在写给黑斯廷斯的信中所指出的，"这个城市中有许多这种流浪者（桑雅士）都在从事某种贸易活动，他们中的许多人可能就是间谍"。[25]

英国人对苦行军的不信任态度一直持续至 19 世纪初，这

---

① 即拉金德拉吉里。
② 原文为 Nimoo Gooseyng。根据本章作者的邮件回复，此处的 Nimoo 为人名，Gooseyng 为 *gosain* 的变体。

甚至（或尤其）波及阿努普吉里本人。1804 年 6 月 4 日，巴纳拉斯的托马斯·布鲁克（Thomas Brooke）给加尔各答的韦尔斯利①总督的秘书写了一封关于情报问题的非正式信件。他于信中对公司在 1803 年与阿努普吉里的结盟深表怀疑，并模糊地暗示托钵僧已经发现"浑水摸鱼有利可图"。简而言之，布鲁克坚称"希姆特·贝哈杜尔（Himmut Behadhur）② 不值得信任……正如当地人所说的，他就像是一个在渡河时脚踏两条船的人，随时准备放弃那条正在下沉的船"。[26]但布鲁克并不知情的是，阿努普吉里在他写信的前一天就已去世。尽管阿努普吉里的哥哥乌姆拉吉里很快就前来处理后事，但被指派管理联盟并监督英国逐步接管全省的公司代理人约翰·贝里已经掌控大局（至少从公司的角度来看是如此）。贝里计划册封阿努普吉里年幼的孩子纳林德拉吉里（Narindragiri）作为这支托钵僧军队的首领，并以此架空乌姆拉吉里，后者对此十分恼火。在接下来的四年里，贝里及其继任者逐渐将这支托钵僧军队排挤出该省，并迫使其解散停摆。

对阿努普吉里先入为主的偏见已经渗入现代历史学者的研究著作，就连 20 世纪上半叶印度历史学界的领军人物贾杜纳斯·萨卡尔（Jadunath Sarkar）也使用"背信弃义""不择手段""自私利己"等词来形容托钵僧。在萨卡尔看来，"希马特·巴哈杜尔缺乏个人勇气，他因对不忠和阴谋的偏好而显得品格低劣"。[27]但如果从后民族主义的角度回顾这段历史，我们就很容易发现，阿努普吉里的政治和军事嗅觉并没有什么奇怪

---

① 这里指理查德·韦尔斯利，第一代韦尔斯利侯爵（Richard Wellesley, 1st Marquess Wellesley, 1760—1842 年），他于 1797—1805 年出任印度总督。
② 即希马特·巴哈杜尔（Himmat Bahadur）。

之处。如果说他是迅速衰落的"古老体制"中军事领袖的象

征，那么他只不过是在渴望结盟的国家内部僵硬的运转过程中
起到了润滑剂的作用。[28]

我们在前文引用了古拉姆·侯赛因·汗对"桑雅士-游方
僧"拉金德拉吉里及其手下于 1751 年在阿拉哈巴德实施大胆
袭击的记述。侯赛因·汗还指出，拉金德拉吉里"花了大把
时间为马哈德乌（Maha-deoo）祈祷"。马哈德乌又称马哈德
瓦（Mahadeva），这在当时和现在都是湿婆的常见别名。在军
事语境中，"托钵僧"通常指信奉湿婆的苦行者，而"巴拉
吉"则指那些信奉毗湿奴（通常以罗摩或克里希纳的化身形
式出现）的武装苦行者。作为拉金德拉吉里在 18 世纪中叶的
起兵之地，以及在 1753 年拉金德拉吉里去世后崛起的阿努普
吉里和乌姆拉吉里的驻地，巴纳拉斯会集了越来越多的托钵
僧。在 1810 年该市进行的一项人口普查中，托钵僧在男性人
口中的占比为四分之一（约 2 万人），这可能与托钵僧军人在
阿努普吉里和乌姆拉吉里分别于 1804 年和 1809 年去世后被遣
散有很大关系。[29] 在印度东部，托钵僧的人数似乎也比巴拉吉
的更多。在 18 世纪的最后三十年，公司官员在关于镇压孟加
拉和比哈尔的苦行者团体的信件中通常将其称为"游方僧"
或"桑雅士"（经常拼写为 sunnasies 或其变体）。"桑雅士"
通常指信仰湿婆的苦行者，而"游方僧"主要用来指苏非派
苦行者，尽管它通常可以被用来指任何苦行者或乞丐，而且也
经常可以指纳特派（Nath）① 瑜伽士（尤其是因为纳特派和苏
非派之间的频繁往来）。根据 1794 年在孟加拉北部被俘的一个

---

① 纳特派，湿婆教的主要分支教派之一，融合了佛教、湿婆教与瑜伽思想。

名叫"戈文吉尔"（Govindgeer）的人的证词，他所服役军队的人数"超过1000，其中有400人是穆斯林游方僧，100人是信仰印度教的桑雅士，400人是印度兵，20人是巴拉吉，还有其余各色人等"。[30]戈文吉尔报告说，他本人的家乡是西边2000多公里的阿拉伯海之滨的苏拉特。他的名字（或者更确切地说是后缀"geer"）表明，他自己就是托钵僧。他还承认自己"参加了"一个"有上百名桑雅士"的聚会，这证明了孟加拉的桑雅士与更西边的桑雅士是同一类人。

　　在巴纳拉斯以西的城市（尤其是除德里外的城市）中，巴拉吉同样随处可见。因此，詹姆斯·斯金纳（James Skinner）在《印度教派、种姓与部落的起源与区分标志》一书中的"纳迦"（Naga）① 士兵肖像之下注明，这是一名"巴拉吉"。[31]巴拉吉还曾经是位于斋浦尔的土邦主（Maharaja）军队的主要组成部分，其中最著名的是在圣人巴拉南德（Balanand Swami）及其门徒罗摩克里希纳·马汉特（Ramakrishna Mahant）麾下的士兵。尽管巴拉吉人数不多，但他们的势力在18世纪逐渐渗透进阿拉哈巴德的周边地区和巴纳拉斯及其腹地，也就是今天的北方邦东部和比哈尔邦。最有力的证据就是，阿逾陀作为朝圣之镇的地位节节攀升。18世纪末，罗摩南迪派在这里建造了一个被称为"哈奴曼堡垒"（Hanuman Garhi）的建筑，作为巴拉吉战士的总部。这项工程得到了阿瓦德的纳瓦布及其卡雅斯塔种姓的首席大臣（据说他们是虔诚的毗湿奴派）的全力支持。

167

---

① 这里的"纳迦"指纳迦王国（Naga Kingdom），与前文中同样写作 naga 的"天体僧"存在区别。

托钵僧与巴拉吉之间存在强烈的敌意，这并非什么新鲜事。这种敌意通常被解释为一种源于教派主义（受宗教影响）的仇恨。但人们也许会认为，在就业机会减少的情况下，这种敌对情绪被激化，部分是因为双方在有酬工作岗位上存在竞争关系。"无私的"西塔尔·辛格（Sital Singh'Bikhwud'）是一位"蛮师"（munshi）①，他在 19 世纪早期效力于巴纳拉斯的土邦主。在他的笔下，"纳迦桑雅士"（湿婆的信徒）与"纳迦巴拉吉"（毗湿奴的信徒）之间"存在深入骨髓的敌意"，"因此他们一旦遭遇就必然发生武装冲突"，这些冲突有时会"达到使双方伤亡数百人的程度"。辛格还记述了这两个群体的相似和不同之处：他们都"配有军事武器……如剑、火枪、长矛等"，都将头发"胡乱缠在头上"，都蓄有唇髭和络腮胡；湿婆信徒（托钵僧）用灰烬擦拭裸体，而毗湿奴信徒（巴拉吉）则用"黄玫瑰"擦拭身体，并"在腰部下方围一块缠腰布遮住私处"。[32]在阿拉哈巴德、哈德瓦、纳西克、乌贾因定期举行的朝圣聚会（又称灵修大会）上，托钵僧与巴拉吉之间经常发生争端。这些争端有时会由当权者进行调解，无论当权者是 18 世纪早期与中期的马拉塔人还是 19 世纪的英国人。

168

死 亡

苦行战士如何理解自己的身份？他们身份认同的一个主要来源是自身的军事成就。正如乌姆拉吉里在 1775 年告诉一位英国代理人的那样，"他并不是什么文官，而是一名战士"，

---

① "蛮师"源自波斯文，意为欧洲人雇用的波斯秘书或语言老师。

而且他"认为自己不得不依靠武力生存，因为他除此之外一无所有"。然而，也有一些从侧面揭示了他们对苦行生活的真实感受的故事。其中一个故事发生在 1785 年，当时阿努普吉里与马拉塔军阀马哈吉·辛迪亚（Mahadji Scindia）的关系开始变得糟糕。辛迪亚派了一名骑警在托钵僧的营地附近监视阿努普吉里。根据当时也在附近驻扎的英国代理人的说法，

> 希米特·贝哈德（Himmet Behadre）① 立即带上很少的随从（而非过去常常陪伴在他身边的众多武装侍从）前往辛迪亚的宅第，他在那里告知辛迪亚，自己决定放弃一切世俗的追求，专注于履行宗教义务，并将名下所有的头衔都转交给辛迪亚。[33]

辛迪亚认为，阿努普吉里并不是在空谈，于是他不但立刻恢复了对后者的支持态度，而且归还了其头衔，并声称他只是在考验这位托钵僧是否忠诚。

辛迪亚相信阿努普吉里并不是在空谈，部分原因是后者的兄弟乌姆拉吉里声称，自己正在做阿努普吉里所吩咐的事情。我们可以从 1806 年乌姆拉吉里写给公司的一封请愿书中得知，作为导师拉金德拉吉里的高级门徒，他在 18 世纪 80 年代就已经从"世俗事务"中抽身，"在恒河岸边充分且不受干扰地履行自己的宗教职责"。他所指的地点要么在希夫拉杰布尔（今天的坎普尔附近），要么在巴纳拉斯（更可能的情况为两者皆是）。[34]他的宗教静修究竟持续了多久，我们不得而知。尽管他

---

① 即希马特·巴哈杜尔。

在 1806 年的请愿书中声称，自己二十年来一直专注于宗教职责，但其他文献来源清楚地表明，他曾于 1790—1791 年前往噶瓦尔山的阿尔莫拉，并与尼泊尔的国王密谋对抗山上的土著酋长。1799 年，乌姆拉吉里因涉嫌在巴纳拉斯谋杀一名公司官员而被"软禁"。1803 年，根据阿努普吉里和韦尔斯利所签订协议的有关规定，乌姆拉吉里被释放。[35]

许多人认为，阿努普吉里和乌姆拉吉里的苦行生活只不过是他们从事政治和军事活动的一种伪装、衬托或掩护。但是，如果我们从他们的视角出发就会发现，他们从来都不认为自己必须要在从政与苦行生活中二选一。湿婆派苦行者、军事领袖与政治掮客——兼有三种身份并非特别之事。无论如何，阿努普吉里和乌姆拉吉里并非仅仅假装投身于湿婆派的苦行生活，最好的证明是他们面对死亡的态度。1804 年 6 月 4 日，阿努普吉里去世当天，乌姆拉吉里便很快前往班达。他派出自己的两个"儿子"与 50 名骑兵，跨过亚穆纳河将兄弟的尸体运往北方，"以便按照逝者遗愿将肉体安葬在希夫拉杰布尔的恒河岸边"。[36]这一指示表明，阿努普吉里按照"三摩地"（samadhi）的葬礼习俗被埋葬，而非按照标准的印度教习俗被火化。

"三摩地"是湿婆派苦行者特有的安葬仪式，指将尸体以盘腿姿势（padmasana）放入一个大约 1.5 米见方的密室，之后在密室上方建成某个建筑，其形状各不相同，既可以是用黏土和泥巴建成的简单的佛塔状建筑，也可以是大的基座或小寺庙。人们相信，这一习俗能够使墓主获得永生。[37]根据教义，埋在三摩地的苦行者仍然存在于世间，他们会在神龛附近徘徊，甚至能够为其追随者调解世俗事务，或者惩罚那些忽视和不尊重他的人。[38]

  阿努普吉里的影响是如此之大，据说他除了在希夫拉杰布 170
尔的三摩地之外，还有另外两个三摩地（这是前文提到的贝
里在信中的说法）：其中一处位于温达文，是一座名叫"雪花
殿"的小型神庙，墓室位于宫殿/堡垒结构底部；另一处位于
班达郊外的卡拉瓦拉，这是他所指挥军队的大本营。至少到
2002 年，这三处墓地依然被视为圣地，并且游客如织。位于
温达文的三摩地尤其活跃，在该神庙中主持仪式的神职人员甚
至说，阿努普吉里曾在晚上向他显灵，并且责备他用永久结构
的建筑覆盖了自己安息的三摩地。[39]他还说，一位游客决定在
神庙内部的密室过夜，那里有一幅克里希纳的画像，旁边的画
像上则是阿努普吉里本人。这位游客被某种未知的力量抬了起
来，并被这种力量拉出了神庙，神职人员认为这件事正是那位
不死战神显灵的证明。

结语：暴力与非暴力

  到 19 世纪中叶，阿努普吉里和乌姆拉吉里逐渐成为历
史，他们的军队被遣散，他们的手下与后人也逐渐淡出历史
舞台，普通士兵只能留在巴纳拉斯、阿拉哈巴德和哈德瓦尔
等朝圣之地自谋生路，少数幸运儿能被公司的军队招募。只
有在定期举办的灵修大会上，这些苦行士兵才偶尔会引起人
们的关注——在占星游行的队伍中，全身涂满灰烬的天体僧
为获得宗教庆典中的优先地位而相互争斗。这类争斗有时会
引发流血事件；但更多时候，当时已日益强大的印度政府会
出面调解这类争议不断的优先权问题。阿努普吉里和乌姆拉
吉里在 18 世纪末建造的宏伟堡垒与宫殿也逐渐年久失修，它

们要么被出售，要么被挪作他用。两人也很快被除了最炽热信徒之外的人们遗忘。

但耐人寻味的是，战士苦行主义在日后重新兴起。19 世纪 80 年代早期，孟加拉作家班吉姆·钱德拉·查特吉（Bankim Chandra Chatterji）创作了一部名为《阿难陀寺院》（Anandamath, 意为"福佑的寺院"）的小说，书中将 18 世纪后期的苦行战士塑造为反抗外来（主要是穆斯林）暴政的印度爱国主义者。然而，查特吉并非从阿努普吉里和乌姆拉吉里那里获得的灵感——事实上，他很可能甚至从未听说过他们。相反，他所理解的苦行生活来自《薄伽梵歌》与业瑜伽（舍己为人）的理念，而他重新构想的政治苦行主义源于 18 世纪晚期孟加拉的"桑雅士与游方僧起义"。查特吉的小说大受读者欢迎，并很快在 20 世纪的头十年内被译成包括英语在内的多种语言。这部小说还在 1952 年被拍成电影，在 1974 年被改编成漫画。与此同时，由苦行爱国者演唱的赞歌《母亲，我向您鞠躬》（Bande Maataram）成为 20 世纪早期孟加拉抵制英货运动的战斗口号。这首歌由查特吉本人填词，而其作曲者正是拉宾德拉纳特·泰戈尔（Rabindranath Tagore）。尽管歌曲存在很大争议，但它至今仍广为传唱（主要是在印度教民族主义者中间）。简而言之，《阿难陀寺院》构成了影响几代印度民族主义者的政治想象的内核，尤其是因为它将印度教苦行者塑造成了反抗外来强权的真实力量。事实上，甘地在政治上对苦行主义的贯彻同样可以被视为查特吉的民族主义文学理念的延续，这一理念本身就是对早期近代战士苦行主义的某种创造性的重构。

查特吉笔下的苦行战士都是土生土长的爱国者，他们与其说是 18 世纪晚期莫卧儿帝国历史的真实写照，不如说是 19 世纪晚期印度社会迫切需要具有男子气概的民族自豪感的时代产物。虽然历史上由苦行战士组成的流动大军无疑会对他们所经过的村庄以及他们征收税款之处有一定的归属感，但把这种归属感称为某种形式的爱国主义或许有些牵强。同样，虽然阿努普吉里和乌姆拉吉里与他们的家乡本德尔坎德，乃至养育了他们的印度斯坦和阿瓦德［以及博杰普尔（Bhojpur）］之间，可能存在一些情感上的纽带，但与主导他们的生活和事业的军事集团事务的紧迫性相比，他们在任何地方可能感受到的爱国主义都相形见绌。而且，我们虽然明白作为湿婆信徒的苦行战士对阿努普吉里和乌姆拉吉里这样的人意味着什么，但对于他们如何看待暴力依然所知甚少。拉杰普特人与这些苦行战士交战多年，他们认为战斗是一种与宇宙联结的仪式，因此需要报以无限的热情。然而，苦行战士则以一种瑜伽式的"冷静淡漠"投身于战场。对于拉杰普特人而言，暴力本身就是目的；但对于瑜伽士来说，暴力则是实现目的的一种手段。因此，曼·卡维将阿努普吉里比作阇那迦（Canakya），这位又名憍底利耶（Kautilya）的婆罗门大臣为旃陀罗笈多（Chandragupta Maurya）①出谋划策，并且撰写了一部与治国方略有关的经典名著《利论》（Arthasastra）。在本时期的印度社会中，暴力是既定且无处不在的现实。苦行生活能够提高一个人的战斗力，这一古老的公理意味着暴力本身并不是问题所在。直到 20 世纪初，当甘地面对英属印度统治的巨大力量时，他认识到印度人无力以传统方式对抗帝国霸权，暴力才成为他苦苦思索的问

172

---

① 旃陀罗笈多是孔雀王朝（约公元前 324—约前 187 年）的创立者。

题。正是印度教传统（特别是《薄伽梵歌》）对暴力的全盘接受，促使甘地重新思考这部史诗，并以此阐明自己的非暴力理念。但在 20 世纪以前的印度，并不需要任何对暴力加以约束的教义与准则。

参考论著

因为"战士苦行主义"很容易让西方人产生望文生义的误解，所以它在英语学界受到的关注始终飘忽不定。最早关于这一主题的（非虚构）作品是 J. N. Farquhar, 'The Fighting Ascetics of India', *Bulletin of the John Rylands Library* 9（1925），pp. 431-52，该文介绍了阿克巴在 16 世纪率领印度教的苦行者战士抵御穆斯林进犯的口述传统。随后出版的著作是 Jamini Mohan Ghosh, *Sannyasi and Fakir Raiders in Bengal*（Calcutta, 1930），该著考察了 18 世纪末孟加拉对英国东印度公司的镇压的苦行式抵抗。基于上述论著的下一项重要研究成果是 W. G. Orr, 'Armed Religious Ascetics in Northern India', *Bulletin of the John Rylands Library* 25（1940），pp. 81-100，该文的主要贡献是对斋浦尔的 17 世纪波斯语文献进行了仔细检视。Jadunath Sarkar, *Fall of the Mughal Empire*（Calcutta, 1932-50）这部四卷本著作经常提及乌姆拉吉里和阿努普吉里，其作者是莫卧儿历史学界的领军人物。Jadunath Sarkar and Nirod Bhusan Roy of Shantiniketan, *A History of the Dasnami Naga Sanyasis*（Allahabad, 出版日期不明，[1952?]）中还有对此更加细致的研究。

关于战士苦行主义的丰富微观社会史研究始于 20 世纪 60 年代，学界在当时逐渐认识到阿卡拉（苦行军）在 18 世纪的经济和政治历史中扮演的重要角色。其中的开拓性研究成果是 B. S. Cohn, 'The Role of the Gosains in the Economy of Eighteenth and Nineteenth Century Upper India', *Indian Economic and Social History Review* 1. 4（1964），pp. 175-83。此外，还有 D. H. A. Kolff, 'Sanyasi Trader-Soldiers', *Indian Economic and Social History Review* 8. 2（1971），pp. 213-20，该文指出了寺院商业网络在支持纳迦士兵方面的重要性，这扩展了前述文章的论点。同样建立在上述论点之上的是 C. A. Bayly, *Rulers, Townsmen and Bazaars : North Indian Society in the Age of British Expansion, 1770-1870*（Cambridge：Cambridge

University Press，1983），但该著重点关注的是与军事贸易有关的苦行者
团体在促进 18 世纪日益区域化的政治经济体之间产生商业和金融关联方
面的重要性。

David Lorenzen，'Warrior Ascetics in Indian History'，*Journal of the
American Oriental Society* 98（1978），pp. 61–75 是一篇开创了社会史与文
学分析相结合的分析新阶段的奠基性文章，该文认为苦行者从戎的决定
很可能更多地受到保护寺院捐赠之需的启发，即在穆斯林到达印度的很
久以前，苦行士兵保护寺院捐赠免于落入贪图财宝的国王之手。另一项
与此相关的重要研究是 Monika Thiel Horstmann，'Warrior-Ascetics in 18th
Century Rajasthan and the Religious Policy of Jai Singh II'，in M. K. Gautam
and G. H. Schokker（eds.），*Bhakti in Current Research, 1982 – 85:
Proceedings of the Third International Conference on Early Devotional Literature
in New Indo-Aryan Languages*（Lucknow：Indo-European Publishers，1985），
pp. 43–55。最后，我想提一下自己的著作 *Warrior Ascetics and Indian
Empires*（Cambridge：Cambridge University Press，2006），该著的一个主要
论点是，战士苦行主义的重要性不仅体现在其代表了对早期近代至现代
时期印度政治和军事历史的重构，而且体现在它揭示了历史上人们对宗
教和苦行生活的不同看法。

173

注　释

1. 译文参考了 David Lorenzen（1978）。全诗参见 *Kabīr Bījak*，ed. with
   introduction by Shukdev Singh（Allahabad：Nilabh Prakashan，
   1971），p. 103。卡比尔生活在 15 世纪，但《秧苗集》直到 18 世
   纪晚期才为人所知。关于这本诗集在写作时间方面的争议，参见
   Imre Bangha，'Kabīr Recontextualised – From the Mughals to the
   Present'，12th International Conference on Early Modern Languages of
   North India，Lausanne，Switzerland，15–19 July 2015；在此特别感
   谢作者授权引用。

2. 译文出自 Allison Busch，Dalpat Rajpurohit and William R. Pinch。全
   诗参见 Vishwanath Prasad Mishra（ed.），*Padmakar Granthavali*

（Varanasi：Nagari Pracharani Sabha，1959）。

3. *The Ramayana of Valmiki*, vol. I, *Balakanda*, trans. R. P. Goldman （Princeton，NJ：Princeton University Press，1984），pp. 220‒32 （*sargas* 50-56），pp. 246-7（*sarga* 64），pp. 175-7（sarga 26）. 这个故事还出现在许多往世书中，尤其常见于《毗湿奴往世书》。

4. 同上，pp. 229-31（引自 *sarga* 55.23）。亦可参见 A. N. Subramanian，*The Concept of Tapas in Valmiki Ramayana*（Madras：Samskrita Academy，1977）。

5. G. D. Khosla，*The Murder of the Mahatma, and Other Cases from a Judge's Notebook*（London：Chatto & Windus，1963）.

6. 这并不是说，早期印度社会中没有对苦行主义虔诚主义式的重新理解。本章开头引用的卡比尔的诗表明，当时的宗教改革者正在挑战与武力有关的苦行主义，并声称更适合苦行者做的事是虔诚信教和冥想（基督徒称之为祈祷）。正如我在 *Warrior Ascetics and Indian Empires*（Cambridge：Cambridge University Press，2006）中所指出的，这种"虔信"或虔诚主义思潮在 15 世纪以后激发了对密宗瑜伽的苦行主义的有力批评。英国人在 18 世纪中叶以后也加入了批评者的行列。

7. Mān Kavi，*Anūp-prakāś*，BL，MSS Hin. D. 9（a），vv. 13‒46，trans. Allison Busch, Dalpat Rajpurohit and William R. Pinch.

8. 这份文件（*farman*）如今藏于斋浦尔供奉圣人巴拉南德的神庙，译文出自 W. G. Orr，'Armed Religious Ascetics in Northern India'，*Bulletin of the John Rylands Library* 25（1940），p. 87。

9. *Indian Travels of Thevenot and Careri*，ed. Surendranath Sen（New Delhi：National Archives of India，1949），p. 258. 卡瑞里同时也使用"游方僧"来称呼他们。

10. 公司控制印度的时间为 1757—1858 年。

11. 这场起义在 19 世纪 80 年代前期被改写成小说，它被孟加拉的小说家描述为一场由印度教徒发起的爱国主义反叛。参见 Bankim Chandra Chatterji，*Anandamath*，trans. J. Lipner（Oxford：Oxford University Press，2007）。

12. J. Long，*Selections from Unpublished Records of Government for the Years 1748 to 1767 Inclusive*（Calcutta：Office of the Superintendent

of Government Printing, 1869), p. 526, 引自 Jamini Mohan Ghosh, *Sannyasi and Fakir Raiders in Bengal* (Calcutta: Bengal Secretariat Book Depot, 1930), p. 39。

13. 参见 Bristowe to the Board, letter received 8 Nov. 1775 (dated 11 Oct. 1775), BL, Bengal Secret and Military Proceedings。

14. Gholam Hossein Khan, *Seir Mutaqherin, or a Review of Modern Times* (Calcutta: Printed by James White, 1789; reprinted Delhi, 1990), vol. III, pp. 298-9.

15. Marco della Tomba, 'Viaggio', Vatican Library, Borg. Lat. 524, p. 35; translation David Lorenzen.

16. F. Buchanan, 'Dinajpur Account', in R. M. Martin (ed.), *The History, Antiquities, Topography, and Statistics of Eastern India* (London: W. H. Allen, 1838), vol. II, p. 517.

17. Thomas D. Broughton, *Letters Written in a Mahratta Camp during the year 1809, descriptive of the character, manners, domestic habits, and religious ceremonies of the Mahrattas* (London: Archibald, Constable, 1813), p. 130.

18. Valentine Blacker, *Memoir of the Operations of the British Army in India, during the Mahratta War of 1817, 1818, & 1819* (London: Black, Kingsbury, Parbury & Allen, 1821), p. 22.

19. D. B. Ralston, *Importing the European Army : The Introduction of European Military Techniques and Institutions into the Extra-European World, 1600 - 1914* (Chicago: University of Chicago Press, 1990), p. 3.

20. W. W. Bird, Acting Magistrate, Benares, to W. A. Brooke, Senior Judge of the Court of Circuit for the Division of Benares, 14 April 1810, BL, Board's Collection, IOR/F/4/365/9093, 298.

21. Bhagvandin, introduction to *Himmatbahadur Virdavali* by Padmakar, 2nd edn (Banaras: Kashi Nagaripracharani Sabha, n. d. [1930]), p. xx.

22. The Soobadar of Jhansee to Baillie, enclosure no. 4 in Baillie to Edmonstone, no. 1 of 26 Feb. 1807 (dated 10 Feb. 1807), BL, Bengal Political Proceedings (下文简称 "BPP"). 印度长官 (*subadar*) 关于此事的说法参见 W. Irvine, *A History of the Bangash Nawabs of*

Farrukhabad, from 1713 to 1771 A. D. （Calcutta：G. H. Rouse，1879），p. 79。根据"无私的"西塔尔·辛格的证言（收录于 *Silsilah-i-Jogiyan*，Ethe 2974，BL，trans. Carl Ernst），托钵僧商人有时会加入军队，反之亦然，这暗示了拉金德拉吉里本人也属于此类。感谢卡尔·厄恩斯特（Carl Ernst）分享他对这篇文本的翻译。

23. S. C. Sarkar，'A Note on Puran Giri Gosain'，*Bengal Past & Present* 43（Apr. -June 1932），pp. 83-7；亦可参见 Jonathan Duncan，'An Account of Two Fakeers, with Their Portraits'，*Asiatic Researches* 5（1808），pp. 45-6。

24. 'Minute on the Subject of the Sinasses'，nos. 5 and 6，21 Jan. 1773，National Archives of India，Foreign Department Secret Proceedings（下文简称"FDSP"）.

25. Letter from N. Grueber, Collector at Dacca，no. 4 of 4 Feb. 1773（dated 29 Jan. 1773），FDSP.

26. Correspondence of Thomas Brooke at Benares with Major M. Shawe，Secretary to Lord Wellesley，1803 - 1805，BL，Wellesley Papers，Add. MS 37，281，fos. 228b-229f.

27. Sir Jadunath Sarkar，*Fall of the Mughal Empire*，2 vols. （Calcutta，1932-50），vol. III，pp. 190-1. 这一观点同样出现在 P. N. Bhalla，'The Gosain Brothers'，*Journal of Indian History* 23.2（1944），pp. 128-36，esp. 135。

28. D. H. A. Kolff，'The End of an Ancien Régime：Colonial War in India，1798-1818'，in J. A. de Moor and H. L. Wesseling（eds.），*Imperialism and War：Essays on Colonial Wars in Asia and Africa*（Leiden：Brill，1989），esp. pp. 45-6.

29. 参见 Pinch，'Hiding in Plain Sight'；W. W. Bird to W. A. Brooke，Senior Judge of the Court of Circuit for the Division of Benares，14 April 1810，BL，Asia Africa Pacific Collection，Board's Collection，IOR/F/4/365/9093，p. 298。

30. 'Deposition of one of the Fakeers'，enclosed in C. A. Bruce，Judicial Officer，Cooch Behar，to George H. Barlow，no. 7 of 19 Sept. 1794（dated 27 Aug. 1794），British Museum，Bengal Judicial Department

Criminal Proceedings. 这份文件还见于 Ghosh, *Sannyasi and Fakir Raiders*, pp. 111-12。

31. 'Tashrih al-aqvam, an account of origins and occupations of some of the sects, castes ad tribes of India', anon. artist, comp. at Hansi, Hissar District, for Colonel James Skinner, c. 1825, BL, Add. MS 27255, fo. 386v.

32. Singh, 'Bhikwud'. 根据琼·阿尔祖曼诺夫 (Jean Arzoumanov) 的说法，这份记录来自 John Deane, Judge of Gorakhpur, in the early 1800s; personal communications, 8 and 16 Apr. 2017。

33. J. W. Anderson to Hastings, Sindia's camp at Muttrah, dated 10 May (recorded in progs. 26 May 1785), British Library, Bengal Secret Military Proceedings.

34. 'Translation of an Arzee from Omrao Geer', no. 83 of 2 Apr. 1807 (received 1 Nov. 1806), BPP.

35. 乌姆拉吉里的行踪难以捉摸，但有如下文献证明该事件的存在：Edward Ives, Resident in Lucknow, to the Governor General, no. 12 of 3 Dec. 1790, dated 24 Nov. 1790, BPP; Ives to the Governor General, (no number given) of 12 Oct. 1791, dated 3 Oct. 1791, BPP; S. Davis, Magistrate Benares, to G. H. Barlow, Secretary to the Governor General, no. 2 of 3 Sept. 1799, dated 25 Aug. 1799, BL, Bengal Secret and Political Proceedings。关于协议的规定，见 Edmonstone to Mercer, no. 2 of 3 Mar. 1803 (dated 22 July 1803), BL, Bengal Secret and Political Consultations（下文简称"BSPC"）。

36. Baillie to Mercer, no. 232 of 21 June 1804 (dated 4 June 1804), BSPC.

37. 其他案例参见 J. Parry, *Death in Banaras* (Cambridge：Cambridge University Press, 1994), p. 260。相关图片参见 Giuseppe De Marco, 'The Stupa as a Funerary Monument：New Iconographical Evidence', *East and West* 37. 1 (1987), p. 225, 224 nn 64, 65。关于葬礼从头到尾的细致描述（包括对尸体的处理和挖出基穴的空间），参见 G. W. Briggs, *Gorakhnath and the Kanphata Yogis* (Calcutta, 1938; reprinted Delhi：Motilal Banarsidas, 1989), pp. 39-43。

38. Diane M. Coccari, 'The Bir Babas of Banaras and the Deified

Dead ', in A. Hiltebeitel (ed.), *Criminal Gods and Demon Devotees : Essays on the Guardians of Popular Hinduism* (Albany, NY: SUNY Press, 1989), pp. 252 - 3. 该文还提到了在巴纳拉斯被神化的苦行战士的例子。

39. 参见 Pinch, *Warrior Ascetics*, p. 26。

9 欧洲战事

彼得·H.威尔逊

在学界围绕早期近代世界史中的暴力展开的若干重要讨论 中，欧洲战事居于显著的位置，这尤其体现在以下两点：关于军事革命（Military Revolution）[1] 以及其他类似现象的争鸣，以及构成另一个问题——国家形成和基于主权国家的国际秩序的出现——的权威叙述的一部分。后者在很大程度上仍然是根据 19 世纪晚期的欧洲思想所阐述的模式来定义的，这些模式将国家定义为"暴力的垄断者"。本章旨在重审其中一些较早的观点，以此强调欧洲战事的多样特征，以及战争与国家和"国际"秩序相互作用的各种方式。我们还会尝试将欧洲北部和东部的边缘地带纳入本章的讨论，这些地区在很大程度上被早期研究者忽略。考虑到年代次序，本章还将涉及一些始于 15 世纪后期的暴力活动。由于考察时间止于 1790 年前后，所以本章将不会讨论大革命[2]与拿破仑时期的暴力战事。

战争与国事

1500—1800 年，欧洲政治的主要发展趋势是国家之间的联合，这些联合来自对特定地区暴力活动的合法垄断，主要体

---

① 军事革命是在当今世界史学界盛行的概念，特指在军事领域内发生的根本性变化，即在武器装备、军队结构、作战理论、军事训练等方面产生的重大变革。

② 此处的大革命专指法国大革命（1789—1799 年）。

现为以下两个方面：发动大规模、有组织的暴力战争，以及对被视为罪犯或叛乱分子的国民实施暴力司法制裁。基于以上两点，国家得以建立常备武装力量，这是本时期暴力的另一个突出特点，也是暴力垄断在国家制度中的最明显体现。军队（主要是陆军，也包括海军）被用于保卫国土，其职责是抵御包括罪犯和海盗在内的对社会秩序的威胁。与此同时，国家针对军队人员制定特殊的军事规章，违法乱纪者会受到体罚。

175 　　这种国家垄断暴力的发展历程深刻塑造了西方社会延续至今的暴力观念，其中最显著的是如下信念：相信由国家主导的暴力不仅合法，而且合理，因为它是让社会变得开化与有序的重要原因。通过剥夺其他人发动战争的合法性，以及取消此前自治的司法体系及其实践，战争成为一种由国家垄断的权力。国家主导的战争与司法活动固然极其暴力，但无论是杀戮还是残害，这些行为都被当局视为是必要的，且其目标十分明确。与之相反，日常暴行往往被视为是不必要、非理性且无意义的。上述观点已得到历史学界和社会科学界的广泛接受与认可，学者试图以此将国家暴力解释为走向文明的一种途径。根据上述观点，人类社会因此变得更加有序、自律且富有生产力。而且，这一进程往往还关乎遵循线性路径走向现代性的历史时间观念。随着时间推移而出现的变化常常体现在对"野蛮中世纪"的误读及其与现代文明社会的鲜明对照之中，这使西方学界心安理得地将那些威胁文明社会的现象视为早已不复存在的过眼云烟。

　　如前文所述，合法性是其中的关键问题。与欧洲国家围绕垄断暴力的具体化直接相关的，是关于什么才是"正义"暴力的基督教观念。[1]这种观念在当时的整个欧洲社会都有广泛的认同基础，人们相信个体得到救赎的可能性取决于自身道德品质，包括遵守不杀人的戒律，正义战争必须由"特定当局"出于"正当的目的"以"正当的手段"发动。通过声称自身是唯一的"特定当局"，欧洲各国垄断了实施有组织暴力的权力。大权独揽的政府还手握其他战争权力，包括宣战、停战，以及部署和实施其他战时政策。

上述进程对欧洲国家的形成至关重要，因为它需要确定当局应该采取何种暴力形式，并以此对"公共"与"私人"进行现代意义上的区分。[2]具体而言，这一进程的形式在欧洲各地有所不同，但塑造它的始终是统治者和被统治者的相互作用，而不是自上而下对新兴观念的简单灌输。[3]国家是"形成"的，而不是由所谓的明君或政治家根据某种预先设想的蓝图而有意"构建"的。[①] 此外，这一进程漫长且不平衡，它在 19 世纪初还远未完善。所有欧洲国家都依赖部分或完全独立于中央政权的代理人［例如，地方贵族、自治城邦、私掠船（privateer）[②]，以及军事承包商］来招募士兵，后者还负责提供战争中的物资和技术手段。[4]

早期研究者通常认为，上述现象是当时的欧洲国家仍然弱小或欠发达的标志。研究者指出，国家对军事承包商、私掠船和雇佣军的使用是中世纪相对分散的"封建"战争方式与现代的"国有化"战争之间的过渡。在现代的"国有化"战争中，武装部队变成了为"国家利益"而战的公共机构。他们

---

① 本章作者的观点为"国家形成"而非"国家建构"，但两者究竟孰是孰非，学界尚存争议。

② 私掠船，又称武装民船，活跃于 16—19 世纪的欧洲，是一种获得国家授权可以拥有武装的民用船只，用来攻击他国的商船甚至军舰，其实质是国家支持的海盗行为。关于私掠者与海盗的区别，参见本卷第 23 章。

相信，这些部队的实力强于早期近代的国有军队，而且为现代以来标准线性的主流军事史书写增加了机构与组织方面的维度，体现了一种基于更强大的武器技术的"毁灭性进步"（progress of destruction）。[5]但上述观点忽略了这样一个事实，即许多欧洲国家即使有开战的想法，也对战争本身兴趣寥寥。人人有权行使武力的政治观念并非英美两国的专利，其同样广泛存在于整个欧洲大陆。例如，德意志人和瑞士人认为，为其他统治者服务是他们个人自由和行动自由的表现，而波兰和匈牙利的贵族则认为他们有权组建自己的军队，这是对抗君主暴政的保障。而且，国家雇用军队作战并不一定比直接通过国家机构组织战争要更加低等。1500—1800 年，尽管许多国家的确努力应对战争压力，但总体而言，欧洲战事的规模和强度都呈现出指数级增长的态势。与此同时，欧洲人通过英国和荷兰的东印度公司等私营或半私营企业征服或影响了全球大部分地区。

因此，在这一时期，国家并未赢得战争的垄断权，而是在有组织的暴力方面与其他机构相比明确掌握了"相对优势"。[6]但是，这种优势是以相当大的代价获得的。16—17 世纪的欧洲战乱频仍，这些战争往往围绕以下三个方面展开：国家权力的组织形式与行使范围，利益的享有者和义务的承担对象，以及中央当局支配地方和（地理或政治）边疆事务的权力范围。由于敌对双方在信仰方面同样存在分歧，16 世纪 20 年代以来的宗教争端加剧了上述冲突。与宗教改革有关的社会变迁代表了国家权力的重要扩展，因为无论此时的世俗当局信奉何种基督教教派，他们都声称自己有权规定何为宗教正统。虽然各国在很大程度上仍承认教皇拥有对教义的解释权，但即使是像法国和西班牙这样的天主教国家，君主也声称在他们的政治管辖范围内有更大的权力来规范教会与宗教生活。到17世纪中叶，这些内部纷争已基本告一段落。政治上或地理上遥远的地区要么不再挑战并服从于中央的统治，要么像尼德兰北部和葡萄牙那样完全独立（分别于1648年和1668年摆脱了西班牙人的统治）。同样地，强权贵族或自治城邦也不再是对国家统治的内在威胁。

与此同时，各国之间的战争不但决定了欧洲的地理版图，而且决定了各国在各地区和整个欧洲大陆的竞争方式。欧洲战事的导火索依然集中于那些政权最分散的地区，特别是低地国家（Low Countries）①、意大利北部和多瑙河东岸。以更高的制图精度确定国家边界的愿景往往会直接引发领土划定方面的冲突，奥地利的哈布斯堡王朝就是典型案例，他们在16世纪60年代委托意大利专家绘制其与奥斯曼帝国在匈牙利的边界。领土冲突在结构上取决于君主权力合法化的方式。几乎所有欧洲国家都存在某种形式的君主世袭制度，这是一种让贵族停止通过暴力斗争来争夺统治权的方式。然而，当时占据主流的社会等级观念将王室的婚姻伴侣局限于其他王室成员，这为领土争端的爆发埋下了种子，特别是当一个统治家族灭亡时（1700年的西班牙和1740年的奥地利都发生了此类事件）。欧洲大陆的许多战事是由这种意外事件（这类事件会导致各方都认为自己才是王位的正统继承者）引发的"继承战争"（wars of succession）。

等级观念也渗入了各国对其他国家的态度。早在13世纪，国王就被视为"自己王国的皇帝"，但这种君主权力的表达总

---

① 低地国家是对欧洲西北沿海地区的荷兰、比利时、卢森堡三国的统称。

是单方面地与教皇和神圣罗马帝国皇帝的传统权力联系在一

178　起。君主们并不会平等地看待彼此，而且他们总是理所当然地把欧洲的少数几个共和国（如威尼斯或热那亚）视作最低等的政体。正如他们认为自己至高无上的地位对维持国内秩序至关重要一样，除等级制度之外，其他任何国际秩序对他们而言都是不可想象的。然而到了 16 世纪中叶，无论是教皇还是神圣罗马帝国皇帝，他们的仲裁能力都大不如前，这使得其他大国（尤其是法国和西班牙）的君主声称，为了实现欧洲更大范围的和平，他们应该在其中发挥作用。[7] 虽然 1643—1648 年在威斯特伐利亚的明斯特和奥斯纳布吕克镇举行的和平会谈的确促进了所有主权国家一律平等的新观念的发展，但直到 19 世纪，欧洲各国之间的关系实际上仍然遵循等级秩序。18 世纪晚期，国际秩序还出现了另一个重要变化，即其决定因素由等级和地位，转变为更加明确的军事实力以及日益重要的经济实力。

　　政治集权的一个主要结果是，发动和结束战争以及决定开战对象的权力集中于少数国家之手。作为君主特权的重要组成部分，这些权力尽管经常至少会受到议院、国会和其他中间机构的要求的约束，但一般完全由君主本人主导。到了 15 世纪，作为偿还在此前战争中欠下债务的手段，这些颇具典型性的机构在西欧、中欧和北欧都发展起来。作为对批准设立新税种以偿还旧债的回报，议会和类似机构在立法和政策方面获得了一定的发言权。在本时期的欧洲，这些机构的财政权力仍然是制约王室肆意发动战争的主要因素。同样，王室在形式上拥有战略的决策权，尽管君主在实际制定目标和实现目标的方式上都会听取高级官员的建议。虽然没有任何一位君主能够完全不受更广泛的政治、文化或宗教影响，但战争决策仍然具有浓厚的个人色彩。政府的作用是应对君主的决策，政府并无太多进行长期战略规划的实权。[8]战争委员会和其他专门负责战争的机构同样兴起于16世纪，如奥地利的哈布斯堡王朝在1556年建立的战争委员会。但是，这些机构始终缺乏足够的人手，而且它们主要负责行政管理，而非战略规划。这些机构最多只能提供费用估计和其他协助战事规划的指导，它们无权协调长期战略。

王室还始终拥有作战指挥方面的特权，尽管将军或海军司令也经常被授予这一特权，但这些高级军官的任命权依然掌握在王室手中。许多君主会御驾亲征。1644年，国王克里斯蒂安四世（Christian Ⅳ）在科尔伯格海德战役中指挥丹麦海军舰队作战时失去了一只眼睛。他的对手、瑞典君主古斯塔夫·阿道夫（Gustavus Adolphus）阵亡于1632年的吕岑会战，而另一位亲征的瑞典国王卡尔十二世（Charles Ⅻ）则在1718年死于敌军对腓特烈斯滕的围攻中。历史上还有许多其他例子表明，国王经常会随军出征。尽管并非惯例，但像奥地利的玛丽亚·特蕾莎（Maria Theresia）或俄国的叶卡捷琳娜大帝（Catherine the Great）这样的女性君主依然会与手下的士兵并肩作战。除了开创从将军到君主身份转变的先例之外，拿破仑的御驾亲征在当时并非什么新鲜事。

作为国家机构的武装力量

在约公元1500年后的三个世纪中，各国纷纷建立起永久的"常备"军队，这成为一项扩展国家权力的制度化手段。这类军队主要用于对外作战，但也用于打击内部敌人。研究者在过去六十年中强调，技术变革促进了常备军的巩固和扩张。"军事革命"构成了上述解释的核心概念，其最初的适用范围是 1560—1660 年，后来不仅在时间上扩展到 1500—1800 年，而且在空间上也从纯粹的欧洲现象扩展为所谓的全球现象。[9]尽管重点不同，但大多数遵循这条路线的观点往往强调火药技术在改变海陆战争方式上的影响。根据这种观点，军事革命带来的转变要求军队在战术和战略上进行重新组织和配置，并促使军队持续发展和规模不断扩大，这又反过来对国家和社会产生了影响。

　　具体而言，陆地战争开始由步兵主导，这些步兵被编入相对较大的标准化单位，并被训练为兼有冲击力与火力的部队。到 1630 年前后，随着改良的轻型火枪的出现，冲击力和火力之间的平衡开始向后者倾斜。各国的陆军都试图通过削减步兵编制人数来实现火力的最大化，当火器的改良促使编队变得更加精简与高效时，一种延续到 19 世纪 40 年代的线列战术（linear tactics）① 得以诞生。此外，一种被称为"意式要塞"（trace italienne）的新式防御技术也改变了攻城战的方式，这种发展于 15 世纪后期，但在 1560 年前后产生全面影响的技术强调纵深防御，以此保护城镇和堡垒免受更强大的新式火炮的攻击。特别是从 16 世纪 70 年代开始，火炮的部署地点扩展至海上，这让海战从船只作为士兵登船攻击敌人的浮动平台变为船只能够通过远距离炮火击沉或打残敌人。海军采用了他们自

---

① 线列战术，又称排枪战术，17—18 世纪欧洲国家军队的作战方法，一般是将军队沿正面平均配置，展开成二线至三线。线列战术增强了射击武器的效果和步兵火力的作用，但只适于在平坦的地形上战斗，难以随战局的变化变换战斗队形和实施机动。

己称之为"前线"（the line ahead）的线列战术，其目的在于最大限度地提高舷侧布置的舰载火炮的火力。海陆战术方面的变化要求更复杂的指挥结构来协调各个军事单位和船只的行动，士兵中的军官占比有所增加，军官本身也需要更多的经验和技术专长，后世还逐渐形成了关于"职业"军人的文化。另外，指挥结构此时也变得更加强调等级，不同级别的兵种与军衔的界定也变得更加清晰。

但我们更应该关注的问题不是这些变化的外在形式，而是变化的原因和产生的影响。大多数欧洲军事革命的研究者更关注西欧战事，而忽略了东欧的战争理念及其实施方式，后者的特点是更多依靠轻骑兵以及其他"非正规"军队进行流动作战。[10]更重要的是，关注外在形式所导致的技术决定论视角低估了影响战争的政治、文化与社会因素。从 14 世纪 20 年代开始，欧洲人便开始在战场使用火器，但直到 15 世纪中后期，火药制造和冶金技术取得重要进展后，这种武器才变得有效且使用起来没有那么危险。在接下来的一个世纪中，随着火药技术的进一步发展，火力更强但重量更轻的火炮得以诞生，而改良后的火药不但增大了推进动力，而且缩小了装弹的体积。因此，野战炮和攻城炮都变得更轻巧且更容易操作，这些火炮让中世纪的防御工事变得过时，因为这些工事依赖的是高度而不是纵深，但只有纵深才能抵抗炮火。然而，新出现的"意式要塞"与军队规模的扩大之间并不存在因果关联。

这些新的防御工事无疑改变了欧洲城市的整体布局，因为城市需要围绕工事建造巨大且精致的防御圈。这些低矮厚实的城墙不但被放置了防御性火炮的堡垒加固，而且被保护性的土墙包围，士兵开火时也可以有更清晰的视野。它们一旦建成，

181

改造起来就会极其昂贵和困难，这实际上反而限制了城市的发展空间，并迫使居民向高处而不是向外部建造房屋。防御工事的建设还带来了新的城市规划方式，这些方式更加强调理性的几何学而非宗教理念（如设计城镇时考虑教堂的位置）。[11]这些新的防御工事通常会包括一个同时朝内和朝外的城堡。作为驻军的最后避难所，城堡也是居民眼中的国家权力象征，在兵家必争之地（如西属尼德兰）更是如此。

筑城是浩大的工程，需要转运数千吨土石，但其对国家的整体影响仍然有限。欧洲大国在防御工事上的支出仅占军费总支出的 5%—10%，即使是在 17 世纪末沿边界建造了最广阔的外围防御圈的法国，这一比例也仅有 17%。制造火炮的开支只占所有军费的 4%—8%。这样的防御工事确实需要大量的驻军甚至更多武装部队才能攻克。不过，在建造这些工事之前，军队人数已呈现出不断增长的趋势。[12]与此同时，军队士兵同时采用手持火器与剑或长矛等更传统的刀刃武器，因此武器并非军队规模不断扩大的原因。但与弓箭（中世纪最主要的远程武器）相比，火器需要的训练时间更短，国家因此更容易在短期内组织规模更大的军队。政治，而不是技术，为军队规模的扩大及军队转为常备的现象提供了更令人信服的解释。欧洲政治权力格局的变化，尤其是 1450 年后法兰西的统一和 1520 年前后哈布斯堡王朝在查理五世（Charles V）统治下的发展壮大，为各国集结更多兵力提供了制度和物质保证，同时也扩大了大国角逐的战争版图。[13]

就欧洲各国而言，常备军队的建立过程是缓慢且不平衡的，而常备军队对国家的影响也在海军与陆军方面有所差异。海军有着远超陆军的物质需求，因为除了需要配备更多训练有素的人员，海军还需要合适的船只、码头设施，以及为了在容易停靠的沿海地带和干流处集中储存物资而采取的方法。军舰的建造成本尤其高昂，因为必须为海军量身打造军舰。尤其是在 17 世纪中期，在配备了更重与数量更多的大炮后，军舰使得军队对线列战术的依赖有所缓解。这些军舰无法发挥其他用途（如商业活动），而反过来说，这也意味着商船并不适合在战时被租用或被征用以组建海军或扩大海军规模。军舰还必须在艰苦的海洋环境中进行保养，因为船体很容易遭到海洋细菌的腐蚀。而且，军舰的维修和保养需要合适的设施，这些设施同样需要进行保养并配备相应人员。[14]因此，只有两类国家有建立海军的迫切需求：经济上严重依赖海洋贸易的国家，以及在海外拥有殖民地的帝国——如英国、西班牙、荷兰以及威尼斯共和国。还有一小部分国家也建立了海军，这些国家——如法国、（海军规模较小的）瑞典以及较晚时期的俄国——往往国力强盛，而且其中有炫耀本国海陆军事实力的意图。

从 16 世纪早期开始，欧洲海上列强就已经拥有常备海军，但这并不一定意味着常备海军始终具备作战能力。和陆军一样，海军同样需要动员，其中包括对在和平时期被闲置的船只进行改装、招募新船员、征用或打造更多舰队。即使在战争期间，海军也并不总是能够全负荷运转。英国海军历史上遭遇的最大一场挫败发生在 1667 年 6 月，当时荷兰人在梅德韦港俘获了皇家海军主力战舰①，英国海军因为缺乏资金而被困于港口。军舰设计方面的变化要求一系列打造战舰的特定方式，常

---

① 指象征着英国国王查理二世和皇家海军的"皇家查理号"（*HMS Royal Charles*）。

备海军的规模因此不断扩张。1652 年之后，英国和荷兰开展了一场海上军备竞赛，这为两个多世纪后的英德海战①埋下伏笔。不仅英荷两国实施了由税收资助的大型海军建设计划，西班牙、法国、丹麦和瑞典同样建立了更大规模的海军舰队，海军拥有的船只不仅体积更大，而且每艘船都携带了更多重型武器。1650 年前后，"一流"战舰的平均排水量是 500 吨。到 18 世纪，已增长至这一数字的 3 倍到 4 倍，到 1815 年更是达到 3000 吨左右。欧洲海军舰队的总排水量在 1650 年是 20 万吨，这个数字在半个世纪后就翻了两番，到 1790 年时已达 170 万吨。[15]

与海军相比，除了上文已讨论的火炮与堡垒之外，陆军在昂贵设备和设施方面的需求相对较少，陆军规模主要取决于招募、训练、维持以及（政治方面必要的）保留一定数量常备军的能力。到 1800 年，欧洲陆军的总规模是 1500 年的 10 倍，而欧洲的人口在此期间只增加了两倍（从 6000 万—7000 万到 1.9 亿）。在这三个世纪的前半段，各国陆军的兵力也随着战争的开展而出现了大幅度波动。一般而言，每次战役的征兵时间都在 4 月到 10 月，其中大多数士兵会在入冬时复员或被遣送回家，无论战争是否在当年已经结束。直到 17 世纪中叶，一些国家仍然保持这种做法。但即使在和平时期，当时的大多数国家已经配备了基础的常备军队，必要时还可以对其进行人数上的扩充。即使不考虑其他难题（如官方数据与实际人数之间经常存在显著差异），这些国家的军队人数在一年之内以及不同年份之间的波动也使任何兵力估算都十分困难。

---

① 指英德之间爆发的日德兰海战（1916 年），这是第一次世界大战中规模最大的海战。

在 16 世纪上半叶，像法国或西班牙这样的大国可以在战场上投入 5 万或更多的兵力。17 世纪早期，西班牙陷入了一场与荷兰的持久战。荷兰募集了约 4 万人的军队，而西班牙军队的人数至少有 10 万。三十年战争（1618—1648 年）期间，各国军队人数出现了大幅增长。到 17 世纪 30 年代初，各交战国在神圣罗马帝国部署的常备士兵一共有约 25 万。然而到 1654 年，除了奥地利的哈布斯堡王朝仍然拥有真正的常备军之外，这些常备士兵几乎全部解散。大多数欧洲"常备军"真正"诞生"的时期是 17 世纪 70 年代，当时正值另一场长达三十年的战争的开端，这场战争由路易十四（Louis XIV）统治下法国的扩张所引起。1710 年前后，欧洲军队的总人数达到顶峰，并在 18 世纪 90 年代之前大体维持不变，但特定军队的规模发生了巨大变化。法国军队从 1697 年的 34 万人下降到大革命时期的 13.6 万人，只有在 1734—1735 年、1740—1748 年和 1756—1763 年的战争期间才临时出现大幅度的增长。德意志地区小邦国的军队总人数也从 1710 年的 17 万人减至 1790 年的 10.6 万人，但奥地利和普鲁士的军队人数分别从 12.95 万人和 4.38 万人增至 49.77 万人和 19.5 万人。[16]

184

到 15 世纪后期，像法国这样的君主制大国已经拥有少量常备军。在战争期间，军队由贵族和自治城邦根据对王室的长期义务提供的各种部队组成，并由国内外专业军事承包商招募的其他部队进行人数上的补充。和平时期与战争时期维持不同类别的军队是这一制度得以延续的基础，从 16 世纪 30 年代开始的西班牙、从 16 世纪 60 年代开始的法国以及约 1585 年之后的荷兰共和国皆是如此。这些部队具有专业性质，由根据标准化的合同在固定期限内服役的职业军人构成。国家负责统一对士兵进行训练和武装，由此组成不受个人服役时间限制的长期部队。这类"正规"编队通常可以部署在任何有需要的地方，尽管服役协议（"条款"）有时会对他们部署的地区进行具体规定，如免于被派往殖民地作战。

关于本时期战争与国事的大部分研究都强调政治集权与建立常备的正规军队之间的关系。主流观点认为，招募"雇佣兵"（尤其是"外国兵"）能够让君主掌握一支对本土叛乱分子毫不手软的可靠武装力量，这能够使其摆脱此前对贵族阶级武装的军事依赖。[17]但事实上，正规军中的多数士兵本身就是他们所效忠王室的臣民。"雇佣兵"这一概念其实始终是我们理解本时期欧洲战事的最大障碍之一，因为它在现代的定义受到了 18 世纪后期美国和法国革命的政治遗产及其对公民武装的理想化颂扬的过多影响。[18]几乎所有的士兵都具有"雇佣"的性质，因为他们本就是拿钱打仗的，"士兵"一词的词源也是如此①。征兵制度（尤其是那些从 16 世纪后期发展而来的征兵制度）极其复杂，它通过创建新的民兵形式重新规定了臣民应尽的义务。而且，志愿兵役在英语国家往往被视为一项公民义务，这类民兵组织常常因此受到人们误解。这种民兵组织的确在欧洲大陆十分盛行，其中最著名的代表便是在荷兰的大街小巷巡逻的民兵（伦勃朗的名画《夜巡》描绘的正是他们），它是市民的社会与政治身份的重要组成部分。与许多国家有选择征召的民兵相比，由平民组成的民兵几乎没有实战价值。国家征召身体健康的男子进行训练并使之成为民兵，他们要么在战争期间被动员作为补充专业军人的独立单位，要么在

---

① soldier 和 sold 是同一词源。

次数有限的征兵中被直接编入正规部队。后者是贫穷国家得以维持不成比例的庞大军队的一种方式，它因在 1733 年被普鲁士采用而变得著名。这种制度并非使社会变得军事化，而是部分地使军队变得平民化，因为一旦完成了基本的军事训练，新兵在每年的大部分时间里会回到家乡参与当地的经济活动。即使是那些在名义上长期服兵役者也有大量的非服役时间，他们可以通过在此期间做短工来补贴自己微薄的薪水。[19]

中欧东部还存在军队招募与组织的其他形式，在那里各国沿着与奥斯曼帝国的边界建立了"军事前哨站"（military frontier）。在 1699 年之前，奥斯曼人及其基督徒邻居都无意维持长久和平的局面，这意味着双方的每次交火都只能通过暂时的停战协定来停止。跨越国界的袭击往往不在这类协定的条款中，事实上这种袭击构成了双方边境居民生活的结构特征。1522 年后，奥地利的哈布斯堡王朝借鉴早期的匈牙利模式修建了一系列广泛分布的强化防御工事，用以保护他们的领土免受奥斯曼人的侵犯。[20]边界沿线的定居者被派去驻守这些哨所，并在哨所之间的土地上巡逻，他们由此可以获赠土地、免于交税，以及获得宗教和政治方面的自由。从 16 世纪中叶开始，这些防御工事变得越来越精细，因为哈布斯堡王朝在其他省份和神圣罗马帝国的帮助下得以维持和发展防御工事，小规模正规驻军的人数也不断增加。俄国在一些边境地区建立了与其大体类似的军事殖民设施，而波兰立陶宛联邦（Poland-Lithuania）则将哥萨克人视为可以在紧急情况下被征召的潜在军事力量。在任何情况下，将这些边防部队重新部署至其他地方打仗始终都被证明是可行的。这样做不仅可以对常规部队进行有效的人员补充，而且能够提供擅长突袭和侦察的专业"轻骑兵团"，后者正是

186

这些国家在西部的敌人经常缺乏的军事力量。

正规部队的主要优势在于，他们有更加严格的纪律，这使其能够以密集编队的形式作战，以此最大限度地发挥现有武器装备的潜力。军纪的发展成为本时期欧洲战事的一个关键特征，其根植于以下几方面：首先，当时盛行的"正义战争"观念要求用"正当行为"使战争具备合法性，而军纪则被人们当作实现这一目标的一种方式，因为当局能够决定士兵作战的方式；其次，军纪所产生的凝聚力保护了士兵的生命，因为大多数战斗伤亡发生在部队溃散并被敌人攻击或追击时；再次，士兵也乐于接受军纪的正当行为观念所传达的合法性，因为他们希望以此避免与谋杀有关的社会污点；最后，军纪还反映了当时人们某种更加普遍的理念，即建立一个富有秩序的社会。[21]

陆军和海军中都存在类似的军纪，两者在团体林立的欧洲社会中形成了自身的鲜明特征。与类似的民间团体一样，这些军事团体是由理想化秩序中相互竞争的观点所塑造的争议性场所。1520—1580 年，欧洲军队中出现了更加明确的等级指挥制度，这逐渐削弱了此前更加平等的军队秩序。士兵不但失去了选择直属上级的权利，而且失去了对他们的行为规范提出要求或进行协商的权利。起草规范性声明［所谓的"军法条例"（articles of war）］[①] 的权利完全属于作为政治当局代理人的高级军官，这在日后成为一种更广泛立法的特定军事形式，这一发展要远比之前的军事革命文献所揭示的更宽泛。16 世纪 90

---

① "军法条例"最早出现在 16 世纪的欧洲，它们是规范战时行为的重要法典，目的是加强士兵的纪律，是现代军事法律的前身。

年代，拿骚的莫里斯（Maurice of Nassau）在荷兰军队中发起
的所谓"橙色改革"（Orange reforms）无疑颇具影响力。[22]莫里
斯亲王从他对古罗马军事史的阅读中获得灵感并提倡新的演习
形式，以期最大限度地增强军队的火力，而此时的手持火器只
有在军官的指挥下集体使用时才能发挥其效力。然而，他的观
点实际上与当时从道德和实践两方面对雇佣军进行的长期批评
并无二致。许多军官和他们麾下的士兵都在为自己辩护，反对
神学家和社会评论家对他们"把战争当成一场生意"的谴责。
早在 16 世纪 60 年代就出现了一批书籍，它们提倡采取实用措
施，通过提高以可控的方式取得胜利的效率来减少战争的破
坏性。[23]

所有新兵都必须宣誓遵守的军法条例从细节上指导了士兵
的行为，这不但标志着士兵遵循的法律从民法转为军法，而且
为当局惩罚他们的任何违规行为提供了法律依据。为了适应更
广泛也更正式的军队等级制度，军法条例的性质也在不断发生
变化。到 1700 年，一些国家已经发布了单独针对军官和其他
军衔人员的条例。普通士兵在这些条例中同样具有一定的影响
力，尤其是在由同级审判的司法实践中，军事法庭确保审判者
与受审者处于大体相同的级别。[24]与民间团体的成员一样，士
兵可以对军队施加法律之外的压力来改变或塑造军规的执行方
式，尤其是通过兵变。军事法规同时也是市民社会的写照，它
将士兵与社会中其他从法律上进行界定的群体区分开来。这反
映了早期近代欧洲对自由的界定更为宽泛，这种自由具有地域
特征，而且因特定团体或社群而异，所以自由并不具备放之四
海而皆准的统一特征——这一观念直到 18 世纪末才被充分阐
明。因此，军事法规是界定社会群体的更广泛特权网络的组成

部分。1763 年之后，西班牙政府有意扩大军事司法权（*fuero militar*）的适用范围，并以此吸引更多人自愿入伍。

当时的人通常认为，军事法庭的审判过程极其残酷，日后的研究者更是这样认为。但在军事法庭中被判处死刑的人数其实往往少于民事法庭，这在很大程度上是因为重新培养一名训练有素的军人代价不菲。军队也会为那些逃避民事司法的人提供庇护，但民事罪犯有时会被判处服兵役。常备军的建立导致了以民事司法调节管辖权的新问题。欧洲各国对此的处理方式不同。例如，西班牙给予军人一定的司法特权，而法国直到1665 年才允许士兵接受民事法庭的审判。[25]

军事法规的发展还反映了书写文化（written culture）① 在欧洲的更广泛传播。16 世纪后期的许多规章、法令和其他规范性文件都对军法条例进行了补充，这些根据 17 世纪上半叶的战争经验而修订的条例在 1670—1720 年臻于完善。与此进程相对应的是，军事机构本身也变得更加稳定，其基本形式一直持续到 19 世纪初，有的甚至延续到更晚时期。军队此时也被细分为团和连这样的常设管理单位，其中一些单位的前身可以追溯到这些单位诞生前一个世纪（或更久之前）。尽管军队越发受到人手依旧短缺的中央机构的监管，但其日常行政管理仍基本掌握在军人自己手中。尽管正式的法律、法规和基于文件的行政管理制度已经普及，但这类制度与当时人们所称的"军事惯例"（military custom）仍有相当大的距离，后者提供了一套不成文的补充规定和能够引导行为的先例。

---

① 这里提到的书写文化是相对于口传文化而言的文化传播的形式。历史学界广泛认为，从口传文化到书写文化的转变是传统社会向现代社会过渡的标志。

战争行为与影响

学界习惯于将1517—1648年发生的一系列战争称为"宗教战争"，并将随后的1648—1789年君主专制时代的战争称为"局部战争"（limited wars）。根据这一说法，前一时期的战争充斥着残酷的、几乎失控的暴力，宗教仇恨既可以解释这些战争的起因，也可以解释这些战争行为的特点。后一时期的战争观念则被视为对前一时期战争观念的矫正，列强在此时试图"驯服贝娄娜①"，并将战争当作一种实现特定目标的可控途径，其暴力程度主要取决于王朝发动战争的目的。上述说法的起因是，当时各国政府需要为在1670年前后建立的常备军征收重税并提出正当理由，以避免早早陷入战争的暴力循环。与启蒙运动以及（特别是）法国大革命有关的新观念为这一说法添砖加瓦，这些观念将17世纪后期至18世纪的战争描述为与"人民"利益相悖的"帝王消遣活动"（sport of kings）。1792年以后，一种旨在维护国家利益的话语开始出现，这一话语被用于赋予当时中央政府更大幅度地合法调动人力和物资的权力。它还促使人们相信，此时的战争性质发生了根本变化，即战争已经对普通人的生活产生了更为直接的影响。

上述已经定型的观点如今难以被撼动，因为它深深植根于一般文献（尤其是历史以外学科的文献）。此外，支撑这一观点的史料证据也十分丰富。16世纪和17世纪早期的一些战争中的暴行带有明显的宗教色彩，特别是法国宗教战争

189

---

① 贝娄娜（Bellona）是罗马神话中的女战神，战神阿瑞斯的亲妹妹和妻子，以残忍嗜血著称，英语中的 bellicose（好战的）就来自她的名字。

（1562—1598 年），以及 17 世纪 40 年代至 50 年代发生在爱尔兰的战争。这也是一个各教派不断分化的时代，围绕基督教的不同教派形成的身份在不同的地理空间构成了新的联盟与团体。例如，伦敦人可能会因为同情同属一个教派的德意志人的苦难经历而感到愤慨。[26]这类以外部视角记载的文献，在将冲突作为宗教战争的讨论中占有显著地位。许多人（特别是神职人员）的确感到，他们的信仰处于坍塌的危险边缘，这促使他们追求更加直接的宗教目标，如驱逐异端人士和占据其教堂。

然而，当时实际发生的暴行往往远不止于此。当我们考虑到敌军的影响因素时，那种将三十年战争视为"两个被明确界定的教派之间的斗争"的观点便立刻站不住脚了。在大多数平民眼中，这场战争是接连不断地破坏他们的社区与日常生活的一场罄竹难书的暴行。[27]即使是 1631 年 5 月的马格德堡屠城（这场战争中最臭名昭著的暴行）也很难说是一场典型的教派暴力事件。[28]战争的确是血腥的，但大部分伤亡发生在常规军事行动中。例如，在 1601—1604 年的奥斯坦德之围中，西班牙以损失 8 万名士兵的代价从荷兰人手中夺取了该城，荷兰则损失了 6 万名士兵。[29]

发动战争的是国家，而不是教会。虽然对"真实信仰"（true religion）的捍卫被用来为一些战争辩护，但没有政府会以宗教的名义宣战，政府也不会利用宗教来动员国民参战。作为鼓励服从、纪律和凝聚力的更广泛计划的一部分，士兵被告诫要对宗教虔诚。一些军队表现出比其他军队更明显的教派特征，其中最著名的是英国内战中由国会组建的新模范军（New Model Army）。然而，宗教始终只是身份认同的几大标志中的一种，其他标志还包括族裔、语言以及对团体与政权的忠诚，上述标志共同影响了军事组织的品性和文化。1648 年以后，宗教在军事上仍然十分重要，它不仅是军事文化的组成部分，更广泛地说，它也是国家间关系与冲突的一个要素。《威斯特伐利亚和约》远没有使欧洲政治走向世俗化，这项和约尽管带来了基督教社会的和平，但它的基础是基督教派的权力划分，而不是现代意义上的宗教信仰自由。[30]

将 1648 年之后的欧洲战事视为特殊的"局部战争"的观点同样是一种误解。根据此观点，这些发动战争的文明君主能够自我克制，他们会在被击败的时候撤兵，并提出对手可接受的停战条件——但事实并非如此。[31] 普鲁士的腓特烈二世（Prussia's Frederick Ⅱ，即腓特烈大帝）经常被视为上述观点的论据，但他显然不知道在战场遭遇失败后要适可而止。1759 年，当他在库勒斯道夫惨败后，还坚持与自己不可能战胜的对手打了七年的仗。事实上，腓特烈二世的经历还启发了纳粹高层，后者寄希望于 1945 年罗斯福去世，认为这会使美国退出第二次世界大战，就像俄国的伊丽莎白一世（Elizabeth I）于俄历 1761 年去世后，俄国便不再攻打普鲁士，七年战争由此结束。

瑞典的卡尔十二世也是名战争狂人，他在战争中会不择手段地大肆进行破坏。尽管在 1709 年的波尔塔瓦战役中一败涂地，但他仍坚持推进大北方战争（Great Northern War，1700—1721 年）①。此外，这场战争还产生了深远的影响，俄国借此

---

① 大北方战争，又称北方大战、第三次北方战争，是俄罗斯帝国为了夺取波罗的海的出海口及与瑞典王国争霸的战争。

取代瑞典成为波罗的海的霸主。普鲁士在七年战争中的胜利同样明确了其作为欧洲五强之一的地位。

毫无疑问，就人员和物质方面的压力而言，战争规模并未受到任何限制。如果按照人口比例衡量，在 1688—1697 年以及 1701—1714 年的两场战争中，法军的动员水平与大革命时期和拿破仑时期的相差无几。[32]战争的需求迫使欧洲各国纷纷引入新的长期征税形式，特别是在新的信贷体系于 17 世纪 30 年代发展起来之后。该体系始于 16 世纪 80 年代的荷兰共和国，以及 1688 年后促使英格兰银行成立和见证现代社会中首份国债出现的英国金融革命。[33]欧洲各国在旷日持久的战事中也积累了处理长期债务的能力，这一能力在很大程度上使各国得以跻身欧洲乃至世界强国之列。然而，法国没能解决其（军事上）成功干预美国独立战争（1775—1783 年）所产生的债务并因此陷入国内革命的泥潭，而作为战败方的英国却迅速恢复了元气。

尽管如此，仅从宗教角度对这一时期塑造战争的某些因素进行解释的观点并非全无道理，这同样也适用于 1648 年以前的时代。那时的战争仍然从属于基督教的概念，即将战争视为法庭辩论的延伸，这是对法律之外被正当感受到的不公正现象进行纠偏的行为，只有在其他所有解决手段都失效之后才能动用武力。无论我们今天认为这些为战争辩护的理由有多荒诞不经，各国在当时都坚持遵守上述原则。因此，战争的目标往往被限定在一定范围内，即使目标有可能会因为此前取得的胜利而扩大，如瑞典在 1630 年后参加的三十年战争，以及俄国参加的大北方战争。另外，战争同样可能具有重大目标，例如在七年战争期间，反普鲁士联盟就打算将普鲁士几乎完全从地图上抹去。1701—1714 年，法国和奥地利为了争夺西班牙帝国的王位而交战，但双方实际上都有意达成瓜分西班牙的协议。尽管如此，欧洲战事的参与者并不希望将敌人赶尽杀绝，或者破坏他们此前的生活方式。人们认识到，如果想要持续的和平，双方都必须有所让步。但是，外交官有时也会做出错误的判断。在奥地利王位继承战争（1740—1748 年）结束时，法国的大臣在国内饱受抨击，因为他们为确保和平付出了过多的代价。[34]军事行动通常与外交活动联系在一起，冬歇期被用来探寻签订和约的可能性，并休养生息，为来年春天卷土重来的战事做好准备。

战争固有的风险是另一大制约因素。交战被认为是一种解决冲突的光荣方式，但战场同时也无比残忍，军队因为伤亡和俘虏而损失的兵力可达四分之一甚至更多。传统的军事史著作往往更加关注奉行正面交战策略的军队指挥官，他们通过在战役中击败对手来寻求快速且有效的胜利。[35]然而，这种方式要比围攻敌方堡垒的消耗战略风险更大且代价更高。上述讨论还忽略了人文地理和自然地理对战争的影响。本时期的战争大多发生在平原地带，军队仍然依赖食物运输，行动和作战的能力则依赖马匹。农业盈余最多的地区也往往是人口最密集的地区，如意大利北部或低地国家。这些城市化程度较高地区的军队规模可能较大，但防御森严的城镇往往会削弱战斗胜利的影响，因为战败方可能仍会保留争议地区的统治权。

本时期的战斗距离往往很近，战场上的士兵能够看清自己的敌人。尽管火器技术逐步得到改进，但与 19 世纪中期以来使用的枪支相比，当时远程武器的射程仍然十分有限。手持火器只有在军官的严格指挥下由被紧密排列的编队集体使用时才能发挥效力，军官要求士兵承受敌人的炮火，而且士兵通常不被允许或者无法实施报复行为，这种观念被恰如其分地描述为一种"忍耐文化"（culture of forbearance）。[36]其他武器（如长矛）只能用于"近距离作战"，因为它们要求士兵与敌人近身接触。这些武器和其他装备的体积很庞大，这增加了战斗对士兵体力与耐力的要求。在当时的文献记载中，经常出现对火炮发射时的噪音的描述，这种被与雷鸣相提并论的声音在一个没有大型机械的时代显得如此不同寻常，而且士兵也会因此更加容易在战场上迷失方向。

参考论著

目前还没有出现对本时期欧洲战事的全景式研究成果，但以下著作按照时间顺序很好地检视了这一时期的各个阶段：Jeremy Black, *European Warfare 1494–1660*（London：Routledge，2002），*European Warfare 1660–1815*（London：University College London Press/Routledge，1994）。同样具有一定参考价值的文献还包括 G. Mortimer（ed.），*Early Modern Military History 1450–1815*（Basingstoke：Palgrave，2004），J. Black（ed.），*European Warfare 1453–1815*（Basingstoke：Palgrave，1999）。以下著作汇集了学界围绕"军事革命"展开辩论的主要研究成果：C. J. Rogers（ed.），*The Military Revolution Debate：Readings on the Military Transformation of Early Modern Europe*（Boulder，CO：Westview Press，1995）。关于本章提到的一些战争起因的个案研究成果，参见 J. Black（ed.），*The Origins of War in Early Modern Europe*（Edinburgh：John Donald，1987）。

关于对发动战争的物质和财政手段的研究成果，参见 R. Bonney（ed.），*The Rise of the Fiscal State in Europe c. 1200–1815*（Oxford：Clarendon Press，1999）；C. Storre（ed.），*The Fiscal-Military State in Eigkteen Century Europe*（Aldershot：Ashg ate，2009），这两本书都就涉及财政与军事行政的辩论提供了真知灼见。关于本时期欧洲战争中的人力资源和调度问题的优秀研究成果，参见 D. Parrott, *The Business of War：*

Military Enterprise and Military Revolution in Early Modern Europe (Cambridge：Cambridge University Press，2012）。以下著作关于西班牙、瑞典和荷兰共和国的出色个案研究对前著进行了补充：Jan Glete，*War and the State in Early Modern Europe*（London：Routledge，2002）。以下著作则对军事变革和政治发展的相互作用提出了颇有见地的观点：Thomas Ertman，*Birth of the Leviathan ：Building States and Regimes in Medieval and Early Modern Europe*（Cambridge：Cambridge University Press，1997），该著还引用了大量有关该主题的文献。下面两本书都从多个角度论述了本时期欧洲战事中的国际问题：D. Nexon，*The Struggle for Power in Early Modern Europe*（Princeton，NJ：Princeton University Press，2009）；E. Luard，*Balance of Power：The System of International Relations 1648 - 1815*（Basingstoke：Macmillan，1992）。

对于本时期欧洲海战最佳的概览性研究成果是 J. Glete，*Warfare at Sea 1500 - 1650：Maritime Conflicts and the Transformation of Europe*（London：Routledge，2000）；R. Harding，*Seapower and Naval Warfare 1650-1830*（London：Routledge，1999）。有许多著作涉及海战中的战术，其中大部分的参考价值较为有限，但以下著作提供了颇具参考价值的细节：B. Nosworthy，*The Anatomy of Victory：Battle Tactics 1689-1763*（New York：Hippocrene Books，1990）。通过对重大战争进行个案研究同样可以让我们了解本时期的战争行为，例如 M. E. Mallett and C. Shaw，*The Italian Wars 1494 - 1559*（London：Routledge，2012）；P. H. Wilson，*Europe's Tragedy：The Thirty Years War*（Harmondsworth：Penguin，2009）。下面这几本书探讨了欧洲战争中更加广泛的各个层面：K. Hagemann et al.（eds.），*Gender，War and Politics：Transatlantic Perspectives 1775 - 1830*（Basingstoke：Palgrave Macmillan，2010）；J. A. Lynn，*Women，Armies and Warfare in Early Modern Europe*（Cambridge：Cambridge University Press，2007）；H. V. Bowen，*War and English Society 1688 - 1815*（Cambridge：Cambridge University Press，1998）。关于涉及本章内容的更加详细的文献参阅指南，可以参见 P. H. Wilson，'British and American Perspectives on Early Modern Warfare'，*Militär und Gesellschaft in der Frühen Neuzeit* 5（2001），pp. 108-18。

注 释

1. J. T. Johnson, *Ideology, Reason and the Limitation of War : Religious and Secular Concepts 1200-1740* (Princeton, NJ: Princeton University Press, 1975).

2. G. Chittolini, 'The "Private", the "Public", the "State" ', *Journal of Modern History*, 67, supp. (1995), pp. 34-61.

3. 案例参见 R. von Friedeburg, *Luther's Legacy : The Thirty Years War and the Modern Notion of the 'State' in the Empire, 1530s to 1790s* (Cambridge: Cambridge University Press, 2016)。

4. 关于这些现象的充分讨论（包括对较早时期历史编纂的概述），参见 D. Parrott, *The Business of War : Military Enterprise and Military Revolution in Early Modern Europe* (Cambridge: Cambridge University Press, 2012)。

5. 例子详见 L. O'Connell, *Of Arms and Men : History of War, Weapons and Aggression* (New York: Oxford University Press, 1989); F. J. Baumgartner, *From Spear to Flintlock* (New York: Praeger, 1991); S. T. Ross, *From Flintlock to Rifle : Infantry Tactics 1740-1866*, 2nd edn (London: Routledge, 1995)。

6. 该术语借自 D. C. North, *Structure and Change in Economic History* (New York: W. W. Norton, 1981), p. 21。

7. C. Kampmann, *Arbiter und Friedensstiftung : Die Auseinandersetzung um den politischen Schiedsrichter im Europa der Frühen Neuzeit* (Paderborn: Schöningh, 2001)。

8. 案例参见 G. Parker, *The Grand Strategy of Philip II* (New Haven, CT: Yale University Press, 1998)。

9. 关于这一主题的论著众多，其中最具影响力的研究成果参见 C. J. Rogers (ed.), *The Military Revolution Debate: Readings on the Military Transformation of Early Modern Europe* (Boulder: Westview Press, 1995)。

10. 关于这方面一个例子——波兰立陶宛联邦的战争行为——的讨论，参见 R. I. Frost, *The Northern Wars 1558-1721* (London:

Routledge，2000）。

11. M. Pollak，*Cities at War in Early Modern Europe* （Cambridge：Cambridge University Press，2010）．

12. J. Lynn，'The trace italienne and the Growth of Armies：The French Case'，*Journal of Military History* 55. 3 （1991），pp. 297-330. 近期出版的关于火药技术及其影响的最佳讨论参见 W. E. Lee，*Waging War：Conflict, Culture, and Innovation in World History* （Oxford：Oxford University Press，2016），pp. 215-92。

13. J. D. Tracy，*Emperor Charles V, Impresario of War：Campaign Strategy, International Finance and Domestic Politics* （Cambridge：Cambridge University Press，2002）．

14. 案例参见 D. Childs，*Tudor Sea Power：The Foundations of Greatness* （Barnsley：Seaforth，2009）。

15. J. Glete，*Navies and Nations：Warships, Navies and State Building in Europe and America 1500-1860*，2 vols. （Stockholm：Almqvist & Wiksell，1993）．

16. 更详细的数据资料参见 P. H. Wilson，'Warfare in the Old Regime 1648-1789'，in J. Black （ed.），*European Warfare 1453 - 1815* （Basingstoke：Palgrave，1999），pp. 69-95，80；P. H. Wilson，*From Reich to Revolution：German History 1558 - 1806* （Basingstoke：Palgrave，2004），pp. 226-7。

17. V. G. Kiernan，'Foreign Mercenaries and Absolute Monarchy'，*Past & Present* 11 （1957），pp. 66-86.

18. 关于这一问题的更多讨论，参见 D. Moran and A. Waldron （eds.），*The People in Arms：Military Myth and National Mobilization since the French Revolution* （Cambridge：Cambridge University Press，2003）；A. Forrest，*The Legacy of the French Revolutionary Wars：The Nation-in-Arms in French Republican Memory* （Cambridge：Cambridge University Press，2009）。

19. P. H. Wilson，'Social Militarisation in Eighteenth Century Germany'，*German History* 18 （2000），pp. 1-39.

20. G. David and P. Fodor （eds.），*Ottomans, Hungarians and Habsburgs in Central Europe：The Military Confines in the Era of*

Ottoman Conquest（Leiden：Brill, 2000）.

21. J. W. Huntebrinker, ' *Fromme Knechte* ' *und* ' *Garteteufel* ' ： *Söldner als soziale Gruppe* im 16. und 17. Jahrhundert（Konstanz：UvK, 2010）, pp. 55−320; S. Xenakis, *Gewalt und Gemeinschaft. Kriegsknechte um 1500* （Paderborn：Schöningh, 2015）, pp. 69−70.

22. B. H. Nickle, 'The Military Reforms of Prince Maurice of Orange', 未出版的博士论文, University of Delaware, 1975。这场改革是迈克尔·罗伯茨（Michael Roberts）的重点研究对象，他是首个提出"军事革命"概念的学者。参见 Rogers（ed.）, *Military Revolution Debate*, pp. 13−35。

23. Hunterbrinker, ' *Fromme Knechte* ', pp. 321−47. 关于当时将士兵及其自我塑造视为反主流文化的批评声音，参见 M. Rogg, *Landsknecht und Reisläufer：Bilder vom Soldaten*（Paderborn：Schöningh, 2002）。

24. C. Storrs, 'Military Justice in Early Modern Europe', in D. Maffi（ed.）, *Tra Marte e Astrea. Giustizia e giuridizione militare nell' Europa della prima età moderna*（*secc. xvi-xviii*）（Milan：Franco Angelli, 2012）, pp. 11−41.

25. M. Meumann, 'Civilians, the French Army and Military Justice During the Reign of Louis XIV, circa 1740−1715', in E. Charters et al.（eds.）, *Civilians and War in Europe 1618 − 1815*（Liverpool：University of Liverpool Press, 2012）, pp. 100−17.

26. J. Boys, *London's News Press and the Thirty Years War*（Woodbridge：Boydell, 2011）.

27. P. H. Wilson, 'Dynasty, Constitution and Confession：The Role of Religion in the Thirty Years War', *International History Review* 30. 3 （2008）, pp. 473−514.

28. P. H. Wilson, 'Atrocities in the Thirty Years War', in M. O'Siochrú and J. Ohlmeyer（eds.）, *Ireland 1641：Context and Reactions* （Manchester：Manchester University Press, 2013）, pp. 153−75.

29. M. van der Hoeven（ed.）, *Exercise of Arms：Warfare in the Netherlands (1568−1648)*（Leiden：Brill, 1997）, p. 11.

30. D. Onnekink（ed.）, *War and Religion after Westphalia, 1648−1713*

(Farnham: Ashgate, 2009); D. Croxton, *Westphalia : The Last Christian Peace* (Basingstoke: Palgrave, 2013).

31. J. Q. Whitman, *The Verdict of Battle : The Law of Victory and the Making of Modern War* (Cambridge, MA: Harvard University Press, 2012). 关于接下来的内容，参见 J. Kunisch, *Das Mirakel des Hauses Brandenburg* (Munich: Oldenbourg, 1978)。

32. J. Luh, *Ancien Régime Warfare and the Military Revolution* (Groningen: INOS, 2000).

33. H. L. Zwitser, ' *De militia van den staat* ': *Het Leger van de Republiek der Verenigde Nederlanden* (Amsterdam: Uitgeverij de Bataafsche Leeuw B. V. , 1991); P. G. M. Dickson, *The Financial Revolution in England : A Study in the Development of Public Credit 1688-1736* (London: Macmillan, 1967); J. Brewer, *The Sinews of Power : War, Money and the English State 1688-1783* (Cambridge, MA: Harvard University Press, 1990).

34. R. Browning, *The War of Austrian Succession* (New York: Griffin, 1993).

35. 案例参见 R. F. Weigley, *The Age of Battles : The Quest for Decisive Warfare from Breitenfeld to Waterloo* (Bloomington: Indiana University Press, 1993)。

36. J. A. Lynn, *Battle : A History of Combat and Culture from Ancient Greece to Modern America* (Cambridge, MA: Harvard University Press, 2004), pp. 120-1, 128-9.

10 奥斯曼帝国的战争、
政府与暴力的私有化

托尔加·埃斯梅尔

　　传统观点认为，1683 年奥斯曼帝国军队第二次围攻维
也纳的失败是其悠久历史的转折点，这场失败终结了奥斯
曼帝国持续了数个世纪的军事鼎盛和领土扩张时期。在这
场战役之后，哈布斯堡王朝与波兰、威尼斯和罗曼诺夫王
朝统治下的俄国结成军事联盟，横跨欧亚大陆对奥斯曼帝
国发起进攻。1686 年，这支联军占领了布达佩斯和特兰西
瓦尼亚的大部分地区。两年后，他们不仅将奥斯曼帝国的
北部边界向南推移了数百公里，而且越过萨瓦河与多瑙河
的交汇处，占领了贝尔格莱德。1699 年，随着《卡尔洛维
茨和约》的签订，长达十七年的"大土耳其战争"宣告结
束，学界历来将其视为奥斯曼帝国走向衰落的标志，因为
它在匈牙利、克罗地亚、罗马尼亚和波斯尼亚部分地区都
前所未有地流失了大量的领土和臣民，并被迫接受敌人强
制划分的边界。哈布斯堡王朝发起的收复基督教失地运动，
对奥斯曼帝国不断扩张的伊斯兰意识形态造成了沉重打击。
边界的"关闭"意味着，无论这些雄心勃勃、身强力壮的
人信仰何种宗教，他们都不再有在奥斯曼帝国的旗帜下施
展拳脚的机会，这和历史上其他帝国的动态扩张的终止过
程并没有什么区别。

　　军事史学界对维也纳战役①给予了大量关注，并将其视为哈布斯堡王朝的决定性胜利，这场战役拯救了西方文明，奥斯曼帝国也从此一蹶不振。但如果我们从奥斯曼帝国的视角出发就会发现，他们也通过这场战役成功地巩固了自身在东南欧的军事力量，哈布斯堡王朝此后再也没有成为关系帝国存亡的威胁。在18—19世纪，奥斯曼帝国同样设法抵御了正在崛起的沙俄帝国的强大军事力量。因此，即使大规模征服的时代已经结束，奥斯曼人的军事体制也依然被证明具备保卫帝国的能力。然而，大土耳其战争对奥斯曼社会最深刻的影响之一是，信仰天主教的哈布斯堡王朝首次成功策反了如塞尔维亚人这样的东正教军事力量；他们中的许多士兵在维也纳战役中属于奥斯曼一方，他们集体奋起反抗穆斯林统治者，从内部破坏了奥斯曼帝国的战争活动，并掠夺、恐吓和挫败了鲁米利亚（奥斯曼统治下的巴尔干地区）的穆斯林人口。

　　起义的基督徒一直都是奥斯曼帝国统治的潜在威胁，因为他们占据了鲁米利亚和安纳托利亚人口的大多数或重要部分。但在18世纪之前，奥斯曼帝国的对手（如哈布斯堡王朝和威尼斯人）一直未能煽动以东正教徒为主的基督徒群体发动起义。除非东正教徒承认教皇或神圣罗马帝国拥有宗教上的最高权力和宗主权，否则他们不愿为东正教徒提供充足的军事和财政援助。总而言之，他们认为只有奥斯曼帝国中人口少得多的天主教徒（比如亚得里亚海沿岸信奉天主教的阿尔巴尼亚人）才是奥斯曼社会中有可能发动大规模基督教起义的人群。[1]无论

---

①　此处原文为维也纳之围（the siege of Vienna），但历史上发生过三次维也纳围攻战，此处特指1683年的维也纳之围，所以按照中文对本次战役约定俗成的称呼将其翻译为"维也纳战役"。

如何，奥斯曼帝国在 1683 年前依然持续扶持东正教徒士兵，让他们不断积累财富，并增强其社会流动性，使其变成与穆斯林共同征服各地的帝国战士。[2]但是，哈布斯堡王朝同样成功煽动了部分东正教徒士兵（如塞尔维亚人）在 17 世纪 80 年代集体起义反抗奥斯曼帝国统治，这标志着一种反复在欧亚政治中帝国间出现的阴谋活动的开端。首先是哈布斯堡，然后是俄国、法国和英国，这些国家都将煽动奥斯曼帝国境内的其他基督徒起义反抗奥斯曼人的统治，这最终对奥斯曼帝国产生了毁灭性的影响。

在 18 世纪之前，奥斯曼帝国与其对手的区别在于，它是第一个建立由禁卫军（janissary，也作新军）步兵和西帕希（sipâhî）骑兵组成的职业化常备军的早期近代"欧洲"国家。早在 14 世纪就已成立的禁卫军是一支主要由来自巴尔干基督徒家庭的青年男性组成的部队，他们皈依伊斯兰教并接受训练，以确保他们向奥斯曼帝国誓死效忠。西帕希则是部分由基督徒组成的骑兵，他们不仅人数要比禁卫军多得多，而且在帝国各处都被授予封地（timârs），并被允许在这些土地上征税，用来招募、武装和供给一支随行的战斗骑兵队伍，这支队伍的人数取决于他们被授予土地的大小、资源和收入。统治者还会调集增援性质的编外部队，用于协助常备军进行跨越帝国边界的小规模战斗，以此保障道路和山口的安全，并提供驻军支援。在 18 世纪之前的鲁米利亚，奥斯曼军队中基督徒（如塞尔维亚人、匈牙利人、希腊人和弗拉赫人）的数量相当庞大，他们甚至在其中占据多数。

禁卫军和西帕希构成了奥斯曼帝国的主要军事管理（askerî）阶层，在他们之上还有地位更高的帝国官僚以及宗教

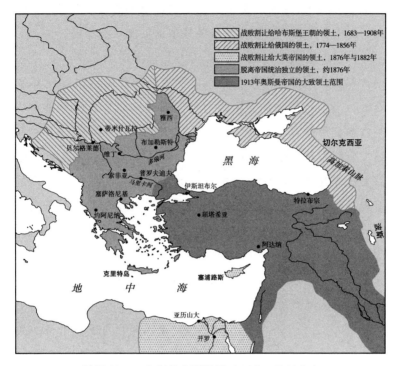

地图 10.1　奥斯曼帝国版图（1660—1913 年）

学者。反观奥斯曼帝国的编外部队，无论是其中的穆斯林士兵
还是基督徒士兵，他们都是传统意义上的赖雅（re'âyâ，字面
意为畜群）这一从属阶层，既不享有与其他士兵同等的地位，
也不能免除缴税的义务。在 16 世纪，奥斯曼帝国的战争体制
有能力征召超过 10 万人的土耳其禁卫军部队和骑兵部队，并
且有数以万计的编外部队予以支持。然而，当欧洲对手着手建
立集权政府和更雄厚的财政基础来训练和供养更大规模的常备
军队以与奥斯曼帝国抗衡时，奥斯曼当局削减了西帕希阶层的
规模以增加火枪部队的人数，因为在 17 世纪中期，战争方式

发生了革命性的变化。随着奥斯曼人逐渐失去对禁卫军日益庞大的规模和纪律的控制，帝国的战争动员能力被削弱。[3]

为了应对上述挑战，奥斯曼人大幅度增加了携带火枪的编外部队的人数。为了与哈布斯堡王朝和沙皇俄国（尤其是后者）有能力集结的更多兵力抗衡，编外部队更愿意接受这些技术变革，其成本只有禁卫军开销的一小部分。在 18 世纪，帝国发动战争的先决条件是招募更多的士兵，这意味着需要比前几个世纪更多的军费。奥斯曼人对此的解决方式是将提马尔（timâr）① 的农田转化为利润更丰厚的终身税务农场（malikâne），当地豪绅（a'yân）一次性为此支付大笔现金，政府由此获得保卫帝国所需的收入。[4]这些豪绅不仅通过此制度开始主导地方政事，他们还成为军事承包商的雇用方，负责为奥斯曼帝国的战争集结大量的编外军事战斗力。这些部队的士兵以 50 人为一个小分队（bölüks），每隔两个月到六个月一次性领取军饷，此外还有每日补给（yevmiye）和协议津贴（bahşiş）。[5]

但是，大土耳其战争在很大程度上深刻改变了奥斯曼军队的宗教乃至种族构成，这一点在 18 世纪奥斯曼帝国转变为军事财政私有化国家的历史编纂中被忽略了。像塞尔维亚人这样的东正教士兵屡次发动对奥斯曼帝国的叛变，在 17 世纪 90 年代后，随着哈布斯堡王朝的军队被赶出巴尔干地区，穆斯林当局开始对其实施报复，这些现象构成了奥斯曼帝国的主权、主体地位和当地社会关系属性的巨大变化。帝国政府不但从此禁止基督徒士兵在军队中服役，而且被迫将帝国的治理、征兵和

---

① 提马尔，奥斯曼帝国赐予普通西帕希士兵的小型食邑。

治安活动外包给来自南部地区以及后来的北部地区的穆斯林游牧武装分子（阿尔巴尼亚人、鞑靼人、切尔克西亚人和库尔德人），这种情况在以前从未发生过。

然而，奥斯曼帝国政府既没有向他们支付报酬的经济实力，也不愿意赋予他们足够的权力，这意味着这些新的帝国雇佣兵很难被统一管理。更重要的是，奥斯曼当局对这些群体的荣誉、世仇及斗争文化的性质了解甚少，正是这些文化将游牧社群（如来自巴尔干西部狄那里克阿尔卑斯山脉的阿尔巴尼亚人）或草原战士（如在 1783 年俄国吞并克里米亚后流亡至鲁米利亚并为多瑙河沿岸增添穆斯林人口的鞑靼难民）凝聚在一起。将更广泛的治安与维稳工作留给当地的"准军事"游牧部队是有道理的：他们需要的中央资源更少；他们极强的机动性使其有能力在数千公里之外的战场上迅速动员，而且成本仅为帝国常备军开销的零头；通过跨境掠夺、奴役和绑架以及争斗这类短期事务，他们在和平时期也能确保自己在为奥斯曼政府服务时有利可图。在战时的"例外状态"中，情况更是如此，因为他们可以合法掠夺像塞尔维亚人这样的非穆斯林群体，当后者成为亲哈布斯堡（以及后来的亲俄）叛乱分子时，就失去了作为受保护的奥斯曼帝国臣民［有经人（*zimmî* 或 *dhimmi*）①］的地位。

1683 年之后，奥斯曼帝国政府在事实上默许了持续针对经常支持或直接投靠敌方（如在 18 世纪频繁与之交战的哈布斯堡王朝与俄国）的非穆斯林奥斯曼臣民的游击战和恐怖活

199

---

① 有经人是伊斯兰社会对信奉天经者的泛称，在奥斯曼帝国中指犹太教徒与基督徒，他们属于受宗教法律保护的二等公民。

动，包括击跑配合（hit-and-run）式的掠夺、勒索、奴役、纵火以及（据推测可能发生的）强奸。问题在于，在奥斯曼人签署和约并结束帝国之间战争后的和平时期，这种带有报复性质的暴力活动依然存在。当穆斯林与非穆斯林再次拥有和平共处的机会时，这些暴力活动损害了社会恢复法治的可能性。上述边境政策曾一度奏效，因为奥斯曼当局可以将这种地方暴力活动视为"山贼"或"阿尔巴尼亚土匪"的强盗行径；但军事史学界常常忽略的是，这一政策到 19 世纪初便逐渐失效。这些暴力活动不仅酝酿了教派和民族之间的仇恨，而且使大规模的有组织犯罪活动泛滥。本章将概述奥斯曼当局的大规模军事和警务权力私有化所引发暴力的来龙去脉及其性质，以及它对奥斯曼帝国社会中教派与民族之间关系的有害影响——这在学界尚属首次。

比较视野下的奥斯曼财政-军事政策

在 18 世纪，奥斯曼帝国通过权力下放和增加外包军队的人数来实施国家暴力。这段历史十分重要，因为它表明，当奥斯曼人认为他们在欧洲的对手强化了对合法暴力的垄断并在军事社会和文明社会之间做出更加明确的划分时，奥斯曼帝国中央政府被迫改变了自己在中世纪晚期主要依靠军队实施暴力的政策。从许多方面而言，外包军队都是欧洲列强尝试解决军事资金问题的一贯方式。例如，路易十四创建职业军队和军官队伍的部分目的就是遏制私人军队的使用和仇杀现象。[6]但是，当奥斯曼人发现自己在与哈布斯堡军队和更强大的俄国军队的两线作战中疲于奔命时，他们急于寻找并资助值得信赖的士兵，希望能够借此匹敌对手可动员的军队规模。

与西欧的殖民扩张政策形成鲜明对比的是，奥斯曼帝国 200
的扩张政策长期以来都建立在吸收和同化各地民族的基础之
上，只要这些民族不挑战帝国的宗主权，当局就允许其保持
原先的习俗和宗教信仰。虽然征服起初是暴力的，但被征服
者既没有被当作劣等民族，也没有遭受在欧洲于新大陆推动
殖民进程和种族奴隶制时发生的各种极端暴行。奥斯曼帝国
保障了不同教派和不同民族的和平与安全。在 17 世纪末以
前，帝国充满活力的军事制度为其所有臣民都提供了社会流
动的可能性。由此，历史学家将奥斯曼帝国的长期统治归因
于当局在灵活制定政策方面的能力，这使帝国得以跨越宗教
和社会的鸿沟，在利润丰厚的帝国扩张和贸易业务中同当地
民众进行协商与合作。[7]

在奥斯曼帝国历史的传统宏大叙事中，17 世纪和 18 世纪
尴尬地处于被研究得更加充分的 16 世纪的征服"黄金时代"
与 19—20 世纪的现代化改革和民族革命时代之间。这一时期
不但经常遭到人们忽视，而且被误解为一个充满了衰退和军事
灾难的时期。但在过去十年间，历史学家致力于用一幅更加平
衡的发展图景取代它此前给人们留下的停滞和衰败的印象。他
们将奥斯曼人置于更大的"革命时代"背景下，对本时期的
几大主题进行了重新阐述：是转型而非衰退，是经济和财政的
重组和整合而非停滞，是外包和私有化而非权力分散和政治
混乱。[8]

尽管如此，当涉及作为 18 世纪特征的强制武装力量的外
包和私有化时，那些伴随着施暴权力的下放而出现的宗教和
族裔之间的激烈冲突仍在很大程度上被人们忽视了。在与地
方割据势力的斗争中，奥斯曼帝国的编外部队通常沦为筹码

和商品。而且，直到 1804—1817 年第一次塞尔维亚"民族"起义之前，帝国中非穆斯林士兵对奥斯曼文化和奥斯曼军队的参与都处于被忽视的位置。这一点之所以值得注意，是因为该时期具有十足的"革命性"：拥有全新政治抱负的奥斯曼基督教团体（如塞尔维亚人以及不久之后的希腊人）冒着巨大的风险，在 19 世纪初奥斯曼帝国的统治下争取到了更多的自治权与独立权。此外，由心怀不满的编外士兵组成的队伍形成了庞大的暴力与恐怖组织，这些组织还吸引了普通民众、禁卫军、省内名士乃至地方长官的参与。这一事实证明，这些纪律严明的准军事组织同样是奥斯曼社会中的一支强大力量。

201

战争与帝国暴力的外包

1683—1688 年，巴尔干地区的战争性质发生了根本性的变化。作为奥斯曼帝国的堡垒，此时的贝尔格莱德已经变成一座物阜民丰的重镇。1521 年，当时的苏丹苏莱曼大帝（Süleymân the Magnificent，1520—1566 年在位）出兵征服贝尔格莱德，并使其成为帝国在北部对抗匈牙利和哈布斯堡王朝，在西部对抗威尼斯的关键枢纽。在 1688 年以前，没有任何外国军队能够进犯这座城市。但是，当哈布斯堡将军、萨伏依王朝的欧根亲王（Prince Eugene）在大土耳其战争期间横渡多瑙河并占领它时，发生了一件此前从未有过的事：他手下的天主教徒军官成功策反大量塞尔维亚的东正教徒和其他非穆斯林赖雅参与反抗苏丹统治的全面起义。这些人此前在帝国竞争对手的土地上为奥斯曼当局实施暴行，包括掠夺、奴役和屠杀。现在，他们纷纷加入哈布斯堡王朝麾下，并且将枪口指向已经在抵御神圣同盟（Holy League）① 的长期进攻中人口骤减的穆斯林。

　　巴尔干地区的东正教士兵历来都是奥斯曼帝国西部编外部队的主力，如今他们投奔马尔托罗人（martolos）② 领导下由哈布斯堡军官和此前奥斯曼帝国统治下的基督徒组成的准军事组织，成为志愿军（Freikorps）的一员。这些组织深入鲁米利亚腹地，一度占领了尼什（现位于塞尔维亚）和斯科普里（现位于北马其顿）等重镇，并煽动其他地方的基督徒群体共同起义。尽管如此，奥斯曼大军还是重新集结，并于1690年的秋天夺回了尼什和斯科普里，紧接着还夺回了维丁、贝尔格莱德和塞尔维亚的其他地区。[9]天主教徒士兵（如乌斯科克人）、信仰东正教的居民（如塞尔维亚人、弗拉赫人和马尔托罗人）和其他边境民族过去曾在效忠奥斯曼人与效忠奥斯曼人的对手之间摇摆不定，[10]然而在1688年后，他们纷纷投靠帝国的对手，这场规模空前的变节从此改变了该地区的政治平衡。

202

　　萨伏依王朝的入侵还使成千上万的穆斯林难民流离失所，他们在恐惧中逃离奥斯曼帝国管辖的匈牙利和特兰西瓦尼亚。奥斯曼当局在贝尔格莱德和维丁等主要堡垒城市以及战略要道沿线安置了来自近期失地的穷苦难民，以确保这些地区成为抵御外国入侵与心怀不轨的当地基督徒的穆斯林居所，[11]这类场面日后在奥斯曼帝国境内反复上演。但在这场战争后，贝尔格莱德、维丁和瓦拉几亚频繁出现投诉与请愿的人群，这表明帝国安置穆斯林难民和准军事组织的工作存在巨大问题。而且，

---

①　欧洲历史上有多个名为神圣同盟的联盟，本章中的神圣同盟是指奥地利、波兰和威尼斯在大土耳其战争中建立的反奥斯曼同盟（1684—1699年）。

②　马尔托罗人是在15—17世纪效忠于奥斯曼帝国的基督徒士兵，他们以此保留自身原来的领地。

在战争结束后的很长时间内，穆斯林还在侵占基督徒的财产，并对其实施勒索和奴役，这也使局势更加混乱。[12]旷日持久的暴力迫使塞尔维亚人纷纷"大逃亡"（Velike seobe Srba），他们跨越边境，投靠哈布斯堡王朝。

1690 年，当奥斯曼帝国的军队重新占领贝尔格莱德后，当局不但对和平时期针对塞尔维亚人的私刑睁只眼闭只眼，而且剥夺了 16 世纪时授予塞尔维亚牧首教区的所有特殊待遇、土地和税收权。于是，佩奇（现位于科索沃）的前任牧首阿尔塞尼耶三世（Arsenije Ⅲ Crnojević，1633—1706 年）率领第一批塞尔维亚人和其他东正教徒投奔哈布斯堡王朝。在夺回 1711 年割让给俄国的领土后，奥斯曼人在 1714—1718 年转向西部战场对付哈布斯堡王朝和威尼斯人，以夺回 1699 年在那里失去的大片领土。然而，欧根亲王率领的奥地利军队在 1716 年的彼得罗瓦拉丁战役中再次击溃奥斯曼帝国军队，并夺回了贝尔格莱德，此时的塞尔维亚自由军团也再次向南深入巴尔干地区。最重要的是，哈布斯堡当局在 1718 年建立了以贝尔格莱德为行政中心的塞尔维亚王属领地（Königreich Serbien）①，允许拥有自治权的塞尔维亚自由军于和平时期在该地保留封地以及对穆斯林的土地进行掠夺和袭击，这些活动有助于维持新领地。直到 1739 年另一场长期战争爆发，这项政策才被终止。在这场再度爆发的长期战争中，奥斯曼帝国打败了哈布斯堡-俄国联盟，重新占领塞尔维亚，并将"哈布斯堡"的贝尔格莱德夷为平地。[13]

---

① 此处英文原文为 Kingdom of Serbia，塞尔维亚历史上有多个以 Kingdom 为名的政权，但此处的 Kingdom 并非指独立的王国政权，而是哈布斯堡王朝的一个直属区域。

地图 10.2 奥斯曼帝国统治下的鲁米利亚，1800 年前后

　　在战争结束后，由于当时塞尔维亚人对塞尔维亚争取更广泛的自治和自由权利的所有希望都破灭了，加上来自穆斯林的报复打击，他们再次开启了离开奥斯曼领土的大规模北迁浪潮。为了接纳这一大批移民，哈布斯堡皇帝利奥波德一世（Leopold I）建立了一个名为伏伊伏丁那的免税军事边境区，允许来自奥斯曼帝国的塞尔维亚人和其他东正教居民在该地重新安居乐业，其条件是他们必须组织自由编外部队保卫该地区，并定期向奥

斯曼帝国发动突袭和小规模战役（Kleinkrieg）。

尽管在帝国边境出现的上述现象依然有待学界进行更细致的研究，但现有研究成果已经表明，奥斯曼帝国做出了反击举动，从此禁止塞尔维亚人和其他奥斯曼基督徒服兵役，而且在多瑙河沿岸的新领土严格推进伊斯兰化进程，并将留在境内的基督徒驱逐出这些战略要塞。为了填补离开帝国的塞尔维亚人和其他基督徒留下的空白，奥斯曼人授权大批畜牧者和游民士兵从靠近亚得里亚海海岸的山区（今属阿尔巴尼亚、希腊和黑山）向东迁徙，进入今属塞尔维亚南部、科索沃、北马其顿和保加利亚的这片地区。[14]

引起这些人口变化的因素既包括生态环境，也包括由帝国之间的战争和阴谋引发的教派与民族身份政治。但最重要的因素在于，奥斯曼当局迫切需要可靠且廉价的穆斯林军事力量来充实本国边境防线。由于缺乏建立和训练常备军的资源和时间，中央政府无奈之下将国家边防和警卫的工作外包给这些新招募的士兵。地形崎岖的阿尔巴尼亚和黑山缺乏肥沃的土地，难以进行耕种。因此，在这些地区居住的大多是游牧民族，他们从拜占庭帝国时期起就是效忠亚得里亚海沿岸敌对帝国的雇佣兵。这些通常被帝国官员统称为"阿纳夫特"（在土耳其语中意为阿尔巴尼亚人）的人群实际上分别属于诸多不同的地区、宗族、教派和民族，这使奥斯曼人无法对其进行统一归类和管理。奥斯曼当局此前试图将这些群体之间的内讧和血海深仇限制在山区，帝国政府一旦控制了巴尔干西部的道路、山口和海岸，就会容许这些暴力活动的存在。

研究阿尔巴尼亚、马其顿和塞尔维亚的学者历来认为，阿尔巴尼亚人能在科索沃及其周边定居，说明奥斯曼帝国利用忠诚的穆斯林来对这些地区进行殖民。但是，我们很难就此将居住在科索沃平原、更靠北的贝尔格莱德以及巴尔干山脉和罗多彼山脉东部的阿尔巴尼亚游牧士兵同样视为支持奥斯曼帝国的穆斯林狂热分子。直到18世纪，大部分阿尔巴尼亚人信奉的仍然是天主教。[15] 事实上，这些迁移应该被视为一个更广泛现象的组成部分，即阿尔巴尼亚游牧士兵以帝国编外部队的身份在奥斯曼帝国境内立足，他们填补了塞尔维亚人和其他东正教军事人口逃亡至哈布斯堡王朝的伏伊伏丁那后留下的空白。他们的定居似乎是与皈依伊斯兰教同时发生的，因此我们必须在更大的历史变革背景下审视阿尔巴尼亚人的迁移，各种宗教、同一宗教的不同派系甚至民族身份都通过这场变革在整个奥斯曼社会中扮演了更加重要的角色。事实上，到18世纪末，奥斯曼当局显然需要征召更多士兵与俄国人作战，这涉及对编外部队的动员工作。不过，奥斯曼帝国正处于一个基督教臣民的民族身份变得更加敏感的时期，这些部队的士兵更忠于自己的家乡和民族，而非国家。

　　弗吉尼亚·阿克桑（Virginia Aksan）指出，在奥斯曼当局发现很难与这些处于流动状态的士兵群体进行协商后，他们努力重新确立自身对合法暴力的垄断与控制权。[16] 近年来的一些研究成果显示，这种情况不仅存在于边境，而且存在于内地城市中，这些移民与各种动荡的局势密切相关。例如，在《卡尔洛维茨和约》签订后，巴尔干移民成为和平时期大规模骚动和反叛的主要煽动者，其中一些事件甚至威胁到了奥斯曼帝国首都的安全。帝国文献显示，在伊斯坦布尔爆发的三场城市骚乱（1703年、1730年和1740年）中，此前被迫退位的两任苏丹、流离失所的阿尔巴尼亚人以及年轻的未婚男子是骚乱背后的主要煽动者。例如，巴特罗纳·哈利尔（Patrona Halil）在1730

年领导的起义之所以在奥斯曼帝国历史上如此独特，原因在于其社会基础。据说，作为一名阿尔巴尼亚移民，哈利尔做过浴池服务员和二手物品的流动小贩。他靠自己的努力进入禁卫军团，召集水果商、咖啡店主、禁卫军和部分城市居民，领导发动了一场最终导致苏丹艾哈迈德三世（Ahmad Ⅲ，1703—1730年在位）下台的大规模起义。与一般平民和城市行会相比，帝国当局更倾向于将阿尔巴尼亚移民视为首都城市结构中损害法治与王室权威的眼中钉，因为他们有丰富的军事经验，而且以尚武著称。无独有偶，1740 年，又一场战争紧随而来，奥斯曼人同时与俄国人及哈布斯堡王朝作战，据说由阿尔巴尼亚移民组成的人群在西帕希集市上袭击商店并掠夺货物，从而引发了一场蔓延至旧货市场以及巴耶济德清真寺地区的骚乱。尽管当局镇压了这些反叛，但帝国历史文献再次将公众骚乱、反叛和犯罪归咎于阿尔巴尼亚移民。[17]无论他们的作用是否被国家夸大，在奥斯曼精英阶层的想象中，这些移民都已被默认为混乱的代名词。

私有化的破产

18 世纪上半叶，奥斯曼帝国将边疆的军事和治安工作外包，至于由此产生的匪患和不同基督教派之间的争端，当局大多睁只眼闭只眼。但在 1787—1792 年同时对抗哈布斯堡王朝和俄国的战争结束后，和平时期的混乱和暴力以新的方式破坏了奥斯曼帝国社会的稳定。穆斯林的编外士兵不仅要负责与外国军队交战，还要负责对付奥斯曼帝国境内的塞尔维亚人和其他蠢蠢欲动的基督徒，这和此前战争期间的情形并没有什么区别。由于奥斯曼帝国的非穆斯林臣民一直以来都有支持或加入帝国对手军队的倾向，奥斯曼人在 18 世纪后期通过法律程序取消了这些臣民（如有经人）的受保护地位。这一政策在战 ₂₀₇ 争时期让奥斯曼当局十分受益，因为它在事实上允许国家的大量编外部队依靠剥夺非穆斯林臣民的财产和强迫后者进行劳动来维持生计。由于现金短缺的国库无力支付这些编外武装人员的酬劳，奥斯曼政府越来越鼓励他们进行抢劫和掠夺，以及没收塞尔维亚人和其他因为与奥斯曼帝国交恶而投奔外国军队的基督徒的财产，并奴役其妇女与儿童。不过，这一政策很容易遭到滥用：穆斯林以上述法律和战时状况为借口掠夺无辜者，而且当局很难区分战斗人员和非战斗人员。事实证明，这一政策成为长期的世仇争斗和土匪活动的强力掩护。

18 世纪末，奥斯曼帝国统治中这些反复出现的战时"例外状态"酿成了恶果：即使是在和平时期，暴力与动荡依然十分普遍，地方世仇争斗并不会随着战争的结束而停止。塞尔维亚人和阿尔巴尼亚人之间一直存在敌对倾向，部分原因是位于边境地区的双方对所需资源的争夺，另一部分原因是哈布斯堡王朝和奥斯曼帝国交战带来的军事压力。但是，奥斯曼帝国在 1787—1792 年发动的同时对抗哈布斯堡王朝与俄国的战争尤其激化了奥斯曼帝国统治下的巴尔干以及其他地区的宗教与民族矛盾。在这场战争中，奥斯曼当局首次将暴力外包给不同的民族，让他们代表帝国对外作战。为了与盟友叶卡捷琳娜大帝的宏伟计划相抗衡，哈布斯堡皇帝约瑟夫二世（Joseph Ⅱ，1780—1790 年在位）试图建立一个由奥斯曼领土上的希腊人管理的"拜占庭-俄国卫星式"① 的新帝国（与哈布斯堡王朝

---

① 莫斯科大公国在 9 世纪中叶接受拜占庭帝国的东正教思想，成为后者的卫星国。

在 18 世纪早期试图建立的塞尔维亚王属领地十分相似）。他派遣钦差大臣前往奥斯曼帝国治下的塞尔维亚各地，让他们在当地分发赏赐，并承诺更广泛的自由和社会流动性，以争取民众支持。他们还被派往黑山和瓦拉几亚，广泛承诺宗教信仰自由，宣传哈布斯堡王朝的统治能够给当地带来的福祉。[18]

1788 年，哈布斯堡王朝的志愿军指挥官率领由 50 人组成的塞尔维亚编外部队［与奥斯曼帝国的波鲁克（bölük）[①] 连队的组织方式相同］在贝尔格莱德附近的战略要地进行了一系列击跑配合的游击突袭。这些部队不但袭击、掠夺和屠杀城镇居民，而且还盯上了国内道路上运往贝尔格莱德的武器和物资。一旦奥斯曼帝国对其采取强制措施，他们就会藏入周围的山区和森林。[19]此时，一个名叫科查·安杰尔科维奇（Koča Anđelković）的哈布斯堡雇佣兵声名大噪，他雄心勃勃地领导着自己的塞尔维亚志愿军。这支军队不但有能力破坏奥斯曼帝国的补给线，而且有能力吓退在贝尔格莱德以南（甚至远至尼什）的穆斯林群体。尽管安杰尔科维奇可能只是在 1788 年春天短暂地控制了塞尔维亚南部的部分地区，但他从塞尔维亚南部的尼什到北部的特兰西瓦尼亚对奥斯曼人的打击活动是如此著名，以至于这些地区被命名为"科查边境"（Kočina Krajina）。从跨越边界在哈布斯堡市场从事贩猪贸易的新兴商人中，安杰尔科维奇脱颖而出，并为其他志同道合的塞尔维亚民族领袖——如卡拉乔尔杰·彼得罗维奇（Karađorđe Petrović）——树立起以商人起家的军事领袖榜样。此后，彼得罗维奇领导了 1804—1813 年的第一次塞尔维亚起义，他的后裔后来成为统治

---

① 波鲁克在土耳其语中意为小分队，是奥斯曼军队的基础编制。

塞尔维亚、克罗地亚和斯洛文尼亚的王室。

在前往贝尔格莱德的路上，安杰尔科维奇甚至将他和他的手下从奥斯曼帝国的补给商队中夺取的部分战利品象征性地献给哈布斯堡皇帝约瑟夫二世——这遵循的是奥斯曼帝国历史的悠久传统。他也因其效忠举动得到了应有的奖赏：皇帝不仅授予这位志愿军的领导者以卡普丹（*kapudan*，意为首领）的军衔，还授予他率领手下 2000 名将士在奥斯曼帝国的领土上畅行无阻的特权。其他塞尔维亚人的编外部队也纷纷效仿他来争取从中分一杯羹，臭名昭著的切塔（*Četa*，编外士兵组成的土匪团伙）便诞生于此。这类团伙在贝尔格莱德的北部郊区实施类似的击跑配合袭击，他们的活动范围从莫拉瓦河延伸到德里纳河，再到波斯尼亚，不但成功切断了奥斯曼帝国的补给线，而且造成了当地穆斯林居民的恐慌。1789 年，阿尔巴尼亚的奥斯曼编外部队终于在巴纳特（位于今天的塞尔维亚东北部和罗马尼亚西部）抓住了安杰尔科维奇，将他和他的至少 100 名部下以刺刑①处死，并将他们的头颅送往伊斯坦布尔——这种做法同样基于奥斯曼帝国历史的悠久传统。

奥斯曼帝国的文献记载为我们提供了一个更易理解的法律框架，奥斯曼人以此框架为借口在战争时期对像塞尔维亚人这样的顽固分子实施更加特殊的暴行。1788 年，奥斯曼当局开始以极其残忍的手段对付安杰尔科维奇和其他由塞尔维亚志愿军构成的切塔团伙。伊斯坦布尔的首席大法官穆罕默德·卡米尔大人（Mehmed Kâmil Efendi）颁布了一项法令，

---

① 刺刑是当时常见的一种死刑，行刑方法是将一根削尖的木桩立于土中，受刑者坐在尖端上，让这根木桩从受刑者的肛门插入，从嘴或胸部穿出。

授权奥斯曼帝国的编外军队处决所有塞尔维亚团伙及与此群体有关的所有人等。[20]奥斯曼帝国中央政府授权对自己的臣民采取此类强制措施，是出于后勤与法律两个方面的考虑，类似于之前 1778 年对俄战争期间，当局向摩尔多瓦和希腊派出阿尔巴尼亚军队以镇压俄国煽动下的反叛。在俄国于 1783 年吞并克里米亚后，当地的鞑靼贵族和战士阶层集体逃往奥斯曼统治下的巴尔干地区，他们因此无法再将俄国人送往奥斯曼帝国的奴隶市场。但他们和阿尔巴尼亚人一道将奥斯曼帝国的非穆斯林视为新的奴隶来源，这些人已经失去了作为受保护有经人的权利。尽管奥斯曼军队本应针对的是不安分的塞尔维亚士兵及其亲属，但他们经常掠夺、屠杀和奴役非穆斯林民众。因此，在波斯尼亚、克罗地亚、塞尔维亚和哈布斯堡的伏伊伏丁那，塞尔维亚人受到奥斯曼编外军队的重点关注。根据哈布斯堡方面文献记载中的估算，即使在特兰西瓦尼亚，阿尔巴尼亚军队也在战争期间杀害、绑架、奴役或驱逐了 3.6 万名特兰西瓦尼亚人。[21]

然而，当哈布斯堡军队在 1789 年 10 月 6 日占领贝尔格莱德时，胜利的天平开始向哈布斯堡王朝倾斜，他们迫使奥斯曼人在 1791 年签署《齐什托夫和约》（齐什托夫位于今天保加利亚的斯维什托夫）。不久之后，奥斯曼帝国与俄国在 1792 年 1 月签署了《雅西和约》，奥斯曼人的所有敌对军事行动随之停止。这些和谈中的一个高度敏感的问题是，如何处置诸如塞尔维亚人、罗马尼亚人和摩尔多瓦人这样为哈布斯堡王朝和俄国而战的奥斯曼臣民。由于担心当地穆斯林的报复，塞尔维亚、黑山、瓦拉几亚和摩尔多瓦的社群领袖在和谈接近尾声时向哈布斯堡王朝和俄国施压，要求他们保护自己。因此，和约

的第三项条款规定，奥斯曼当局必须大赦所有在战争期间支持
敌国的赖雅基督徒。[22]

　　国家安保工作的外包致使奥斯曼帝国不仅外战一败涂地，
国内同样暴力肆虐，这成为塞利姆三世（Selim Ⅲ）实施"新
秩序"（nizâm-i cedîd）这项大刀阔斧的改革计划的触发因素之
一。这项计划旨在创建和训练一支规模更大、拥有最新技术和
武器装备的职业军队，同时还要建立一个能更有效地征收税款
以支付这笔费用的全新国库。塞利姆三世命令他的首席神职人 210
员梅弗拉那·穆罕默德·梅基大人（Mevlânâ Mehmed Mekkî
Efendi）发布一项敕令（fetvâ），这项敕令不但集体赦免了背
叛帝国的塞尔维亚人，保护他们免受穆斯林的报复，而且反过
来将大量阿尔巴尼亚籍的编外士兵、要塞守卫和禁卫军一律视
为贝尔格莱德沦陷的罪魁祸首，并将这些人统统驱逐出塞尔维
亚，这些穆斯林士兵因此被迫放弃他们的庄园（çiftlik）① 和在
战争中查抄的财产。作为补偿，奥斯曼当局以神圣税（resm-i
tapu）的形式将这些财产交还塞尔维亚的耕种者，希望这样做
能起到安抚他们的效果，以免这些编外部队进军贝尔格莱德并
以武力夺回财产。塞利姆三世甚至还授权官员处决了一些抵制
改革的阿尔巴尼亚籍的重要穆斯林领袖，其中包括拥有帕夏头
衔的"狂人"艾哈迈德（Deli Ahmet），编外军团（bölükbaşı）
的这位领袖曾在几年前因追捕和处决了臭名昭著的安杰尔科维
奇（他的塞尔维亚对手）而被提拔为将军。[23]

　　但塞利姆三世和他的大臣可能没有想到的是，边境上的穆

---

① 这是奥斯曼帝国自 16 世纪开始的一种土地管理形式，当时的军官有权向
苏丹索取土地，并被允许将土地传给自己的后代。

斯林士兵不但抵制这项改革，而且认为这是国家对他们的背叛并决心进行报复。在接下来的十五年（1792—1806年），中央政府要同时竭力保卫贝尔格莱德和巴尔干其他地区免受愤怒的穆斯林编外军队的侵扰。随着不满情绪的升温，这些军队的人数也不断增加，最终发展成为奥斯曼社会中规模最大的武装力量之一。大多数流亡领袖继续指挥军队对鲁米利亚的城镇和村庄实施报复性袭击，这些袭击行动的规模比国家批准他们在战争期间对塞尔维亚人实施的同类型恐怖和破坏活动的规模更大，但他们如今在更加广阔的区域同时打击迫害基督徒和穆斯林，甚至一度逼近帝国首都。

政府官员同样经常与广泛的犯罪和土匪活动狼狈为奸，这使18世纪90年代鲁米利亚的气氛与内战无异。据文献记载，负责镇压流亡编外武装（现存官方文献将其统称为"山贼"或"阿尔巴尼亚"土匪）的帝国官员与匪徒之间的界限本就十分模糊。这种状态还暴露了官员面临的另一个反复出现的难题，即难以动员能对土匪采取有效打击行动的可靠部队。例如，贝尔格莱德的总督埃尔-哈克·穆斯塔法（El-Hac Mustafa）在1795年的一封信中抱怨称，自己率领的驻扎在该市的编外部队完全靠不住，他们"充满了仇恨和野蛮行径，因为流亡的土匪在他们中间散布无尽的谎言和毫无根据的谣言，以此吸引他们加入"。然而，信件也揭示了官员对编外士兵的虐待与后者加入鲁米利亚土匪团伙的倾向之间的相关性。例如，我们从另一位官员在一年后的信件中可以得知，这位总督不仅阻挠编外部队的士兵在服役期结束后返回家乡，而且还把他们的薪水据为己有。不出所料，一旦从贝尔格莱德脱身，这些士兵就会投奔城外的土匪。[24]

　　奥斯曼帝国各地的穆斯林编外士兵都在酬劳方面受到了帝国当局的不公平对待，这个问题并非仅仅存在于巴尔干地区。几十年后的 19 世纪 20 年代，一个名叫"狂人"穆斯塔法（Deli Mustafa）的安纳托利亚士兵以第一人称的视角生动叙述了和平时期在安纳托利亚发生的类似现象。穆斯塔法的回忆部分涉及他于希腊独立战争（1821—1829 年）期间在摩里亚的冒险。这位年轻的战士吹嘘自己斩杀了希腊叛乱分子，掠夺并烧毁了他们的社区，奴役了他们的妇女和儿童——读起来就像是在描述他步入成年的仪式。穆斯塔法认为，这些行动可以让他赢得自己战友、指挥官和其他目标读者的尊重，而且他从未对此产生道德方面的困扰，毕竟希腊的有经人阶层因为反抗奥斯曼帝国而在战时失去了受保护臣民的地位。然而，他在描述希腊起义前在安纳托利亚的冒险经历时变得收敛，当时他的部队在那里与叛乱的帕夏、土匪和库尔德部落作战。在穆斯塔法的反复叙述中，他的指挥官抛弃了他和他的同伴，而且克扣他们的薪水，他的部队此后被迫"在不同村庄之间游荡"才能勉强维持生计。这些对当地社会造成的破坏更多是源于奥斯曼帝国政府的腐败，因为官员经常将拨给编外士兵的资金和供给据为己有。[25]

　　军事领域的私有化显然助长了有组织的犯罪活动。被征召入伍者在整个奥斯曼帝国的自治地区都实施敲诈勒索，迫使民众支付保护费，否则就会大开杀戒。但国家也是这场罪行的同谋，因为记载鲁米利亚土匪叛乱的所有文献都表明，匪帮对当地民众的迫害行为是由地方官员促成的。奥斯曼当局授意民众领袖与重要匪首就所谓的冬季休战展开谈判，允许后者从当地民众那里领取薪水和供给，并留在附近安全的

212

庇护所内过冬。作为交换条件，他们保证在秋冬季节不伤害当地的民众。事实上，这种往往是由从出售掠夺品、走私和黑市中获利的腐败地方官员谈判达成的协议，从未从根本上解决问题。

匪首不仅与地方中层官员建立了共谋关系，一连串被中央委派以打击土匪的帝国大臣也在勒索和敲诈活动中收受贿赂，并为这些犯罪活动提供便利，这种现象首先出现在巴尔干地区，后来又扩展至安纳托利亚和阿拉伯各省。奥斯曼帝国的精英阶层也在相互斗争中受益于匪首的支持，并通过操纵伴随而来的暴力、匪患恐慌、司法以及舆论，在围绕有限资源而展开的阴谋诡计和激烈竞争中，确保自己能够在当时已动荡不安的奥斯曼社会中站稳脚跟。[26]

结　语

在大规模战争之后的和平时期，奥斯曼社会中形成了一种广泛存在的准军事犯罪和恐怖文化，其影响范围远远超出了巴尔干地区。它所产生的腐蚀效应渗透进国家最高领导层，并对奥斯曼社会产生了长期的危害。这些动荡不仅是以国家名义在边境地区推行暴力的后果，也是将保卫国家的工作外包给准军事部队和其他流动编外部队酿成的恶果。尽管这些部队为保卫奥斯曼国家和穆斯林社会而有所牺牲，但国家没有授予他们与之匹配的地位和财富。土匪和奥斯曼当局的共谋造成了长年动荡的局势，这促使塞尔维亚人在俄国人的支持下于1804—1813年的第一次塞尔维亚起义中争取独立。尽管塞尔维亚人无法与奥斯曼人匹敌，但这场起义使奥斯曼帝国与俄国在1806—1812年展开另一场大战，这场战争进一步破坏了奥斯曼帝国政治和社会的稳定，还在 1808 年引发了使塞利姆三世及其继任者穆斯塔法四世（Mustafa Ⅳ）丧命的起义。在巴尔干地区的非穆斯林臣民发动反叛后，这场起义又成为俄国与奥斯曼帝国全面交战中一系列战役的开端。这些战争导致巴尔干地区信仰基督教的民族纷纷寻求独立：希腊和塞尔维亚在 1828—1831 年的战争后分别赢得独立和自治的权利；而在 1876—1878 年的战争后，黑山、罗马尼亚和塞尔维亚独立，保加利亚则获得了自治权。

　　奥斯曼帝国在 1683 年以后的历史表明，该国从早期近代到现代的过渡历程与西欧国家有显著的区别。因为与哈布斯堡王朝和罗曼诺夫王朝进行持续的两线作战，奥斯曼人将暴力和治理的权力过度外包，这与欧洲各国借助军事-财政的崛起过程形成了鲜明的对比。然而近年来，早期近代欧洲军事集团的研究者对上述传统观点，以及职业化常备军的建立与国家形成和市民社会之兴起的相关性提出了质疑。这些研究者指出，马克斯·韦伯（Max Weber）提出的层级官僚制（科层制）与合法暴力垄断理论并不适合作为对早期近代的奥斯曼帝国进行分析的参照。[27]

　　劳伦·本顿（Lauren Benton）的研究表明，我们需要用一种更细致入微的方法来检视国家形成的过程。她指出，在以民族和宗教高度多样性为特征的大型王朝国家和帝国中，对暴力的垄断是不可想象的。在早期近代社会中，人手不足的帝国通常被迫将治理国家的工作外包给专门从事暴力活动的团体，而这些团体往往享有高度的自主权。帝国收编士兵集团对帝国进行商业扩张至关重要。英国政府将其在印度的殖民工作外包给了一家私营公司，该公司的成功秘诀是与当地的精英阶层合作以及招募当地人力。皇家海军的奖励机制则类似于一种国家出资支持的海盗行为。[28] 反观奥斯曼帝国，其在战略方面更加问题重重，因为除了东部的波斯萨非王朝，帝国还在北部边境面临着横跨欧亚大陆的两大帝国对手的挑战。值得注意的是，奥地利人和俄国人都在努力遏制本国雇佣军的势力范围。然而，奥斯曼帝国采取了武装并挑拨流动的民族士兵进行争斗的策略，尽管这在短期内可能奏效，但为未来局势的失控和族群间的暴力泛滥埋下了隐患。具体而言，这项策略导致国家暴力和私有暴力之间的界限变得模糊不清。当地民众还因为奥斯曼当局及其对手将暴力和恐怖外包给不同民族的士兵而遭受无妄之灾，他们也将自己对这些施暴者的恐惧情绪转化为对国家本身的不满印象。

通过将暴力外包给其他民族的武装群体，奥斯曼当局使国内各民族之间走向对抗。一旦达成自身目的，当局就会将这些暴乱分子视为罪犯，这使得民族身份建立在一种不公且满腹怨恨的基础上。民族性也被这种准军事暴力文化所塑造：这不仅是国家煽动民族间集体暴力的直接后果，也是国家将从事帝国"脏活"的全部民族妖魔化并定罪的直接后果。[29] 阿尔巴尼亚与塞尔维亚的冲突就源于奥斯曼帝国与其对手的冲突，但这只是一种更广泛且反复出现的现象的缩影：1876年，流亡的鞑靼人受命镇压保加利亚起义，他们很快也被判定为不受保护的罪犯（*başıbozuks*）；1915年，奉命镇压亚美尼亚革命（*Dashnaktsutyun*）的库尔德士兵实施了亚美尼亚大屠杀，他们在第一次世界大战结束后被集体定罪。这些日后发生的事例表明，奥斯曼人在18世纪制定的政策在日后仍然得以延续。

参考论著

对奥斯曼社会中暴力现象的研究主要集中在 19 世纪晚期的民族斗争、偶尔发生的帝国战争、最终引发第一次世界大战和亚美尼亚大屠杀（1915 年）的准军事主义文化，以及标志着土耳其从帝国过渡至共和国的内战（1919—1923 年）中的种族清洗。然而，奥斯曼国家形成过程中的暴力问题也是研究中世纪晚期至 17 世纪奥斯曼社会的学者的关注焦点，这一快速扩张的时期历来被视为奥斯曼帝国的黄金时代。20 世纪早期的研究者将早期奥斯曼政体的成功归因于"圣战"（加沙）意识形态，而今天对此有不同看法的学者试图重新思考国家建构与教派间暴力的联系。Cemal Kafadar, *Between Two Worlds : The Construction of the Ottoman State* （Berkeley：University of California Press，1999）一书对 15 世纪的奥斯曼编年史进行了重新解读，并阐释了历史学界此前所理解的一种排外的、十字军东征式的"圣战"意识形态在奥斯曼帝国是一种更加模棱两可的话语，这为希腊、亚美尼亚和斯拉夫的基督徒以及土耳其人参与奥斯曼帝国的建构留下了研究空间。Karen Barkey, *Empire of Difference : The Ottomans in Comparative Perspective* （Cambridge：Cambridge University Press，2008）同样认为，奥斯曼帝国跨越社会、宗教和种族鸿沟，建立了历史上持续时间最长的庞大帝国之一。对于该著作者而言，奥斯曼帝国得以建立长期统治的关键因素是拥有一个有先见之明的中央官僚机构，这个机构设想并实施了有利于不同教派互相宽容与共存的政策。因此，自 21 世纪以来，认为普世、宽容与融合是早期奥斯曼社会的属性已经成为教科书式的权威观点。

215

相比之下，漫长的 18 世纪受到的关注则要少得多，对这一时期的研究至今依然受到"混乱"和"衰落"观念的消极影响。传统学界在很大程度上将这一时期描绘为奥斯曼国家和社会背离了过去强大的、集权的军事-财政国家模式的时期。自 20 世纪 90 年代以来，研究奥斯曼帝国的学者一直致力于挑战这种关于衰落的传统观念（这种观念中往往充斥着东方主义和伊斯兰社会的单一特征），并且选择关注奥斯曼人在不断变迁的时代中调整和重新配置财政和行政结构的能力。Karen Barkey, *Bandits and Bureaucrats : The Ottoman Route to State Centralization* （Ithaca：Cornell University Press，1994）以奥斯曼帝国的编年史为主要研究对象，该著重审了 16 世纪 90 年代至 17 世纪 20 年代帝国间战争失败后席卷安纳托利亚的杰拉里起义期间的长年匪患，并得出结论：奥斯曼政府会与土匪进行谈判并对其进行拉拢，以此防止他们与农民和精英合作建立推翻国家的危险联盟。这一结论强调了奥斯曼政府寻求通过"非欧洲"途径来推动国家形成的过程，以此确保自身的长期统治。

近年来，对奥斯曼历史进行重新解释的学者又回到这个悬而未决的问题，即 17 世纪至 19 世纪初困扰帝国不同地区的广泛匪患，它与以国家为中心的混乱和衰落观点产生了冲突，而前几代学者通过帝国编年史的话语未加批判地接受了上述观点。Baki Tezcan, *The Second Ottoman Empire：Political and Social Transformation in the Early Modern World*（Cambridge：Cambridge University Press，2009）；Ali Yaycıoğlu, *Partners of Empire：The Crisis of the Ottoman Order in the Age of Revolutions*（Palo Alto：Stanford University Press，2016）这两本著作利用更广泛的文献来源（如奥斯曼帝国时期的手稿、历史档案、法庭笔录、外国人的游记和出使记录，以及法庭编年卷宗），为 1622—1808 年的骚乱和动荡叙述提供了另一种视角，即当时广泛的匪患和暴力成为使几位苏丹被废黜甚至被处决的大规模革命的导火索。这两本著作都涉及帝国官僚、宗教学者、禁卫军团和地方豪绅（a'yân）等社会力量在这些冲突中扮演的角色，以展示他们如何代表奥斯曼社会中更大的、被忽视的派系，这些派系都参与了反对苏丹专制的社会运动。

在这些关于奥斯曼帝国"原型民主"（proto-democracy）实验的新观点中，帝国治理和军事集团的外包和私有化得到了充分体现，但准军事群体（无论是穆斯林还是非穆斯林）的作用还是没有得到详尽探讨。相比之下值得注意的是 Virginia Aksan, *Ottoman Wars, 1700-1870*（London：Pearson，2007）以及我最近发表的几篇论文，这些研究成果都通过一种颇具新意的视角将过度外包的 18 世纪奥斯曼军事制度与普遍存在于和平时期的匪患联系起来，揭示了奥斯曼军事机构如何恰恰在 18 世纪末到 19 世纪初（民族主义时代之前）非穆斯林的民族身份认同开始变得无比重要时越发坚持招募穆斯林编外军队。

注 释

1. Noel Malcolm, *Agents of Empire : Knights, Corsairs, Jesuits and Spies in the Sixteenth-Century Mediterranean World* (Oxford: Oxford University Press, 2015).

2. Ian Almond, *Two Faiths, One Banner : When Muslims Marched with Christians across Europe's Battlegrounds* (London: I. B. Tauris, 2009), pp. 171-8.

3. Gábor Ágoston, *Guns for the Sultan : Military Power and the Weapons Industry in the Ottoman Empire* (Cambridge: Cambridge University Press, 2005), pp. 53-93.

4. Virginia Aksan, *Ottoman Wars, 1700 - 1870* (London: Pearson-Longman, 2007), pp. 84-6, 182-5.

5. Virginia Aksan, 'Mobilization of Warrior Populations in the Ottoman Context, 1750-1850', in Erik-Jan Zürcher (ed.), *Fighting for a Living : A Comparative Study of Military Labour, 1500 - 2000* (Amsterdam: Amsterdam University Press, 2013), pp. 333-45.

6. Stuart Carroll, *Blood and Violence in Early Modern France* (Oxford: Oxford University Press, 2006).

7. Karen Barkey, *Empire of Difference : The Ottomans in Comparative Perspective* (Cambridge: Cambridge University Press, 2008).

8. Ali Yaycıoğlu, *Partners of the Empire : The Crisis of the Ottoman Order in the Age of Revolutions* (Palo Alto: Stanford University Press, 2016).

9. Selim Alsantaş, *Osmanlıda Sırp İsyanları : 19. Yüzyılın Şafağında Balkanlar* (*Serbian Revolts in the Ottoman Empire : The Balkans at the Turn of the Nineteenth Century*) (Istanbul: Kitap Yayinevi, 2007), pp. 37-9.

10. Wendy Bracewell, *The Uskoks of Senj : Piracy, Banditry, and Holy War in the Sixteenth-Century Adriatic* (Ithaca, NY: Cornell University Press, 1992).

11. Geza Dávid, 'The Eyalet of Temesvár in the Eighteenth Century', *Oriente Moderno* 18 (1999), p. 114.

12. Virginia Aksan, ' Whose Territories and Whose Peasants? Ottoman Boundaries on the Danube in the 1760s ', in Frederick Anscombe (ed.), *The Ottoman Balkans, 1750-1830* (Princeton, NJ: Marcus Wiener, 2006), pp. 64-7.

13. Michael Hochedlinger, *Austria's Wars of Emergence : War, State, and Society in the Habsburg Monarchy, 1683 - 1797* (London: Pearson, 2003); Virginia Aksan, *Ottoman Wars 1700-1870: An Empire Besieged* (London: Pearson, 2007), p. 116.

14. Fikret Adınır, ' Religious Communities and Ethnic Groups under Imperial Sway: Ottoman and Hapsburg Lands in Comparison ', in D. Hoerder, C. Harzig and A. Schubert (eds.), *The Historical Practice of Diversity* (New York: Berghahn, 2003), pp. 54-86.

15. Antonina Zhelyazkova, ' Islamization in the Balkans as an Historiographical Problem: The Southeast-European Perspective ', in Fikret Adanır and Suraiya Faroqhi (eds.), *The Ottomans and the Balkans : A Discussion of Historiography* (Leiden: Brill, 2002), pp. 237-44.

16. Aksan, ' Mobilization ', p. 344.

17. Betül Başaran, Selim III, *Social Control and Policing in Istanbul at the End of the Eighteenth Century* (Leiden: Brill, 2014), pp. 23-4.

18. M. Pavlovic, *Srbija za vreme poslednjeg Austrijsko-turskog rata (1788-1791)* (Belgrade, 1910), pp. 9-16.

19. W. S. Vucinich, ' Serbian Military Tradition ', in B. K. Király and G. E. Rothenberg (eds.), *War and Society in East Central Europe* (New York: Brooklyn College Press, 1979), vol. I, pp. 307-8.

20. Aslantaş, *Osmanlıda Sırp*, pp. 49-50.

21. Will Smiley, ' "When Peace is Made, You Will Again Be Free": Islamic and Treaty Law, Black Sea Conflict, and the Emergence of "Prisoners of War" in the Ottoman Empire, 1739-1830 ', 未出版的博士论文, University of Cambridge, 2012, pp. 116-17。

22. Stanford Shaw, *Between Old and New : The Ottoman Empire under Sultan Selim III, 1789-1807* (Cambridge, MA: Harvard University Press, 1971), pp. 31-51.

23. Aslantaş, *Osmanlıda Sırp*, pp. 54, 208.

24. Tolga Esmer, 'Economies of Violence, Banditry and Governance in the Ottoman Empire around 1800', *Past & Present* 224. 1 (2014), pp. 164–77.

25. Tolga Esmer, 'The Precarious Intimacy of Honor in Late Ottoman Accounts of Para-militarism and Banditry', *European Journal of Turkish Studies* 18 (2014), pp. 7–8.

26. Esmer, 'Economies', pp. 179–82.

27. David Parrott, *The Business of War : Miltiary Enterprise and Military Revolution in Early Modern Europe* (Cambridge: Cambridge University Press, 2012).

28. Lauren Benton, *A Search for Sovereignty : Law and Geography in European Empires, 1400 – 1900* (Cambridge: Cambridge University Press, 2009).

29. Ryan Gingeras, 'Last Rites for a "Pure Bandit": Clandestine Service, Historiography and the Origins of the Turkish "Deep State"', *Past & Present* 206 (2010), pp. 151–74.

第三部分
亲密关系和两性关系中的暴力

11 晚期帝制中国对性暴力和家庭暴力的法律认识

苏成捷

本章解释了如何根据早期近代中国（1368—1800 年）[1]正式法律中的上层规范来理解性暴力和家庭暴力，我们主要在 18 世纪的司法改革时期关注上述现象。与本卷的其他各章一样，本章的出发点是当今的常识性概念与早期近代的常识性概念之间的深刻鸿沟。如今在世界上大部分地区，普遍存在一种重视并优先考虑个体意愿的女性主义基本视角，性暴力也因此被广泛视为对个人的身体自由与意志自由的侵犯。但在包括帝制中国在内的当时的许多社会中，人们对性行为和暴行的合法性有着截然不同的理解。

因此，语言是理解本章内容的关键所在，原始中文文献中的基本术语可能无法轻易或随意翻译成对应的现代英文词语。我们必须时刻保持对原始语境的敏感，无论这种语境对现代人的情感观念以及我们今天关注的重点而言有多难以令人接受。

明清律法中的"奸"、强奸与和奸

"奸"（不正当性行为）是中国特有的法律术语，这个字有着悠久的历史，中国法律界直到今天依然会使用它。"奸"的基本含义是"变节"或"背叛"，既可以指政治变节，也可以指性背叛——例如，《大明律》和《大清律例》都禁止"奸党"（叛国）和"犯奸"（性犯罪）行为。在儒家思想体系中，妻子必须绝对忠于丈夫，就像臣民必须绝对忠于君主，两者背后是同一套价值观在运作。因此，"奸妇"是指不贞的妻子，而"奸臣"是指不忠的臣子。"奸"字本身就体现了强烈的厌女意味，它不仅由女字旁组成，而且其中一种写法"姦"①便是由三个女字组成的三角结构。这个概念的本意就是不忠的女性，体现了暗地里的阴柔诡计。[2]

作为与性有关的概念，"奸"字指婚外交媾（无论是被胁迫还是自愿的），这种行为往往被理解为一个男子侵犯另一个男子家中的女子，前者从而构成了玷污后者血脉的威胁。因此，只有"完成"了阴道插入的强迫性行为才会被视为强奸。在 18 世纪之前的律法中，与女性贞操有关的性行为和男性之间的性行为会被区别对待。同样的，对女性非阴道部位的插入行为（如以肛交的方式实施的强奸）也会与"奸"同罪，这证实了"奸"这个字本身就涵盖了"从阴道插入"之意。[3]当然，当时还存在其他形式的性行为（如明代小说《金瓶梅》中的男主人公喜欢被他的姘妇们品箫），但它们并未出现在当时的律例中。

禁止犯奸的律法对"胁迫"（强）和"同意"（和）进行了彻底区分。"强奸"一词的字面意为"强迫发生的犯奸行为"；与其对应的是"和奸"，指"双方同意前提下的犯奸行为"。尽管两者都被视为罪行，但它们有一大区别：在胁迫的情况下，只有男性会被问罪；而在双方同意的情况下，则男女同罪。与对和奸的处罚相比，对强奸的处罚要更严厉，两者的差别也随着时间推移而变得更大。在当时的中国律法中，"同

---

① "奸"和"姦"在古籍中同义，现代简体汉字将两个字统一为"奸"。

意"没有任何正面含义,它在法律中的唯一意义就是确定奸罪的类型:如果女性同意婚外性行为,那么她就是在犯罪。[4]

明清律法都规定,强奸罪当处死,但只有在受害者证明自己清白的情况下才可能如此——事实上,只有当受害者拥有一尘不染的贞洁记录以及能证明自己对强奸行为本身的强烈抵抗时,强奸者才会被判死刑。因此,如果女性受害者要将一个男人以强奸问罪,她们必须首先证明自己没有犯下和奸罪。[5]

明朝律法确立了强奸罪证据的基本标准,而《大清律例》沿用了这一标准:

> 凡问强奸,须有强暴之状、妇人不能挣脱之情,亦须有人知闻,及损伤肤体、毁裂衣服之属,方坐绞罪。[6]

律例还进一步规定,"若以强合以和成,犹非强也"。[①] 换言之,只有在整个事件过程中都进行强烈的身体抵抗的女性才有资格被视为强奸的受害者;否则,她就很可能会在默认情况下被判犯有和奸罪。此外,强奸有着不贞过往的女性的罪犯会被酌情减轻处罚。[7]

婚内性暴力

婚内性行为是否合法与妻子是否同意无关。根据当时的律法和习俗,婚姻的有效性取决于父权制家长之间的协议,而不

---

① 以上两处原文出自马建石、杨育棠主编《大清律例通考校注》,北京:中国政法大学出版社,1992年,第950页。

是夫妻双方本身的意愿。如果婚姻是有效的，那么根据既定事实本身（ipso facto），配偶之间的性交也就是合法的。这与欧洲教会法律传统截然不同，后者将婚姻定义为在上帝面前立下的盟誓，需要夫妻双方自愿同意。因此，在明清律法中不存在"婚内强奸"的说法——律法制定者大概会认为这个概念本身就是矛盾的，因为作为"奸"罪的一种，"强奸"只能指发生在婚姻之外的行为。由此，如果一名女性声称自己被强奸，只有在她未婚并被视为处女的情况下，官府才会命令接生婆对她的盆腔进行检查。因为已婚妇女的盆腔创伤可能是由其丈夫的性行为（这被视为合法）造成的，所以她们无法用盆腔伤害作为自己被强奸的证据。[8]

222 　　另外一些被称为"包办婚姻"的案例则从另一个角度说明了这一点。婚姻的合法性并不是取决于新娘和新郎本人的意愿，而是取决于夫妻双方家长（通常是父亲）的意愿。不仅如此，婚姻通常诞生于由媒人斡旋的两个家庭之间的谈判中。此外，在订婚和结婚之间通常会隔一段时间，这段时间可能会持续多年。如果谈判破裂，或者其中一个家庭在订婚期内反悔，就可能会产生麻烦。有时新郎的家庭会试图强行促成婚姻，即把新娘抓回家并强行举行拜堂仪式（通常是指在家庭长辈以及祖先的灵位前叩首），最后让新郎通过强奸新娘达成"圆房"。如果双方因此对簿公堂（并非所有此类事件都会如此，因为有些新娘的父母会选择忍气吞声），对女性施加的胁迫和性暴力本身并不重要。恰恰相反，判决结果完全取决于婚姻是否合法，即两方的正当监护人是否通过媒人同意结婚，是否向新娘家支付礼金并达成最终协定，以及是否以婚书的形式将协议记录在案。

如果能证明情况如此，那么新郎圆房的方式就无关紧要。反之，那些劫持并强奸女性的人就要面临"强夺良家妻女奸占为妻妾"① 的严重指控。律法的措辞说明了这一点："奸占"一词强调的是，这种性行为之所以非法，是因为这场婚姻本身缺乏合法依据。9

明清律法制度的一项基本任务是维护和执行儒家关于规范家族等级制度的构想，即按照辈分、出生顺序、性别和婚姻对直系亲属进行划分，按照正统丧葬制度中亲属关系的亲疏程度对宗族进行划分。对于涉及同族成员的犯罪，量刑也会相应加重。如果一个人对地位较高的亲属施暴，那么他就会受到比相反情况严重得多的惩罚。例如，明清律法都明文规定，在不造成骨折或其他更加严重的伤害的前提下，丈夫有权殴打自己的妻子（清朝案件卷宗中的定性陈述表明，这类现象在很大程度上已经变得司空见惯）；但殴打丈夫的妻子将面临严厉的惩罚，甚至可能被判处死刑，这取决于案件的具体情况。杀害自己丈夫的妻子会被判凌迟处死，而杀害自己妻子的丈夫在最严重的情形下也只会被判斩监候，且其中存在复审后减刑的可能性。在一年一度的秋审中，皇帝会在中央官员的协助下对斩监候案和绞监候案进行复审，并在此过程中权衡每个案件里是否存在加重和减轻处罚的情节。如果丈夫杀害的是"不孝"或者"不顺"的妻子，那么犯人将被减刑。这种减刑的理由是，妻子的无礼举动激起了丈夫的义愤。10据推测，由于死刑案件（特别是涉及秋审的案件）的审查过程漫长，大多数这类案件

223

---

① 原文引自《内阁刑科题本·乾隆五年十月二十七日》，北京：中国第一历史档案馆，第 68 条。

的死刑判决从未得到真正执行。

"不顺"当然包括拒绝性交，但即使妻子违抗丈夫的命令，后者也并不可以毫无底线地对妻子施暴而逍遥法外。肆无忌惮的虐待行为是不被允许的，只有当丈夫的杀人暴行在某种程度上符合婚姻的规范基础时，官府才有理由对被判死刑的犯人做出监候处理的决定。

在1784年的秋审中，乾隆皇帝对比了两名因杀妻而受到审判的丈夫，他亲自对两起案件做出了裁决。第一起杀妻案的经过是，林氏嫌丈夫陈明贵太穷，因此与他的母亲争执，并多次要求解除他们的婚姻。当陈明贵责骂她时，她反过来侮辱和咒骂他的母亲，被激怒的陈明贵将她勒死。皇帝减轻了对陈明贵的处罚，理由是林氏顽固不化的挑衅和不孝举动本身就是犯罪，这抵消了丈夫的大部分罪责。皇帝最终给出如下理由："娶妻本为养亲，而明刑即以弼教。"但在第二起杀妻案中，皇帝并未宽大处理。这场凶杀案的经过是：王添富新娶的年轻新娘于氏拒绝与其交媾，于是王添富便对妻子痛下狠手，最后用火钳灼伤其生殖器；不久之后，于氏就重伤不治而死。在谴责这起谋杀案"残忍已极"时，皇帝不仅强调这名女子的年轻与无辜（她当时只有十七岁，[11]即十五或十六周岁，而她的丈夫已年逾三十，这场谋杀似乎还发生在夫妇新婚之夜），而且强调她的过失和她丈夫的暴行相比显得无足轻重："自当情实予勾，以儆凶残。"最后，皇帝对两起案件的总结是："一由义忿，一逞淫凶，其间权衡轻重分别办理。"[1][12]

---

① 本段原文和人名引自刚毅辑《秋谳辑要》卷五，台北：文海出版社，1968年。

此外，当场捉到妻子通奸并立即将她与奸夫杀死的丈夫完全不会受到任何惩罚。在皇帝手握绝对生杀大权的前提下，这是明清律法中极少数允许夺取他人生命的例外情形之一。换言之，杀死自己的妻子未必就是罪行，只要丈夫是出于"义愤"杀死威胁到家庭和宗族完整性的妻子。[13]另外，如果奸夫杀害了与其通奸者的丈夫，那么即便妻子没有参与谋杀，甚至对此一无所知，她也会（与奸夫一起）被判处死刑。这条律法背后的逻辑是，妻子对丈夫的背叛为丈夫被杀制造了动机和机会。但是，如果丈夫之前曾教唆妻子实施不贞行为（如同意与另一个男人建立一妻多夫关系，或者让她通过卖淫来养活自己），例外情形就不再适用。在这种情况下，杀害妻子和/或其性伴侣的丈夫会失去法律豁免权；同样的，在这种情况下没有参与奸夫谋杀丈夫的妻子只会被问奸罪。[14]

更重要的是，夫妻关系的合法性并非仅仅与丈夫放纵性欲有关。从前文的讨论中或许可以看出，婚内发生的任何事情都不会被视为应受律法制裁的性犯罪。然而，事实并非如此。将守孝时的婚内性行为视为犯法的观念由来已久，例如，唐、宋、元三朝（618—1368 年）的律法都对在为父母正式服丧期间致使妻妾怀孕的丈夫实施严惩。明清律法同样禁止男性在服丧期间婚娶纳妾，并规定对在服丧期间犯下奸罪者从重处罚。尽管明清律法并没有明文禁止"不孝"的婚内性行为（在服丧期间使妻子或侧室受孕的行为），但当权者会极力主张，做出这种行为的人应该以"不孝"的罪名被处以杖责乃至劳役。正如当时一份文献所记载的那样，"谓居父母丧内，其妻有

225

孕，则是忘亲贪淫，故所得孕"①。因此在理想情况下，即使是婚内的床第之欢也应受到儒家道德规范的内在约束。[15]

综上所述，在本时期的中国，婚姻关系（包括性和暴力）并非被欲望或其他以自我为中心的冲动所支配，而是被对个人在更大的宗族秩序中地位的敬畏所支配。只有在与维护秩序的行动步调一致的情况下，丈夫才有权与妻子发生性关系或对她施加暴行。

从地位操演到性别操演

上述儒家范式是整个帝制时期（从汉朝到清朝）调节性关系（sex relation）与性别关系（gender relation）②的基础。然而在这种一以贯之的连续性中，18世纪正处于中国封建王朝如何管理性关系的长期范式转变的顶峰，这种转变可以被描述为从"地位操演"（status performance）到"性别操演"（gender performance）的过程。[16]概言之，中古时期的中国律法聚焦于维护占人口少数的精英阶层和"良民"（拥有自由选择职业权利的平民，字面意为"善良之人"）的利益，7世纪的唐代律法是该时期中国律法秩序的缩影。[17]与此形成对照的是，当时中国社会中的大多数百姓（包括大部分农业劳动力）的身份是仆人、佃农、奴隶等，这些不自由的身份通常世代相传，他们在法律上被视为"卑鄙"或"低贱"之人（贱民），并因此受到歧视。由此，例如，《唐律》禁止"犯奸"的首要

226

---

① 原文引自《刑台法律·名例副卷》，北京：中国书店，1990年，第12—13页。

② 在本章的语境中，性关系指发生性行为的两者之间的关系，性别关系指基于性别的社会关系。

目的是防止贱民与具有良民或上层身份的女性发生性关系，而如果具有同等法律地位的两个人实施同样的举动，他们受到的惩罚则要轻得多。

这些立法者此前设想的典型强奸场面是，一名良家妇女被自己家庭下属的低贱奴仆强奸——这种情景与美国南方对黑人男子强奸白人妇女的偏执设想（真实情况与此恰好相反）极其相似。相比之下，精英阶层中的男性有权与家庭中贱民身份的女性随意发生性关系。他们对后者采取的任何举动都不会被视为"犯奸"，更不可能被视为强奸。律法反而会将这类举动视为主人对其下属妇女的"宠幸"。上层阶级的男性唯一可能犯下的性罪行是，通过与隶属另一个男人的妇女发生性关系来侵犯他的特权，但这种罪行受到的惩罚也相对较轻。

在早期中国社会的地位操演范式中，律法禁止犯奸的目的并非禁止某些特定的性行为，而是通过法律维护等级界限，使每个人的行为举止都符合统治者对其身份的设想。因此，拥有良民身份的妇女被禁止与丈夫以外的任何男人发生性关系，但贱民身份的妇女不具备坚守贞操的资格。即使是已经和他人结婚的女奴或女仆，也无权拒绝自己主人提出的交媾要求。此外，某些类别的贱民以提供性服务和其他低贱的娱乐形式为生（如声名狼藉的"乐户"①）。在这些情形中，卖淫行为受到官府的管制，甚至会被征税。[18]

然而到 18 世纪，中国的社会结构已经发生了翻天覆地的变化。清朝律法改革的一个基本目的就是革新律法以适应新的

---

① 广义的"乐户"是以音乐歌舞专业活动为业的贱民，此处是狭义的用法，指妓女。

社会现实。[19]贵族阶层已经退出政治舞台（除了极少数与统治者密切相关、集中居住在京师的满洲和蒙古贵族）；绝大多数百姓如今能够自由从事农业，他们要么将土地作为自己的财产，要么以契约形式持有土地，并且在法律身份上与乡绅一样同属良民。与此同时，人口过剩、农业用地规模缩小以及对女童和成年女性的系统性歧视导致社会性别比例失衡，这使既未娶妻、亦无田产的下层男性的人数不断增长。这些无依无靠的单身汉在社会上的势力日益膨胀，令清朝官员和精英阶层产生越来越多的忧虑，并将其视为对社会和道德秩序的威胁。

227

在儒家思想中，父系制家族并非个体的简单集合，而是一条从过去流向未来的有机河流。生活在当下的这代人占据了其中最重要的位置，他们最大的使命是延续宗族血脉，让祖先香火不致断绝。因此，婚姻以及婚内性行为的首要目的是以忠于父母和祖先的名义通过男性后裔传宗接代。尽管人们当然明白男女有别，但成年人性别划分的主要依据是规范的婚姻和生育中的不同职责：两者的差别与其说是"男"和"女"，不如说是丈夫/父亲和妻子/母亲。[20]此外，儒家思想中还有一个基本治国原则，那就是家长制权威和家庭关系有助于社会化个人在家庭之外行事得体，以此成为在政治上忠君的良民。孔子在《论语》的第一篇中就已经告诫人们："其为人也孝弟，而好犯上者，鲜矣；不好犯上，而好作乱者，未之有也。"[①][21]

从这一立场出发来看，在 18 世纪的中国，越来越多的男性贱民处于规范的家族制度之外，他们在意识形态和政治两个方面都对现有秩序构成了巨大威胁。这些人在日常俗语和法律

———————

① 原文出自《论语·学而》第二节。

话语中都被称为"光棍"，其中的"光"是指他们缺乏家庭关系"根枝"的约束。"光棍"一词最早出现在 17 世纪晚期的司法文献中，并在 18 世纪成为当时律法的重点关注对象。他们很快被清朝的司法部门视为眼中钉，并被妖魔化成残暴的反社会分子，尤其被视作威胁到"良"家贞洁妻女（以及男童）的性侵犯者。[22]

此时的法律范式也开始从固定的法律地位向以规范的家庭 228 为判断标准的性别分工转变，这不仅反映了从早期发展至晚期的帝制中国在社会结构方面产生的变化，还反映了一种更广泛的"农民化"（peasantisation）① 特征——清代律法主要被用于规范普通百姓（而非上层阶级）的生活。在这种新的法律范式下，那些对身份界限进行监督并允许婚外性行为场所存在的过时法律被取消或废弃。例如，与此前法律允许的性工作有关的旧乐户制度被废除，原先的乐户被赋予良民身份，这是中国历史上首次出现全面禁止卖淫活动的律法。新的律法还要求奴婢和女仆必须在达到一定年龄之前出嫁（这实际上还是为了让她们恢复良民身份），如果一个主人想和他的婢女交媾，就必须先合法地将其纳为妾室。[23]

一系列新的举措取代了过时的律法，其重点是加强由规范的家庭界定的性别分工。这些举措的累积效应是：所有女性都被预设为贞洁的妻子和母亲，所有男性都被预设为有社会责任感的丈夫和父亲。在这些新的法律范式的设想中，强奸的受害者都是被完全游离于家庭秩序之外的"光棍"戕害的"良家

① 此处的"农民化"是指当时中国社会中出现的城市职业者回到乡村从事农业工作的浪潮。

妻女"。18世纪的案件卷宗显示，实际进行了审判并且将犯人判处死刑的强奸案往往与上述情况十分吻合。

18世纪禁止强奸和鸡奸（下文将详细论述）的律法不仅针对"光棍"，而且全面提高了对破坏女性贞操的罪行的惩罚力度。但除刑法之外，还产生了另一套与此相对应的、以普通女性作为全新关注点的重要习俗结构，后者同样以越来越大的范围和力度推进社会普遍关注女性贞操。正如儒家思想体系将性背叛与政治背叛相提并论，贞操（终生对丈夫保持绝对忠诚）也被视为一种与臣民对君主的政治忠诚极其类似的价值观。因此在清朝，朝廷会对达到贞烈标准的妇女敕令"旌表"，将其供奉于当地孔庙，并出资帮助她们的家人为其立牌坊。旌表对象包括：面对强奸宁死不屈的女性，不愿改嫁而追随已故未婚夫殉节的未婚女性，为了抵抗公婆的改嫁压力而殉节的孀妇，以及数十年如一日保持贞节、拒绝改嫁或与任何人交媾的清贫孀妇。无论是刑罚还是习俗，所有这些举措的目标都是将普通女性置于保护儒家家庭秩序免受内部颠覆或外部攻击的前线，似乎这些女性的性决定（是否发生性关系以及与谁发生性关系）暗中维系着国家的命脉。[24]

如果我们查阅清代卷宗中关于强奸案的正式审理记录就会发现，那些犯人被实际判处死刑的强奸案往往符合律法所描述的"居无定所的男性流氓对贞洁的妻子或良家妇女下毒手"这类刻板印象。这些强奸者通常都是没有家室、一贫如洗甚至身无分文的单身男子；他们中的许多人对受害者居住的社群而言都是外来者，其身份包括外地劳工、乞丐和其他处于失业边缘的流浪汉。相比之下，强奸案的受害者都是定居社群中的体面成员，她们自己的行为举止无可指摘；许多受害者还是未达到同意发生性关系的刑事责任年龄的女童，这使她们在遭受攻击时的任何行为都无法为强奸者证明其并非强奸。几乎所有受害者被强奸的地点都是在自己家中或者住所附近，她们身上通常还有伤痕和衣服被撕扯的痕迹（这证明她们进行了激烈的抵抗），而且这些案件往往都存在耳闻或目击事件经过的证人。[25]

　　这类案件中经常出现的一个场景是：夜黑风高之时，一名已婚妇女在自己的床上被强行闯入的强奸者施暴。在 1762 年发生的一起引人注目（但绝非仅此一例）的案件中，王玉志①（通过在土墙上挖洞的方式）夜闯受害者的住所，强暴了睡梦中的女子王氏，当时她的丈夫李狗汉就睡在她旁边。醒过来的王氏在意识到压在她身上的男人（此时他已经插入她的身体并试图亲吻她）不是她的丈夫后与强奸者展开搏斗，并在此过程中咬掉了他的舌尖。当她的丈夫醒来时，强奸者便逃之夭夭。这对夫妇在黑暗中没有认出王玉志，但当后者竟在黎明时分返回并要求他们归还自己的舌头时，他们终于认出强奸者是谁。这起案件有着证明强奸发生的压倒性证据：墙上的洞、被咬下来的一小片舌头（与强奸者的伤痕相吻合）、王氏的伤（包括瘀伤和手指骨折），以及王氏丈夫的目击证词。[26]

　　总之，在所有成功定罪的强奸案中，受害者都证实自己对"暴力胁迫"下的强奸行为进行了必要的激烈抵抗，以此证明自身的贞节。实际上，只有受害者证实自己并不"同意"强奸者的行为，强奸者才可能被定罪。

230

---

①　本起案件中的人名引自《内阁刑科题本·乾隆二十七年四月十七日》，北京：中国第一历史档案馆，第 170 条。

清代律法中的强行鸡奸[①]

　　始于 17 世纪中叶的清朝颁布了帝制中国历史上首部明令禁止强行鸡奸的律法。[27]这些法律条文（以及清代法律官员为处理强行鸡奸而制定的具体细则）都建立在与此前强奸妇女案件的律法和细则类比的基础之上。在当局的刻板印象中，强行鸡奸犯与异性强奸案中发现的那些居无定所的男性流氓（多为乞丐、散工和士兵）相同；但是，这种类比也延伸至受害者本身，他们被以各种方式与强奸案中的女性相提并论。

　　在案件卷宗和评论中，这项律法所禁止的罪行在汉语中被称为"鸡奸"，特指男性之间的肛交。"鸡奸"一词的字面意为"鸡的犯奸行为"，尽管看上去没有任何意义，但"鸡"显然带有强烈的淫秽意味，因为它还出现在对阴茎（"鸡巴"）和街头卖淫者（"野鸡"）的形容中。方便起见，鸡奸在英文中通常被翻译成"sodomy"，但该词在中文语境中并不背负欧洲法律中类似概念的以含糊不清著称的神学包袱。[②] 除了肛交之外，当然还存在其他类型的同性性行为，这些行为都在当时的小说中有所记载。不过，肛交是所有男性性行为中唯一出现在律法条文中的，其与被称为"奸"而遭禁止的婚外阴道插入行为存在微妙的类比关系。

---

①　强行鸡奸指男性之间的强奸行为，语出《大清律例·刑律·犯奸》第三条例文："恶徒伙众将良人子弟抢去，强行鸡奸者，无论曾否杀人，仍照光棍例。"参见马建石、杨育棠主编《大清律例通考校注》，北京：中国政法大学出版社，1992 年，第 951 页。

②　此处指《圣经·旧约》中记载的所多玛（Sodom），这是一个耽溺男色而淫乱、不忌讳同性性行为的性开放城市，最终被上帝焚烧成灰，作为强调敬虔、圣洁的生活之重要性的鉴戒。

　　1734 年，上述类比关系被编入一项附加法令，该法令正式将男性鸡奸纳入"奸"这种此前仅涉及异性性行为的概念，而对其具体罪行的分类也完全对应于先前存在的各类非法性行为。此外，对鸡奸罪的处罚几乎在每一个细节上都有与之对应的异性奸罪处罚，如：轮奸的主犯会被判斩立决，从犯则会被判绞监候；强奸 12 岁以上人员者会被判绞监候；强奸 10—12 岁儿童者会被判斩监候；强奸 10 岁以下幼童者会被判斩立决；强奸 12 岁以上人员"未成"者，杖责一百并流放至三千里（约 1500 公里）外；如果强奸未遂的对象不满 12 岁，则罪犯会被发配东北地区充军——这些法令无论男女皆适用。

　　1734 年颁布的这项附加法令重点关注男性之间的强行鸡奸行为，但为了保持与异性奸罪的完全对应关系，这项后来追加的法令将双方同意的鸡奸行为定罪，量刑与男女婚外和奸罪相同：杖责一百，戴枷示众一月。[28]如果被鸡奸者的年龄小于或等于 12 岁，则一律视其为"强奸"，犯者会被判处绞刑。换言之，无论参与者是男是女，"和奸"的最小责任年龄都是 13 岁。

　　清代律法将同性性行为与异性性行为进行密切类比的概念基础是什么？男性作为一种性别，并非由性插入定义，而是由它的反面——插入者在性行为中扮演的"主动"角色所定义。只有在被设想成和女性一样柔弱无力的时候，男性才可能被视为被强奸的对象，而且只有弱小的孩童才可能使这一切发生。因此，在清代律法的设想中，男性受害者是被强大的成年男性侵犯的少年甚至更年少的幼童的形象。这种形象在清代法典中有着十分清晰的文字表述，（例如）清律将强行鸡奸案的受害者描述为"良家子弟"；而这类案件的实际审理记录也证实，

232

强行鸡奸事件往往都是年长和更有权势的男子对儿童或青少年的侵犯。在 39 起此类案件中，强奸者的平均年龄为 33 岁，而受害者的平均年龄仅为 16 岁。[29] 在清代律法的设想中，强行鸡奸案件的受害者并非与"良家妻女"相对应的"丈夫"形象，而是被侵犯的女性形象。这一形象在针对强奸自卫行为导致的凶杀案件的附加法令中同样展现得淋漓尽致。[30] 如果女性杀死了试图强奸她的男性，只要她能够按照对强奸的严格证据要求进行举证，就不会受到惩罚；这条律法不涉及女性的年龄。我们再一次看到，暴行（包括杀人）是否合法取决于儒家的家庭规范，而不是任何个体权利观念。然而，在强行鸡奸案中，只有 15 岁以下的男子在杀死比自己至少大 10 岁的强奸者时才能获得无罪豁免。

通过上述方式，清代律法将女性贞操及女性易受强奸的柔弱性与男性儿童或青少年的柔弱性相提并论。此外，当时的案件卷宗和各种文献都清楚地显示，年轻男性被女性化和色情化，并由此成为男性占有欲的对象。同样是通过上述方式，男性孩童的软弱与女性因其性别带来的软弱个性相呼应，但其中存在一点不同之处：人们将容易成为强奸对象的男童（他们对同性而言颇具性吸引力）视为一个暂时的过渡阶段，这会随着成年后被赋予的男性气概而消失。

对于男童而言，被其他男性插入身体的经历是奇耻大辱（对个人和家庭来说都是如此），这种经历还有可能成为阻挠他成长为男子汉的棘手威胁。然而，强奸者则不会有这类耻辱感，因为他在此行为中扮演的是清晰的男性角色；他可能会被人们视为人人唾弃的流氓，但他的性行为丝毫不会有损其男性气概。恰恰相反，当时的案件卷宗表明，曾经强行鸡奸他人的

233

男性可能还会吹嘘自己的此种行为，以此公开并羞辱他们的性伴侣。[31]

结　语

儒家血缘体系下的规范等级制度是我们理解早期近代中国社会（至少是当时的上层阶级）对性暴力和家庭暴力的看法的出发点。在 20 世纪初借助日本引入西方规范之前，中国律法中没有与"权利"对应的术语。如果说其中有接近的概念，与其说是"权利"，不如说是与亲属等级制度中的不同角色相关联的"义务"和"特权"。律法规定的社会地位（如区分"良民"和"贱民"）在帝制中国的大部分时间里起到了辅助统治甚至更重要的作用。但从清朝开始，律法彻底退居次席，取而代之成为统治者首要关注对象的是根据规范的儒家亲属等级制定义的性别分工。清代律法更加关心如何确保男女各司其职，让前者扮演好丈夫和父亲的角色，后者则扮演好妻子和母亲的角色。

最后，让我们回顾一下明清时期与强奸有关律法的基本设想。[32]许多这类设想在中古时期的中国社会（甚至其他文明的律法传统）中极为常见。例如，英美法系（Anglo-American common law）① 对强奸的经典定义是"犯人违背并非自己妻子的女性的意愿，强行与其进行非法交媾（必须伴随生殖器的插入）"。这项罪名需要女性证明"实际暴力"或者口头威胁的存在，以此作为该行为"违背自身意愿"的证据；它要求

---

① 英美法系，又称"英美普通法""海洋法系""判例法系"，指从 11 世纪起主要以源于日耳曼习惯法的普通法为基础，逐渐形成的一种法律制度，是西方国家中与大陆法系并列的历史悠久和影响较大的法系，注重法典的延续性，以传统、判例和习惯为判案依据。

女性"竭力抵抗"，以此向强奸者表达自己的"不同意"，并
认为"如果她没有足够清楚地表明自己的拒绝态度，那么她
就同样要承担罪责"；此外，"受害者不贞洁、受害者是妓女
或者受害者曾经与强奸者有过自愿发生的性关系等事实都是强
奸者为自己辩白的理由"。[33]明清地方官员对强奸案的审理思路
与上述英美法系中的做法简直如出一辙。事实上，针对强奸的
律法中的这些基本要素在当时的世界各地都非常普遍。在将性
侵犯重新视为侵犯个人权益的现代法律改革（至少在某些国
家）出现之前，这些要素可以被视为传统父权法律制度下女
性地位的权威依据。

晚期帝制中国律法的真正特殊之处在于，统治者所设想
的强奸受害者与强奸者的形象均已经从以阶级结构为核心
的、基于地位的范式转变为基于性别的家族角色规范的范
式。在中国封建社会中，强奸者一直被当局刻板地设想为威
胁父系血统完整性的男性外来者，但其身份上的细节在明清
时期发生了变化，"袭击主人妻女的奴隶"的旧式刻板印
象，让位于"光棍"这种处于规范家庭体系之外的、具有
攻击倾向的男性流氓。清朝强奸案的典型受害者并非上层阶
级之人，而是谦逊守法农家的贞洁妻妾、闺女或年幼男童。
这种法律方面的转变不仅反映了帝国意识形态的根本变化，
还反映了中国社会结构的长期转型和康乾盛世背后日益加剧
的社会危机。

参考论著

关于早期近代中国法律史的概览研究成果，参见 H. Sommer, 'The
Field of Qing Legal History', in Zhang Haihui et al. (eds.), *A Scholarly*

Review of Chinese Studies in North America, open access ebook（Ann Arbor，MI：Association for Asian Studies，2013），pp. 113-32。关于清朝的刑事司法制度，参见 Derk Bodde and Clarence Morris，*Law in Imperial China*（Cambridge，MA：Harvard University Press，1967）；Shiga Shuzo，'Criminal Procedure in the Ch'ing Dynasty'，parts 1-3，*Memoirs of the Research Department of the Toyo Bunko* 33（1974），pp. 1-45，34（1975），pp. 115-38，and 35（1976），pp. 16-26。关于中国地方官府的常规裁决方式，参见 David Buxbaum，'Some Aspects of Civil Procedure and Practice at the Trial Level'，*Journal of Asian Studies* 30. 2（1971），pp. 255-79；Philip Huang，*Civil Justice in China*（Stanford，CA：Stanford University Press，1996）；Matthew H. Sommer，*Polyandry and Wife-selling in Qing Dynasty China*（Berkeley：University of California Press，2015），ch. 11。

关于清代律法中对性行为和性别关系的规定，我们都受惠于马里纳斯·梅杰（Marinus Meijer）的开创性研究成果；美国历史学家伍慧英（Vivien Ng）的研究成果与此类似。在缺乏当时法律案件卷宗查阅途径的年代，两位学者都高度依赖出版于 19 世纪的汇编集《刑案汇览》，该著收录了一些棘手案例的摘要（Bodde and Morris，*Law in Imperial China* 对该著有所研究，并翻译了其中的 190 个案例）。他们的研究工作被后来基于清朝法律案件卷宗的研究成果所继承。

关于帝制中国律法中的"犯奸"之罪以及性关系随着时间的推移而被规范改变的历程，参见 Matthew H. Sommer，*Sex, Law, and Society in Late Imperial China*（Stanford，CA：Stanford University Press，2000）。关于明清律法中的强奸罪，参见 Sommer，*Sex, Law, and Society*，ch. 3；Matthew H. Sommer，'Dangerous Males, Vulnerable Males, and Polluted Males'，in S. Brownell and J. Wasserstrom（eds.），*Chinese Femininities/Chinese Masculinities*（Berkeley：University of California Press，2002），pp. 67-88；Matthew H. Sommer，'The Gendered Body in the Qing Courtroom'，*Journal of the History of Sexuality* 22. 2（2013），pp. 281-311；Vivien Ng，'Ideology and Sexuality'，*Journal of Asian Studies* 46. 1（1987），pp. 57-70。关于丈夫在捉奸时有权直接杀死妻子和/或其性伴侣的明清律法，参见 Marinus Meijer，*Murder and Adultery in Late Imperial China*（Leiden：Brill，1991）。关于明清时期社会中的家庭暴力，参见 Adrian Davis，'Homicide in the Home：Marital Strife and Family Conflict in Eighteenth-

Century China'，未出版的博士论文，Harvard University，1995；Adrian Davis，'Conjugal Homicide in Late Imperial China'，*Papers on Chinese History* 4（1995），pp. 1–12。

T'ung-tsu Ch'ü，*Law and Society in Traditional China*（Paris：Mouton，1961）依然是关于晚期帝制中国的法律地位差异的一项经典研究著作。关于明清社会对女性贞节的狂热崇拜现象，参见 Mark Elvin，'Female Virtue and the State in China'，*Past & Present* 104（1984），pp. 111–52；Sommer，*Sex，Law，and Society*；Janet Theiss，*Disgraceful Matters*（Berkeley：University of California Press，2004）；Weijing Lu，*True to her Word：The Faithful Maiden Cult in Late Imperial China*（Stanford，CA：Stanford University Press，2008）。

注　释

1. 本章标题中的"晚期帝制中国"指中国封建时期的最后两个朝代：明朝（1368—1644 年）和清朝（1644—1911 年）。1646 年清朝颁布的原始律法文献《大清律例》大量沿袭自前朝的《大明律》。关于《大明律》，参见 Y. Jiang，*The Mandate of Heaven and the Great Ming Code*（Seattle：University of Washington Press，2011；Y. Jiang（trans.），*The Great Ming Code*（Seattle：University of Washington Press，2005）。关于《大清律例》的英文节译本，参见 G. Staunton（trans.），*Ta Tsing Leu Lee：Being the Fundamental Laws，and a Selection from the Supplementary Statutes，of the Penal Code of China*（London：Cadell & Davies，1810）；W. Jones，et al.（trans.），*The Great Qing Code*（New York：Oxford University Press，1994）。

2. M. Sommer，*Sex，Law，and Society in Late Imperial China*（Stanford，CA：Stanford University Press，2000），pp. 30–8.

3. 同上，pp. 66–71。

4. 同上，pp. 77–93。

5. 同上，pp. 66–71；亦可参见 V. Ng，'Ideology and Sexuality：Rape

Laws in Qing China', *Journal of Asian Studies* 46.1（1987），pp. 57-70。

6. 引自 Sommer, *Sex, Law, and Society*, p. 89 and appendix A. 2。

7. 同上，pp. 84-93。

8. 同上，pp. 38-43, 83-4。

9. 同上，pp. 43-5。

10. 同上，pp. 41-3；关于清朝的刑罚制度，参见 D. Bodde and C. Morris, *Law in Imperial China：Exemplified by 190 Ch'ing Dynasty Cases*（Cambridge, MA：Harvard University Press, 1967）。关于秋审，参见 M. Meijer, 'The Autumn Assizes in Ch'ing Law', *T'oung Pao* 70.1（1984），pp. 1-17；M. Sommer, *Polyandry and Wife-Selling in Qing Dynasty China：Survival Strategies and Judicial Interventions*（Berkeley：University of California Press, 2015），appendix D。

11. 在中国，一个人的年龄是按照"岁"计算的，即一个人在当年将达到的年龄，而不是出生后经过的实际月数和年数。因此，新生儿从一岁开始计算，每到农历新年，所有人的年龄都会增加一岁。

12. Sommer, *Sex, Law, and Society*, pp. 41-3.

13. M. Meijer, *Murder and Adultery in Late Imperial China：A Study of Law and Morality*（Leiden：Brill, 1991）；M. Sommer, 'The Gendered Body in the Qing Courtroom', *Journal of the History of Sexuality* 22.2（2013），pp. 304-5.

14. Sommer, *Sex, Law, and Society*, pp. 247-50.

15. 同上，pp. 36-8。

16. 关于下文讨论的详情，参见同上，chs. 1 and 3。

17. 关于与本章讨论有关的唐代律法，参见同上，appendix A. 1；亦可参见 W. Johnson（trans.）, *The T'ang Code*, 2 vols.（Princeton, NJ：Princeton University Press, 1979, 1997）。

18. Sommer, *Sex, Law, and Society*, ch. 6.

19. 关于下文讨论的详情，参见同上，chs. 1 and 7；Sommer, *Polyandry and Wife-Selling*, pp. 284-7。

20. T. E. Barlow, 'Theorizing Woman：Funü, Guojia, Jiating（Chinese

Women, Chinese State, Chinese Family) ', in A. Zito and T. Barlow (eds.), *Body, Subject, and Power in China* (Chicago: University of Chicago Press, 1994), pp. 253-89; Sommer, 'Gendered Body', pp. 281-311.

21. A. Waley (trans.), *The Analects of Confucius* (New York: Vintage, 1938), p. 83; Sommer, *Sex, Law, and Society*, pp. 30-1.

22. 关于当时司法文献对"光棍"的论述，参见 Sommer, *Sex, Law, and Society*, pp. 96 - 103; M. Sommer, ' Dangerous Males, Vulnerable Males, and Polluted Males: The Regulation of Masculinity in Qing Dynasty Law ', in S. Brownell and J. Wasserstrom (eds.), *Chinese Femininities/Chinese Masculinities : A Reader* (Berkeley: University of California Press, 2002), pp. 68-74。

23. Sommer, *Sex, Law, and Society*, pp. 45-54; Sommer, *Polyandry and Wife-Selling*, pp. 302-4. 关于法律的"农民化"，参见 K. Bernhardt, 'Women and the Law: Divorce in the Republican Period ', in K. Bernhardt and P. Huang (eds.), *Civil Law in Qing and Republican China* (Stanford, CA: Stanford University Press, 1994), pp. 187-214。在中国上层社会实行的多配偶制中，丈夫有一个"主室"（妻），她同样来自上层阶级，并享有这一角色独特的声望和仪式上的权威。此外，丈夫还会有一个或多个"侧室"（妾），她们是居于从属地位的次要配偶，在市场上被其父母低调出售。妾所生的孩子拥有合法身份，其中的男性还拥有合法继承权。

24. 关于明清王朝的贞节崇拜，参见如下文献：M. Elvin, ' Female Virtue and the State in China ', *Past & Present* 104 (1984), pp. 111 - 52; S. Mann, ' Widows in the Kinship, Class, and Community Structures of Qing Dynasty China ', *Journal of Asian Studies* 46. 1 (1987), pp. 37-56; S. Mann, 'Grooming a Daughter for Marriage: Brides and Wives in the Mid-Qing Period ', in R. Watson and P. Ebrey (eds.), *Marriage and Inequality in Chinese Society* (Berkeley: University of California Press, 1991), pp. 204-30; Sommer, *Sex, Law, and Society*, chs. 1 and 5; J. Theiss, *Disgraceful Matters : The Politics of Chastity in Eighteenth-Century China* (Berkeley: University of California Press, 2004); W. Lu,

True to her Word ： The Faithful Maiden Cult in Late Imperial China
(Stanford, CA：Stanford University Press, 2008)。

25. 案例参见 Sommer, *Sex, Law, and Society*, pp. 104 - 11。

26. 《内阁刑科题本·乾隆二十七年四月十七日》, 北京：中国第一
历史档案馆, 第 797—798 页。

27. 关于本节内容的详细论述, 参见 M. Sommer, 'The Penetrated
Male in Late Imperial China：Judicial Constructions and Social
Stigma', *Modern China* 23. 2 (1997), pp. 140 - 80; Sommer, *Sex,
Law, and Society*, ch. 4; Sommer, 'Dangerous Males'; Sommer,
'Gendered Body', pp. 299 - 301。亦可参见 Marinus Meijer,
'Homosexual Offenses in Ch'ing Law', *T'oung pao* 71 (1985),
pp. 109 - 33; V. Ng, 'Homosexuality and the State in Late Imperial
China', in M. Duberman et al. (eds.), *Hidden from History ：
Reclaiming the Gay and Lesbian Past* (New York：Meridian Press,
1989), pp. 76-89。

28. "枷"是一种戴在脖子上的重型木制框架, 被判戴枷示众的犯
人白天必须戴着它在官府门前示众, 晚上将其摘下并在监狱里
过夜。关于清代刑罚制度的概览, 参见 Bodde and Morris, *Law in
Imperial China*。

29. Sommer, *Sex, Law, and Society*, pp. 133-4.

30. 到目前为止关于清朝律法中的凶杀案件的最佳研究成果是
J. Neighbors, 'Criminal Intent and Homicide Law in Qing and
Republican China', 未出版的博士论文, UCLA, 2004。亦可参见
Meijer, *Murder and Adultery*; T. M. Buoye, *Manslaughter, Markets,
and Moral Economy ： Violent Disputes over Property Rights in
Eighteenth-Century China* (New York：Cambridge University Press,
2000)。

31. 中国南方沿海地区的海盗经常强奸年轻的男性俘虏, 这有时是
为了让他们入伙, 参见 R. Antony, *Like Froth Floating on the Sea ：
The World of Pirates and Seafarers in Late Imperial South China*,
Research monograh (Berkeley：University of California, Institute of
East Asian Studies, 2003); D. Murray, *Pirates of the South China
Coast, 1790 - 1810* (Stanford, CA：Stanford University Press,

1987），p. 50。

32. 关于本节内容的更详细论述，参见 Sommer, *Sex, Law, and Society*, pp. 111–13。

33. N. C. Blond et al. , *Blond's Criminal Law*（New York：Sulzburger & Graham, 1991），pp. 121－7；读者亦可参考以下讨论和引用：Sommer, *Sex, Law, and Society*, p. 111。

12 日本的武士、男性气概与暴力

康斯坦丁·N. 瓦波利斯

17 世纪早期，日本从长年累月的全国性动乱时期（战国时代，1467—1600 年）迈入早期近代或德川幕府的持续和平时期。在 1614—1615 年于大阪展开的战役（本时期最后一场激战）以及 1637 年德川幕府对南部岛原之乱的武装镇压之后，直到幕府时代结束，日本国内都鲜有战事。到 17 世纪末，这个由德川幕府统治的时期在当时被誉为"天下泰平"。

虽然这个在世界历史上都赫赫有名的辉煌时代延续了两个多世纪，但当时日本社会的和平状态以军事贵族阶层——武士——在全国各地都手握强权为基础，后者设法禁止社会地位低于自己的其他社会群体拥有武装。在日本走向和平的过程中，武士"通过剥夺非武士人口私下解决冲突的权利，使其实际上被去军事化"，从而获得了合法施暴的垄断特权。[1]其中还诞生了一种名为"幕藩"的体制，从全副武装的武士人口，到每两年一次的有 250 多位各地大名参与的参勤交代，都是这一体制的体现。参勤交代是指大名从其所处的城下町（castle town）① 来回行军至德川居住的都城江户，其间听候幕府将军的差遣。[2]

---

① 城下町（日语汉字同）是日本特有的一种城市建设形式，以领主居住的城堡为核心来建立城市，而平民居住的街道则没有城墙保护。

社会的和平安定还使两种与武士阶层有关的矛盾暗潮涌动。第一种是民间艺术或合气道①（文）与武士道（武）之间的动态矛盾。虽然武士在历史上的成文守则体现了上述两种元素的重要性，但只有在武士必须履行官僚职能的德川时期，"文"才变得极其重要。因此，武士在生活中对识字、教育和文化的强调使男子气概被重新定义。第二种矛盾在于，武士鲜有机会在战场上展示他们的武艺和勇猛，这使他们对于捍卫自己的荣誉过于敏感。

出于上述矛盾，日本男性武士文化形成了一种围绕荣誉暴力、时刻准备诉诸致命武力的意识形态。这种意识形态由各种形式的、出现在男性之间的人际暴力构成，既包括武士针对武士的暴行，也包括武士针对平民的暴行。尽管政府在某些方面鼓励武士保持习武的习惯，甚至鼓励他们捍卫这种与暴力有关的荣誉文化，但武士必须在这些要求与维护社会秩序这一更普遍的担忧之间达成平衡。男性武士文化还涉及一种被称为切腹（这是比"腹切"更加书面化的称呼）②或通过仪式来自杀的自我施暴形式。本章探讨了男性武士中的荣誉暴力文化在德川时期几个和平世纪里的发展过程，以及这种文化在塑造武士男子气概方面的重要作用。

早期近代秩序与武士阶层

随着战事迅速扩大以及越来越多的人横死战场，16世纪

---

① 合气道（日语为"合気道"）是一种日本民间兴起的防守反击性武术，主要特点是以柔克刚和借劲使力，所以也被称为"和平的艺术"。

② "腹切"（日语为"腹切り"，假名为はらきり）是切腹（日语为"切腹"，假名为せっぷく）的非正式称呼。

晚期的政治领袖（大名）以及他们在17世纪德川时期的继任者首先考虑的问题是，如何建立和维护政治与社会秩序。16世纪80年代，³丰臣秀吉（1537—1598年）颁布了被史学界称为"16世纪革命"的一系列改革政策。丰臣秀吉不仅颁布了一项旨在收缴农民手上武器的法令（史称"刀狩令"，该法令收效甚佳），⁴还代表官方于1591年正式颁布了另一项法令，该法令规定武士必须从田间前往城下町——换言之，在身体与职能上对武士和农民进行严格区分。从此，原则上农业生产和服兵役成为不同的专门职业，农民不得放弃田地从事贸易或雇佣劳动，而武士也不得回乡务农。这实际上是一种"冻结"社会秩序的尝试，尽管在现实中仍有可能出现一些跨越身份界限的流动现象。

在日本诸岛，武士和农民身份的分离过程事实上持续了约半个世纪之久，而且这种分离并不彻底，在边远地区尤其如此。不过，这依然导致了社会群体身份的深刻转变，从与土地关系密切的封建军事阶层变为在经济上依赖主公、生活在城市的无业上流阶层。作为大名家臣的一员，武士成为一个阶层分明、错综复杂的民事行政机构的组成部分，他们负责管理城市、农村、寺庙和神社，以及财政和社会事务。在和平时期，对大名的效忠演变成了更加普遍的对藩地的效忠；忠诚本身也被重新定义为效忠官府，而非在战场上的英勇表现。因此，一种以儒家思想为基础的正式教育成为武士效忠大名的必要条件。到17世纪末，目不识丁的武士很可能会成为人们的笑柄。

在德川时期，武士的日常生活与他们战国时代前辈的生活大相径庭。对武士而言，"天下泰平"造成的矛盾是：一方面，武士以有悠久历史的武士道传统为傲；另一方面，他们发现自己只能在官府当差，而且经常无所事事乃至丢掉饭碗——两者之间存在巨大落差。武士家臣的数量远多于实际需求数量，因此许多武士要么轮流从事数量本就稀少的工作，要么花费大量时间徒劳地谋求一份新工作。[5]（他们原则上不被允许从事体力劳动。）除了上述压力之外，大多数家臣还不得不面对这样的现实：他们蜗居在城下町，并且主要依靠来自大名仓库的粮食过活。

到 17 世纪时，武士中的知识分子开始担心自身阶层这种毫无作为的状态。正如著名的武士和儒学家山鹿素行（1622—1685 年）所言："武士只消耗却不生产食物，只使用却不制造器具，他们还不通过买卖来获利。这样做的理由究竟是什么？"于是，他和其他知识分子为武士构想了在和平时期的新角色："武士的工作在于反思自己的人生定位，有主人者应竭力效忠主人，要在与友人的交往中加深自己的忠诚度，并适当考虑自己的立场，时刻首先忠于自身职责。"[6]上述反映时代变迁的观点颠覆了将君臣关系凌驾于一切之上的传统武士关系。

239　　通过正规和非正规的教育，武士们意识到，自己在社会中扮演着特殊的角色。武士不但天生便拥有携带武器的垄断权利，他们承担的社会期望也在于能够有效使用武力。武士的确有在某些特定情况下诉诸暴力的义务，这是为了维护他们作为大名麾下组织（家臣集团）之成员的荣誉和地位。例如，来自土佐藩的武士森广定（1710—1773 年）就是由武士同僚组成的研究团体中的一员，该团体"研究的课题是一位真正的武士在各种场合的举止"。[7]他们从中领悟的道理是，当一名武士需要处决一名下人时，应该当面对他说："带上你的武器，尽可能地保护自己，因为我指控你犯有如此罪行，而且我会杀了你。"[8]根据所处的不同社会阶层，下人可能会被允许佩带一到两把武士刀。但上述案例所传达的观念是，武士的权威建立在其高超的、能够击倒持械对手的武艺基础上。武士们还意识到，他们无权毫无节制地诉诸暴力。为了维护社会和平、规范武士家臣的行为，政治当局对武士使用决定其地位的武器——一把长刀和一把短刀（统称为大小对刀）——实施了社会和政治两个方面的管控，这些管控手段也可以被视为当局对武士道精神以及武士遗风的特许举动。

武士中的人际暴力：复仇、冲突与争斗

武士有在已被处死的罪犯尸体上试刀的权利，但法律不允许他们用同样的方式对付活人。武士拥有的一种合法的杀戮方式被称为"敌讨"（复仇杀戮）。藩主或幕府当局向武士开具制订复仇计划的书面许可，但原则上，只有当武士是为了给枉死的地位更高的人报仇时，官方才会开具这种许可。按照德川时期盛行的儒家等级观念，复仇体现了孝道：儿子可以为父亲报仇，胞弟有责任为兄长报仇，但父亲不得为被杀的儿子报仇，兄长也不得为死去的胞弟报仇。在德川时期，史料记载的此类合法复仇事件有一百多起。

在留下记载的这一百多起敌讨事件中，除了两起之外，其余所有事件都是为了被谋杀的血亲报仇而实施的；当复仇被认定为非法时，当局便会采取适当方式惩罚复仇者。此外，尽管几乎只有武士才有权实施复仇，但在一些特殊情况下，幕府同样允许平民这样做。[9]不过，在所有情况下，二次寻仇或带有报复性质的再复仇都是被禁止的。换言之，合法的复仇行动一旦

240

完成，原凶手的家人就不得再对复仇者或其家人寻仇。这项禁令有效阻止了涉及多人的血仇循环，这类现象在江户早期以及其他各国的历史中均时有发生。

一个来自 19 世纪的案例揭示了在血亲复仇案件中起作用的变量因素。1828 年，越后国的两兄弟久米幸太郎和久米盛次郎报告藩主，请求后者允许他们向杀死父亲的凶手，即父亲生前的"同伴"泷泽久右卫门复仇。泷泽在作案后逃之夭夭，下落不明。在他们的父亲被杀时，兄弟俩尚且年幼，无力复仇。如今（1828 年），已经"长大成人"的幸太郎（18 岁）和盛次郎（15 岁）向藩主提请，希望当局授权他们找出杀父仇人并对其复仇。[10]考虑到兄弟俩当时年纪尚小，对这起事件本身没有任何记忆，两人的叔叔请命加入他们的行列。

两周后，兄弟俩和他们的叔叔得到了本地藩主的正式授权。当局提醒他们，无论是成功复仇杀死泷泽，还是发现他已经死在某地，他们都有义务上报这次行动的结果。与此同时，藩主告知三人，在他们搜寻仇人下落期间，他会在经济上（以提供粮食的方式）给予其家庭支持。作为对复仇行动的支持，藩主还授予长子一把珍贵的武士刀和 20 两（ryô，金币）①。他们的叔叔也得到了藩主的赞扬；他不仅被批准免除公务（这样就能陪同他的侄子们），藩主实际上还增加了他的津贴。官方通告这样写道："我将尽一切努力使你一无所缺，并且助你得以实现目标，因此特赠予你 15 两金钱。"[11]事实证明，兄弟俩是幸运的，因为他们拥有实现复仇目标的机会，而

241

---

① 两是德川幕府时期的货币单位，"一两"为一枚重量约 15 克的金币。"两"在明治维新后被废除。

许多想要复仇的人从未有过这样的机会。但是，他们花了将近三十年时间寻找杀害父亲的凶手，直到 1857 年（犯罪发生后四十年）才最终得偿所愿。三人是否因为他们的努力受到当局的表彰，我们如今已无从得知，但在其他类似事件中，复仇成功的武士会被赏赐，甚至被提拔。无论如何，叔侄三人在执行任务之初得到的财政援助和褒奖已经表明，藩地政府会支持打算维护荣誉准则的复仇行动。

如前所述，只有两起合法的报复性杀戮事件不涉及血亲。这可能主要是因为，在和平的德川时期极少出现针对大名或藩主的谋杀事件（但并非完全没有此类事件的记载）。因此，这并不能说明在当时忠于家族比忠于君主更加重要。这两起事件中的一起发生于 1723 年，涉及一位名叫山路（Yamaji）的女仆，她杀死了一名高级侍女，因为这位侍女羞辱自己的女主人，女主人还因此自杀。[12]另外一起更加著名的事件被称为赤穗事件（又称忠臣藏），指来自赤穗藩的 47 名武士的复仇。这群武士的大名浅野长矩因在幕府中拔刀攻击德川嫡系吉良上野介而被勒令切腹自杀，导致其手下武士为复仇而杀死了吉良。[13]在日本民间文化中，这起事件被称为敌讨，但这一称呼并不准确，因为浅野并非死于吉良的谋杀，而是死于德川幕府命令下的切腹。

有时，即使复仇者追查到了凶犯的行踪，他们也很难实现复仇的目标，因为社会上存在为身背人命的武士提供庇护的习俗。尽管政府当局经常发布禁令，但这种习俗屡禁不止。根据 18 世纪的一本关于"武士道"的入门读物中的说法，寻求庇护的武士不应该被草率地交给他的仇家，即使他犯下了像偷窃或弑主这样的"不义"罪行。上述观念暗示的是，武士理应不受一般法律约束。[14]按照惯例，武士之间争斗的胜出者并不会被视为凶手或杀人犯；恰恰相反，他会被视为按照武士准则行事的勇士，而且以此维护了自身荣誉。许多人认为，武士争斗的胜出者可能会被寻仇，因此武士在实现目标、战胜对手后躲避复仇并非懦弱的表现，而为这样的武士提供庇护和帮助同样不仅是富有同理心的举动，也是践行"义气"（正义精神）的方式。[15]

与复仇相比，武士之间的暴力争斗更多源于私人纠纷，这被称为"喧哗"（字面意为"争斗"）。由于德川时期的社会环境非常和平，武士再也无法在战场上展现他们的荣誉和勇气，所以他们对挑战自身男子气概的举动变得异常敏感，这经常导致双方发生冲突。有一起事件揭示了当时武士过度敏感的心态，它的记述者是土佐武士森正名。根据他在江户生活时写的日记，一名德川的旗本（bannerman）①与一名来自水户藩的下层足轻（foot soldier）②之间发生了激烈口角。当这名足轻发现，森正名和其他人正在旁观这场争执时，便径直走向森正名并要求他自报家门。这名来自水户藩的武士被森正名激怒，并朝他挥舞一把日伞③，似乎要打上去。森正名告诉这名武士，如果他打算用伞攻击自己，那么自己将不得不拔刀杀死他，随后切腹自尽。换言之，两者都将以"犬死"（意为毫无意义的死亡）的方式死去。森正名以这样一句话结束当天的

---

① 旗本（假名为はたもと）指战场上主将旗下的近卫武士，在江户时代专指将军直属武士中藩地不满一万石，但有面见将军资格的武士。

② 足轻（假名为あしがる），日本古代最低等步兵的称呼，也是江户时代最下等的武士。

③ 日伞是日本人对太阳伞的称呼，假名为ひがさ。

日记："所有人在江户的街上行走时都必须格外小心。"[16]

　　幕府制定的《武家法典》禁止大名参与私人纠纷，但法典没有明确规定大名处理武士家臣之间争端的方式。在某种程度上，日本中世①的"喧哗两成败法"（无论具体情况如何，争吵的双方都同样有过错）在德川时期作为一种习惯法（customary law）② 得到了延续，但该律法并不存在统一的适用标准。[17]

243

　　一方面，统治者需要法律和秩序；另一方面，他们又需要维护武士道传统——两者共存时会产生矛盾。对于武士而言，他们尤其关心维护他们的男性特权身份，包括维护自身声誉。藩主很难平衡这些相互冲突的需求，我们可以从 1647 年发生在冈山藩的一起事件中看到这一点。当时正处于假期，所有武士都在城堡休息，一位名叫荻原又六郎（Ogiwara Matarokuro）的武士对另一位名叫生驹玄叶（Ikoma Genba）③ 的武士说三道四。两人显然积怨已久，但当这些诽谤的言辞传入抵达城堡的生驹玄叶的耳朵里时，不想惹是生非的他强忍下了自己的怒火。这一消息后来引起藩地官员的注意，荻原又六郎因其诽谤行为而被勒令切腹。虽然生驹玄叶因当时藩主还在城里而将此事忍了下去并因此受到赞赏，但他仍然因为自己的不作为而受到了严厉惩罚，他的土地和职位都被没收。当局宣称，这一判决"并不意味着在类似的情况下，所有的武士都必须互相争斗，直至

---

① 学界一般将镰仓幕府时代（1185—1333 年）称为日本中世时期。

② 习惯法是独立于国家法之外，依据某种社会权威和社会组织，具有一定强制性的行为规范。它既非纯粹的道德规范，也不是完全的法律规范，而是介于道德与法律之间的准法规范。

③ 经多方查证，此处的两个人名依然无法确定准确的中文名，而且不排除当时的人名并无对应汉字的可能性。此处暂用与英文发音接近而且当时常见的名字。

决出生死"，但它揭示了如下两难处境：如果一个武士在回应侮辱时攻击了另一个武士，那么他将以法律和秩序的名义被处决；如果保持沉默，虽然能够活命，却有损自身尊严。[18]因此，和平的社会环境使武士不得不非常严肃地对待私人争端。事实上，他们被迫立刻通过暴力来展示自身的男子气概，这不但可能会导致对手死亡，也会让他们自己受到惩罚。

在 17 世纪，随着时间的推移，"武士的暴行逐渐受到约束，但人们私下仍然认可复仇精神以及荣誉文化这类武士道"。对政府而言，法律和秩序的利益至高无上，但政府也找到了尊重武士荣誉准则的方式：例如在赤穗事件中，政府通过允许涉事武士切腹自杀来尊重他们的忠诚和复仇精神，可这同样是在通过惩罚他们的不法行径来维护法律和秩序的原则。有学者认为，这种方式恰恰是对武士的"驯服"，是"通过将其压缩以适应官僚制和程序性法规的限制范围"来削弱武士的荣誉观念。[19]

244

武士对声誉或公众形象的关注也可能导致他们在父权制家庭中对不忠的妻子实施暴力。在德川时期，已婚男子与未婚女子发生性关系是合法的，但性别对调则是非法的。事实上，武士可以杀害自己通奸的妻子以及奸夫而不受法律制裁，这种行为被称为"女敌讨"（杀妻复仇），其目的主要是维护武士的男性荣誉，而非维护女性的美德和贞洁。"女敌讨"最早出现在镰仓时代（1185—1333 年），这种现象"与日本上层阶级更严格的婚姻制度的发展，以及高度父权制的武士家庭①的出现有关"。[20]

---

① 日语中的"家"（假名为いえ）和汉语中的"家"的写法与意思基本相同。

不过，这类杀妻暴行实际上极少发生，因为身为武士的丈夫无法通过报复来挽回已经失去的尊严。事实上，丈夫很可能因此被视为"玩忽"，因为他没有管好家庭和自己的女人，这会使他在社交圈中颜面扫地。因此，遇到此类事件的武士倾向于隐瞒或私下解决，通常由奸夫向被得罪的丈夫支付赔偿金。人们可能会认为，这样做是"为了避免将自己失败的私生活公之于众"。虽然杀妻复仇和"杀死无礼者"（下一节中将对其进行详细讨论）事件并不经常发生，但这些法律特权仍然很重要，"因为它们传达了武士文化和社会传统之价值的关键象征信息"，其中就包括武士相对于其他社会群体而言的优越性。[21]

针对平民的武士暴力

如果地位较低者（如平民或仆人）对待武士态度粗鲁，武士有权依法将其处决，这种行为被称为"无礼讨"（杀死无礼者）或"切舍御免"（格杀勿论的特权）。通过这种行为，武士能够展示他们这一群体相较于平民（主要是男性平民）而言的特权身份。从表面上看，这种暴行是为了伸张正义以及践行对等级制度的尊重。只有在平民真正冒犯到了武士，而且武士当场而非事后杀死对方的情况下，武士对平民的暴行才会被认为是"无礼讨"。

在多种不同的社会环境中，武士针对社会地位较低的人实施的暴行都有可能发生。当时的武士和町人（工匠和商人）共同居住在城下町，虽然两者的居住区域相隔甚远，但他们经常在城市街头产生交集。在两年一度前往江户的参勤交代中，为了满足自身的需求，大名会在队伍中带上武士亲信和后勤人

245

员。[22]在参勤交代的途中，两者也有在公路和宿场（post-town）①产生交集乃至发生冲突的可能。与居住在相对较近的城市中心的町人相比，武士没有多少机会与居住在乡下的农民打交道。在大多数藩地，以武士阶层为基础建立的政府在农村的影响力甚微，政府只会在这些地方设置人员较少的监察机构。事实上，在许多地方，武士只有在获得官方许可的情况下才能前往农村。尽管如此，当武士遇到农民时，冲突与暴力依然随时可能发生。

其他社会成员与武士之间最常发生的无礼举动是两者擦肩而过时发生的身体接触，这种接触可能是偶然的，也可能是由于平民没有与武士保持足够的距离，从而没有表现出对后者身份的足够尊重。例如，出于上述原因，金泽等城市的守则规定，町人"禁止……在街道上行走在武士旁边"。[23]无独有偶，在位于四国岛的德岛藩的乡间，一个农民提着一桶尿（用作肥料）沿着稻田边的小径行走，只是因为没有给武士让路就被后者当场砍死。（当然，这起事件背后还有另一个问题，即这名武士为何会出现在乡间。但是，我们现在已无法获得关于这起事件的更多信息。）

武士与平民在商业交易中产生的纠纷也可能引发致命的暴行。每当武士购买商品（如马匹或武器）或服务［如雇用马借（packhorse driver）②］时，如果武士觉得自己被欺骗，或者受到平民口头或身体上的羞辱，一场讨价还价就有可能演变成一场暴行。例如，在 1768 年，一名武士在从江户回家的路

246

---

① 宿场（假名为しゅくば）在江户时期指位于交通要道旁、设有驿站的村镇。
② 马借（假名为ばしゃく）在江户时期指专门负责雇用驮马帮别人运输货物以获取报酬的骑马人，他们在当时是唯一在法律上有资格骑马的平民。

上与两个马借发生了争执。马借声称他的货物超重，并要求他为此支付小费，即使在确定货物载重低于法律限制之后，他们还是不依不饶。其中负责搬运货物的马借讥讽了这名武士（"没有什么比当一名武士更无聊的了"），而且抓住了武士和服的前襟。于是，这名武士将其中一个马借的头直接劈成两半，试图逃跑的另一个马借也最终被武士追上并被杀死。当局随后对此事件展开调查，约有50位目击者接受了询问。调查的结果是，马借的雇主向这名武士进行书面道歉，德川政府也正式判定武士"无罪"①；事实上，他的行为被当局认定为值得"褒美"。[24]

　　然而，如果武士没有在受到平民侮辱时立即采取行动，或者没有在行动中当场杀死对方，就可能会产生不良后果。此外，如果武士没有立即出手终止这种侮辱行为，而是决定在日后某时或某日发泄自己的不满，则同样可能导致自己遭受惩罚。在1839年的一起事件中，一名武士没能当场杀死一个言辞羞辱自己然后逃之夭夭的商人。直到后来，武士才找到并杀死了他。这名武士被视为"无能"或"玩忽"，并因此被判处二十日软禁。在某些情况下，当受到冒犯的武士无法杀死对方时，他可能会认为自己别无选择，只能不光彩地逃离所属藩地。这种行为通常会导致他的封地或薪俸被没收，家族血脉也就此断绝。考虑到上述后果的严重性，"无礼讨"在当时被视为武士在和平时期的必要措施，而不是必须由国家管控的行为。武士不得不以此来回应针对自己的侮辱，如果他们不这样做，就会对个人及其亲属都产生负面影响。

---

①　此处的"无罪"的假名为おかまいなし，字面意为"没有任何问题"。

那么，武士对冒犯自己的平民实施致命暴力的事件的发生频率如何？由于早期近代日本政权十分松散，我们无法掌握全国性的统计数据。但一项对该国某个藩地（当时全日本共有超过 250 个藩地）的研究显示，该地在 1670—1860 年发生了 51 起这类事件，大约每四年发生一起，而且这类事件从 18 世纪中叶以来明显变得更多。[25]虽然"无礼讨"远非普遍现象，但当时的男性平民确实存在死于武士刀下的可能性。这种恐惧如此真实，以至于一些平民似乎随身携带纸质护符以期保护自己免受"血光之灾"——很可能是指死于武士刀下。[26]此外，这种荣誉暴力（以及法律特许的复仇杀戮）可能还通过木刻版画的传播在社会意识中被过度渲染。这些木刻版画就像宽幅大报一样，四处传播着这些血腥事件的详细消息。

尽管法律对"无礼讨"有明确的规定，但现实并非如此泾渭分明。律法并非无条件地接受任何武士杀死无礼平民的行为。到 18 世纪初，处理"无礼讨"事件的法律程序已经变得体制化。武士必须将自己的行为报告给其所属藩的高级官员（通常是藩主家族的一位长老），官方会就此展开调查以核实武士的说辞。武士要是不想因杀害平民而受到惩罚，就必须提供目击者的证词来证明被杀死的平民足够无礼，以至于武士有理由取其性命。如果无法提供足够的证据，那么武士就有可能因参与"争斗"而受到扰乱公共秩序的指控并因此受罚，很可能还会导致他被藩地驱逐。

通过上面所举的例子，我们更加清楚地了解到，为何武士没有像人们想象的那样经常行使他们的特权来砍杀平民。根据一位当权者的说法，"只有当他（武士）的行为无可指摘，而被害人的无礼举动极其明显，以至于幸存者不会强烈质疑武士杀戮的公正性时，武士才能免于受罚"。[27]毫无疑问，正是由于一些行使特权的武士的确受到了惩罚，这类事件此后才并未频繁发生。

随着时间的推移，社会对武士行使其特权的接受程度似乎也大为降低。1816 年，一位笔名为武阳隐士（真名未知）的武士感慨道：

> 昔日，如果有人胆敢戏弄武士，他会被立即砍死，武士因此使人畏惧。但如今，如果一个武士仅仅因为遭到戏弄而将人砍死，那么争论的焦点就是，他不应该和这样一个低贱的人产生瓜葛。所有人都不会赞成他的行动，幕府的裁决因此变得极其懦弱，以至于常态做法是迅速息事宁人，无论是非对错。[28]

248

自我施暴

虽然武士因其用长刀杀人的能力而闻名，但他们也会通过切腹的方式自我施暴，这种行为有时是主动的，有时则是被迫的。这种通过"剖开腹部"实施的自杀仪式的另一个不太正式的称呼是"腹切"。日本人在自杀时之所以选择腹部，是因为古老的观念认为，腹部是一个人的灵魂所在之处。首次关于切腹行为的文献记载可以追溯到 8 世纪早期，但到了 12 世纪，随着作为一种社会力量的武士阶层的崛起，有记载的切腹事件才变得更加频繁。在德川时期，切腹只是经历了制度化和仪式化过程的日本武士的众多行为之一。

在德川时期之前，武士切腹最常见的原因是避免落入敌人手中受辱。例如，在 12 世纪撰写的战争编年史《保元物语》中，被放逐的源为朝退回自己的房间，为了拒绝向被派来杀他的 300 名武士屈服，他以站立的姿势将自己开膛破肚；随后，他在倒下之前将自己的肠子扔向敌人。13 世纪末，许多武士在蒙古东征期间切腹自尽，这样做有三个目的：显示自己在面对外敌时的英勇，避免被俘，以及为自己在战斗中的错误或本地的失败承担责任。在战国时代（1467—1600 年）的内战中，切腹仍然是武士在战场上为显示其英勇和避免被俘而采取的一种自杀方式。一名武士也可能受其主人之令而自杀，以此来弥补自己犯下的一些过错。同样，吃了败仗的大名可能会被要求以此仪式自杀，这是停战协议的一部分。例如在 1590 年，北条氏政在小田原战败后就奉丰臣秀吉之令自杀。

在和平的德川时期，切腹自杀被不同程度地制度化、仪式化和标准化。在进行切腹之前，武士们会沐浴更衣（穿上象征死亡的白色长袍），吃下包括清酒（白米酒）在内的最后一餐。在仪式开始之前，他还有机会在少数官员见证者面前提笔写就一首绝命诗。武士会在此仪式中得到介错人的协助，在理想状态下，这位介错人是切腹人的密友或擅长刀术之人。介错人的职责是在武士切腹后一刀砍向其脖子，使一小块肉保持头部与身体相连，让头颅挂在身前而不至于直接滚落地上。现实中极少有人拥有这样的技能，这意味着在通常情况下，切腹人都会人头落地。

切腹人会与介错人事先商定好实施斩首的时机。介错通常发生在"胁差"（短刀）插入腹部的一瞬间，而不会等到完全开膛破肚之后；但随着切腹变得越来越仪式化，可能在切腹人刚刚掏出刀时，介错就会发生。在一些情况下，这种仪式甚至完全不会用刀，取而代之的是某个具有象征意义的物品，如一把扇子。[29]

为了避免漫长的死亡过程，没有介错人的武士可能会在最初的切腹之后将刀从腹部拔出，然后割开自己的喉咙或刺入自己的心脏。十字切是指在腹部切开一条直线后，从肋骨上部中心直下到肚脐处再切一刀——这要求切腹人有更强大的毅力。根据 16 世纪末在日本传教的耶稣会士范礼安（Alessandro Valignano）的说法，"更勇敢的武士会以十字切的方式实施切腹，并通过假装没有感觉到任何疼痛来展示自身的勇气。当内脏从伤口掉出的那一刻，被指派的朋友就会立刻把他的头砍下来。那些这样做的人会被认为是非常可敬和勇敢的人"。[30]

在德川时期，切腹的目的也发生了根本性的转变。因为在长期和平的环境下，切腹基本上成了政治当局专门针对男性武士身体执行死刑的一种方式。在德川幕府的统治下，刑罚措施因受罚者的社会地位而异。对于武士之外身份群体的成员（农民、工匠和商人），被判死刑者会被枭首或钉死在十字架上。弑主是最严重的罪行，犯人会被处以锯刑（将被判刑者埋在地下，只露出脖子；任何路过的行人都可以用竹锯割其脖子），然后被钉在十字架上，随后其尸体会被示众数日。[31]

在针对武士的各种刑罚中，切腹是最严厉的一种（其他刑罚包括流放和软禁）。为了与他们在社会体系中的尊贵地位相称，武士有切腹自杀的特权，而不是由他人处决。因此，这

是一种"自死"① （被官方赐死）。1701 年，大名浅野长矩因
在幕府皇居企图拔刀杀死德川家臣吉良上野介而被迫切腹，他
此前的 46 名家臣皆切腹而死。② 尽管他们此时的身份是浪人
（没有主人的武士），严格来说没有行使这种特权的资格，但
当局还是允许他们作为武士切腹。[32]

因此，切腹的方式可以分成两种主要类型：强制实施的个
人刑罚（诘腹），自愿实施的自我了断（自尽）。19 世纪中
叶，随着日本对西方列强打开国门，外国人得以目睹切腹场
面。1868 年，由于在通商口岸兵库命令所指挥的人向英国军
队开火，萨摩武士泷善三郎被命令切腹谢罪。当时，一位名叫
阿尔杰隆·米特福德（Algeron Mitford）的英国驻日本公使馆
成员怀着敬畏、尊重和恐惧的心情记录了泷善三郎的切腹过
程。米特福德注意到，尽管这位武士犯下了罪行，但他通过切
腹维护了自身的尊严和地位，[33]他的后代也因此得以继承家业。
米特福德还记下了泷善三郎的临终遗言："我，而且只有我一
人，无端下令向神户的外国人开火，并在他们试图逃跑时再次
下令开火。我自愿为承担此罪行而切腹，请在场的各位赏光见
证这一过程。"[34]

作为第二种主要类型，自愿切腹还可以细分为以下类
别：殉死（为追随死去的主人而切腹）、面目（为自证清白
而切腹）、谏死（为抗议藩主的某些行为而切腹）、引责
（为某些错误承担责任而切腹）。在德川时代早期，殉死在其
中尤其引人注目。由于无法在战场上展示他们的英勇和忠诚，

---

① 原文为 ishi，作者邮件回复不确定原名是什么，疑为 jishi 之误。
② 这是前文提到的赤穗事件的结果。

一些武士认为，有必要在他们的主人自然死亡或因疾病死亡时通过仪式自杀来表忠心。葡萄牙耶稣会士路易斯·弗洛伊斯（Luis Frois，1532—1597 年）或许是首位记载切腹行为的外国人，他这样写道："在欧洲，当主人去世时，他的追随者会哭泣着把他送进坟墓；而在日本，有些人会切腹，还有许多人会切下自己的小指尖，把它扔进焚烧尸体的火里。"[35]事实上，殉死在当时已成为流行一时的风尚。例如在 1636 年，当大名伊达政宗去世时，就有 15 名武士追随他自杀而亡。而在 1657 年，26 名武士追随大名锅岛胜茂赴死。殉死的武士不仅以此展示自己精湛的武术技巧，而且他们通常会在死后受到表彰，他们的后代同样会得到丰厚的奖赏。有时，殉死也与君臣之间可能存在的、社会默许的性关系有关。[36]

殉死会导致许多武士死亡，这意味着新的藩主会失去本该效忠于自己的宝贵家臣。因此，殉死被视为一种对统治秩序的阻碍而遭到一些大名的禁止。1663 年，德川幕府亲自下令禁止武士殉死，而且禁令被严格执行。例如在 1668 年，当大名奥平忠昌的家臣杉浦右卫门为追随去世的主人而殉死后，双方的继承者都因此遭到处罚。这项禁令更是通过被纳入 1683 年颁布的《武家法典》而得到进一步加强。律法的编纂及其积极执行都在遏制这种武士习俗方面起到了效果。由此，许多历史学家将殉死的废除视为日本从一个以军事为基础的社会向一个更加以民间为基础的社会转变的重要标志。

在和平年代，武士以多种方式效忠于他们的藩主，当他们未能做好本职工作时，往往就会通过切腹来承担责任。一个著名的此类切腹（又称"引责切腹"，即"责任驱使下的自杀行

252 为"）事件发生在 1754 年，当时 51 名来自萨摩的武士集体自杀，以此对迟迟未能完成德川幕府命令萨摩藩在日本中部进行的河流防洪工程建设承担责任。[37]另一个例子是长崎的奉行①松平康英，1808 年，他在未能阻止英国护卫舰"费同号"进入长崎港后切腹自杀。在江户时代，荷兰是唯一被允许在日本从事贸易活动的西方国家。作为长崎的最高行政长官，松平既未能阻止英国军舰进入港口，也无法在军舰进入港口之后将其摧毁（港口的防御设施不足以抵挡"费同号"的火力）。为了避免因违反德川时期的律法而遭到刑事调查（这很可能会导致自己的家庭成员也受到牵连），松平选择切腹自杀。他在切腹之前留下了一份书面记录，并在其中解释了整个事件的来龙去脉。通过这些行为，松平得以保全个人和家庭的尊严。[38]

在明治时代（1868—1912 年），切腹被正式废除，但其过程并非一帆风顺。1869 年，即明治维新开始的一年后，当一位政治家首次在议会提议禁止这种做法时，一位曾经的武士将他砍翻在地。此事件的四年之后，议会才成功通过了禁止切腹的法案。但在此后的第二次世界大战期间，日本军官和极端民族主义分子仍然偶尔会这样做。最后一次出现的此类事件是1970 年由作家三岛由纪夫实施的臭名昭著的切腹事件。

结　语

在德川时期漫长的和平岁月中，武士群体形成了独特的文化认同感。这是因为他们在政府中履行着特殊的行政职能，但更是因为他们以携带对刀的专属特权行使武职。刀具是象征武

---

① 奉行是日本江户时期的地方最高行政长官。

士地位的关键标志，同时也是重要的致命武器，武士拥有在规定的条件下合法使用这些武器的特权。政府在维持社会秩序和男性武士文化方面的利益之间摇摆不定，这导致了一种时刻准备实施荣誉暴力的风气的盛行，这种暴力在早期近代日本的身体景观（physical landscape）中时常发生。但在德川时期，武士越来越难以对平民行使暴力的垄断权。然而，在德川幕府统治末期，随着海军准将马休·佩里（Matthey Perry）于 1853 年率领美国舰队驶入日本港口，武士重新表现出对侮辱行为的敏感，但这次他们并非针对日本平民，而是针对他们土地上的外国入侵者。这引发了周期性的流血冲突，但随后也使西方对武士的荣誉暴力准则产生了兴趣。

253

参考论著

在为数不多的主要研究早期近代日本暴力现象的著作中，Eiko Ikegami, *The Taming of the Samurai: Honorific Individualism and the Making of Modern Japan*（Cambridge, MA: Harvard University Press, 1995）非常重要，因为该著关注到了武士不断变化的性质以及暴力在武士的男性气概中发挥的作用。另外，已经有相当多关注仪式自杀（切腹）的研究论著，其中包括如下值得读者参考的研究成果：Andrew Rankin, *Seppuku: A History of Samurai Suicide*（Tokyo: Kodansha International, 2011）；Jack Seward, *Hara-kiri: Japanese Ritual Suicide*（Tokyo: Charles E. Tuttle, 1968）；Fumio Kakubayashi, 'An Historical Study of Harakiri', *Australian Journal of Politics and History* 39.2（1993），pp. 217-25；Toyamasa Fuse, 'Seppuku: An Institutionalized Form of Suicide in Japan', *Journal of Intercultural Studies* 5（1978），pp. 48-66。

有几部德川时期的武士所写的自传已被翻译成英文，其中涉及一些与暴力有关的史料，包括 Teruko Craig, *Musui's Story: The Autobiography of a Tokugawa Samurai*（Tucson: University of Arizona Press, 1988）；Mark Teeuwen and Kate Wildman Nakai（eds.）, *Lust, Commerce, and Corruption:*

An Account of What I Have Seen and Heard（New York：Columbia University Press，2014）。德川晚期武士撰写的重要自传作品包括 Marius B. Jansen，*Sakamoto Ryôma and the Meiji Restoration*（Princeton，NJ：Princeton University Press，1961）；Mark Ravina，*The Last Samurai：The Life and Battles of Saigō Takamori*（Hoboken，NJ：Wiley，2004）；Charles L. Yates，*Saigō Takamori：The Man behind the Myth*（London：Kegan Paul，1995）。

　　大量关于德川时期"武士道"的当代著作已被翻译成英文，例如 Alexander Bennett，*Hagakure：The Secret Wisdom of the Samurai*（Tokyo and Rutland：Tuttle Publishing，2014）。学术论著包括 Oleg Benesch，*Inventing the Way of the Samurai：Nationalism，Internationalism and Bushido in Modern Japan*（Oxford：Oxford University Press，2014）；G. Cameron Hurst III，'Death，Honor，and Loyalty：The Bushidō Ideal'，*Philosophy East and West* 40. 4（1990），pp. 511-27；Karl Friday，'Bushidō or Bull? A Medieval Historian's Perspective on the Imperial Army and the Japanese Warrior Tradition'，*The History Teacher* 27. 3（1994），pp. 339-49。

　　关于日本刀客，参见 William de Lange，*Famous Japanese Swordsmen of the Period of Unification*（Warren，CT：Floating World Editions，2008）；Stephen Turnbull，*The Samurai Swordsman：Master of War*（Tokyo and Rutland：Tuttle Publishing，2008）。这两本书重点研究的是德川时期之前更加暴力的战国时代，但第二本书包含该时期动荡的最后几年的史料。

254　宫本武藏或许是 16 世纪末至 17 世纪初的日本社会中最著名的刀客，他的著作已被多次翻译，如《五轮书》的译本，参见 *The Book of the Five Rings*，trans. William Scott Wilson（Boulder，CO：Shambhala，2012）。

　　关于日本的武术传统和德川时期的武艺发展的研究论著包括：Cameron Hurst，*The Armed Martial Arts of Japan：Swordsmanship and Archery*（New Haven，CT：Yale University Press，1988）；Karl Friday and Seki Fumitake，*Legacies of the Sword：The Kashima Shinryu and Samurai Martial Culture*（Honolulu：University of Hawai'i Press，1997）；John M. Rogers，'Art of War in Times of Peace：Archery in Honchō Bugei Shoden'，*Monumenta Nipponica* 45. 3（1990），pp. 253-60。

注　释

1. Eiko Ikegami, *The Taming of the Samurai*: *Honorific Individualism and the Making of Modern Japan* (Cambridge, MA: Harvard University Press, 1995), p. 202.

2. C. Vaporis, *Tour of Duty*: *Samurai*, *Military Service in Edo*, *and the Culture of Early Modern Japan* (Honolulu: University of Hawai'i Press, 2014), pp. 62–101.

3. J. Hall, 'Japan's Sixteenth-Century Revolution', in G. Elison and B. Smith (eds.), *Warlords*, *Artists*, *and Commoners*: *Japan in the Sixteenth Century* (Honolulu: University of Hawai'i Press, 1981), pp. 7–21.

4. 参见 M. Berry, *Hideyoshi* (Cambridge, MA: Harvard University Council on East Asian Studies, 1989)。

5. Katsu Kokichi, *Musui's Story*: *The Autobiography of a Tokugawa Samurai*, trans. T. Craig (Tucson: University of Arizona Press, 1988), pp. 71–108.

6. 引自 C. Vaporis, *Voices of Early Modern Japan*: *Contemporary Accounts of Daily Life During the Age of the Shoguns* (Boulder, CO: Westview Press, 2014), p. 125。

7. L. Roberts, 'Mori Yoshiki, Samurai Government Officer', in A. Walthall (ed.), *The Human Tradition in Modern Japan* (Lanham, MD: Rowman & Littlefield, 2002), p. 27.

8. 引自同上。

9. '*Katakiuchi*', in Kokushi daijiten henshū iinkai, *Kokushi daijiten* (*Encyclopedia of Japanese History*) (Tokyo: Yoshikawa kōbunkan, 1979), vol. III, pp. 348–53.

10. 这个案例转述自 D. Mills, 'Kataki-uchi: The Practice of Blood-Revenge in Pre-Modern Japan', *Modern Asian Studies* 10.4 (1976), pp. 525–6。

11. 同上，p. 527。

12. 同上，p. 533。

13. H. Smith II, 'The Capacity of Chūshingura', *Monumenta Nipponica* 58.1 (2003), pp. 1–42. 史学界对这起事件的起因多有争论，但至今依然没有定论。

14. Kasaya Kazuhiko, 'Kinsei buke yashiki kakekomi kankō' ('Refuge-seeking in Warrior Residences in Early Modern Japan'), *Shiryôkan kenkyû kiyô* 12 (1980), pp. 215–17.

15. 同上，pp. 226–8。

16. Mori Masana, 'Mori Masana Edo nikki' ('The Edo Diaries of Mori Masana'), Kochi Prefectural Library, Kochi, MS 1828/8/1, vol. 1, fo. 49.

17. 幕府将军德川纲吉（1646—1709 年）迫使浅野一人切腹而放过吉良的决定，在当时被一些人批评为片面且无视"喧哗两成败法"，尽管这是两名武士之间的争斗（喧哗）。参见 Hiroaki Sato, 'The Forty-Seven Samurai: An Eyewitness Account, with Arguments', in *Legends of the Samurai* (Woodstock, NY: Overlook Press, 1995), pp. 304–38。

18. 引自 Ikegami, *Taming of the Samurai*, p. 212。

19. 同上，pp. 226, 242。

20. 同上，p. 245。

21. 同上，pp. 245–7。

22. 参见 Vaporis, *Tour of Duty*。

23. 于 1642 年颁布的金泽町人守则引自 Vaporis, *Voices of Early Modern Japan*, p. 90。

24. Taniguchi Shinkô, 'Kinsei ni okeru "burei" no kannen' ('The Concept of "Disrespect" in Early Modern Japan'), *Nihon rekishi* 636 (2001), pp. 54–70.

25. 同上。这项研究的统计数据来自冈山藩。

26. 关于"血光之灾"护符的例子，参见 F. Drixler, W. Fleming and R. G. Wheeler, *Samurai and the Culture of Japan's Great Peace* (London: Yale University Press / Peabody Museum of Natural History, 2015), figs. 17 and 88 (pp. 17, 82)。

27. Roberts, 'Mori Yoshiki', p. 33.

28. K. W. Nakai and F. Miyazaki, *Lust, Commerce, and Corruption: An*

Account of What I Have Seen and Heard, trans. M. Teeuwen et al. (New York: Columbia University Press, 2014), p. 73.

29. A. Rankin, *Seppuku: A History of Samurai Suicide* (Tokyo: Kodansha International, 2011), pp. 138-52.

30. 引自 M. Cooper (ed.), *They Came to Japan: An Anthology of European Reports on Japan, 1543-1640* (Berkeley: University of California Press, 1965), pp. 161-2。

31. D. Botsman, *Punishment and Power in the Making of Modern Japan* (Princeton, NJ: Princeton University Press, 2005), pp. 41-58.

32. 第 47 个浪人没有切腹。参见 H. Smith, 'The Trouble with Terasaka: The Forty-seventh Rōnin and the Chūshingura Imagination', *Japan Review* 14 (2004), pp. 3-65。

33. A. B. Freeman-Mitford, 'An Account of the Hara-Kiri', in *Tales of Old Japan* (London: Macmillan, 1910), pp. 355-63.

34. 同上，p. 283。

35. 引自 Kakubayashi Fumio, 'An Historical Study of Harakiri', *Australian Journal of Politics and History* 39. 2 (1993), p. 217。

36. Gary P. Leupp, *Male Colors: The Construction of Homosexuality in Tokugawa Japan* (Berkeley: University of California Press, 1995), pp. 47-57.

37. Rankin, *Seppuku*, pp. 152-6.

38. N. Wilson, *Defensive Positions: The Politics of Maritime Security in Tokugawa Japan* (Cambridge, MA: Harvard University Asia Center, 2015), pp. 115-18.

13 早期美利坚的性别与暴力

约翰·吉尔伯特·麦柯迪

1674 年，威廉·伯德二世（William Byrd Ⅱ）出生于一个富裕的家庭。长大后的他在弗吉尼亚拥有数千英亩土地，手下有数十名人员，正是这些人保证了他的庄园能够盈利。对于伯德而言，性别暴力（gendered violence）是他日常生活的组成部分。他在记录自己生活的一本私人日记中展现了性别与暴力在生活中交织的方式。妻子露西（Lucy）显然是伯德的主要施暴对象，他在日记中经常写下"给［他的］夫人一点颜色瞧瞧"这样的句子。露西是否同意发生性关系无关紧要；尽管最近的一次怀孕让她"倍感不适"，但他们还是照样发生了性关系，露西"没有从中获得多少快感"。伯德的蹂躏对象并非只有他的妻子。有一次，他借着自己富有种植园主的身份，强迫一个女仆"触摸［他的］罗杰［阴茎］"。伯德还因对非裔黑奴①的严厉管教而声名狼藉，暴力是他与有色人种女性打交道的基本方式。伯德在日记中描述了自己对一名土著女性（"黑天使"）的性渴望，以及自己"向一个黑人女孩求吻"的经历。[1]

---

① 需要注意的是，由于美国在当时并未建国，所以本章多次出现的 African American 的意义与今天的通行意义（非裔美国人）不同，大多译为"（非裔）黑奴"或"黑人"。

威廉·伯德的故事体现了早期美利坚（America①）性别
与暴力交融的典型特征。虽然婚姻纠葛和家庭暴力并非只在殖
民地发生，但在这里，剥削经济以及不同种族的混居状态往往
以暴力的方式煽动和助长了男权对女性的压制。以 1492 年哥
伦布的抵达为起点，欧洲人对美洲的征服始终建立在对女性原
住民的性虐待之上。性别暴力的种族化（racialisation）②特征
在早期美利坚一直存在，而当非裔黑奴成为美洲殖民地的主要
劳动力时，这种现象变得越发严重。然而，正如威廉·伯德的
故事所揭示的，针对女性的性别暴力往往始于家庭。殖民地政
府赋予户主很大的法律权力，这实际上就是赋予男子暴力管教
女性家属的权力。家长制特权的扩张不仅掩盖了强奸行为，还
断绝了遭到虐待的妻子摆脱施暴者的可能性。

但是，如果说早期美利坚的历史是一部充斥着性别暴力
的历史，那么它同样也是一部革命的历史。土著女性和非裔
女性都在本时期不断反抗针对她们的暴行，即使这样做会为
自己招致灾难性的后果。此外，殖民地政府的多样性使得其
他类型的家庭秩序得以蓬勃发展。例如在宾夕法尼亚，施虐
成性的丈夫会受到严惩。启蒙运动将威廉·伯德等人的行为
重新定义为性暴政，这使得 18 世纪出现的情感主义思潮开始
反对不受约束的男性特权。美国独立后，各州通过强奸起诉

①　该词在本章有三种不同的意思：美洲；独立后的美国；独立前的美利坚，
　　即英属北美殖民地。本章主要关注第三种含意，但也有前两种用法。为
　　了避免混乱，我将本章标题中的 America 译为"美利坚"，但在具体行文
　　中视情况决定译法，请读者注意。
②　种族化是本章经常出现的一个社会学术语，指社会按照不同种族进行区
　　别对待的过程，读者可以将此理解为种族歧视观念在社会中不断加深的
　　过程。

256

和离婚为受虐妇女提供了法律上的申诉权力。然而，这些保护措施仅仅适用于白人女性，这随后导致国家内部的性别暴力被进一步种族化。

因此，从移民到建国，性别和暴力的交织始终是美国历史的核心部分。它既普遍又广泛，既含蓄又明确，而且具有由殖民经济和种族概念所塑造的独特性质。最重要的是，它还成为锻造现代美国性别和暴力观念的熔炉。在殖民地时期，极少有人会对威廉·伯德的行径感到惊讶；三个世纪后的我们则会对此感到厌恶，这是因为 18 世纪的话语革新。

性接触与征服

1493 年 11 月，克里斯托弗·哥伦布第二次抵达美洲。这位来自热那亚的探险家在前一年偶然发现了加勒比诸岛，他在伊斯帕尼奥拉建立了拉纳维达德，并让他的 39 名部下留守此地。当哥伦布返回时，他本以为自己会看到一个繁荣的殖民地，结果却发现拉纳维达德被夷为平地，原先的部下也都死了。他为此对泰诺人进行了审讯，直到后者最终供认，那些西班牙人因为野蛮占有土著妇女而被处死。根据西班牙远征队的另一名同行人员的记述，"其中一个西班牙人掳走了三个女人，另一个西班牙人掳走了四个"。[2]哥伦布对此事的真相感到困惑，因为他在上一次航行中曾看到裸体的土著妇女四处嬉闹。哥伦布在加勒比地区寻找"印第安人"，并以他们不服从西班牙统治为由对其实施奴役。

257　　　对土著妇女的性剥削是欧洲征服新大陆的重要组成部分。许多欧洲探险家、殖民者和士兵是年轻人，他们把美洲土著视为有待自己征服的敌人。西班牙征服者多为下级贵族

（hidalgos）出身，他们通过掠夺印第安人的土地和迫使其进入被称为赐封制①的强迫劳动体制来充实自己的腰包。西班牙人还对土著妇女进行性剥削，将土著的赤身裸体与亲切殷勤视为天生情欲泛滥的表现，他们因此通过暴力使土著女性变成自己的性伙伴。正如马格努斯·莫纳（Magnus Mörner）所言，"西班牙对美洲的征服是一场对女性的征服"。[3]

西班牙人带来了有浓重性别色彩的暴力观念。中世纪晚期的欧洲人认为，只有男性才能上战场。罗马天主教会也正式将女性划为非战斗人员，并颁布法令禁止对女性的强奸和绑架行径。到 15 世纪，各国世俗政府均已明令禁止对敌国的女性人口实施性暴力。然而，对于那些完全以强取豪夺为生的无业男性来说，不可能将这一念头从他们的头脑中完全驱除。当西班牙征服者抵达美洲时，尽管王室正式谴责对原住民妇女的残酷暴行，但正如安东尼娅·卡斯塔涅达（Antonia Castañeda）所指出的，当地官员往往对此视若无睹，因为正是这些对土著妇女的强奸和杀戮才使西班牙人对印第安人的征服一帆风顺。[4]

欧洲人利用性暴力进行的征服活动与美洲土著的情感认知形成了鲜明的对照。许多原住民认为，男子气概来自因战争或狩猎产生的强烈攻击倾向，但他们并不会利用它来压制女性。[5]卡伦·维埃里亚·鲍尔斯（Karen Vieria Powers）指出，"阿兹特克人并不将性视为一种暴力或征服的手段"。同时，西班牙人在墨西哥和秘鲁遇到的土著女性拥有的性权利是当时的大多数欧洲女性从未奢求过的；无论是阿兹特克人还是印加人，他

---

①　关于赐封制，参见本卷第 7 章。

258 们都没有关于婚前性行为或离婚的任何禁忌。女性有履行一夫一妻制和自我约束的义务，但当已婚妇女遭到强奸时，印加部落的男性也可能会出手杀死强奸者。[6]

性暴力对征服美洲的重要性还引发了关于是否应该在性行为中尊重土著女性意愿的争议。1519 年，埃尔南多·科尔特斯获得了一份包括 20 名土著女奴在内的贡品，其中就包括马林津，又名马林奇或玛丽娜夫人（Doña Marina）[①]。马林津日后被科尔特斯视若珍宝，她不仅在科尔特斯征服墨西哥阿兹特克人时扮演了后者的翻译和使者的角色，而且还为他生了几个孩子。在今天的墨西哥，马林津时而被奉为人民之母，时而又被贬为自己种族的叛徒。然而，马林津的动机至今依然疑云重重：她究竟是被科尔特斯强奸，还是自愿做他的情人？对于许多土著妇女来说，她们并没有选择的余地，因为西班牙人压倒性的军事力量让她们身不由己。

17 世纪初，法国和英国开始与西班牙争夺北美殖民地。尽管他们都把从西班牙征服者手中拯救印第安妇女作为自己发动战争的托词，但法国和英国殖民者同样对土著妇女实施了性剥削。为了巩固贸易关系，法国的毛皮贩子（coureurs de bois）经常在得到土著领袖许可的情况下与印第安妇女发生性关系。英国人则不屑于和异族通婚，官方同样不鼓励他们与印第安人进行性接触。在詹姆斯敦的英国指挥官放话说，那些强奸波瓦坦印第安人或跑去和他们一起生活的人都将被处死。然而，英国人与印第安人的性关系依旧存在。1614 年，在约翰·罗尔夫（John Rolfe）与波卡洪塔斯（Pocahontas）的婚姻中，这种

---

① 关于马林津的更多故事，参见本卷第 7 章。

关系还作为实现土著与殖民者和平共处的一种手段而受人称道。[7]

　　一般而言，英国人并不依靠与印第安女性通婚来美化自己的殖民活动。西班牙人认为，土著人的身体不仅是劳动力来源，而且是供其消遣以及繁衍后代的工具；而英国人则与其不同，他们将土著人视为在美洲建立与欧洲同样类型社会的障碍。1620 年，清教徒之所以能够在普利茅斯定居，部分是因为疾病已经消灭了居住在当地的帕图西特人。"五月花号"将大量英国妇女和儿童从英国本土送往美洲，这使该地变成了新英格兰。然而在这些殖民地，上述针对特定种族的暴行同样具有性别化的特征。英国殖民者会在战争中杀死土著男人，但不会伤害女人，因为他们认为土著女性更容易接受英国的宗教和价值观。殖民者还担心土著男性是魔鬼般的强奸犯。当玛丽·罗兰森（Mary Rowlandson）在菲力浦国王之战（1675—1678 年）中被万帕诺亚格人俘虏时，她担心这些"和熊一样贪婪"的"野蛮人"会对她进行性侵犯。不过，她最终承认道："他们中没有一个人对我有过一丝一毫的玷污举动。"但这类话语掩盖了另一个事实：土著女性反而更容易遭到英国殖民者强奸。[8]

259

　　到 17 世纪末时，原住民在美洲已濒临灭绝，他们的人口和前哥伦布时期相比锐减了九成之多。性别化的暴行给欧洲殖民者在美洲的征服过程染上了不同的色彩：在拉丁美洲，这种暴行导致了混血人口的增长；而在英属北美殖民地，这种暴行则为黑人日后在此地的遭遇①埋下了祸根。

---

　　①　指日后非裔在美国长期遭受的系统性种族歧视。

家庭与亲密关系中的暴力

1620 年，当第一批清教徒抵达普利茅斯时，他们以集体而非个人的形式在此地定居。他们在船上①共同度过了第一个冬天，并在春天到来时一起在集体所有的土地上播种。但在抵达美洲的第三年，清教徒们对殖民地的公社式生活感到厌烦。当时的总督威廉·布拉德福德（William Bradford）回忆，不仅单身汉不满于"为别人的妻子和孩子"打工，已婚妇女也把为丈夫以外的人服务斥责为"某种形式的奴役"。⁹因此，布拉德福德对殖民地的土地进行了分配，每个家庭都得以建造自己的房屋。通过将权力转移给一家之主的方式，他还将治理工作转交给个人：男性户主获得了对其家属近乎绝对的控制权。这种治理结构被其他英属殖民地所效仿，一种通过隐瞒配偶的虐待和强奸行径来助长性别暴力的体制就此诞生。

在整个殖民地时代，由父母、孩子、住家劳工（如仆人和奴隶）组成的家庭构成了殖民地政府管辖的基本单位。家庭的组织方式具有等级制和按性别划分的特征，父亲/主人无疑是一家之主。根据卡罗尔·沙玛斯（Carole Shammas）的推测，英国殖民地 80% 的人口处于户主的管辖范围内。第一代殖民地政府通过立法赋予户主极大的家庭管辖权，其中就有通过适当的身体管教来规训妻儿和仆人的特权。这为暴行的发生提供了可能性。家属只能听凭户主的意愿行事，当局只有在极少数情况下才会出手干预。一位名叫汉娜·戴尔（Hannah

260

---

① 原文为"单一结构"（single structure）。当时抵达美洲的清教徒没有时间在冬天来临之前找到搭建建筑的木材，被迫选择返回"五月花号"过冬。

Dyre）的女性在被丈夫殴打后将此事告知邻居，并展示了自己头上的一道"据称是她的丈夫打断一根木棍造成"的伤口。邻居向殖民地政府报告了这起虐待事件，但法院没有采取任何针对性措施，直到戴尔的丈夫最终将她打死。[10]

不仅户主的大权独揽背离了英国法律，而且几乎毫无约束这种权力的方式，此种现象深刻体现了美利坚当时在公民和宗教制度方面的薄弱。虽然殖民地当局偶尔会立法遏制户主的暴行，但这类法律常常不会真正执行。1641 年，马萨诸塞立法决定，"每位已婚妇女都不应受丈夫的体罚或鞭打"，这被伊丽莎白·普莱克（Elizabeth Pleck）称为"西方社会中最早出现的反对配偶虐待的法律革新"之一。[11]然而，法律几乎没有为受虐待的妻子提供任何保护。马萨诸塞的米德尔塞克斯县在 1649—1699 年只审理了七起虐妻案；普利茅斯的法院在 1663—1682 年只审理了四起相关案件。此外，随着时间的推移，对虐待配偶者的法律制裁也在逐渐减轻。1663 年以后，米德尔塞克斯县只报告了两起虐妻案，而在普利茅斯，类似诉讼在 17 世纪 80 年代已经降至每十年一起，18 世纪后则完全不见踪影。正如安·利特尔（Ann Little）指出的，当时美利坚的法庭倾向于对殴打丈夫的妻子提起诉讼，而不是相反。[12]

在殖民地时代的美利坚社会中，离婚极其困难，丈夫施暴问题因此更加恶化。婚姻被视为一辈子的承诺，由此政府很少解除婚姻关系。在 17 世纪，马萨诸塞只批准了不到四十起离婚（*a vinculo*），而且其中没有一起是仅仅因为妻子遭受虐待而得到当局批准。同样，在康涅狄格，只有在丈夫犯有通奸罪或遗弃罪的情况下，政府才会以躯体虐待为由终止婚姻关

261

系。[13]弗吉尼亚只允许半离婚（*a mensa et thoro*），即合法分居。当玛丽·萨沃里（Mary Savory）申请离婚时，因为她丈夫"日复一日的非人虐待"对她的"生活与身心健康"构成了威胁，约克县法院允许她与丈夫分居，但双方的法定婚姻关系并未被终止。琼·阿杜斯顿（Joan Aduston）则没那么幸运，由于无法证实自己丈夫存在虐待行为，她被遣返回施虐者手中。[14]

对户主权威的过度遵从还影响了人们对强奸的看法。强奸在英国法律中是死罪，因此殖民地法院对强奸犯的判决可能非常严厉。1636 年，马萨诸塞的一家法院审理了爱德华·伍德利（Edward Woodley）的案件。伍德利是契约仆人，他闯入邻居家中并对一个女仆实施性侵犯。伍德利迅速受到了严惩，因为他的罪行坐实了殖民地社会对强奸者的猜测：这是一个外来者侵犯另一个男人家庭的罪行。[15]但是，当时很少有强奸案能得到如此明确的判罚。男性的性权力被认为是天经地义的，这使女性的抵抗行为和同意与否变得模棱两可，因此容易受到法庭的质疑。此外，强奸往往发生在亲戚和朋友之间，而非陌生人之间。观念与现实的矛盾也使构成强奸的具体内容变得复杂。尽管人们声称，"即使是一个妓女的证词"也足以将一名男子定罪，但大多数殖民地的陪审团对女性提供的证词持怀疑态度。根据莎朗·布洛克（Sharon Block）的说法，当时的法官会仔细斟酌原告女性是否对事件有所隐瞒，以及她有没有在被袭击的过程中发出求救信号，并依此判定性行为是否属于双方自愿。法庭还会试图弄清楚是否存在性插入，因为这样能够区分强奸和强奸未遂，后者受到的惩罚较轻。[16]

　　单独出现的性暴行很少会导致司法判决。殖民地时代的法院记录显示，当局通常不会以强奸罪起诉当事者，尤其是在被定罪的强奸犯会面临死刑的情况下。马萨诸塞在 1636—1692 年一共判决了十四起强奸案和三起强奸未遂案，但只有一名男子因强奸未婚女性被处以绞刑。同样，17 世纪的康涅狄格共记录了两起强奸案和十起强奸未遂案，尽管几乎所有案件（只有一起除外）做出了有罪判决，但没有人因此被处决。婚姻状况对强奸案的判决结果同样十分重要。在 18 世纪发生的强奸未遂案中，马萨诸塞的法庭在受害者为单身女性时更容易将强奸者定罪，但康涅狄格的法庭则更倾向于将试图强奸已婚妇女者定罪。[17]

　　归根结底，强奸在当时被视为一种家庭内部事务，在立法者看来，这一罪行对户主的权威构成了严重威胁，因此托马斯·福斯特（Thomas Foster）认为，"强奸的受害者不但包括女性，而且包括男性"。强奸者冒犯了丈夫或父亲保护其家眷的能力，所以强奸受害者的男性亲属有权起诉强奸者并要求经济赔偿。不仅如此，殖民地法院还更加倾向于谴责强奸案中的女性受害者。如果一名女性指控一名男性强奸，但法庭认为这是双方自愿的性行为，那么这名女性可能会被指控犯有通奸罪，从而被罚款或遭受笞刑。[18]

　　尽管大体而言美利坚各殖民地对性别暴力的处理方式十分相似，但各殖民地在宗教和种族方面的差异会导致不同的处理结果。宾夕法尼亚在 1681 年由教友派（贵格会）建立，这一教派十分重视家庭和育儿的深刻精神意义。[19]因此，该殖民地对虐待配偶和强奸配偶的行为采取了强硬立场。1682—1801 年，法院审理了多达 887 起涉及已婚夫妇的攻击和殴打案件，在十四名被指控谋杀妻子的男子中，十一人的罪名成立。贵格会的神学观念还塑造了宾夕法尼亚有关强奸的法律。该教派蔑视死刑，这使宾夕法尼亚早期被定罪的强奸犯只会被判处没收财产、监禁和苦役。随着时间的推移，宾夕法尼亚法院加重了对强奸罪的判罚，1700 年增加了阉割和烙印，1718 年又增加了死刑。1718—1786 年，该殖民地法院一共审理了三十七起强奸案和二十三起强奸未遂案，前者约有三分之一被定罪，而后者则有一半以上被定罪。[20]

　　塑造性别暴力观念的另一个因素是种族之间的不平等。1680 年后，随着黑奴数量的迅速增长，殖民地政府调整了其法律，对强奸白人女性的黑人男子从重处罚。尽管宾夕法尼亚此前很少会判强奸犯死刑，但这种现象并不适用于其他肤色的强奸犯，因为宾夕法尼亚法律规定，对"任何白人妇女实施强奸或蹂躏"的"任何黑人"都将被处以死刑。[21]在从布里斯托尔开往朴次茅斯的渡轮上，一个名叫丹尼斯·泰勒（Dennis Taylor）的妓女声称，一个名叫库菲（Cuffee）的奴隶试图强奸她。当时殖民地的法律还不够严苛，因此无法判处库菲重罪。于是，对此事感到震骇的罗得岛立法机关立即制定了一项针对"企图强奸白人妇女的黑人"的法律。根据这项法律，黑人强奸犯应被打上烙印、鞭打并被卖出殖民地。与此相反的是，黑人女性不受殖民地强奸法的保护，黑人男性也不能因为自己的妻子和女儿被性侵而提起诉讼。[22]

　　黑人还常常因强奸白人女性而受到严厉的法庭审判。在18 世纪的康涅狄格，三名被处决的强奸犯都是黑人。根据克尔斯滕·费舍尔（Kirsten Fischer）的考证，在北卡罗来纳，共有十四名白人妇女指控白人男子强奸，但只有两人受到了法

庭审判，而且他们最终都没有被定罪。相比之下，所有十二名
被指控强奸的男性奴隶都被执行了死刑判决。黑人男性也因此
遭受了可怕的酷刑。虽然宾夕法尼亚短暂实施过阉割白人强奸
犯的法律，但这种惩罚在整个殖民地时代都经常发生在黑人身
上。一些被指控强奸的黑人男性还被处以火刑，他们的尸体最
后变得不成人形。[23]

仆人和奴隶

264

　　威廉·伯德十分清楚，暴力会催生更多的暴力。在宣
称对妻子的身体拥有控制权之后，几乎没有什么能阻止他
将这种权力转移到其他女性（尤其是仆人和有色人种女性）
身上。在整个美利坚殖民地，户主不断膨胀的性权力不但
助长了针对妻子的性别暴力，而且使处于被奴役地位的女
性深受其害。这在一定程度上来自欧洲人对阶级和种族的
设想，但在英属美洲殖民地，经济同样起到了决定性的作
用。随着种植园在南方殖民地的扩张，身背契约的劳工数
量急剧增加。由于女仆、奴隶和妻子都处于父权制家长的
管辖范围内，所以殖民地的法律更加纵容性剥削和性虐待
等性质的性别暴力。

　　契约仆役制是 17 世纪常见的一种非自由劳动形式。作为
前往美洲的交换条件，数以万计的英国男女签下在殖民地的种
植园劳作数年的合约。在英属殖民地，契约仆作为合法的受抚
养人被置于家庭管理之下，因此户主有权对其进行身体管教。
尽管殖民地当局只会在极端情况下对这类活动进行干预，但契
约仆和妻子一样受到法律保护，户主不得"苛刻或不符合基
督教精神地对待"他们。[24]户主还负有管好自己手下年轻的单

身契约仆的责任。例如，当威廉·贾德森（William Judson）的男仆对一名女仆进行"下流"挑逗时，纽黑文法院也对贾德森进行了处罚。[25]

契约仆在早期弗吉尼亚和马里兰的烟草种植园中尤其普遍，他们的人数占当地所有移民的70%—85%。契约仆大多是男性，每七个来到这里的人中只有一个是女性，因此许多单身主人寻求与这些女仆发生性关系。并非所有的主仆关系都是暴力的，有些关系会最终走向婚姻。但女仆既无力拒绝主人，也无法获得舆论的支持，因此她在面对主人求爱时只能半推半就。从某种程度而言，现存早期美利坚的历史记载有意对女仆遭受性虐待的程度避而不谈。[26]

265　　如果殖民地当局有时确实会干预主仆关系，那么这样做也是出于维持生产水平的考虑。1643年，弗吉尼亚立法规定，那些在契约期间怀孕的契约仆需要延长履行契约的时限。尽管这项法规使得损失女性劳动力的户主获得了一定补偿，但这也为那些"放荡成性的主人"提供了滥用这条规则的机会，他们通过让女仆怀孕的方式延长她们的契约期。二十年后，当立法者重新审视这条法规时，他们依然对女仆心存疑虑，宣称"如果一个女人为她的主人生下孩子后就会被释放"，那么她会声称所有孩子的父亲都是自己的主人。因此，弗吉尼亚立法规定，女仆在生育后必须继续服务两年，但主人也有权将其卖给另一个主人。[27]

随着愿意签署严苛剥削契约的英国人越来越少，契约仆役制在17世纪走向衰落。非洲人及其后裔很快就在烟草田里占据了一席之地。到了1700年，弗吉尼亚的黑奴人数首次超过了白人契约仆。奴隶制是一种比契约仆役制更加暴力的制度，这是因为奴隶并非自愿参加种植园劳动，而是被迫如此。早期的殖民地法律将奴隶视为家庭中的受抚养人，但随着奴隶制成为南方劳动力的主要形式，法律将奴隶的性质修改为奴隶主的动产。通过从受抚养人到动产的身份转变，黑人及其在美洲殖民地的后代所受到的虐待也从身体管教转变为致命暴行。1669 年，弗吉尼亚颁布法令，"偶尔杀死奴隶"的奴隶主不会受到刑事指控，因为无法假定"任何人会蓄意破坏自己的财产"。[28]

对黑人女性的性剥削也是奴隶制暴力的必要组成部分。第一，这类暴行具有一定的经济动机。南方各殖民地的法律都规定，无论其父亲是何身份，女奴所生的孩子都将终身为奴，这为主人强奸其手下的女性奴隶提供了经济动机。第二，性虐待也是白人优越论（white supremacy）的一种体现方式。通过强迫奴隶与自己发生性关系，白人男性得以强化自己无所不能的形象。黑人女性在面对强奸时缺乏自我保护的方式，因为任何殖民地当局都禁止她们（无论是奴隶还是自由人）对白人男子提出强奸指控。[29]

白人殖民者还用种族主义的说辞为自己对黑人的性虐待进行辩护。他们断言，黑人天生就比白人更有性欲，因为黑人不仅有更强的身体素质，而且缺乏抑制自己身体冲动的心智。前往非洲的英国旅行者观察到，那些"所谓的黑人通常一丝不挂"，因此他们猜测非洲人和猿猴之间存在"野兽般的交配行为"。美利坚的奴隶主不但禁止奴隶之间的合法婚姻，而且通过只给奴隶提供破烂衣物的方式强迫其暴露身体，这使黑人奴隶看起来更加性欲旺盛。这些观念同时引起了白人对黑人男子在性方面的恐惧，由此产生了针对涉嫌侵犯白人女性的黑人男

266

子的残酷刑罚。[30]

黑人激烈反抗针对他们的性剥削。当奥拉达·艾奎亚诺还是加勒比和南卡罗来纳的奴隶时，他就注意到了奴隶主会"对女性奴隶的贞洁进行持续的暴力蹂躏"。这些故事在他的自传（早期反对奴隶制运动的里程碑式作品）中处于非常突出的位置。其他奴隶则以暴力回应暴力。18世纪70年代，根据驻扎在苏里南的中尉约翰·加布里埃尔·斯特德曼（John Gabriel Stedman）的记述，奴隶起义的领袖往往是黑人男子，他们试图以此来阻止"醉酒的管理者和监工"凌辱他们的妻子。一些种植园主试图通过将更多的非洲女性带往种植园来压制奴隶的反抗情绪，因为他们相信她们能够起到安抚男性奴隶之效。但令他们绝望的是，这些女性奴隶同样成为奴隶起义的煽动者。[31]

事实上，英国殖民者照搬了西班牙人使用性暴力征服非白人的方式。异族混合还让黑白混血儿（mulatto）不断繁衍，他们几乎所有人都被殖民者奴役并在种族上被确定为"黑人"。对黑人的剥削还提升了白人女性的地位，后者不再从事烟草种植，取而代之的则是这些成为男性实施性权力的主要目标的黑人。然而，奴隶主不容挑战的绝对权威并未延续至18世纪。虽然性别暴力的种族化倾向在美国独立后依然存在，但户主从此不再拥有完全不受约束的权力。

革命性的变迁

1774年6月，《皇家美利坚杂志》刊登了一幅名为《能干的医生，或吞下苦水的美利坚》（后简称《能干的医生》）的政治漫画。这幅漫画以强奸为类比，生动描绘了英国政府对待美利坚殖民地的方式。在这幅漫画刊登前的十年间，英国议会通过的法律［如《印花税法案》（Stamp Act）①］激起了殖民地民众的不满和反抗，最终导致了波士顿倾茶事件。

图 13.1　《能干的医生，或吞下苦水的美利坚》，漫画，伦敦，1774 年。

1774 年初，英国议会试图通过关闭波士顿的港口和其他强制措施来迫使殖民地向宗主国臣服。对于美利坚的捍卫者来说，英国的暴行无异于身体上的虐待。为了说明这一点，《能干的医生》将殖民地描绘成一个在英国首席法官控制下的美洲土著女性，她被当时的首相腓特烈·诺斯（Frederick North）勋爵强行灌下茶水。这一场景中显然存在无法忽视的性虐待行

267

---

①　《印花税法案》是 1765 年英国议会通过的施加于英属北美殖民地民众的直接纳税法案，该法案进一步激化了英国本土与北美殖民地的矛盾并加剧了抗税运动。

为：美利坚的乳房暴露在外，而英国海军大臣（First Lord of the Admiralty）① 则在仔细打量她的衣服。放荡不羁的法国和西班牙冷眼旁观，不列颠尼亚（Britannia）② 羞愧地埋头，象征军法的利剑则堂而皇之地为这一幕赋予合法性。[32]

《能干的医生》之所以引人注目，不仅是因为它是针砭时弊的评论，还因为它暗示了性别暴力观念的变迁方式。殖民地时代发生的大部分强奸案被人们忽视，特别是当犯罪者是主人而受害者是印第安人、仆人或奴隶的时候。但是，随着启蒙运动的到来和美国独立运动的开展，社会的情感结构发生了变化。性虐待成为一种罪行，强奸者不再能够轻易逃脱制裁。人们逐渐认为，性关系应当充满爱意和陪伴，女性有权摆脱虐待式的性关系。事实上，《能干的医生》传达的信息十分明确：美利坚需要逃离施虐者的魔爪。然而，或许其他种族的受害者并未因此改变命运。自哥伦布抵达美洲以来，土著女性一直遭受欧洲男性的性别暴力。尽管这幅画将美利坚比作印第安人，但对有色人种女性的性剥削现象并没有因为美国的独立而销声匿迹。[33]

在 18 世纪，关于性别暴力的观念随着启蒙运动的开展而出现了改变。伏尔泰和让-雅克·卢梭等法国哲学家将理性和个人自由置于宗教权威和公共秩序之上。随着这些思想传入美利坚殖民地，男性户主的绝对权威受到人们的质疑，虽然男性户主依然能够保持自己的身份，但当局希望他们在管教家眷时

① 英国海军大臣，又称第一海军大臣，英国海军本部的最高领导。
② 不列颠尼亚是罗马帝国对不列颠岛的古意大利语称呼，逐渐演变为不列颠女神的形象，日后成为现代英国的化身，她在现代的形象通常是身披盔甲，手持三叉戟和盾牌。

不会过于残忍和恣意妄为。启蒙运动还将奴隶制重新定义为对个人自由的侵犯，尽管这种当时新出现的废奴运动仅限于黑人数量较少而且奴隶制对经济的影响无足轻重的北方殖民地。[34]

美利坚的革命者使用了自由和个人权利的话语，这一点同样受到了启蒙运动的影响。在七年战争（1756—1763 年）之后，英国议会通过征税和部署士兵寻求对美洲殖民地更大的控制权，性别暴力由此成为导致独立的政治话语的重要部分。殖民者担心，经常现身于波士顿等城市的英国士兵会导致强奸事件频发。这种担忧沿袭了"强奸犯是外来者"的古老观念，并促使殖民地的男性拿起武器保护他们的女性。性别暴力的理念最终影响了《独立宣言》的起草，这份宣言将国王与殖民者的关系比作一场婚姻，乔治三世（George Ⅲ）被描述为一个对美利坚实施"反复伤害和侵占"的无情夫君，而唯一的解决办法是"摆脱这种政府"——离婚。[35]

美国独立战争（1775—1783 年）期间，性别暴力更加猖獗。大陆军（美国军队）的士兵很快发现，战争本身就是一起性别化的暴力事件。除了战场上的伤亡，男人们还在营地面临着物资匮乏和疾病的威胁。此外，军队通过诸如鞭打和夹道之刑（running the gauntlet）① 等体罚手段来执行严格的纪律。美英之间公开的敌意也助长了士兵对女性的性虐待行为。1779年，当康涅狄格遭到英国士兵的突袭时，克里斯蒂安娜·加特（Christiana Gatter）报告说，两名红衣士兵闯入她的房子，"抓住我的身子，把我扔到床上"。害怕自己有生命危险的加特作

269

---

① 夹道之刑是军队中的一种抽打刑罚，它由受刑人的军中同袍左右列为两行亲自动手执行。这不仅是一种肉体上的惩罚，更是精神上的凌辱。

证道："我不得不屈服。"[36]莎朗·布洛克指出，在战争期间，遭到强奸的女性更有可能立即告知当局，而且强奸在战时的定罪率要高于和平时期。通过这种方式，女性得以积极维护自身权益，并以此参与美国的政治事业。[37]

随着美国的独立，旧有的社会秩序受到了冲击。在这个"人人生而平等"的新国家中，贵族特权被普遍质疑，几乎所有的白人男性在两代之内就获得了投票权。这进一步削弱了户主的地位，使受抚养人有能力成为独立的民事行为能力者。1787 年起草的美国宪法禁止宗教宣誓（religious test）①，各州解散了官方教会，来自基督教会的种种限制也从此被解除。人们还进一步期望女性能够取代教会和政府，成为国家的道德楷模，这对性别暴力产生了深远的影响。

苏珊娜·罗森（Susanna Rowson）发表于 1791 年的小说《夏洛特·坦普尔》是说明当时社会风气变化的典型作品。小说讲述了这样一个故事：一个年轻女子被诱奸以致怀孕，却被爱人抛弃，并最终死于分娩。罗森在很大程度上为引诱夏洛特的男性开脱责任，并把责任归咎于主角，认为是她让自己成为受害者的。尽管夏洛特的父亲曾给予其忠告，但这位户主无法保护他的女儿不受蹂躏。夏洛特·坦普尔的故事对所有的年轻女性而言都是一个教训，罗森希望她的小说"能让其他不幸的女人从毁掉可怜的夏洛特的错误中幡然醒悟"。[38]克莱尔·莱昂斯（Clare Lyons）指出，这类故事认可了男性的性特权，但

---

① 宗教宣誓是指通过宣誓的方式表明自己的宗教信仰，以此作为公职人员任职的必要条件。1787 年美国宪法的第六条明文规定："合众国政府之任何职位或公职，皆不得以任何宗教标准作为任职的必要条件。"此后，宗教宣誓不再成为公职人员就职的必要条件。

模糊了性同意的概念。在美国独立后的短时期内，女性只能依 270
靠自身力量反抗男人的性欲。[39]

性别观念的转变还影响了当时的婚姻观念。在 19 世纪
早期，婚姻被人们视为一种双方相伴相爱的关系，丈夫是有
绅士风度的家长，而不是专横的暴君。因此，大多数发生在
家庭内部的身体暴力在此时被视为非法行为，在日益壮大的
中产阶级之间尤其如此。女性开始抵抗丈夫的管教，并试图
逃离施虐成性的丈夫。随着革命的推进，一些美国人主张，
结束虐待性质的婚姻与结束暴政并没有什么不同之处。到
1799 年，十六个州中有十二个州承认女性拥有离婚权。
1785 年，宾夕法尼亚实现了离婚的合法化。在接下来的三
十年里，申请结束婚姻的女性人数激增，其中四分之一申请
者的理由仅为虐待，还有更多女性以包括虐待在内的多种理
由申请离婚。[40]

然而，这种转变实际上仍然不够彻底，而且争议重重。
一些男性依旧断言自己有权管教妻子。根据来自宾夕法尼亚
的迈克尔·费舍尔（Michael Fisher）的证词，对他的妻子而
言，"为了使她成为一个好主妇，殴打是必要的，而且她还
得多挨些打"。费舍尔的妻子则以提出离婚作为回应，这反
映了一些夫妻对婚姻中身体暴力的作用有不同看法。[41]法院也
不愿将发生在家庭内部的虐待行为视作离婚的充分理由。在
18 世纪末至 19 世纪初的宾夕法尼亚，妇女仅以虐待为由提
出的离婚申请中，有一半被法院驳回。此外，许多家庭中的
身体虐待现象并未对外公开，它们被日益增长的家庭隐私需
要所掩盖。19 世纪早期的美国法律不承认婚内强奸，丈夫继
续拥有对妻子身体的绝对控制权。同样，美国建国早期的侵

权法（tort laws）①并不包括家庭事务，这使遭受虐待的妻子
除了离婚之外几乎没有其他方式进一步追究施暴丈夫的法律责
271 任。[42]最后，家庭凶杀事件依然屡见不鲜。在 18 世纪后半叶的
佛蒙特和新罕布什尔，配偶谋杀案的数量随着离婚合法化的推
进而减少。但在 19 世纪 20 年代，对配偶和子女的谋杀案件数
量不断上升，这种趋势一直持续到美国南北战争期间
（1861—1865 年）。[43]

　　对家庭范围之外的性别暴力的认识也在此时发生了变化。
美国独立之后，人们对包括强奸在内的罪行是否广泛适用死刑
产生了怀疑。到 1800 年，至少有六个州在对强奸犯的量刑中
用监禁取代了死刑。与此同时，对强奸的起诉数量也有所增
加。在宾夕法尼亚的切斯特县，平均每年发生在每 10 万居民
中的强奸案从 1718—1793 年的 0.58 起上升至 1794—1801 年
的 1.57 起。但在同一时期，对强奸未遂的起诉数量骤减。
1770 年以前，宾夕法尼亚的强奸未遂案与强奸案的数量之比
为 3：1，可在 1770 年以后，每一起强奸未遂案对应超过五起
强奸案。宾夕法尼亚对强奸案的定罪率也在 18 世纪 90 年代降
至 18.2%。强奸未遂案不断减少，强奸的定罪率不断下降，这
与 19 世纪日益开放的性道德（sexual license）②有关。[44]

　　不过，这种开放的性道德只适用于白人男性。随着革命的
推进，对非自由劳动制度的批评引发了对被奴役女性的性剥削
现象的质疑之声，这在美国历史上还是头一回。南方的种植园
主们达成了"缄默密约"（conspiracy of silence），拒绝承认自

---

① 侵权法，又称民事损害赔偿法，主要涉及侵犯他人的人身、财产、名誉、
商业等方面权益的民事过错行为，其主要目的是赔偿受害人的损失。
② 性道德，又称性许可，指人类社会调整两性性行为规范的方式。

己与其他种族的人发生过性行为。美国第三任总统托马斯·杰斐逊（Thomas Jefferson）与他的奴隶萨莉·赫明斯（Sally Hemings）保持了数十年的性关系，而且还育有好几个子女，但他从未公开承认过自己与他们的关系。尽管杰斐逊的反对者为了达成政治目的将其私生活公之于众，但这一丑闻并未让杰斐逊停止对赫明斯的剥削行径。[45]恰恰相反，人们依然相信黑人无法控制自己的性欲，且这一观念并未受到质疑。强奸法的修订并不适用于黑人男性，强奸白人女性的黑人依然面临死刑判决，而黑人女性对由白人男性施加的性剥削依然没有申诉的权利。在费城，随着针对私生子的法律变得更加种族化，单身黑人女性失去了通过起诉性伴侣寻求支持的可能性。[46]

结　语

19 世纪中叶，《奥米·怀斯》（'Omie Wise'）在美国成为一首流行的民谣。这首歌讲述了 1807 年娜奥米·怀斯（Naomi Wise）在北卡罗来纳乡间被乔纳森·刘易斯（Jonathan Lewis）杀害的事件。刘易斯和怀斯发生过性关系，但当怀斯透露她怀有身孕时，刘易斯淹死了他的情人。这首民谣因其悲怆的曲调而广为流传，怀斯作为孤儿和仆人的身份背景并未阻挡其流传的步伐。事实上，《奥米·怀斯》表明，自威廉·伯德生活的时代以来，美国社会在情感上对性别和暴力的认识已经发生了巨大变化。如果这件事发生在 18 世纪，人们不会同情受到如此虐待的女性（更不用说是女仆）。然而，如果怀斯是黑人，她的故事是否会以同样的方式成为全国性的话题，这是值得怀疑的。[47]

早期美利坚的性别暴力由殖民地生活的经验、种植园经济的建立以及新大陆的种族不平等共同塑造，拥有独特的维度。从第一批移民抵达开始，对女性的剥削始终都是欧洲人征服美洲的关键，这在英国殖民者户主不断膨胀的性权力以及契约仆役制和奴隶制的普遍化趋势下迅速发展。但是，性别暴力同样经常受到贵格会教徒、革命者和女性自身的挑战。尽管在建国后，美国社会对有色人种女性的剥削仍在继续，但当局始终致力于消灭殖民地时代遗留的配偶虐待、强奸和性别暴力现象。

参考论著

对早期美利坚历史的研究者而言，性别和暴力是近年来才出现的新视角。该领域至今仍然鲜见涉及性别和暴力的专门论著，关于性别和暴力的最丰富文献来自讨论女性、土著和非裔的历史论著。该领域尚处于起步状态，这意味着一些最令人印象深刻的研究成果主要以论文集或期刊文章的形式出现。

读者可以在下面两本书中找到对殖民遭遇和征服时代的性别与暴力的精彩介绍：Elizabeth D. Heineman（ed.），*Sexual Violence in Conflict Zones：From the Ancient World to the Era of Human Rights*（Philadelphia：University of Pennsylvania Press，2011）；Matthew Jennings，*New Worlds of Violence：Cultures and Conquests in the Early American Southeast*（Knoxville：University of Tennessee Press，2011）。对西班牙人在美洲殖民地与原住民女性发生性关系进行充分探讨的研究成果是 Karen Vieira Powers，*Women in the Crucible of Conquest：The Gendered Genesis of Spanish American Society，1500–1600*（Albuquerque：University of New Mexico Press，2005）。读者可以在下面两本书中找到对土著妇女的奴役以及这类事件的不同体现：Andrés Reséndez，*The Other Slavery：The Uncovered Story of Indian Enslavement in America*（Boston，MA：Houghton Mifflin Harcourt，2016）；Brett Rushford，*Bonds of Alliance：Indigenous and Atlantic Slaveries in New France*（Chapel Hill：University of North Carolina Press，2012）。关于英国人与印第安人之间的性关系，参见 Ann M. Little，*Abraham in Arms：War and Gender in Colonial New England*（Philadelphia：University of Pennsylvania Press，

273

2007）; Ann Marie Plane, *Colonial Intimacies : Indian Marriage in Early New England* （*Ithaca, NY : Cornell University Press*, 2000）。

性别和暴力问题贯穿英属北美殖民地的历史，但读者最好可以从以下两部著作着手进入该领域：Mary Beth Norton, *Founding Mothers and Fathers : Gendered Power and the Forming of American Society* （New York: Alfred A. Knopf, 1996）; Richard Godbeer, *Sexual Revolution in Early America* （Baltimore, MD: Johns Hopkins University Press, 2002）。下面这部著作记录的殖民地时期的强奸事件比任何其他历史学家记载的都要多，读者可以通过它入门：Sharon Block, *Rape and Sexual Power in Early America* （Chapel Hill: University of North Carolina Press, 2006）。读者还可以在下面两本论文集中发现关于性别暴力的精彩论文：Merril D. Smith （ed.）, *Sex without Consent : Rape and Sexual Coercion in America* （New York: New York University Press, 2001）; Christine Daniels and Michael V. Kennedy （eds.）, *Over the Threshold : Intimate Violence in Early America* （New York: Routledge, 1999）。

或许在所有关于性别和暴力问题的研究中，对被奴役女性的讨论是目前最清晰的。读者可以在以下两本书中找到一些具有比较性质的研究成果：Kathleen M. Brown, *Good Wives, Nasty Wenches, and Anxious Patriarchs : Gender, Race, and Power in Colonial Virginia* （Chapel Hill: University of North Carolina Press, 1996）; Kirsten Fischer, *Suspect Relations : Sex, Race, and Resistance in Colonial North Carolina* （Ithaca, NY: Cornell University Press, 2002）。关于非裔女性的具体研究成果，参见 Jennifer Morgan, *Laboring Women : Reproduction and Gender in New World Slavery* （Philadelphia: University of Pennsylvania Press, 2004）; Marisa J. Fuentes, *Dispossessed Lives : Enslaved Women, Violence, and the Archive* （Philadelphia: University of Pennsylvania Press, 2016）。从男性气概视角对性别和暴力问题进行研究的成果是 Thomas A. Foster, *Sex and the Eighteenth-Century Man : Massachusetts and the History of Sexuality in America* （Boston, MA: Beacon Press, 2006）。

对美国独立战争期间暴力现象的最佳研究成果是 Holger Hoock, *Scars of Independence : America's Violent Birth* （New York: Crown, 2017）。关于独立战争期间的女性，参见 Mary Beth Norton, *Liberty's Daughters : The Revolutionary Experience of American Women, 1750 - 1800*, new edn

(Ithaca, NY: Cornell University Press, 1996); Linda Kerber, *Women of the Republic: Intellect and Ideology in Revolutionary America* (Chapel Hill: University of North Carolina Press, 1980)。关于美国独立战争对性和婚姻的影响的讨论，参见 Merril D. Smith, *Breaking the Bonds: Marital Discord in Pennsylvania, 1730 – 1830* (New York: New York University Press, 1991); Clare A. Lyons, *Sex among the Rabble: An Intimate History of Gender and Power in the Age of Revolution, Philadelphia, 1730 – 1830* (Chapel Hill: University of North Carolina Press, 2006)。

注　释

1. 引自 Richard Godbeer, *Sexual Revolution in Early America* (Baltimore, MD: Johns Hopkins University Press, 2002), pp. 190, 197; Richard Godbeer, 'William Byrd's "Flourish": The Sexual Cosmos of a Southern Planter', in Merril D. Smith (ed.), *Sex and Sexuality in Early America* (New York: New York University Press, 1998), pp. 146, 144。

2. 'Letter of Dr. Chanca on the Second Voyage of Columbus', in Julius E. Olson and Edward Gaylord Bourne (eds.), *The Northmen, Columbus, and Cabot, 985 – 1503* (New York: Scribner's Sons, 1906), p. 302.

3. 引自 Karen Vieria Powers, *Women in the Crucible of Conquest: The Gendered Genesis of Spanish American Society, 1500 – 1600* (Albuquerque: University of New Mexico Press, 2005), p. 96。

4. Antonia I. Castañeda, 'Sexual Violence in the Politics and Policies of Conquest: Amerindian Women and the Spanish Conquest of Alta California', in Elizabeth D. Heineman (ed.), *Sexual Violence in Conflict Zones: From the Ancient World to the Era of Human Rights* (Philadelphia: University of Pennsylvania Press, 2011), pp. 39–55.

5. R. Todd Romero, *Making War and Minting Christians: Masculinity, Religion, and Colonialism in Early New England* (Amherst:

University of Massachusetts Press, 2011).

6. Powers, *Women in the Crucible*, p. 27.

7. Stephanie Wood, 'Sexual Violation in the Conquest of the Americas', in Smith (ed.), *Sex and Sexuality*, pp. 9 – 34; Godbeer, *Sexual Revolution*, pp. 159–64.

8. *The Soveraignty and Goodness of God , Together with the Faithfulness of His Promises Displayed ; Being a Narrative of the Captivity and Restauration of Mrs. Mary Rowlandson* (Cambridge: Green, 1682), pp. 5–6, 64. Andrea Robertson Cremer, 'Possession: Indian Bodies, Cultural Control, and Colonialism in the Pequot War', *Early American Studies* 6. 2 (2008), pp. 295 – 345; Theda Perdue, 'Columbus Meets Pocahontas in the American South', *Southern Cultures* 3. 1 (1997), pp. 4–20.

9. William Bradford, *Of Plymouth Plantation , 1620–1647*, ed. Samuel Eliot Morison (New York: Alfred A. Knopf, 1975), p. 121.

10. 引自 Elaine Forman Crane, *Witches , Wife Beaters , and Whores : Common Law and Common Folk in Early America* (Ithaca, NY: Cornell University Press, 2011), p. 92。 Carole Shammas, *A History of Household Government in America* (Charlottesville: University of Virginia Press, 2002), p. 31; Mary Beth Norton, *Founding Mothers and Fathers : Gendered Power and the Forming of American Society* (New York: Alfred A. Knopf, 1996), pp. 38–47.

11. Elizabeth Pleck, 'The Body of Liberties, 1641', in *The Colonial Laws of Massachusetts* (Boston: Rockwell & Churchill, 1890), p. 51; Elizabeth Pleck, *Domestic Tyranny : The Making of Social Policy against Family Violence from Colonial Times to the Present* (New York: Oxford University Press, 1987), p. 21.

12. Roger Thompson, *Sex in Middlesex : Popular Mores in a Massachusetts County , 1649 – 1699* (Amherst: University of Massachusetts Press, 1986), pp. 119 – 23; Pleck, *Domestic Tyranny*, pp. 29 – 31; Ann M. Little, ' "Shee Would Bump His Mouldy Britch": Authority, Masculinity, and the Harried Husbands of New Haven Colony, 1638 – 1670', in Michael A. Bellesiles

(ed.), *Lethal Imagination : Violence and Brutality in American History* (New York: New York University Press, 1999), pp. 42-66.

13. Pleck, *Domestic Tyranny*, p. 23; Cornelia Hughes Dayton, *Women before the Bar : Gender , Law , and Society in Connecticut , 1639-1789* (Chapel Hill, NC: University of North Carolina Press, 1995), p. 105.

14. 引自 Terri L. Snyder, ' "As If There Were Not Master or Woman in the Land": Gender, Dependency, and Household Violence in Virginia, 1646-1720', in Christine Daniels and Michael V. Kennedy (eds.), *Over the Threshold : Intimate Violence in Early America* (New York: Routledge, 1999), p. 227。

15. Else L. Hambleton, ' "Playing the Rogue": Rape and Issues of Consent in Seventeenth-Century Massachusetts', in Merril D. Smith (ed.), *Sex without Consent : Rape and Sexual Coercion in America* (New York: New York University Press, 2001), p. 32.

16. 引自 Matthew L. Williams, ' "To Lay Violent Hands": Prosecuting Sexual Violence in Colonial New York', *New York History* 95. 2 (2014), p. 174。Sharon Block, *Rape and Sexual Power in Early America* (Chapel Hill: University of North Carolina Press, 2006), pp. 128-42.

17. Hambleton, ' "Playing the Rogue" ', pp. 33, 41 - 2; Dayton, *Women before the Bar*, pp. 232-53; Thomas A. Foster, *Sex and the Eighteenth-Century Man : Massachusetts and the History of Sexuality in America* (Boston, MA: Beacon Press, 2006), pp. 54-8.

18. Foster, *Sex and Eighteenth-Century Man*, p. 55; Norton, *Founding Mothers*, p. 352.

19. Barry Levy, *Quakers and the American Family : British Settlement in the Delaware Valley* (New York: Oxford University Press, 1988).

20. G. S. Rowe and Jack D. Marietta, 'Personal Violence in a "Peaceable Kingdom": Pennsylvania, 1682 - 1801', in Daniels and Kennedy (eds.), *Over the Threshold*, pp. 22 - 44; Jack Marietta and G. S. Rowe, 'Rape, Law, Courts, and Custom in Pennsylvania, 1682-1800', in Smith (ed.), *Sex without Consent*, pp. 84-9.

21. *The Statutes at Large of Pennsylvania from 1682 to 1801*, ed. James T. Mitchell and Henry Flanders, 17 vols. (Harrisburg: Busch et al., 1896－1915), vol. II, p. 79. Block, *Rape and Sexual Power*, pp. 147－9; Foster, *Sex and Eighteenth-Century Man*, pp. 59－60, 147－52.

22. 引自 Crane, *Witches, Wife Beaters*, p. 137。Wendy Anne Warren, '"The Cause of Her Grief": The Rape of a Slave in Early New England', *Journal of American History* 93. 4 (2007), pp. 1031－49.

23. Dayton, *Women before the Bar*, pp. 244－5; Kirsten Fischer, *Suspect Relations: Sex, Race, and Resistance in Colonial North Carolina* (Ithaca, NY: Cornell University Press, 2002), pp. 108, 182; Winthrop Jordan, *White over Black: American Attitudes toward the Negro, 1550－1812* (Chapel Hill: University of North Carolina Press, 1968), pp. 154－63.

24. *The Statutes at Large; Being a Collection of All the Laws of Virginia, from the First Session of the Legislature in the Year 1619*, ed. William Waller Hening, 13 vols. (New York: Bartow, 1819－23), vol. I, p. 255.

25. 引自 Godbeer, *Sexual Revolution*, p. 96。

26. James Horn, 'Servant Emigration to the Chesapeake in the Seventeenth Century', in Thad W. Tate and David L. Ammerman (eds.), *The Chesapeake in the Seventeenth Century: Essays on Anglo-American Society* (Chapel Hill: University of North Carolina Press, 1979), pp. 51－95; Godbeer, *Sexual Revolution*, pp. 198－200; Block, *Rape and Sexual Power*, pp. 63－4; Norton, *Founding Mothers and Fathers*, p. 120.

27. *Statutes at Large*, vol. II, p. 167.

28. 同上, vol. II, p. 270; Ira Berlin, *Many Thousands Gone: The First Two Centuries of Slavery in North America* (Cambridge, MA: Harvard University Press, 1998), p. 110。

29. Block, *Rape and Sexual Power*, pp. 67－74; Brown, *Good Wives*, pp. 207－11.

30. 引自 Jordan, *Black over White*, pp. 4, 31。Fischer, *Suspect*

Relations, pp. 160 – 9; Godbeer, *Sexual Revolution*, pp. 200 – 8; Jordan, *White over Black*, pp. 154–63.

31. 引自 Godbeer, *Sexual Revolution*, p. 215。Jennifer Morgan, *Laboring Women : Reproduction and Gender in New World Slavery* (Philadelphia: University of Pennsylvania Press, 2004), pp. 92–5, 166–95.

32. 'The Able Doctor, or, America Swallowing the Bitter Draught', cartoon, [London, 1744], Library of Congress, Prints and Photographs Division, Washington, DC.

33. Godbeer, *Sexual Revolution*, pp. 293–4.

34. Shammas, *Household Government*, p. 56; Berlin, *Many Thousands Gone*, pp. 228–55.

35. The Papers of Thomas Jefferson, ed. Julian P. Boyd et al. , 41 vols. (Princeton, NJ: Princeton University Press, 1950 – 2014), vol. I, p. 431.

36. Mary Beth Norton, *Liberty's Daughters : The Revolutionary Experience of American Women , 1750 – 1800*, new edn (Ithaca, NY: Cornell University Press, 1996), p. 202; Caroline Cox, *A Proper Sense of Honor : Service and Sacrifice in George Washington's Army* (Chapel Hill: University of North Carolina Press, 2004), pp. 73–117.

37. Sharon Block, ' Rape in the American Revolution: Process, Reaction, and Public ReCreation ', in Heineman (ed.), *Sexual Violence in Conflict Zones*, pp. 25 – 38; Holger Hoock, *Scars of Independence : America's Violent Birth* (New York: Crown, 2017), pp. 164–74.

38. Susanna Rowson, *Charlotte Temple*, ed. Cathy N. Davidson (New York: Oxford University Press, 1986), pp. 6.

39. Clare A. Lyons, *Sex among the Rabble : An Intimate History of Gender and Power in the Age of Revolution , Philadelphia , 1730– 1830* (Chapel Hill: University of North Carolina Press, 2006), pp. 115–81.

40. Merril D. Smith, *Breaking the Bonds : Marital Discord in Pennsylvania,*

1730 - 1830 (New York: New York University Press, 1991), pp. 103 - 7, 123; Norma Basch, ' Declarations of Independence: Women and Divorce in the Early Republic ', in Sibyl A. Schwarzenbach and Patricia Smith (eds.), *Women and the United States Constitution : History , Interpretations , and Practice* (New York: Columbia University Press, 2003), p. 36.

41. 引自 Smith, *Breaking the Bonds*, p. 114。

42. 同上, p. 123; Block, *Rape and Sexual Power*, pp. 78-80; Elizabeth M. Schneider, ' Battered Women, Feminist Lawmaking, Privacy, and Equality', in Schwarzenbach and Smith (eds.), *Women and the US Constitution*, pp. 197-220。

43. Randolph A. Roth, ' Spousal Murder in Northern New England, 1776-1865', in Daniels and Kennedy (eds.), *Over the Threshold*, pp. 65-93.

44. Block, *Rape and Sexual Power*, p. 143; Marietta and Rowe, ' Rape, Law', pp. 86-9.

45. Godbeer, *Sexual Revolution*, p. 208.

46. Lyons, *Sex Among the Rabble*, pp. 377-83.

47. Edward E. Baptist, ' " My Mind Is to Drown You and Leave You Behind": "Omie Wise", Intimate Violence, and Masculinity', in Daniels and Kennedy (eds.), *Over the Threshold*, pp. 94-110.

14 欧洲的家庭暴力与性暴力

黛安娜·霍尔

伊丽莎白·马尔科姆

任何以早期近代欧洲的家庭暴力和性暴力作为研究对象的学者，首先都会面临语言与意义的难题。今天一些词语的用法可能会混淆（而非阐明）暴力在当时被理解的方式，诸如"家庭暴力""强奸""杀婴"这类如今依然常见的概念很难在历史发展过程中始终保持它们最初的含义。在今天的欧洲，家庭暴力首先指向的是异性伴侣，它通常是指男性对家庭中的女性伴侣实施的暴力，但也包括女性对男性伴侣实施的暴力。可是，早期近代欧洲的法律结构中根本没有家庭暴力的概念。另外，在早期近代欧洲各国的法典中，强奸和杀婴当然属于犯罪，但当时的人们对它们的看法显然与今天的不同。即使在今天，虽然有法律条文对性暴力进行精确定义，但这些定义也因欧洲各国的司法辖区而异。例如，在当今德国的法律中，"强奸"的受害者可以是女性也可以是男性，而且是否存在性插入并非定罪的必要条件，但瑞士法律将强奸具体定义为对女性强迫实施的性插入行为。[1]

那么，对于历史上那些经常被掩盖或缺乏目击者的暴力现象，我们究竟应该如何进行研究和分析呢？如果我们的调查包括历史上与家庭暴力和性暴力相关的所有法律事件，那么对刑法条文、法庭记录和判决结果的分析都将变得至关重要。我们还可以对刑事起诉与定罪进行定量研究，并且将不同时期和地

域的相关数据进行比较，这一方法十分有效。历史学界相关成
果最为丰富的是对凶案的定量研究——由于凶杀会留下尸体，
所以很难完全不留痕迹。但无论是在过去还是今天，司法总是
会受到阶级和性别的影响。因此，在运用法律记录来追踪家庭
暴力和性暴力在早期近代欧洲社会中的意义时，我们还需考虑　275
到阶级与性别因素对诉讼造成的阻碍。

　　在利用其他类型的文献证据来填补法律记录中的空白方
面，历史学界已有丰硕的研究成果，这些文献可能包括信件或
小册子中的个人记述或奇闻异事。尽管我们无法对这些或多或
少存在主观倾向的文献进行定量研究，但这些极其宝贵的材料
揭示了当时的家庭和社区对暴行进行协商与管控的方式。而
且，这类材料还可以被用来研究那些如今会被视为家庭暴力或
性暴力的事件，尽管这些事件在当时并不会被人们视为罪行。
通过这样的研究，我们可以勾勒出早期近代欧洲对暴力的普遍
理解的范围，并且把过去与现在对这类现象的看法之间的差异
凸显出来。

家庭暴力

　　在今天，"家庭暴力"通常指的是同居伴侣之间发生的暴
力。如果我们按照这一定义来研究早期近代欧洲的家庭暴力，
就会错过该议题的某些关键方面。我们必须通过 1500—1800
年的家庭结构来认识当时欧洲社会中发生的家庭暴力。在当
时，欧洲一个家庭的成员包括一名男性户主、一名妻子和他们
的子女，但也可能包括多名其他家属，如年长的亲属、各类仆
从，以及不同类型的雇工等。我们可以通过菲莉帕·马登
（Philippa Maddern）称之为"暴力的道德等级制"的概念来理

解这类家庭中发生的人际暴力现象。她借此概念指出，一家之主有权在道德层面使用暴力来管教家庭中的下属。[2]反过来说，下属也被要求以顺从和耐心的态度接受这种管教，即使他们有时会认为这种管教是没有根据或过分暴力的。因此，暴力的作用体现在赋予每个人在家庭社会等级中所处的位置及其不同职责。游离于家庭结构之外的单身男女往往会受到特别严格的审查，他们的暴行不太可能被视作合法举动。

276 　　早期近代欧洲的已婚男性负有一些法定责任，最重要的责任之一就是在家中维持秩序。在新教和天主教的文献中，都存在对理想的虔敬家庭以及男人如何对家属行使自身权威的记载。社会对丈夫的期望是明智地管好自己的家务事，并且避免诉诸无节制的武力。[3]正如一位 17 世纪的瑞典道德家所写的，如果丈夫"屈服于一个女人，任其使唤和评判，那简直是奇耻大辱"。[4]换言之，如果一个男人不能维持对妻子或其他家庭成员的支配地位，那么他在社群中的声望很可能会因此受到损害。[5]家庭等级制中的其他成员同样负有相应的规训责任，因此女主人也有对下属（尤其是孩子、仆从和学徒）发号施令的权力。女主人规训下属的方式同样是不同程度的身体暴力，只要不是因为愤怒而施暴或者造成严重的身体伤害，社会允许她们使用这类暴力。[6]所以，家庭暴力始终处于高度规范的状态，尽管有时候区分可接受的武力和过度的武力并不是一件简单或容易的事情。

　　如果一名男性在家中过度使用暴力（造成了死亡或严重伤害），他的社会声望可能会受到损害，因为人们可能认为，此人在管理自己的家务事方面做得一塌糊涂。例如在 1579 年，英裔爱尔兰贵族、霍斯勋爵克里斯托弗·圣劳伦斯（Christopher St

Lawrence，Lord Howth）因殴打妻子和女儿而遭到起诉，并被处以巨额罚款。法院之所以认为霍斯应受制裁，不是因为殴打行为本身，而是因为殴打的动机是伤害而非管教对方，受害者的受伤程度为这一动机提供了证据。他狠狠击打妻子的后背，"她［被］打到皮肤脱落，以至于多日都因疼痛而无法接触任何衣物"；他还鞭打了自己女儿六十下，以至于使她染上热病后身亡。[7]虽然法庭记录中受害者的伤势以及此后对霍斯的惩罚清楚地表明，他已经践踏了社会可接受的家庭暴力的法律底线，但该案件背后的政治语境同样十分重要，因为如果不是霍斯在政治舞台上十分活跃，他便可能不会受到审判，他的家属所受到的伤害也很可能不会暴露于光天化日之下。[8]

在男性因对其妻子或其他家庭成员施暴而受到法院审判的案件中，无论是像霍斯案那样有一波三折过程的，还是对凶杀或严重伤人案件进行直接判决的，不同案件的判罚结果存在很大差异。凶杀不但最有可能导致起诉和定罪，而且法院可能会下达死刑判决。然而，即使是凶案也存在大量模棱两可的回旋余地。当时人们的医学知识十分有限，因此可能难以发现殴打造成的内伤（比如，霍斯的女儿可能遭受的伤害）。如果受害者没有立即死亡，法庭就可能无法确认其死因。例如，在17世纪的荷兰，至少有三起案件的法官认为自己无法确定，受害女性究竟是死于丈夫造成的伤害，还是死于疾病感染。[9]

男性施暴者和受害者的动机至关重要，因为这关系到这起事件是否足以对簿公堂或对施暴者下达有罪判决。如果法院认为施暴者的动机是管教，那么即使受害者死亡，施暴者也可能会被判无罪。18世纪的一项瑞典法律规定，如果一个

277

孩子在受管教的过程中死亡，那么这起事件便是一场意外而非凶杀。[10]然而，如果有目击者证实引发暴行的是怒火或醉酒，并且妻子或其他家属不存在任何挑衅举动，那么施暴者就更有可能被判定为杀人犯。反过来说，如果妻子或其他家属被认为有酗酒行为、好斗或存在暴力倾向，抑或妻子被怀疑通奸，那么男性户主的施暴行为则更有可能被认为是合法举动。

在所有司法辖区，对非致命暴行的起诉都比对致命暴行的起诉更加罕见。信仰新教的道德家鼓吹女性有受苦并服从上帝制定的自然性别秩序的义务，无论她们暴虐成性的丈夫把婚姻变得多么令人难以忍受。[11]尽管如此，女性偶尔也会通过在法庭上表达她们对婚姻的不满以寻求救济和补偿。作为回应，法院有时会试图迫使男性在维持家庭秩序时避免诉诸暴力。在 1517 年的德意志地区，法庭判决汉斯·斯塔德曼（Hans Stadmann）回到他的妻子身边，"与她同床共枕，为她提供饮食……不得推搡或殴打她，而且要给她足够的尊重"。[12]早期近代法国的一项法令规定，户主有权监禁暴力的或其他惹是生非的家庭成员。[13]德意志地区的地方法院则会判决存在暴力情形的夫妻分居一年，并期望双方能够在此期间实现和解。[14]

涉及不端性行为和婚姻破裂问题的仲裁者往往是教会法庭，而非民事法庭。教会法庭可能会提供如下补偿措施：迫使丈夫上交保证金，保证以后不攻击妻子与其他家属，并维持各方的和平关系；以游街示众的方式对施暴的丈夫进行公开羞辱；勒令丈夫在教堂当众道歉；在法庭上要求丈夫明确承诺停止暴行。在万不得已的情况下，为了保护妻子，法院还会下令让双方分居，丈夫在分居期间依然承担为妻子提供经济支持的责任。为了保证家庭与社区的和谐，许多地方法庭试图公开命令丈夫停止对妻子的殴打，但也会要求妻子避免同丈夫吵架。在早期近代的法国，把丈夫告上法庭并要求分居的妇女往往会指控丈夫对自己施加的暴行极端且远超正常范围，而她们的丈夫则往往会辩称，自己对妻子的任何身体管教措施都处于可接受的适当范围内。例如在 1656 年，来自鲁昂的丈夫雅克·里昂（Jacques Lyon）在法庭上声称，他与玛格丽特·巴里（Marguerite Barry）之间的争执"和常见的夫妻争执并没有什么不同"，虽然他承认自己扇了她耳光，但他认为，这并不是妻子所指控的那种残酷的殴打举动。法庭上的妻子——如同样来自鲁昂的凯瑟琳·皮（Catherine Puy）——通常会通过强调自己善良正直的性格以及面对咄咄逼人且蛮不讲理的男人时的忍耐来为自己辩护。[15]

饱受丈夫施暴之苦的女性可能还需要争取家人、朋友或邻居的支持。这些人往往被要求（有时甚至也会主动前来）照顾和保护那些经常被丈夫殴打的妇女。1790 年，一位名叫阿德莱德·列斐伏尔（Adelaide Lefebvre）的鲁昂纺织工人被暴力成性的丈夫打得流血不止。在邻居的帮助下，痛不欲生的列斐伏尔最终逃离丈夫的魔爪，并到她的兄弟那里寻求庇护。[16]在 1775 年的巴黎，每四名试图求助于法院的女性中，就有一名女性曾经向亲属、朋友或邻居寻求帮助。[17]在 1633 年的多切斯特，当约翰·爱德华兹（John Edwards）当着邻居的面殴打他的妻子时，其中一个邻居把他赶到屋外，而其他邻居则将大门上锁，以防止他回来继续殴打自己的妻子。[18]

但对于在经济上依赖已婚夫妇及其家属的合作关系的手工业社区和农业社区而言，保持家庭的完整性极其重要。[19]举办公开的嘲弄仪式是一种实现公众对可接受的强力行为之期望的方式，这种仪式在不同的国家有不同的称呼："喧闹音乐"（rough music）、"大声喧闹"（charivari）① 或 "青年修道会"（youth abbeys）。这类活动通常是指一群年轻的未婚男子当众嘲弄那些行为举止践踏了公共规范底线的丈夫或妻子，[20] 其主要针对的是那些被认为惧内或戴绿帽子的丈夫，但也可能针对那些因无故殴打妻子而臭名远扬的男性。[21] 1566 年，在里昂举行的一场街头游行中，出现了嘲弄过度殴打妻子或被妻子殴打的当地男人的花车。[22] 我们如今很难说，这些公共制裁在遏制婚姻暴力方面多有成效，但它们确实表明，丈夫对妻子的暴行不仅被视为特定家庭的内部问题，也被视为对广大社区安宁的威胁。因此，人们需要采取一些措施来保护其中处于弱势的妇女和儿童。

受到户主虐待的学徒和仆从往往面临着比妻子更艰难的处境，因为在当时的欧洲社会中，违反雇佣或学徒合同的行为会受到严厉惩罚。不过确实存在一些对他们的补偿途径，尽管他们想要证明自己的主人或女主人实施了过分或不公的暴行绝非易事。在 18 世纪的巴黎，受到雇主虐待的学徒往往依靠家人来保护自己。例如在 1761 年，一个 11 岁的珐琅彩学徒因为遭受师母的毒打而奄奄一息，并且留下了严重瘀伤。他最终回到了自己母亲的身边，后者以虐待为由提起诉讼，请求法庭注销他的学徒身份。[23]

作为受抚养人的儿童，更是鲜有机会在法律的帮助下成

---

① 此处两个译名出自陆启宏《从仪式到抗议：近代西欧的 "大声喧闹"》，《复旦学报（社会科学版）》2014 年第 5 期，第 28—36 页。

功摆脱虐待自己的父母。成年人对自家孩子的伤害行为极少遭到起诉，即使导致孩子死亡也是如此。但有证据表明，民间存在一些旨在遏制虐童现象的公开谴责手段。1623年，一首长诗被印刷出来，并在埃塞克斯的酒馆和其他公共场所流传，这首诗指控了一位过分殴打自己女儿的父亲。这位显然来自当地社区的作者认为，这个父亲是个虐待狂；他试图通过这种方式将其行为公之于众，并要求其承担责任。[24]16世纪的德意志民间文学中也经常出现儿童被其父母之一杀害的故事，这表明当时社会中出现了由践踏人性底线的虐童现象造成的恐慌情绪。[25]

对家属实施身体训诫的主要原则应该是维持纪律，而不是为了发泄怒火——这一原则不但适用于所有家庭，而且适用于宗教生活。1531年，发生在爱尔兰基尔库利欣（Kilculliheen）的女修道院院长艾丽西亚·巴特勒（Elicia Butler）身上的复杂案件就是围绕上述动机问题而展开的。修女们作证，她们经常遭到院长的殴打，而且这种暴行是由于对方"好争吵"而不是"出于管教的目的"。此外，为了补充证明这种暴行完全不正当，修女们声称，她们的身体被院长殴打到血流不止，而真正的训诫不应该导致流血事件。[26]

权力的道德等级制不但塑造了户主对家属施暴的意义，而且界定了针对处于最高等级的户主的暴行。这一点尤其体现在女性攻击自己丈夫的事件中，但也体现在仆人或儿童对主人／父亲或女主人／母亲使用暴力的时候——这些行为都会招致极其严厉的、来自法律和社会的双重制裁。当主人反过来遭受暴力时，他们所拥有的使用暴力的特权却明显不那么适用于施暴者。例如，根据英国普通法，妇女对丈夫施暴以及仆从对主人

281

施暴的罪行均以轻叛逆罪（petty treason）① 论处。将上述罪行类推为叛逆罪的逻辑是，其实质上类似于臣民对国王的攻击，因为户主就相当于自己家中的国王。[27]这还意味着，杀死自己丈夫的妻子将受到和重叛逆罪（high treason）一样的惩罚，即在火刑柱上被活活烧死，而不是像通常的凶杀犯那样被绞死。这类刑罚一直沿用至18世纪90年代。[28]在德意志地区，谋杀丈夫的妇女会被斩首。[29]虽然这类起诉和定罪并不常见，但大量的通俗文学作品不仅强化了这类法律规范，还显示了"悖逆之妻"（rebellious wife）故事在当时社会中的流行程度。在17—18世纪的英法两国，民间广泛流传着提供传闻中的妻子对她们的丈夫所犯罪行的骇人细节的民谣、蜉蝣印刷物（ephemera）② 和小册子。[30]

袭击、伤害或杀死自己的主人或父亲的仆从、学徒和儿童同样会遭到严惩。这些举动被认为是在公然颠覆上帝所赋予的社会秩序，因此施暴者几乎无法为自己进行无罪辩护。1585年，一位被判定杀害前雇主的女性在法兰克福被处决。首先，在犯罪发生的房子前她的手臂被热火钳夹住；接着，她被放置在一个露天的坟墓里，身体被树枝覆盖；最后，一根木棍刺穿了她的心脏。[31]在英国，仆人杀害男主人或女主人的行为被法官视为与妻子杀夫同罪，这些罪行会受到与叛国罪相同的惩罚。[32]

---

① 轻叛逆罪是相对于下文的重叛逆罪而言的一种叛逆罪，轻叛逆罪的实质在于违反了对个人和家庭所负有的忠诚义务。轻重叛逆罪的区分于1828年在英国法律中被废除，日后统称叛逆罪。

② 蜉蝣印刷物，泛指短期流行的纸质印刷品，如车票、火柴印花、张贴广告等。

性暴力

在考察早期近代欧洲历史中的性暴力和杀婴现象时，家庭同样是一个至关重要的推动因素。这两种暴力类型都与女性密切相关，无论她们在其中是施暴者还是受害者。和分析家庭暴力时一样，我们在分析性暴力时必须避免从今天的视角来反推过去的现象，需要小心翼翼地从与今天非常不同的时代语境出发来认识这类现象。在所有暴力史研究中，相对于其他类型的暴力来说，或许对性暴力的研究更加有必要仔细检视文献方面的匮乏与沉默的现象。[33]在大多数欧洲国家的法律中，强奸是一种重罪；在一些国家，强奸犯最高可判处死刑。然而，对强奸的起诉不但并不常见，而且强奸犯的定罪率也很低。大多数历史学家在将其与现代社会进行类比时认为，强奸在当时的发生次数远比法庭记录所显示的要多，因此他们把研究重点放在关于强奸案件记载的明显缺失上，以及我们今天应该如何对这种缺失进行解释和说明。

一般而言，欧洲不同地区在语义和法律上对强奸的认识是相似的。强奸的通行定义是：在未经女性同意的情况下，并非该名女性合法丈夫的男性将阴茎强行插入其阴道的行为。但除了这些概述之外，不同地区和国家在对待性暴力的态度以及为女性受害者［受害者通常是女性，因为男性强奸（male rape）① 不被承认］提供法律和社会救济方面存在显著差异。[34]在确定犯罪的法律意义以及塑造社区对此事的认识方面，受害者的社会阶层、年龄、婚姻状况以及声誉都十分重要。对未婚

---

① 男性强奸，即男性作为受害者的强奸行为，在许多国家均不构成强奸罪。

女士、贵妇人、未成年的处女、信教的虔诚女性实施的强奸行为通常被认为是特别令人发指的，这类行为最有可能使强奸者获罪。当时的人们完全不会将丈夫强奸妻子视为一种罪行，但陌生人强奸地位尊贵的已婚妇女肯定是非法的。阶级和声誉是决定性的关键变量，可能不会有多少人相信一位未婚、非上层出身、靠打工过活的女性提出的强奸指控。

283 　　不同的法律制度也会在强奸案的审理方式上存在差异。由于强奸既是一种性犯罪，也是一种身体攻击，所以它可能属于教会法院的管辖范围，也可能属于地方或更高级别的民事法院的管辖范围。在早期近代的英国、佛罗伦萨和法国，强奸罪最高可判处绞刑。[35]研究在英国普通法管辖范围内的强奸的学者认为，由于刑罚十分严厉，法官和陪审团不愿意对实施强奸的男子定罪；这导致了强奸者很少被起诉，而因强奸获罪者则更少。[36]反观15世纪的威尼斯，从强奸成年妇女者的相对较短的刑期，到通常为强奸幼童者准备的更严厉的惩罚，对不同类型强奸者的量刑有很大的区别。[37]在17世纪的德意志地区，法院对强奸犯的惩罚是流放、罚款或戴枷示众。在荷兰共和国内部，不同地区对强奸犯的惩罚也有所不同：在鹿特丹是笞刑、烙刑或流放，而阿姆斯特丹将主犯处以绞刑或斩首，从犯则会受到笞刑的惩罚。[38]

　　无论处理强奸指控的是哪个司法机构，它们之间都有广泛（尽管并非完全一致）的共识，即为了证实强奸的发生，女性必须证明性交是在暴力胁迫下发生的，而且这种行为绝非自愿。正如加辛·沃克（Garthine Walker）在对英国强奸案历史的研究中所指出的，如果法院认为该事件更多与性有关，而非与暴力有关，那么它就不会被归为强奸案。[39]由于在大多数情况下性侵犯没有目击者，如果要证明该行为未经受害者同意且涉及暴力，女性原告就必须证明，自己在所指控的袭击发生后当场采取了措施，以及强奸者在其身体上留下了痕迹。对早期近代欧洲的法庭来说，如果一个健康的成年女性愿意，她完全可以击退一个男人，这是理所当然的。因此她需要证明，尽管自己已经竭尽全力，但还是被施暴者制服，或许是因为对方手持凶器。这类证据还可能包括听到她的呼叫声，或者在袭击发生后看到受害者处于痛苦和混乱状态的证人。在大多数司法辖区，如果要证实性行为未经受害者同意，那么受害者还需要提供身体受伤的证据，如伤口或淤青。其他在身体上留下的痕迹（如被撕裂的衣服或者蓬乱的头发）也可以被视为女方不同意性交的证据。但另外，在所指控的袭击过程中默不作声、迟迟不上报，或者没有在身体上留下任何痕迹，这些都可能被视为女方同意性交的证据。

1646 年，符腾堡颁布了一项法令，规定受害者必须在强奸发生后一个月内报案，否则强奸指控将作废，因为一些女性在强奸发生后很久才通过报案将被强奸作为自己未婚先孕的理由。[40]实际上，早期近代的欧洲人认为，一名声称自己因遭受强奸而受孕的女性提出的指控是不可信的。当时的医学和法律人士都相信，女性只有在同意性交的情况下才能怀孕。[41]如此一来，因被强奸而怀孕的女性几乎不可能将强奸者定罪。不仅如此，那些被发现怀孕的女性往往还会反过来受到诸如乱伦、通奸等罪行的指控。例如在 1590 年，图宾根的一个法庭裁定，由于年轻的女孩玛格丽塔·穆勒（Margaretha Müller）在父亲与自己发生性关系的过程中既没有发出呼救，也没有将此事告诉她的母亲，所以她一定是在"享受与父亲的性关系"并因此怀孕。于是，这名女孩被判处乱伦罪和通奸罪，并以溺刑被处决。[42]

如果我们仅仅关注那些经法院审理的强奸案件（以及更少的定罪案件），那么就很可能会忽视早期近代欧洲的强奸受害者诉诸司法的其他途径。鉴于强奸指控要求原告承担很重的举证责任，就强奸中的暴力攻击要求赔偿的民事诉讼更容易举证成功。如果受害者以任意一种途径举证成功，那么她便更有可能在所处社群内证明自己的无辜，而且还能在无伤大雅的情况下恢复自己的名誉。[43]在欧洲许多地方，强奸案往往不会以强奸者获罪而告终，因为他可以通过安排婚姻（亲自与受害者结婚或者提供嫁妆将她嫁给另一个男人）的方式逃脱法律的制裁。以今天的眼光来看，这种行为可能令人不齿，但其目的在于使强奸者承认自己的行为对受害者的身体和名誉造成了伤害，同时保证她能在社群中以妻子的身份继续扮演生产性角色（productive role）①。

与强奸有关的另一个复杂因素是"诱拐"一词的语言与法律含义的问题。拉丁语词 *raptus* 是现代语言中"强奸"一词的来源，它的字面意为"被带走"，因此它同样可以指诱拐。例如在早期近代的法国，强奸（*rapt*）并非一定指暴力性侵犯，它还可以指诱拐和秘密婚姻。[44]然而，如果被诱拐的女性是贵族继承人，而且诱拐的目的是强迫对方结婚，那么这种行为通常会被认为与强奸无异。诱拐者通过强奸他的俘虏来迫使这名女性及其家人认他为丈夫，因为她在这种情况下不太可能

---

① 生产性角色是社会学术语，指在一个社会中能够生产不由他们自己消费（使用）的商品，或能够通过工作获得一定报酬的角色。

找到其他更加合适的人作为自己的丈夫。但法国的文献资料显示，诱拐可能会引发相当严重的暴力事件，并且破坏上层阶级家庭的稳定状态。一位名叫克劳德·德·萨列诺夫（Claude de Sallenove）的女性继承人曾经被三次诱拐。她在 1643 年第一次被诱拐，但最终获救；六年后，她的哥哥在与第二个诱拐者的决斗中被杀；而在这之后一年，她的叔叔在阻止对她的第三次诱拐企图中被杀。[45]

然而，许多早期近代末期的史料表明，这些所谓的诱拐事件至少有一部分其实是由年轻的情侣们策划的，其目的在于迫使不同意婚事的家长接受子女自己选择的婚姻伴侣。此外，在 18 世纪的那不勒斯和意大利的其他地区，当局更加难以判处诱拐者强奸罪，因为统治者担心女性会利用这一指控来迫使有钱人迎娶自己。[46]

对未达到性同意年龄的少女实施性侵犯者更有可能获罪。1461 年，威尼斯的一名九岁女童遭到强奸和几乎导致其丧命的袭击，罪犯不但受到了被戳瞎双眼后流放的惩罚，而且被勒令赔偿一大笔钱作为受害者日后的嫁妆。[47]尽管强奸儿童者通常会面临严酷的刑罚，但受害女童及其家人的地位、女童的年龄以及她的行为举止依然是法院判断是否发生强奸的关键因素。然而，法院始终认为，下层男性对贵族或上层家庭的子女实施强奸，其罪行要比针对工人阶级或农民的子女实施的类似行为严重得多。事实上在大多数情况下，后一种案件几乎不会引起当局的注意，因为这类儿童提出的指控很少被采信。

到目前为止，本章关注的都是和平时期的强奸事件，但早期近代的欧洲频遭战火荼毒，尤其是 16 世纪末至 17 世纪初残酷的宗教战争以及此后的大国斗争。尽管根据军事公约和军事法典，几乎所有士兵强奸者都理应获罪，但毫无疑问的是，即使这方面的文献记录极其匮乏，这种行为也屡见不鲜。[48]不断有目击者报告，在军队围攻并摧毁城镇后，以及在掠夺村庄和农场时，都会有妇女遭到士兵的性侵犯。例如在 1631 年马格德堡遭到洗劫期间，一些修士记述，他们只能眼睁睁地看着一群天主教士兵轮奸一名十二岁的女孩，直到她伤重而死。[49]类似的情况还出现在 1641 年爆发的爱尔兰起义期间，有许多人报告说，自己看到（或听到）了针对妇女和女孩的强奸行为（的消息）。[50]

战时强奸事件的大部分证据并非来自法庭记录，而是来自小册子和当时史料对这些暴行的记述。民事司法体系通常无法在战区运转自如，这一点并不令人惊讶。但我们依然有必要仔细检视战争期间出现的强奸指控，因为大量此类强奸案发生的情境以及这一现象背后的意义值得我们深思。出于宣传目的印发的文献中经常会出现强奸的字眼，其目的在于鼓动男性抵抗共同的敌人。17 世纪早期，在西班牙帝国和荷兰共和国交战期间，荷兰作家发表了大量谴责西班牙军队残暴行径的文字作品。更确切地说，这些作品指控信仰天主教的西班牙人企图有组织性地强奸荷兰男人的妻子和女儿，并且以此达到摧毁敬畏上帝的新教徒家庭的目的。虽然战争期间无疑发生了无数起强奸事件，但我们必须保持警惕，因为这类与强奸有关的叙事都有强烈的政治意味，它们尤其被用于煽动男性的道德愤慨（moral outrage）和爱国决心，并抵抗那些企图蹂躏本国女性的敌人。[51]

并非只有在艰苦的战役和围城结束之后才会发生大量强奸妇女的事件。早期近代的欧洲军队大多自给自足，士兵通常寄宿在平民家中，他们的长官有时几乎不会过问他们的任何举动。这不但容易导致士兵与男性户主及其仆人之间发生暴力冲突，而且会纵容士兵强奸家中女性。反复作战的士兵单独或成群结队地越过边界，踏入外国领土，许多文献对这类流动人员在当地实施的强奸行径有所记载。[52]但根据其中一些文献的说法，女性有时候其实是受到了婚姻承诺的引诱，只有当这些士兵将自己抛弃时，她们才会指控对方强奸。当然，这类没有固定的家庭与社群的士兵只要拍拍屁股走人就能轻易逃脱针对其不当性行为的惩罚，无论这种行为是否出于双方自愿。最后，只剩下这些女性被迫留下来收拾残局。

杀　婴

我们在前文已经提到，当时的人们认为，如果在遭受暴力强奸或胁迫性交后女性怀孕了，那么她自己一定是同意性交的。和许多在怀孕后因伴侣拒绝而无法结婚的女性一样，遭受强奸后怀孕的女性也处于举步维艰的境地。她们所处的家庭和社区都将婚外性行为视为一种理应受到严厉惩罚的罪过，因此这些女性的选择极其有限：通过向民事或教会当局报告此事来迫使伴侣与其结婚；直面舆论压力，但此后终身都被社会所唾弃；或者隐瞒怀孕的事实，将孩子遗弃或设法将其交给他人抚养。当然，杀死孩子同样是一种选择，当时也确实有许多绝望的女性选择了这条路。杀婴（infanticide）——或者说杀害新生儿——的实施者几乎都是女性。在整个早期近代欧洲，对杀婴罪的判罚都是死刑。为了突出社会对此类罪行的厌恶，行刑方式通常包括拷打致死、溺刑或刺刑①。[53]

当时的大多数法学家和立法者同意德国法学家本尼迪克

---

①　关于刺刑，参见本卷第 10 章。

特·卡尔普佐夫①在 1652 年发表的观点："难道还［有］什么
比违背情感、自然之爱和血缘纽带，把无情之手伸向自己的孩
子更可怕的罪行吗？"[54]然而，因杀婴受到审判的犯人往往是单
身女性以及不与丈夫一起居住的女性。考虑到医学知识在当时
的普及状况，与丈夫生活在固定家庭中的已婚妇女如果想要通
过杀婴来限制家庭规模，那么她的选项要比同样有此念头的单
身女性多得多。将新生儿闷死、掐死或者饿死的机会是如此之
多，以至于根本不会有人怀疑这种行为是有意为之的，更不用
说将其视为犯罪了。[55]但对于同样面临杀婴罪指控的单身女性
来说，她们甚至无法证明自己生下来的婴儿是死是活。在 17
世纪的纽伦堡和符腾堡，当局可能会对有杀婴嫌疑的单身女性
进行严刑拷打，并以此来确定婴儿在出生时是否存活；如果法
院断定这些婴儿直到出生的时候依然活着，那么杀婴者就会被
斩首。[56]由于认识到在确定婴儿死因方面存在的困难，当局越
来越倾向于对隐瞒自己怀孕的女性定罪。这样做的依据是，一
个女人如果没有公开承认自己怀孕并做好照顾孩子的准备，那
么她一定是打算杀死孩子。1624 年，英国颁布的一项法律规
定，如果一名女性隐瞒其私生子女的死亡，除非至少有一名证
人愿意作证孩子在出生时已经死亡，否则这名女性将获罪。[57]
1658 年，符腾堡颁布了一项法令，要求任何怀疑身边有人隐
瞒自己怀孕的人必须向当局报告，这些孕妇将受到密切监视，
以确保在分娩时有人在场见证。[58]

　　与生活在常规家庭中且处于母亲、女主人或邻居监视下的

---

① 此处指小本尼迪克特·卡尔普佐夫（Benedikt Carpzov der Jüngere，1595—
1666 年），他被认为是德国现代法学的奠基人。

单身女性相比，处于流动状态的农村劳动女性或生活在大城市的单身独立女性，有更多隐瞒自己怀孕和处理婴儿尸体的机会。1721 年，人们在修复雷恩的排水系统时发现了大约八十具婴儿的残骸，这表明扔进下水道是当时女性处理弃婴的有效途径。[59]那些在雷恩等城市中把婴儿的尸体扔进下水道的女性很可能是家中的女仆或女儿，她们能够隐瞒自己怀孕的事实，但无法将新生儿藏起来。而其他在新生儿死亡后引起当局注意的女性，要么有过生下私生子女的经历，要么被怀疑此前就有过杀婴行为。上述情况表明，尽管人们可能会容忍偶尔发生的失范性行为，但他们不允许这种行为反复发生。然而，我们可以从法庭证词上看到，邻居、助产士或家庭成员有时确实会帮助单身母亲隐瞒生育情况，并确保新生儿无法存活。[60]所有这些都意味着，我们无法仅仅通过现存法庭记录中对杀婴或隐瞒分娩的定罪情况来准确衡量这一罪行在当时的发生频率。

289

虽然在 16 世纪和 17 世纪制定的针对杀婴者的严厉惩罚措施在许多地方一直延续至今，但在其他地方，由于法院更愿意对这类案件进行疑罪从无的推定，所以对这种行为的约束变得缓和。例如，在 18 世纪的英国，暂时性的精神错乱（temporary insanity）被越来越多地作为可被接受的无罪辩词。杀婴者依然有可能获罪，但也可能因此获得无罪判决。[61]

结　语

在早期近代的欧洲，人们对家庭暴力和性暴力的认识与今天大相径庭。但这并不意味着，发生在家庭内部的暴力事件或对女性的性侵犯行为大多不会受到制裁。恰恰相反，民事法庭、宗教法庭以及各个社区对夫妻之间、父母对孩子以及户主对其他家属的行为举止都行使司法管辖权。同样受到严格监管的还有性关系。这类监管机制可能以法律条文或宗教律令为基础，也可能在民间以某种非官方的方式得到执行。但当时的人们一致以为，这类监管都是为了保持家庭的延续和共同合作的运转，这往往会赋予男性户主以强力手段管教家属的权力。人们在是否应该使用暴力方面不存在争议，争议的焦点在于，需要采取何种程度和类型的暴力才能保证家庭成员安分守己。

290 早期近代的欧洲各国对强奸和杀婴的惩罚往往很严厉，但两者都很难依靠确凿证据进行定罪。以强奸为例，父权制社会对女性的不信任导致法律对试图证实其指控的女性受害者百般阻挠。为了防止杀婴现象，一些司法管辖机构会将隐瞒自己怀孕的单身女性定罪，其根本目的同样在于确保只有虔敬家庭中的夫妻才能发生性关系，这样所有分娩就都变成了合法行为。家庭是构成早期近代欧洲社会的基本单位，为了不遗余力地维持家庭的秩序，欧洲社会允许家庭中的男性领导者适当使用暴力来管控下属的经济生活、宗教生活以及性生活。

参考论著

随着现代社会对妇女和暴力态度的转变，学界对早期近代欧洲的家庭暴力和性暴力的兴趣日益增长，因此如今有大量关于这类早期近代暴力现象的研究成果。20 世纪 70 年代至 80 年代的研究对象主要是在法庭记录中找到的相关案例，而 90 年代后期以来的研究者则将法律研究与对民间文化、自传作品、信件往来以及其他各种形式的文献的分析相结合。大约从 21 世纪开始，通过这种彻底深入的文献分析，一些将家庭暴力和性暴力置于更广泛的文化框架内的综合性研究成果得以诞生。一些涉猎广泛的论著提供了关于暴力（包括家庭暴力和性暴力）的各个方面在长期变化过程中饶有趣味的图景，例如 Robert Muchembled, *A History of Violence from the End of the Middle Ages to the Present* (Cambridge：Polity

Press，2012）。彼得·斯皮伦伯格的研究在这一领域同样富有影响力，例如 *A History of Murder：Personal Violence in Europe from the Middle Ages to the Present*（Cambridge：Polity Press，2008）。在 Julius Ruff，*Violence in Early Modern Europe，1500 – 1800*（Cambridge：Cambridge University Press，2001）这部颇具参考价值的著作中有一章涉及包括强奸、婚姻暴力和杀婴在内的人际暴力。

一些对暴力现象的区域研究和国别研究包括了涉及家庭暴力和性暴力的章节，这些研究成果丰富了我们对早期近代的不同群体中暴力在文化上的特定含义的理解。一些学者对英国各地现存的文献记录进行了广泛的研究，同时还结合了法律文本和文学文本的分析，例如 Garthine Walker，*Crime，Gender and Social Order in Early Modern England*（Cambridge：Cambridge University Press，2003）。一些详尽的城市与地域研究成果揭示了不同地方在实施和控制家庭暴力方面的差异，例如 Arlette Farge，*Fragile Lives：Violence，Power and Solidarity in Eighteenth-Century Paris*（Cambridge：Polity Press，1993）；Tommaso Astarita，*Village Justice：Community，Family and Popular Culture in Early Modern Italy*（Baltimore，MD：Johns Hopkins University Press，1999）。

另一个有丰富成果的研究领域关注的是与婚姻破裂有关的暴力现象，而且学界关于英国的研究成果尤其丰富，例如：关注婚姻破裂现象的 Joanne Bailey，*Unquiet Lives：Marriage and Marriage Breakdown in England，1660 – 1800*（Cambridge：Cambridge University Press，2003）；关注婚内暴力现象的 *Elizabeth Foyster，Marital Violence：An English Family History，1660 – 1857*（Cambridge：Cambridge University Press，2005）。Jonas Liliequist，'Changing Discources of Marital Violence in Sweden from the Age of Reformation to the Late Nineteenth Century'，*Gender & History* 23.2（2011），pp. 1–25 一文探讨了瑞典的法律与社会结构（其中存在婚姻暴力）。对特定城镇的个案研究同样颇具启发意义。关于法国南部民间对婚姻暴力的界定及其内涵，参见 Susan McDonough，'She Said，He Said，and They Said：Claims of Abuse and a Community's Response in Late Medieval Marseille'，*Journal of Women's History* 19.4（2007），pp. 35–58。

在整个早期近代欧洲，杀夫事件都会引发严重的恐慌。尽管这类案件极少出现，但依然有证明其存在的大量证据，在民间文化中尤其如

291

此。对于关注早期近代德意志地区的妇女与犯罪以及其他相关现象的研究者而言，Ulinka Rublack, *The Crimes of Women in Early Modern Germany*（Oxford：Clarendon Press，1999）一书具有奠基意义。Frances Dolan, *Dangerous Familiars: Representations of Domestic Crime in England, 1550-1700*（Ithaca, NY：Cornell University Press，1994）是关于社会对女性施暴态度的重要研究著作，该著富有成效地运用流行民谣和绞刑台遗言（gallows speech）① 作为自己的史料。

在过去二十年间，社群处理性暴力问题的方式始终是学界的重点关注对象。关于此领域深刻的概览性研究成果，参见 Garthine Walker, 'Sexual Violence and Rape in Europe, 1500 - 1750', in *The Routledge History of Sex and the Body, 1500 to the Present*, edited by K. Fisher and S. Toulalan（London and New York：Routledge，2013），pp. 429-43。为了揭示围绕性暴力的法律和含义的差异，一些学者对特定地域进行了相关研究，这些成果同样十分重要，例如 Guido Ruggiero, *The Boundaries of Eros: Sex Crime and Sexuality in Renaissance Venice*（New York and Oxford：Oxford University Press，1985）。Penny Roberts, 'Peace, Ritual, and Sexual Violence during the Religious Wars', *Past & Present* 214（2012），pp. 75-99 一文则对战争中的性暴力进行了富有启发价值的探讨。

早期近代欧洲社会对单身女性的性行为感到不安，这一点尤其通过禁止杀婴的严厉法律而展现。Anne Marie Kilday, *A History of Infanticide in Britain, c. 1600 to the Present*（Basingstoke：Macmillan，2013）一书考察了这一主题在英格兰、威尔士和苏格兰的相关表现。在其他地方（如爱尔兰）极少出现杀婴的记载，因此民间故事成为一种潜在的宝贵研究素材，参见 Anne O'Connor, 'Women in Irish Folklore', in *Women in Early Modern Ireland*, edited by M. O'Dowd and M. MacCurtain（Edinburgh：Edinburgh University Press，1991），pp. 304-17。对现存个案的仔细剖析是探究杀婴现象的复杂性的另一种方式。William David Myers, *Death and a Maiden: Infanticide and the Tragical History of Grethe Schmidt*（DeKalb：Northern Illinois University Press，2011）一书就是围绕欧洲历史上一起有丰富记载的杀婴案而展开的一项引人入胜的研究。

---

① 绞刑台遗言，指被判死刑的犯人在临刑前被允许说的最后的话，通常会在法院档案中留下记录。

注 释

1. Francisca Loetz, *A New Approach to the History of Violence : ' Sexual Assault ' and ' Sexual Abuse ' in Europe , 1500 – 1850* (Leiden: Brill, 2015), p. 30.

2. Philippa Maddern, *Violence and Social Order : East Anglia , 1422– 42* (Oxford: Clarendon Press, 1992), pp. 98–110.

3. Julius R. Ruff, *Violence in Early Modern Europe , 1500 – 1800* (Cambridge: Cambridge University Press, 2001), pp. 132–3.

4. Christopher Fischer, *Haustafel* (1613), 引 自 Jonas Liliequist, ' Changing Discourses of Marital Violence in Sweden from the Age of Reformation to the Late Nineteenth Century', *Gender & History* 23. 1 (2011), p. 3。

5. Ulinka Rublack, *The Crimes of Women in Early Modern Germany* (Oxford: Clarendon Press, 1999), p. 198.

6. S. D. Amussen, ' "Being Stirred to Much Unquietness": Violence and Domestic Violence in Early Modern England', *Journal of Women's History* 6. 2 (1994), p. 71.

7. Jon G. Crawford, *A Star Chamber Court in Ireland : The Court of Castle Chamber , 1571 – 1641* (Dublin: Four Courts Press, 2005), pp. 39–40.

8. Valerie McGowan-Doyle, *The Book of Howth : Elizabethan Conquest and the Old English* (Cork: Cork University Press, 2011), pp. 28–33.

9. M. Van der Heijden, ' Women as Victims of Sexual and Domestic Violence in Seventeenth-Century Holland: Criminal Cases of Rape, Incest and Maltreatment in Rotterdam and Delft', *Journal of Social History* 33. 3 (2000), p. 633.

10. Ruff, *Violence in Early Modern Europe*, p. 134.

11. Rublack, *Crimes of Women*, p. 199.

12. 引自同上，p. 201。

13. Ruff, *Violence in Early Modern Europe*, p. 134.

14. Rublack, *Crimes of Women*, p. 227.

15. Julie Hardwick, 'Early Modern Perspectives on the Long History of Domestic Violence: The Case of Seventeenth-Century France', *Journal of Modern History* 78. 1 (2006), p. 10.

16. Roderick Phillips, 'Women, Neighbourhood and Family in the Late Eighteenth Century', *French Historical Studies* 18. 1 (1993), p. 1.

17. Jeffrey Merrick, 'Domestic Violence in Paris 1775', *Journal of Family History* 37. 4 (2012), p. 419.

18. Amussen, ' "Being Stirred" ', p. 79.

19. Arlette Farge, *Fragile Lives: Violence, Power and Solidarity in Eighteenth-Century Paris*, trans. Carol Shelton (Cambridge: Polity Press, 1993), p. 43.

20. Natalie Zemon Davis, 'The Reasons of Misrule: Youth Groups and Charivaris in Sixteenth-Century France', *Past & Present* 50 (1971), pp. 41-75.

21. Robert Muchembled, *A History of Violence from the End of the Middle Ages to the Present*, trans. Jean Birrell (Cambridge: Polity Press, 2012), pp. 94 – 5; Russell P. Dobash and R. Emerson Dobash, 'Community Response to Violence against Wives: Charivari, Abstract Justice and Patriarchy', *Social Problems* 28. 5 (1981), pp. 563-81.

22. Davis, 'Reasons of Misrule', p. 45.

23. Farge, *Fragile Lives*, p. 119.

24. S. D. Amussen, 'Punishment, Discipline and Power: The Social Meanings of Violence in Early Modern England', *Journal of British Studies* 34. 1 (1995), p. 16.

25. Joy Wittenburg, *Crime and Culture in Early Modern Germany* (Charlottesville: University of Virginia Press, 2012), pp. 119-22.

26. Dianne Hall, *Women and the Church in Medieval Ireland, c. 1140-1540* (Dublin: Four Courts Press, 2003), pp. 191-200.

27. Frances Dolan, *Marriage and Violence: The Early Modern Legacy* (Philadelphia: University of Pennsylvania Press, 2008), p. 82.

28. 同上，p. 83。

29. Rublack, *Crimes of Women*, p. 226.

30. Frances Dolan, *Dangerous Familiars : Representations of Domestic Crime in England , 1550 – 1700* (Ithaca, NY: Cornell University Press, 1994), pp. 20 – 58; Muchembled, *History of Violence*, pp. 154-5.

31. Maria R. Boes, *Crime Modern Germany : Courts and Adjudicatory Practices in Frankfurt Am Main , 1562 – 1696* (Farnham: Ashgate, 2013), p. 139.

32. Dolan, *Marriage and Violence*, p. 82.

33. Garthine Walker, ' Rereading Rape and Sexual Violence in Early Modern England ', *Gender & History* 10. 1 (1998), p. 1.

34. Garthine Walker, ' Sexual Violence and Rape in Europe, 1500 – 1750 ', in K. Fisher and S. Toulalan (eds.), *The Routledge History of Sex and the Body , 1500 to the Present* (London and New York: Routledge, 2013), p. 431.

35. Ruff, *Violence in Early Modern Europe*, p. 146.

36. Garthine Walker, ' Rape, Acquittal and Culpability in Popular Crime Reports in England, c. 1670 – c. 1750 ', *Past & Present* 220 (2013), p. 115.

37. Guido Ruggiero, *The Boundaries of Eros : Sex Crime and Sexuality in Renaissance Venice* (New York and Oxford: Oxford University Press, 1985), pp. 92-3.

38. Heijden, ' Women as Victims ', p. 626; P. Spierenburg, *The Spectacle of Suffering : Executions and the Evolution of Repression , from a Preindustrial Metropolis to the European Experience* (Cambridge: Cambridge University Press 1984) , p. 121.

39. Walker, ' Rereading Rape ', p. 8.

40. Rublack, *Crimes of Women*, p. 184.

41. Loetz, *New Approach*, p. 26.

42. Rublack, *Crimes of Women*, p. 240.

43. Walker, ' Sexual Violence and Rape ', p. 435.

44. James Farr, *Authority and Sexuality in Early Modern Burgundy*

(1550 – 1730) （New York and Oxford: Oxford University Press, 1995）, p. 94.

45. Stuart Carroll, *Blood and Violence in Early Modern France* （Oxford: Oxford University Press, 2006）, p. 242.

46. Tommaso Astarita, *Village Justice: Community, Family and Popular Culture in Early Modern Italy* （Baltimore, MD: Johns Hopkins University Press, 1999）, p. 163.

47. Ruggiero, *Boundaries of Eros*, pp. 92–3.

48. Barbara Donagan, ' Codes of Conduct in the English Civil War' , *Past & Present* 118 （1988）, p. 83.

49. Geoffrey Parker, *Global Crisis: War, Climate Change and Catastrophe in the Seventeenth Century* （London: Yale University Press, 2014）, pp. 30–1.

50. Dianne Hall and Elizabeth Malcolm, ' " The Rebels Turkish Tyranny" : Reading Sexual Violence in Ireland during the 1640s' , *Gender & History* 22. 1 （2010）, pp. 55–74.

51. Amanda Pipkin, ' "They Were Not Humans, but Devils in Human Bodies" : Depictions of Sexual Violence and Spanish Tyranny as a Means of Fostering Identity in the Dutch Republic' , *Journal of Early Modern History* 13. 4 （2009）, pp. 243–4.

52. Michael Durey, ' Abduction and Rape in Ireland in the Era of the 1798 Rebellion' , *Eighteenth-Century Ireland* 21 （2006）, pp. 42–6.

53. K. J. Kesselring, ' Bodies of Evidence: Sex and Murder （or Gender and Homicide） in Early Modern England, c. 1500–1680' , *Gender & History* 27. 2 （2015）, pp. 245–62.

54. Astarita, *Village Justice*, p. 163.

55. Laura Hynes, ' Routine Infanticide by Married Couples? An Assessment of Baptismal Records from Seventeenth-Century Parma' , *Journal of Early Modern History* 15 （2011）, pp. 507–30.

56. Rublack, *Crimes of Women*, p. 165.

57. Mark Jackson, *New-Born Child Murder: Women, Illegitimacy and the Courts in Eighteenth-Century England* （New York: St Martin's Press, 1996）, p. 32.

58. Rublack, *Crimes of Women*, p. 182.

59. Ruff, *Violence in Early Modern Europe*, p. 153.

60. Laura Gowing, 'Secret Births and Infanticide in Seventeenth-Century England', *Past & Present* 156 (1997), pp. 87-115.

61. Dana Rabin, 'Bodies of Evidence, States of Mind: Infanticide, Emotion and Sensibility in Eighteenth-Century England', in Mark Jackson (ed.), *Infanticide: Historical Perspectives on Child Murder and Concealment, 1550 - 2000* (Farnham: Ashgate, 2002), pp. 73-92.

15 男性争斗：全球视野下的欧洲

彼得·斯皮伦伯格

本章重点考察的是在全球背景下发生于早期近代欧洲男性之间的凶杀与恶性人际暴力现象。在对欧洲发生的凶杀事件的特点进行透彻检视后，本章尝试将其与世界其他地区在同一时期记载的一些类似事件进行比较。我们首先需要仔细审视的是"早期近代"，这个编年史概念最早出自欧洲史学界。通常而言，"早期近代"指的是从中世纪末期到伴随着大众参与政治的现代工业社会兴起的这三个世纪。但是，正如前面各章已经清楚表明的那样，"早期近代"这一概念并不怎么适用于世界其他许多地区的历史。

在很大程度上，我对西方和其他国家的全面比较仅限于这三个世纪内发生的任何种类的人际暴力。然而，在这个全球化伊始的时代，欧洲列强在暴力发生的频率方面对其他大陆（尤其是美洲）产生了巨大影响。尽管在世界其他地区，当地人与欧洲人的接触带来的影响没有那么显著，但对人际暴力进行比较分析是一种有效的研究方式。这一方面可以衡量欧洲在本时期的变迁，另一方面也有助于我们把握欧洲与其他大洲在人际暴力方面存在的差异。

凶杀率

在早期近代的阿姆斯特丹，负责检查所有疑似为非自然死亡者尸体的，是由一名医学教授和两三名外科医生组成的法医委员会。例如，在委员会的一次记录中，他们观察到一名成年男子的胸部和腹部有三处刺伤，并认为这些伤势正是该男子的死因。尽管这些由法医组成的委员会并不会得出法律结论，但法庭的书记员通常会补充说明尸体情况的有关信息，如发现尸体的地点。由于委员会对尸体伤势进行的细致描述，加上法庭的补充信息，这些卷宗中很少出现悬案。因此，今天的研究者可以将绝大多数死亡案例归为以下三类：他杀、自杀或意外死亡。我们可以从这里出发进一步展开定量研究，如准确统计出这些记录所涉时期内的自杀率。但另外，我们很难掌握意外死亡案例的确切数量，因为不太可能对所有事故进行系统调查。由此，本章主要关注的是他杀。由于每份检查报告都明确指出了死者是不是婴儿，我们可以将其进一步细分为杀人（homicide）与杀婴（infanticide），后者不在本章的研究范围内。而在杀人案中，我们应该首先关注受害者的相关信息，无论凶犯是否被抓获，甚至无论凶犯姓名是否得到确认。唯一缺失数据的是那些无法找到尸体的凶案，但其数量通常而言可以忽略不计。

在中世纪的西欧社会，尸检记录已十分普遍，阿姆斯特丹只是其中一例。从13世纪开始，英国就有验尸官这一负责调查可疑死亡案件的特别官员。与阿姆斯特丹的法医委员会不同，英国的验尸官最后会给出法律结论，即认定死因究竟是他杀还是自杀。在欧洲其他国家，自杀往往不会被记录在案，但在不考虑凶手身份的前提下，死于他杀者的尸检记录几乎随处可见。从详尽的调查报告（如在英国），到一年一度的受害者统计清单，凶案记载的详尽程度在各地不一。这些记载通常存在时间上的空白点，而且一些城镇和地区的记载至今依然有待研究。但如果我们把这些记载放到一起就能发现，从中世纪晚期到今天的欧洲，这些凶案中存在一条清晰的历史脉络。一些学者已经系统收集和分析了来自欧洲各地的凶案数据，曼努埃尔·艾斯纳（Manuel Eisner）在这方面做得尤为出色。[1]和其他类型的犯罪一样，凶案的绝对数量没有什么意义，我们统计的是与相关城镇、地区或国家的总人口相对的凶案数量。本章通过如下假想的例子来说明这一过程的合理性：如果一个 1 万人居住的城镇每年会发生 5 起凶案，这意味着在一代人的时间内，几乎所有居民都会与凶杀产生直接关联，无论是在街头、家中被认识的人目击还是其他方式；但如果一个 100 万人居住的城镇每年发生 30 起凶案，这意味着绝大多数人与凶杀并无直接关联。

与总人口相关联的凶案数量被称为凶杀率。除非另有说明，本章的凶杀率是指一个地理实体每年在每 10 万居民中发生的凶案数量。在前文提到的两个案例中，凶杀率分别是 50（许多中世纪城镇都是如此）和 3（这对一个现代欧洲城市而言并不罕见）。需要注意的是，第一个案例中的地理实体只有 1 万人口，这大约（并没有严格规定）是规模最小的地理实体。如果低于这一规模，则计算出的凶杀率可能会受到偶发因素的影响。同样的情况还会出现在只统计一年内凶案数量的情形中。因此，当 15 名雅各宾派人士于 1795 年在欧巴涅（马赛附近一座拥有 7000—8000 人口的城镇）被杀时，[2]该城镇当年的凶杀率激增至 200。该数据只能说明当年这里发生了大量政治暴力事件，但并不能说明 18 世纪 90 年代法国南部凶案的总体发生频率。最后，有效数据必须基于系统且可靠的记录。因此，我们应对当时评论者的言辞（尤其是批评性言辞）持审

294

慎态度。

如前文所述，在对欧洲历史上的凶杀率进行系统研究后，我们首先能够得出如下的基本结论：从中世纪末到 20 世纪 50 年代和 60 年代，凶杀率呈现为显著的整体下降趋势。中世纪不同地区的凶杀率差异极大（20 至 80），但中世纪的平均凶杀率是所有时期中最高的。由于中世纪不在本章的检视范围内，所以无须进一步讨论。在 1970 年前后，凶杀率略有上升，但这同样不属于本章的讨论范围。截至 1800 年，大部分地区的凶杀率已显著降低。因此，在本章所关注的时期内，凶杀率尤其体现为显著下降的趋势。需要指出的是，这种人际暴力的下降趋势仅限于正在发展的国家。我们还需要注意的是，在法国宗教战争（1562—1598 年）、三十年战争（1618—1648 年）或英国内战（1638—1651 年）等内部动乱期间，暴力造成的死亡人数比历史记载的要多得多。这不仅仅是因为战争带来的伤亡，而且因为在战争期间更容易发生各种命案。1650 年后（尤其是 1700 年后），欧洲的凶杀率出现了最大幅度的下降。

此外，在早期近代欧洲，凶案的减少趋势并非在所有地方都保持一致。例如，意大利和英国的凶杀率在当时都有所下降，但意大利的凶杀率总是远高于同时期英国的凶杀率。[3] 按照一般模式计算，18 世纪意大利的凶杀率尽管呈下降趋势，但依然比英国同期的凶杀率高出 6 倍。[4] 而且在欧洲南部，凶杀率直到 20 世纪初才降至欧洲核心地区的水平。最后，在早期近代欧洲凶杀率的整体下降趋势中，我们还发现，一些地方（有时是一些民族）的凶杀率呈现出周期性上升的趋势，不过我们并不能够轻易解释所有此类现象出现的原因。

于是我们看到，英国的凶杀率从 1560—1590 年的 3 或 4 上升到 16 世纪 90 年代的 5 或 6。[5]1630 年，博洛尼亚及其周边城镇（contado）暴发了一场严重的瘟疫，因此这里的凶杀率在 17 世纪中叶达到峰值（不低于 44.5）。[6]1690—1720 年，阿姆斯特丹的凶杀率一直处于接近 10 的小高峰。来自欧巴涅的数据则显示，18 世纪 90 年代的十年革命导致法国南部地区的个人仇杀事件激增，但我们很难判断其影响是不是长期性的，因为几乎没有关于早期近代法国凶杀率的有效数据统计。[7]综上所述，在早期近代欧洲，凶杀率并非一直在下降，但整体而言的确呈现出下降的趋势。

不可否认的是，在过去因暴力而死亡的许多受害者如果生活在今天就可能会得救。这一合理的推测使我们观察到的凶杀率下降的趋势更富深意：早期近代欧洲社会的凶杀率是所有时期的凶杀率中下降幅度最为显著的（根据考察地区的不同，下降 5—15 不等），但这一时期的医疗水平并未出现任何实质性进步。直到 19 世纪末期甚至更晚，专业的医学知识和医疗技术才开始影响凶杀率。真正使当时凶案的受害者在受伤后难逃一死的是当时流行的一种特殊凶器。阿姆斯特丹凶案频发的时期也是刀斗（knife fight）最为猖獗的时期，如果有现代医疗手段，当时大约四分之一在刀斗中死去的人可能不会丧命。[8]但就通过治疗伤势而在凶杀事件中存活的受害者比例而言，1500 年的平均值与 1800 年的大致相同。因此，欧洲凶杀率在这一时期的急剧下降确实反映了恶性人际暴力发生次数的减少。此外，在几乎所有高凶杀率的社会中，男性在很大程度上既是受害者，也是施暴者。所以，欧洲凶杀事件的减少主要体现为男性争斗事件的减少。

尽管如此，受害者的主要死因并非极端暴行，而是医疗护理水平的滞后，早期近代的欧洲人都很清楚这一点。例如在1678 年阿姆斯特丹的一份尸检报告中，法庭得出的结论是，可怜的扬·瓦尔克（Jan Valk）并非死于他所受到的伤害，而是死于不当的治疗方式。此外，他的护理者也没有定期为他更换绷带，这使污垢渗入了他的伤口。[9]在阿姆斯特丹，如果凶案中的受害者在几周后才死亡，那么地方法院以袭击罪名逮捕嫌犯后会按惯例咨询医学意见，以此确定谁应该为受害者的死亡负责。当医生无法判断受害者究竟是因最初受到的伤害还是其他原因而死亡时，罪犯就会因无罪推定而免于刑事判决，取而代之的是在他头上挥剑的象征性惩罚方式。

虽然我们如今在谈到 1500—1800 年欧洲的人际暴力现象时会认为，本时期的凶杀率呈现为整体下降的趋势，但世界上其他地区的情况并非如此。我们虽然缺乏可靠的量化数据，但1606—1608 年的墨西哥尤卡坦地区是个例外，当地总督（*alcalde*）在 26 个月的日记中记录了所有在当时引起他注意的罪行，但其中没有一起凶案，唯一与凶杀有关的罪行记录是一起父亲教唆儿子杀人的案件。可日记中的样本量毕竟太小，我们很难从中得出任何结论。[10]至于其他地区，我们在很大程度上对非西方社会中发生的致命人际暴力事件的数量范围一无所知。这在一些地区是因为文献记载的缺乏，在另一些地区则是受限于文献的数量。例如在中国，至少明清时期留下了大量与英国验尸报告类似的记录。但除了步德茂的开创性研究外，[11]这些文献几乎还没有被学界研究。明清社会的恶性人际暴力事件与凶案的数量究竟是和欧洲一样呈下降趋势，还是出于某种有待发现的原因呈上升趋势，这一问题依然有待回答。中国学

297

者如今已着手研究这些文献，他们的研究成果将改变我们对这个问题的认识。在未来的合作中，中国与欧洲学界在凶杀率方面的比较研究有望取得丰硕成果。

荣誉 vs 刑事化

如今，我们更加清楚地认识到非西方社会中与暴力有关的一项定性因素：传统的男性荣誉观念。在许多国家，男人的荣誉取决于其争斗的决心。无论是否关乎利益，男性都必须出手捍卫自身尊严，必要时还得诉诸武力。在这方面越成功，他就越会受到来自同一阶层的其他人的敬重。自己一旦受到了侮辱，无论这种侮辱来自语言、手势还是其他方面，只有通过人身攻击（至少是相当于人身攻击的口头威胁）才能挽回颜面。因此，与其说荣誉是暴力的动机，不如说荣誉是暴力的基本组成部分。男人有义务捍卫自己和家属的声誉，特别是妻子和女儿在性方面的声誉。遵循上述逻辑，如果认为一个男人不能管教好他的家属，那么即使是最轻微的暗示也是一种侮辱。在早期近代欧洲社会，这种男性荣誉观念几乎在所有的暴力冲突中都扮演了十分关键的角色。正如下文将要指出的，关于何谓荣誉的新兴观念对凶杀率的降低至关重要。因此，传统的男性荣誉越是受到人们的普遍重视，人际暴力的程度就越严重。在中世纪，骑士精神和天主教教义在不同程度上抑制了这种与男性气概有关的荣誉准则。[12]处于前现代时期的非西方社会同样盛行类似于骑士精神和天主教教义的行为规范。我们可以肯定的是，这些规范也在具有强烈男性气概传统的社会中起到了约束男性行为举止的作用。

在早期近代以及此后的拉丁美洲、非洲和亚洲，这类观念都十分盛行。例如在西属美洲殖民地，宗教裁判所和法庭都记录了传统男性荣誉文化的影响。殖民者从宗主国带来了这种文化，但原住民、非洲奴隶和混血儿也调整了他们的行为以适应在欧洲盛行的荣誉崇拜。正如约翰·伊利夫（John Iliffe）指出的，在殖民时代之前，非洲大陆上的几乎所有社会阶层就已对传统男性荣誉观念青睐有加，他发现的史料证据可以追溯至公元 1500 年之前。这些文献表明，在埃塞俄比亚高原和撒哈拉以南大草原的游牧贵族中，类似的男性战士荣誉具有举足轻重的地位。[13]至于亚洲，我们可以指出，在日本的武士文化和印度尼西亚类似的武术传统中也存在这种男性荣誉观念。没有证据表明，在 1800 年，上述这些地区的传统男性荣誉感要比在 1500 年更加淡薄。因此，我们有理由认为，基于荣誉的男性暴行在早期近代的各个国家中普遍存在。

　　但是，荣誉观念在欧洲的发展道路则有所不同。对于今天的欧洲人而言，荣誉依然十分重要，但捍卫荣誉的方式已与此前不同。在学术界，它主要体现为：观点上的争执往往会引发声誉受损的担忧，以及论文开头会题词"为了纪念荣休的 X 教授"。然而，教授们擅长的并非舞枪弄剑，他们收获学术"荣誉"主要依靠的是某种内在品德，而非沽名钓誉（bravado）。在欧洲历史上，荣誉逐渐变得与精神有关，同时也失去了与身体的密切联系，因此逐渐变得没有必要通过暴力来捍卫。[14]到 1800 年，大部分中上层阶级（甚至是劳动人民中的"受尊敬"者）会认同这种理念：一个人可以既受人尊敬，又与人为善。荣誉观念上的这种变化是早期近代欧洲社会凶杀率降低的关键因素。

　　欧洲帝国的崛起与奴隶制在新大陆的输出不但改变了原

298

住民社会，而且建立了与早期近代欧洲宗主国不同的新兴殖民地政权。[15]殖民地的奴隶制度和具有明显等级区分的多种族社会，对人际暴力的性质以及伴随暴力而产生的荣誉准则产生了深远的影响。例如，拉丁美洲殖民地的非洲裔自由人可能会对他们认为不尊重自己的奴隶实施极其残酷的暴行，以此来展示自身的优越地位。他们通过这种行为重申，自己不像奴隶那样毫无荣誉感。奴隶制还要求主人承担相应的义务。为了维护自己正人君子的名声，奴隶主不仅要像在欧洲生活时一样管好自己的妻子和女儿，而且要监管手下奴隶的性生活。在卡塔赫纳（位于今天的哥伦比亚）发生的一起事件清楚地表明了这可能导致的后果。1602年，这座港口城市的主教颁布了一项禁止男女奴隶同居的法令，并鼓励公民积极举报。一个名叫热罗尼莫·德·塞尔帕（Jerónimo de Serpa）的帽匠私下打探他的邻居、一位名叫弗朗西斯科·路易斯（Francisco Luis）的商人家中两个奴隶的情况。路易斯认为，他的邻居到处打听他的家务是对自己的挑衅。在互相辱骂了几句后，塞尔帕最终向路易斯发起了决斗。决斗就在大街上进行，这吸引了一大群围观者。塞尔帕的头部在决斗中受了重伤，并在六小时后不治身亡，而路易斯则重新获得了对其奴隶身体的支配权。[16]

早在荣誉准则变得不再盛行之前，欧洲各国政府便开始逐渐遏制人际暴力，越来越多的法律禁止将维护声誉视为人身攻击的合法理由。我们可以将这一始于中世纪、终于17世纪中叶的漫长过程称为"凶案的刑事化"（criminalisation of homicide）。在本章所关注的16世纪后的欧洲，司法起诉在当时已经成为处理凶案的常态方式。然而，大多数杀人犯并不会受到体罚，因为君主会慷慨地发布赦免令。并且在罗马法系（Roman law system）① 中，施暴者可以通过金钱赔偿来免除犯下血案的罪责。在法国、英国、勃艮第王国以及后来的哈布斯堡王朝，只要行凶者声称自己受到了被害者的挑衅（因此是对方首先损害了自己的声誉），他便能够得到国王或统治者的赦免。此外，当时的刑事法律往往也对此没有明确的规定。1532 年，神圣罗马帝国在查理五世在位期间颁布的法典（《加洛林纳刑法典》）中规定："当一个人用致命的兵器或武器挑战、攻击或殴打另一个人，而且被攻击者无法以正当方式避免受到身体、生命、荣誉和名望的损害，那么他便有权通过适当的自卫手段进行自救，这种行为不会受到任何刑事处罚。"[17]上述措辞将对自卫者的生命和荣誉的威胁视为一个整体。当逃避显得不光彩时，《加洛林纳刑法典》就为人们提供了合法捍卫荣誉的选项，当时的法律文献足以证明这一点。直到 17 世纪 20 年代的西班牙，还有一些行凶者会在动手前趾高气扬地向受害者宣称，自己事后受到的处罚不会超过 100 杜卡特（ducat）②，即登记赦免的价格。[18]

　　在所有现存关于凶杀罪的法庭记录中，尼德兰北部的记录提供了最丰富的细节。在 16 世纪，行凶者的赦免条件是行凶者及其家属与受害者的家属达成正式和解，这起初是一种双方自愿的行为。而到约 17 世纪中叶时，和解几乎销声匿迹，行凶者也极少能够获得赦免，刑事起诉已经成为凶案的例行程

①　罗马法系，是指以古罗马，特别是以 19 世纪初《法国民法典》和《德国民法典》为基础产生和发展起来的法律的总称，以法典为主要判案依据。

②　杜卡特，1284—1840 年发行的威尼斯铸造的金币，是 13—20 世纪欧洲通行的一种主要交易货币。

序。在整个斯堪的纳维亚半岛和神圣罗马帝国的部分地区也有类似的变化过程。[19]当然，现代法律实践证明，凶案的完全刑事化并不意味着行凶者一定会被判死刑。例如在18世纪的英国，行凶者就经常免于一死，尽管他们依然会面临被流放的命运。在法国和意大利，由于赦免的普遍存在和法律制度的腐败，那些犯下血案的人如果手握重金，就能轻易通过贿赂来逃脱惩罚，凶案的全面刑事化过程也因此受到了阻碍。那些因暴力犯罪而被定罪和量刑者无一例外都是社会的边缘人。就荷兰共和国而言，我们有更多的证据表明，正当防卫的判定尺度正在收紧。需要注意的是，此时捍卫荣誉和捍卫生命之间已不再相关，只有后者才被视为自卫的正当理由，17世纪末阿姆斯特丹的凶案审判记录便是对这一发展趋势的最好证明。例如在一起凶案中，尽管受害者先掏出了刀具，但法院认为，当受害者从自己朋友那里拿刀来替换自己已经破损的刀具时，被告本可以趁机逃走，但他没有这样做。在另一起案件中，地方治安官则认为，被告本有机会在打斗开始之前就躲进现场许多房屋中的一间。对于这两名被告来说，逃避打斗是不光彩的举动，但当时的阿姆斯特丹法院不再从法律上认可这类荣誉准则。

那么在同时期的非西方社会中，我们能否发现将凶杀定为刑事犯罪的类似情况？或许我们只能在相对发达的国家中发现这种情况，因为强有力的政权垄断与有效的司法制度是它出现的前提。中国社会无疑具有代表性。至少我们可以从律法文本和案件卷宗中得出结论——中国在清代（1644—1911年）已经实现了凶案的刑事化。清代法典对各种不同凶杀行为都提供了详细的判罚依据，相对而言，只有那些杀害通奸的妻子或奸夫的男性才会得到法律的理解与宽大处理。官府会对所有已知的凶案进行调查，而死刑判决则必须交由中央机构①进行审查后方可下达。[20]我们很难确定，上述制度是否在清朝之前就已经在中国社会中存在，而来自其他大洲的证据则更加残缺不全。拉丁美洲沿用了西班牙和葡萄牙的司法制度，因此不足为奇的是，墨西哥直到 1800 年还频繁发布赦免令。而在西非的阿散蒂王国，法庭几乎从不会对行凶者进行刑事处罚，该国的司法制度主要依靠支付赎杀金（blood money）的庭外和解仪式。阿散蒂的法院充当的是对凶案进行补偿的调解角色，该法律制度与大多数欧洲国家所遵循的罗马法系截然不同，后者的法院无一例外地会给予行凶者某种形式的惩罚，最常见的是放逐。然而，我们依然需要对来自非西方社会的法律史料进行更加全面的检视，这可以帮助我们加深对这些地区凶案的刑事化程度的了解，并提供与欧洲同时期的情况进行真正和富有成效的比较研究的可能性。

凶案：类型与动机

从中世纪到早期近代，欧洲社会中发生的转变带来了两种变化，这些变化同时影响了男性争斗和凶案的特征。第一种变化是，大型宗族关系网络变得没有以前那么重要了，取而代之的是核心家庭的组建，这导致了世仇的减少（国家干预也是一大因素，至少在西欧和北欧是如此）。当然，人们并非突然就不再关心远房宗亲，但到 18 世纪时，在欧洲大部分地区，

---

① 清朝所有的死罪案都首先由刑部、大理寺、都察院会审，然后进入秋审，并奏请皇帝批准。

为被杀的叔侄复仇的现象几乎已经不复存在。同样，对凶手的父亲或兄弟实施报复在当时的社会中也显得没有必要。值得注意的是，上述现象都经历了逐渐变化的过程。即使在欧洲的核心地带，直到 17 世纪中叶，政府崩溃和内战也经常引发新的世仇。在许多地中海岛国和一些周边地区，仇杀文化则一直延续至 20 世纪。

302

第二种变化是，以相同的武器和人数进行公平争斗的美德逐渐被人们所接受。在早期近代初期，中世纪的骑士精神被破坏，这意味着当时的人们几乎不在意争斗是否公平。16 世纪，在决斗风气最为盛行的法国和意大利，只要目的是复仇，即便是不光彩的偷袭也不会给施暴者带来任何荣誉上的污点。[21]背信弃义者层出不穷，而伏击或偷袭羸弱老人的现象同样屡见不鲜，经常出现四五个亲戚集体报复单个仇敌家族成员的场面。随着时间的推移，这种做法越来越多地遭到当时人们的反对，这便是欧洲各地的凶杀率出现差异的原因。17 世纪，在意大利人依然饱受仇杀文化之苦时，西欧和北欧已经率先接受了受规则约束的新兴荣誉观念。特别是在北欧，尽管传统男性荣誉观念仍然占据主导地位，但它与公平原则的联系更加紧密，所有施暴者都必须提供正当理由。这一原则要求争斗双方不但在人员数量上平等，而且还应使用威力相当的武器。或许值得我们注意的是，对单人决斗的日益重视几乎同时出现在社会阶层的顶端和底端。我们无法通过现有文献判断，这是不是上层文化向底层渗透的表现。尽管人们更加重视决斗的公平性，但这并没有杜绝不公平决斗的发生，不过后者被正人君子视为应当极力避免出现的一种奇耻大辱。

因此在早期近代欧洲社会中，男性之间的打斗大体上可以分为两种："公平的"与"不公平的"。这种转变与阶级身份的发展密切相关，贵族之间的决斗被视为比平民之间的斗殴更加优越。从理论上说，只有当一方通过书面方式向另一方下达挑战后，决斗才正式开始。此外，当时还有一些解释决斗的规则与荣誉原则的书面文件。但实际上，这些正式的规则以及公平原则有一个逐步确立的过程。直到 17 世纪末，在德意志、意大利和法国等地的决斗中还经常出现副手（其正式的名称是"不参战的助手"）的身影。与此同时，许多决斗者会在非惯用手上多携带一件武器（通常是匕首）。这类做法在整个 17 世纪都十分盛行。理论与实际之间的差异表明，决斗在当时经历了从斗殴和混战逐渐向在适当规则下进行正式打斗的转变历程。由于决斗是非法的，参与决斗者会声称这场打斗只是"意外冲突"（encounters），所以不受法律约束。总体而言，早期近代欧洲的决斗经历了从血腥交锋向更加规范的见血即止（first blood）的转变过程。这也表明当时的精英文化发生了更广泛的转变，而且越来越多的人可以在不诉诸极端暴力的情况下捍卫自身荣誉。

但是，决斗习俗并非局限于贵族阶层。平民之间的决斗与贵族决斗既有相似之处，也有不同之处，通过公平竞争来捍卫荣誉的观念也开始在平民决斗中占据主导地位。因此，当时社会中出现了这类十分流行的观念：当一位决斗者与一位朋友同行时，后者应该避免干涉决斗。一些在荷兰发生的类似事件中，独自迎战的决斗者会称赞不干涉决斗的对手的朋友为"一个有荣誉感（eerlijk）的人"。各种类型的积怨都可能触发平民之间的决斗，这与贵族的正式决斗并没有什么不同。虽然两种情况都并不一定会导致参与者的死亡，但和贵族决斗相

303

比，这类决斗还是有很大的不同。平民决斗的挑战往往通过口头而非书面下达，参与者只能依照惯例进行决斗，因为他们无从得知书面决斗规则或专业意见。大多数贵族决斗往往是事先计划好的，而平民决斗则往往是一时兴起。当决斗挑战发出并被接受后，双方会当场立即开打，只有在酒馆中由羞辱或争吵引发的决斗是例外。在这种情况下，双方会先出门再打斗。虽然在个别情况下，打斗双方会使用相同的武器，但各种类型的武器在欧洲各地都很常见。在平民普遍佩剑的地区（如神圣罗马帝国），剑是民间决斗中最常出现的武器。而在人们没有随身携带武器习惯的某些地区（或许最具代表性的是英国），决斗只能依靠拳头。在早期近代欧洲的广大城镇以及农村中，刀斗或许是最广泛，当然也是最臭名昭著的民间决斗方式，并且这种决斗方式还有自己独特的仪式和技巧。例如在阿姆斯特丹，人们经常使用棍棒作为防御性武器来应对刀具的攻击。尽管双方采用不同的武器，但没有理由认为这种打斗是不公平的。如下场景经常会出现：当一个人手持刀具攻击另一个人时，后者出于某种原因并不拔刀，而是操起一根棍棒迎敌。这样做能够使防御者与攻击者保持足够的距离，避免被其刺伤。防御者同样可能十分果敢，他的目标要么是将对方手中的刀具打掉，要么是痛击对方使其退缩。不同的武器使得双方原本均等的胜出机会变得不确定。例如有些持棍者被持刀者捅死，但也存在持棍者将持刀者打死的情况。即便是这类暴行，我们也可以从中看到社会和文化习俗的变迁。在欧洲各地，绅士如果挥舞棍棒，其目的仅仅在于用这种方式惩罚手下或佃户，他们还会雇人代替自己实施惩罚性质的殴打。刀具则逐渐被视为只有平民才会携带的武器，绅士不应公开佩带这类武器。即使在意大利，刀具也越来越被视为不体面的武器。有证据表明，在阿姆斯特丹，手持棍棒的防御者拥有明显比持刀者更高的社会地位，前者认为持刀会有损其尊严，因此拒绝与这种庶民使用的危险武器产生任何瓜葛。这还揭示了暴力以及对暴力的看法由社会地位和社会期望所塑造的方式。

实在有失公允的打斗并不会被视为决斗。但需要强调的是，不平等打斗的参与者并不一定就会丧失荣誉，它的发起者要么认为这并非什么不光彩的行为，要么认为以不择手段的方式获胜是捍卫荣誉的可靠路径。还有一些人感到自己遭受了不公对待，或者没有得到应有的尊重，因此认为自己有权采取任何报复手段。这意味着在早期近代欧洲，对荣誉的崇拜往往伴随着对他人的贬低和羞辱，荣誉的捍卫往往以损害他人的荣誉为代价。从在对方小便时将其刺伤（在 16 世纪的法国有这类记载），到夺走对方的帽子，贬损荣誉的方式五花八门。但这些例子也表明，荣誉受损是不平等打斗的主要动机——打斗者可能只是想要教训或羞辱一番敌人。因此，我们不应该把身体冲突（如前文提到的无端袭击和愤怒的顾客在酒吧攻击老板这类时常发生的事件）视为孤立的事件，这类暴力与职业罪犯（如街头强盗和土匪）惯用的工具性暴力（instrumental violence）① 有显著区别。

不同类型的暴力之间的区分或许同样适用于早期近代的非西方社会，但目前的研究状况使我们无法对此进行系统性的比

---

① 工具性暴力是社会学术语，指被获得金钱、实现想象、恢复秩序等目标所驱使的有预谋、有计划的暴力。

较。例如，在日本武士文化中，公平决斗和不公平打斗之间存在区别，前者被视为一种美德，后者则被视为一种耻辱，这是众所周知的。在拉丁美洲，决斗和刀斗的记载都主要来自 19 世纪至 20 世纪初的史料，尽管前文提到的发生在卡塔赫纳的

305 事件也具备决斗的一切特征（除了其名称本身）。而在世界的另外一些地区，长期争斗现象也十分明显。例如，中国东南沿海社会盛行世仇争斗，而位于内陆山区的麻城则以持续了七个多世纪的暴力而闻名。[①] 在早期近代的奥斯曼帝国，派系斗争同样在大马士革盛行，但暴行的参与者主要是仆人与平民。[22] 只有当我们转而考察动机时，才更有可能在全球视野内对暴力进行比较。

即使是在欧洲史学界，学者对暴力的动机应如何分类也缺乏共识。一些学者主张，暴力可以用单一因果链条进行解释。例如，人类学家艾伦·菲斯克（Alan Fiske）认为，所有暴力都是由道德规范塑造的。[23]然而法庭记录表明，暴力的动机往往十分复杂，或者根本无从得知。根据人类学家大卫·里奇斯的观点，暴力具有"多点透视"[②] 的性质。我们可以通过下面这个案例中各方的不同视点更好地理解这一点。1787 年，阿姆斯特丹进行了一场谋杀案的审判，这起案件的被告是个名叫尼古拉斯·诺斯泰因（Nicolaes Noortsteyn）的瑞典水手，他在回阿姆斯特丹的路上写下一张纸条，并在纸条中把船长称为撒旦，把船上的军官称为魔鬼，还要求他们将船舶指挥

[①] 麻城的暴力史之所以在西方史学界十分著名，主要是因为美国汉学家罗威廉（William T. Rowe）的著作《红雨：一个中国县域七个世纪的暴力史》（*Crimson Rain: Seven Centuries of Violence in a Chinese County*, 2007）。

[②] 关于"多点透视"，参见本卷导言。

权交给自己。这一举动惹怒了诺斯泰因的上级，后者认为他是个疯子，尽管他一到港口就被医生证明是神志清醒的。几个月后，诺斯泰因在该市的一家旅馆里对一名19岁男性同住者的胸腹部连捅5刀，最终导致对方死亡。在漫长的审讯过程中，被告始终坚称自己没有发疯。他先是宣称自己犯有罪行，但最终承认是因为厌世杀人，并希望自己被处决。地方官员则怀疑，他的行为可能受到了当时的哲学家和神秘主义者伊曼纽尔·斯韦登伯格（Emanuel Swedenborg）的影响。根据这种解释，这名男孩在死前曾告诉诺斯泰因，他渴望在天堂与母亲团聚。诺斯泰因相信，通过满足对方的愿望，自己也能在死后升上天堂，两人都将永享天堂之乐。本案的重要意义在于法院对真相和被告个人福祉的关注。[24] 最终，法官们还是裁定，被告已经精神错乱，并无限期地将他关押在疯人院（rasphouse）。[25]

上述案例提供了导致暴力发生的其他可能动机。我们可能会同意阿姆斯特丹法官的观点，即认为这起罪行是由精神错乱引起的；或者也可以根据蒂厄·克罗（Tyge Krogh）的类型划分方式，将其划入"间接自杀"（indirect suicide）的范畴。克罗提出了他称之为"自杀式凶案"（suicide murder）的概念，即寻死者不愿意自杀，于是为了获得死刑判决而杀死他人。这种现象常见于早期近代的斯堪的纳维亚半岛，虔诚路德宗基督徒的自残倾向不断增加，但自杀是一种不可饶恕的罪过。大多数自杀式凶案的实施者会选择女孩或男孩下手，这些孩子的年龄比被诺斯泰因杀死的少年要小得多。他们相信，一个无辜的孩子死后肯定会上天堂。这种类型带来了第三种可能的动机：受害者本人有求死的愿望，也就是说，受害者也是我们今天所

306

说的"自杀协议"（suicide pact）^①的一部分。这也解释了为何在我们刚才分析的诺斯泰因案中，受害者并无任何反抗之举。诺斯泰因案在今天依然具有警示意义，恐怖分子或大规模杀戮的实施者可能就是在被社会化（socialisation）^②或洗脑之后才走上了杀戮的道路。本卷的各章都关注了非西方社会中的宗教暴力，但我们主要关注的是其中的集体暴力。印度的暴徒（*thagi*）活动可以追溯到 18 世纪，其构成了一个由宗教激发的个人化暴行的案例，尽管关于他们为何要勒死毫无戒备的旅行者来献给女神迦梨（Kali），一直存在解释上的争议。也许他们只是世俗社会中的强盗，但他们的确相信这位女神会为他们提供特殊的庇护。无论真相如何，良心、道德和暴力之间始终存在密切关联。

根据文献统计，盗匪在发生于欧洲（尤其是在意大利）的暴力事件中扮演了重要角色。这种情况同样在一些非西方国家盛行，对此我们没有必要详细讨论。对于大部分人口处于温饱线附近的前现代社会来说，生命是廉价的。然而在早期近代，国家更加倾向于遏制士兵的过激行为，并将犯罪抢劫与军事行动进行区分。土匪在大多数社会中被视为低贱的群体，有产阶级当然也持相同的看法。²⁶相比之下，保护个人财产是更容易被生活在当时的个人理解的凶杀动机，而且法律在一定程度上允许这种暴行。任何人在受到攻击时捍卫自己的权利和财产都是合理之举。在早期近代欧洲的农村，

---

① "自杀协议"，指两人以上追求共同死亡的协议，不论采取的方式是自杀还是他杀。自杀协议在现代社会中属于杀人罪的一种。

② 社会化，原指个体在特定的社会文化环境中的适应过程，在此处指被某些团体（如宗教团体）煽动而参与集体暴力活动。

凶杀的主要动机之一是土地的使用或者稀缺资源的分配，一些非西方国家（如清朝时期的中国）也存在同样的情况。在中国，刑部将所有命案分为四种主要类型，土地和债务便是其中之一。

结　语

本章旨在将欧洲男性暴力的变化历史置于全球视野中考察，但这一论题在非欧洲地区的研究现状意味着任何此类比较都带有尝试与临时的性质。只有在本卷涉及的内容经过充分的消化和讨论后，这种比较才真正可能实现。尽管本章进行了一些广泛的对比与比较，但鉴于目前的研究状况，我们并未获得早期近代欧洲以外地区在男性暴力变迁方面的总体图景。因此，本章的结语同样只适用于欧洲。1500—1800 年，男性之间的人际暴力在数量上和质量上都发生了变化。我们可以借助诺伯特·埃利亚斯（Norbert Elias）的理论以及皮埃尔·布迪厄（Pierre Bourdieu）的著作来解释这些变化。

许多研究者将凶杀率的大幅下降（主要是男性暴力事件的减少）归因于当时社会的文明进程。自我调节（包括抑制攻击他人的冲动）的人均水平在此时有所提高，我们也可以反过来将其归因于欧洲新兴国家内部出现的武力垄断。此外，在埃利亚斯看来，社会群体之间（权力）关系的变化同样重要。这解释了社会阶层的分化对男性斗争事件发生频率的影响方式。在 17 世纪的欧洲，绅士们普遍以决斗（两个身份平等者之间的公平战斗）为荣。贵族们并不将刀斗视为一种决斗方式，他们认为这和普通的斗殴一样都是不值一提的贱民把戏——这种看法也在不断向下级阶层渗透。在 18 世纪的欧洲

（尤其是在西欧和北欧），贵族决斗开始失去其作为上层阶级男子地位与荣誉之象征的价值，此时人们已经认为，见血即止的决斗方式便足以维护自身荣誉。由于现代常备军的扩张和复杂化对军纪有着越来越高的要求，上层阶级也在文明的氛围中逐渐变得和平。贵族和高级官员的权力与超越地方的中心（如王宫）联系在一起，他们的行为举止必须有所克制。上层阶级的和平化也强化了其他群体的和平倾向。

在 17 世纪的欧洲，伴随国家形成出现的商业扩张是另一个遏止暴力的重要因素。因此，荷兰①与荷兰共和国的其他省份被一个同时具有民事和商业前景的城市贵族阶层所控制，他们是从一开始就谴责决斗的少数贵族群体之一。[27]在早期近代，不但城镇的总数在不断增加，而且大多数城市的规模也在不断扩大。即使是规模最大的都会区（如巴黎、伦敦和阿姆斯特丹）也发展出了复杂的社会管控机制，这使社会变得更加安定。[28]更重要的是，商人与资产阶级的精英人士对荣誉有自己的理解方式，这种方式在很大程度上摒弃了与土地贵族有关的对暴力的狂热崇拜。18 世纪之后，涉及刀具的恶性暴力事件在阿姆斯特丹、伦敦等城市已基本绝迹，生活在这些城市中的绅士也无须佩剑。因此，商业扩张与国家形成存在相辅相成的关系。意大利城市逐渐走向衰落，这或许可以解释意大利的凶杀率为何在当时依然居高不下。

放下武器的上层阶级一方面成为国家形成和商业扩张过程之间的关键中介，另一方面又在更广泛的群体中通过抑制攻击冲动而降低了恶性暴力事件发生的频率。例如，劳动人民中相

---

① 此处的荷兰是指当时荷兰共和国（Dutch Republic）的一个省。

对富裕的阶层与国家和经济并无太大的利害关系，但他们当中有越来越多人试图模仿精英阶层所倡导的和平生活这一文化模式。此外，当时的欧洲国家中并非只有一种文化模式。例如，荷兰贵族和富有的市民通过赞助获得了国家股权，因此奥兰治王室的宫廷就显得没有那么重要。在法国，宫廷在文明化进程中发挥了更重要的作用。意大利则提供了另一个可供比较的参照点，糟糕的国家治理或许是意大利的凶杀率直到 17 世纪末才有所下降的原因，而在意大利南方，甚至要到更晚时期才会出现这一趋势。在 16—17 世纪的意大利，不仅政府对武力的垄断程度相对有限，而且统治者也在很大程度上无力安抚地方和区域贵族。例如，威尼斯自治城邦时期的显赫家族之间的古老世仇一直延续到了 17 世纪。在博洛尼亚，贵族们直到 18 世纪才接受教皇统治，并承认其法庭的合法地位。尽管意大利的精英阶层在社会生活的其他方面都保持了风度，但他们依然热衷于仇杀文化。只要这种状况持续下去，普通民众就会缺乏一种可以效仿的美德典范。

　　最后，上层阶级的和平化还与荣誉观念的精神化密切相关。在布迪厄的理论中，荣誉通常被视为一种文化资本，它仅仅是个人经济或社会资产之外的一种资本形式。荣誉准则的转变意味着，尽管贵族们依然十分重视荣誉，但赢得荣誉的方式并非只有展示武力，还包括商业、知识、艺术或道德方面的成就。而对于下层阶级的男性而言，这些荣誉基本上是无法实现的，因为他们缺乏字面意义上的经济和社会资本。这就可以解释为何下层男性依然珍视传统的荣誉观念，而这种荣誉观念会使他们在必要时诉诸暴力。

309

参考论著

对欧洲漫长历史上出现的凶杀和恶性暴力事件的重要综合性研究论著包括 Robert Muchembled, *Violence：A History*（Cambridge：Polity Press, 2012）; Pieter Spierenburg, *A History of Murder：Personal Violence in Europe from the Middle Ages to the Present*（Cambridge：Polity Press, 2008）。上述两本书的参考文献放在一起便构成了这一领域在 2006 年之前发表文献的详细清单。此后出现了一些关于凶杀与暴力的国别（区域）研究成果。英国：James Sharpe, *A Fiery & Furious People：A History of Violence in England*（London：Random House, 2016）。法国：Michel Nassiet, *La violence, unehistoiresociale：France, 16e - 18e siècles*（Seyssel：Champ Vallon, 2011）。西班牙：Scott K. Taylor, *Honor and Violence in Golden Age Spain*（New Haven, CT：Yale University Press, 2008）。德国：B. Ann Tlusty, *The Martial Ethic in Early Modern Germany：Civic Duty and the Right of Arms*（New York：Palgrave Macmillan, 2011）。意大利：Stuart Carroll, 'Revenge and Reconciliation in Early Modern Italy', *Past & Present* 233（2016）, pp. 101 - 42。科西嘉：Antoine-Marie Graziani, *La violence dans les campagnes Corses du 16e au 18e siècle*（n. p., Editions Alain Piazzola, 2011）。

310　　关于欧洲凶杀历史的主要定量研究成果是 Manuel Eisner, 'Long-Term Historical Trends in Violent Crime', *Crime and Justice：A Review of Research* 30（2003）, pp. 83 - 142; Manuel Eisner, 'From Swords to Words. Does Macro-Level Change in Self-Control Predict Long-Term Variation in Levels of Homicide?', *Crime and Justice：A Review of Research* 43（2014）, pp. 65 - 134 一文提供了一套关于欧洲文明进程的定量参照系。

关于欧洲历史上男性争斗的各种主题研究成果包括 Ulrike Ludwig et al.（eds.）, *Das Duell. Ehrenkämpfe vom Mittelalter bis zur Moderne*（Konstanz：UVK Verlagsgesellschaft, 2012）; Stephen Banks, *A Polite Exchange of Bullets：The Duel and the English Gentleman, 1750 - 1850*（Rochester, NY：Boydell Press, 2010）。关于对凶犯的赦免：Rudy Chaulet, *Crimes, rixes et bruits d'épée：Homicides pardonnésen Castille au siècle d'or*（Montpellier：Presses Universitaires de la Méditerranée, 2007）。关于自杀式凶案：Tyge Krogh, *A Lutheran Plague：Murdering to Die in the*

Eighteenth Century（Leiden：Brill，2012）。关于凶杀与刑罚制度互相作用的关系：Pieter Spierenburg，*Violence and Punishment： Civilizing the Body through Time*（Cambridge：Polity Press，2013）。关于将暴力作为道德范畴的理论：Alan Page Fiske and Tage Shakti Rai，*Virtuous Violence： Hurting and Killing to Create， Sustain， End and Honor Social Relationships*（Cambridge：Cambridge University Press，2015）。

　　关于全球范围内的凶杀历史，参见 Steven Pinker，*The Better Angels of our Nature： Why Violence has Declined*（New York：Viking，2011）；Pieter Spierenburg，'Toward a Global History of Homicide and Organized Murder'，*Crime， Histoire & Sociétés ／ Crime， History & Societies* 18.2（2014），pp. 99-116。关于中国：Thomas M. Buoye，*Manslaughter， Markets， and Moral Economy： Violent Disputes over Property Rights in Eighteenth-Century China*（Cambridge：Cambridge University Press，2000）；William T. Rowe，*Crimson Rain： Seven Centuries of Violence in a Chinese County*（Stanford，CA：Stanford University Press，2007）；Barend J. terHaar，'Rethinking "Violence" in Chinese Culture'，in Göran Aijmer and Jon Abbink（eds.），*Meanings of Violence： A Cross-Cultural Perspective*（Oxford and New York：Berg，2000），pp. 122-39。关于拉丁美洲：William B. Taylor，*Drinking， Homicide and Rebellion in Colonial Mexican Villages*（Stanford，CA：Stanford University Press，1979）；Eric A. Johnson et al.，'Murder and Mass Murder in Pre-Modern Latin America： From Pre-Colonial Aztec Sacrifices to the End of Colonial Rule，an Introductory Comparison with European Societies'，*Historical Social Research ／ Historische Sozialforschung* 37.3（2012），pp. 233-53。关于印度：Kim A. Wagner（ed.），*Stranglers and Bandits： A Historical Anthology of Thuggee*（Oxford：Oxford University Press，2009）。关于非西方社会中的荣誉观念：John Iliffe，*Honour in African History*（Cambridge：Cambridge University Press，2005）；Lyman L. Johnson and Sonya Lipsett-Rivera（eds.），*The Faces of Honor： Sex， Shame and Violence in Colonial Latin America*（Albuquerque：University of New Mexico Press，1998）。

注　释

1. M. Eisner, 'Long-term Historical Trends in Violent Crime', *Crime and Justice：A Review of Research* 30（2003）, pp. 83 – 142; M. Eisner, 'From Swords to Words. Does Macro-Level Change in Self-Control Predict Long-term Variation in Levels of Homicide?', *Crime and Justice：A Review of Research* 43（2014）, pp. 65–134.

2. D. M. G. Sutherland, *Murder in Aubagne：Lynching, Law and Justice during the French Revolution*（Cambridge：Cambridge University Press, 2009）.

3. Pieter Spierenburg, *History of Murder：Personal Violence in Europe from the Middle Ages to the Present*（Cambridge：Polity Press, 2008）, pp. 70–1, 106–7.

4. 关于意大利凶杀率的相关图表数据，参见 Stuart Carroll, 'Revenge and Reconciliation in Early Modern Italy', *Past & Present* 233（2016）, pp. 101–42。

5. James Sharpe, *A Fiery & Furious People：A History of Violence in England*（London：Random House, 2016）, pp. 17–18, 125.

6. Colin Rose, 'Homicide in North Italy：Bologna, 1600–1700'，未出版的博士论文，University of Toronto, 2016, p. 189。44.5 这一富有意味的数字是 1632 年、1640 年、1652 年、1660 年的平均值。亦可参见 Irene Fosi, *Papal justice：Subjects and Courts in the Papal State, 1500–1750*（Washington, DC：Catholic University of America Press, 2011）。

7. 参见 Spierenburg, *History of Murder*, p. 107。Michel Nassiet, *La violence, une histoire sociale：France, 16e–18e siècles*（Seyssel：Champ Vallon, 2011）, pp. 298–9. 该著还提供了少量关于 1663—1789 年法国北部的凶杀率数据（0.4—3.2）。

8. P. Spierenburg, *Violence and Punishment：Civilizing the Body through Time*（Cambridge：Polity Press, 2013）.

9. Stadsarchief Amsterdam, *Oud-Rechterlijk Archief*, 640c：11 July 1678.

10. William B. Taylor, *Drinking, Homicide and Rebellion in Colonial*

Mexican Villages（Stanford, CA：Stanford University Press, 1979），pp. 178-9.

11. 参见本卷第 18 章。

12. Sharpe, *Fiery & Furious People*, pp. 77-99.

13. John Iliffe, *Honour in African History*（Cambridge：Cambridge University Press, 2005）.

14. 自 1988 年以来，我就一直在自己的文章中使用"荣誉的精神化"这一术语。如果愿意的话，读者可以将"精神化"替换为"高尚化"等其他术语。

15. 奴隶制是我们考察的一种社会制度，因此我们也将奴隶作为一种社会角色进行考察。使用像"受奴役者"（enslaved person）这样的术语会显得冗余，因为奴隶显然并非自愿接受自己在社会中的角色，并且很可能由此产生不满情绪。

16. Nicole von Germeten, *Violent Delights，Violent Ends. Sex，Race & Honor in Colonial Cartagena de Indias*（Albuquerque：University of New Mexico Press, 2013），pp. 56-7.

17. 译文出自 John H. Langbein, *Prosecuting Crime in the Renaissance. England, Germany, France*（Cambridge, MA：Harvard University Press, 1974），p. 171。

18. R. Chaulet, *Crimes，rixes et bruits d'épée：Homicides pardonnés en Castille au siècle d'or*（Montpellier：Presses Universitaires de la Méditerranée, 2007），pp. 36-7.

19. 对相关事例的评述，参见 Spierenburg, *History of Murder*, pp. 57-64。

20. M. J. Meijer, *Murder and Adultery in Late Imperial China：A Study of Law and Morality*（Leiden：Brill, 1991）；Thomas M. Buoye, *Manslaughter，Markets，and Moral Economy：Violent Disputes over Property Rights in Eighteenth-Century China*（Cambridge：Cambridge University Press, 2000），pp. 1-16；亦可参见本卷第 18 章。

21. S. Carroll, *Blood and Violence in Early Modern France*（Oxford：Oxford University Press, 2006）.

22. James Grehan, 'Street Violence and Social Imagination in Late-Mamluk and Ottoman Damascus, ca. 1500-1800', *International Journal of Middle East Studies* 35（2003），pp. 215-36.

23. Alan Page Fiske and Tage Shakti Rai, *Virtuous Violence：Hurting*

and Killing to Create，Sustain，End and Honor Social Relationships（Cambridge：Cambridge University Press，2015）.

24. P. J. Buijnsters，'Swedenborg in Nederland'，*Tijdschrift voor Nederlandse Taal en Letterkunde* 83（1967），pp. 192−224.

25. *Oud-Rechterlijk Archief*，457，pp. 438，461，472；458，pp. 184，299，316，359；459，pp. 163，223，247.

26. Eric Hobsbawm［*Bandits*，rev. edn（New York：Pantheon Books，1981）］认为，土匪活动得到了农民的支持，但这一观点长期以来都饱受争议。关于这一议题的最新成果，参见 Pieter Spierenburg，'Cartouche's erfgenamen. Van klassiek banditisme naar moderne georganiseerde misdaad'，in Richard Staring et al.（eds.），*Over de Muren van Stilzwijgen：Liber Amicorum Henk van de Bunt*（n. p.，Boomcriminologie，2017），pp. 589−601。

27. Spierenburg，*Violence and Punishment*，ch. 2.

28. 参见本卷第 33 章。

16 早期近代世界的自杀现象

大卫·莱德勒

自杀悖论

自我毁灭（self-annihilation）是一种暴行，但其中蕴含着不可调和的悖论，因为自杀者既是施暴者，又是受害者。除了自杀之外，没有任何一种暴行是故意对自己的身体造成导致死亡的伤害。在历史上，人们既谴责一些自杀行为是对神权和王权的无耻篡夺，又赞扬另一些自杀行为是为了上帝和国家的更大荣耀而自我牺牲的高尚之举。换言之，在禁止自杀的主体社会规范之外，语境、动机和意图（这些因素在今天研究自杀的学者眼中处于关键位置）也在早期近代社会对自杀行为的辩护中起到了显著作用。

例如，在自古以来的基督教观念中，自杀就在道德上被谴责为因绝望而犯下的罪孽（sin），因此在整个中世纪的西方，自杀都被视为一种自我谋杀的罪行（crime）。而在文艺复兴时期，人文主义者重新唤起了古罗马的斯多葛派赋予自杀合理性的辩词。在宗教改革之后，为了贬低自由意志的作用，新教徒同样将自杀重新解释为不可避免的宿命。启蒙运动则倾向于从更广泛的社会和医学角度来解释自杀，人们甚至借助拉丁语创造了"suicide"这个新词，以此将自杀行为描述成一种可悲的病理特征。19 世纪的道德统计学家①则构建了一种放之四海而皆准的总体叙事，将不断增长的自杀率归为现代性的发展中不可避免会出现的社会副产品。

尽管如此，在早期近代的西方社会中，人们对自杀的看法并不一致。因此，本章不仅考察了西方世界对自杀认知的起源和发展，而且将其置于全球背景中进行比较。本章尤其对东亚和南亚的自杀现象进行了比较，对两地早期近代自杀文化的了解能使我们更好地把握各国社会对自杀的不同看法。

"针对自己的暴行"

在文艺复兴时期的欧洲社会，人们对自杀现象存在矛盾态度。14 世纪，在史诗三部曲《神曲》的第一部分《地狱》中，佛罗伦萨的诗人但丁讲述了自己在古罗马诗人维吉尔指引下的地狱之旅。在到达第七层地狱后，他们遇到了因犯下粗暴罪行而在此受罚的鬼魂，后者根据罪行分散在三个同心圆状的环中，第一环里是粗暴对待邻居者，第二环里是粗暴对待自己者，第三环里是粗暴对待上帝者："人们能施加暴力于自身和自己的财产；因此，凡是自寻短见的人都要在第二环里进行无用的忏悔。"②1在第七层地狱的渎神者、杀人者、鸡奸者和高利贷者中，但丁和维吉尔目睹了那些专门为疯狂自虐而被迫放弃肉体的灵魂所准备的折磨方式：他们化成一片枯木林，永远受到鹰身女妖（harpy）的折磨，一直被囚禁到世界末日。即

---

① 道德统计学（moral statistics）是 19 世纪出现的一种社会学派，狭义上指研究社会中非正常现象（如自杀、堕胎、卖淫）的统计数据的学派，广义上可以指任何研究社会现象的统计数据的学派。

② 译文出自〔意〕但丁《神曲·地狱篇》，田德望译，北京：人民文学出版社，1997 年，第 76 页。

使熬到了复活那天，他们也无法恢复自己的肉身，因为后者早已在自我厌恶的疏离状态中被暴力摧毁。

但丁对地狱的描绘吸收借鉴了丰富的古典文献与基督教传统。自 5 世纪以来，基督教关于自杀的学说大体上源于圣奥古斯丁（Saint Augustine）。奥古斯丁认为，自杀与杀人无异，这种行为是以暴力和非法的方式篡夺上帝对所有人类生命的支配权。[2]奥古斯丁借鉴了柏拉图的比喻，将自杀者比作临阵逃脱的懦弱士兵。他谴责所有的自杀行为，无论其目的是逃避耻辱、赎罪还是通过殉教获得永恒的回报。奥古斯丁对自杀的反对来自他与现实中的多纳徒派（Donatism）信徒的观念冲突。多纳徒派是一个早期基督教派，其信徒在遭受罗马帝国迫害期间积极参与自我牺牲的殉教活动。奥古斯丁担心，热衷殉教的多纳徒派会使早期基督教运动损失太多宝贵的信徒。

作为历史研究者，我们永远无法得知使每个自杀者结束自己生命的确切动机，我们能知道的只有同时代的人对自杀的态度。时至今日，自杀学家和报道自杀事件的记者仍然普遍用绝望（丧失希望）来解释自杀动机，但这类词语的含义已经随着时间的推移发生了很大变化。自古以来，"绝望"在文艺作品中都是"希望"的对立面。[3]在融合了古罗马与基督教关于灵魂的信仰的《灵魂之战》中，与奥古斯丁同时代的普鲁登修斯（Prudentius）描绘了在每个人的灵魂战场上永恒上演的正邪冲突。在他的笔下，希望与可怕的绝望是一对展开殊死搏斗的巨人。[4]普鲁登修斯的道德训诫与圣奥古斯丁的教义相一致，而且对中世纪关于美德和邪恶的描述（尤其是但丁的《神曲》）产生了深远的影响。

在拉丁语中，"绝望"（desperatio）是一个复合词，由介词"从"（*de*）和名词"希望"（*spes*）构成。对于基督徒而言，这个词意味着失去了个人救赎以及在末日审判时复活的信心。在整个早期近代，绝望始终是一种常见的寓言式修辞，它在乔托（Giotto）等画家笔下，经常被描绘成与希望并列的自缢者（如帕多瓦的斯克罗维尼礼拜堂的壁画①）或犹大（Judas）。那些在心智健全（*compos mentis*）状况下的自杀者会被视为没有任何获得救赎希望的叛教者。中世纪神学普遍谴责绝望驱使下的自杀行为，认为这是人在魔鬼指使下犯的滔天大罪。

文艺复兴时期的人文主义者重新挖掘了古希腊与古罗马的哲学中更多赞美自杀的观点，这使当时的人们对自杀的看法变得模棱两可。他们和古人一样讴歌自我牺牲的英雄，并赞美出于维护荣誉而从容赴死的举动。但实际上，古罗马人的荣誉感始终根植于阶级和性别，只有男性自由公民才有资格通过自杀来维护荣誉，而下层民众、女性以及（尤其是）奴隶则无此资格。在古罗马时代，如果有人在未经允许的情况下自杀，不仅会导致家族形象受损，人们也会公开鄙视这种懦夫之举。5

文艺复兴时期的人文主义者将古代的自杀行为理想化，这使自杀在某些情况下变得能够被人们接受，自残者也以自由意志的自主性为理由为自己辩护。此时复兴的罗马法同样起到了助推作用。到 16 世纪，越来越多的人主张宽容对待自残者与自杀者，这最早见于托马斯·莫尔（Thomas More）的《乌托邦》（1516 年）。在该著的第二卷，莫尔描述了乌托邦岛上的安乐死（*euthanasia*）习俗：神父和政府官员建议处于痛苦之

----

① 在乔托创作的帕多瓦的斯克罗维尼礼拜堂系列壁画中，左右两侧各有七幅代表七美德与七恶质的拟人壁画，其中画面为天使的"希望"是七美德的最后一幅，而画面为自缢者的"绝望"是七恶质的第一幅。

中的绝症病人"长痛不如短痛",早日结束自己苟延残喘的生 　314
命,从而脱离苦海。⁶自愿赴死的病人可能会选择绝食或者过量
服用鸦片,他们在死后仍会得到体面的安葬。不愿意结束自己
生命的病人同样不会受到任何影响,他们继续享受良好的医疗
服务,直至自然死亡。莫尔意识到,自己的观点会在当时掀起
轩然大波。为了保护自己,他把这一习俗置于遥远的、具有讽
刺意味的乌托邦岛(乌有之乡)。莫尔十分清楚,当时刚刚兴
起的讽刺文学(这种体裁尚未经受过时间检验)及其写作者
依然面临危险〔莫尔拒绝向最高权威宣誓承认与阿拉贡的凯
瑟琳(Catherine of Aragon)离婚的亨利八世(Henry Ⅷ)是英
国教会的最高领袖,这最终使他身首异处〕。他因此向读者保
证,在乌托邦岛上,如果当局认为自杀者没有正当理由,那么
这个人将失去体面下葬的权利。

　　米歇尔·德·蒙田在他的《随笔集》中也通过考察遥远
大陆上的土著来思考自杀的哲学意义。通过大量引用古代经
典,蒙田认为自杀不但饱含面对死亡的无畏精神,而且是在活
着变得无法忍受时断然结束自己生命的坚毅表现。蒙田冷静地
认为,自杀问题关系到自我的所有权,这是由罗马法规定并由
圣奥古斯丁发扬光大的观点:"我取走自己的财产,割破自己
的钱包,我不算犯盗窃罪;我烧毁自己的树林,我也不算犯纵
火罪,因而我剥夺自己的生命,也不会被判谋杀罪。"①⁷他还
将自杀行为与斯巴达勇者的许多事迹相提并论,特别是复述了
其中一个奴隶的故事,这个奴隶不顾主人的命令从悬崖上跳

①　译文出自〔法〕蒙田《蒙田随笔全集(中卷)》,潘丽珍、王论跃、丁
　　步洲译,南京:译林出版社,2001 年,第 23 页。

下，宁愿自由选择死亡也不愿被奴役。

蒙田的思想回荡在威廉·莎士比亚（William Shakespeare）关于自杀的一段著名文字中，他笔下的哈姆雷特在"生存还是毁灭"的独白中提出了人生的根本问题：

> 默然忍受命运的暴虐的毒箭，
>
> 或是挺身反抗人世的无涯的苦难，
>
> 通过斗争把它们扫清，
>
> 这两种行为，哪一种更高贵？
>
> 死了；睡着了；什么都完了；
>
> 要是在这一种睡眠之中，我们心头的创痛，
>
> 以及其他无数血肉之躯所不能避免的打击，
>
> 都可以从此消失，那正是我们求之不得的结局；
>
> ……倘不是因为惧怕不可知的死后，
>
> 惧怕那从来不曾有一个旅人回来过的神秘之国，
>
> 是它迷惑了我们的意志，
>
> 使我们宁愿忍受目前的磨折，
>
> 不敢向我们所不知道的痛苦飞去。①
>
> （《哈姆雷特》第 3 幕第 1 场）

到 18 世纪时，开明的哲学家开始将自杀同时视为社会问题与个人良知问题。大卫·休谟（David Hume）在他的随笔《论自杀》（1755 年）中认为，虽然自杀者可能会扰乱社会秩

315

---

① 译文出自朱生豪等译《莎士比亚全集（5）》，北京：人民文学出版社，1994 年，第 341 页。

序，但整个社会的治理秩序并不会受个体暴行的影响，所以"一个选择结束自己生命的人不会对社会造成危害"。[8]在当时，休谟可以毫不动摇地用自己的名誉发誓，"没有人会在人生还有退路的时候放弃生命"，因此所有自杀的理由都是终结痛苦，无论这种痛苦来自何处。18 世纪的医学界流行一种关于自杀的病理学观点，即认为所有自杀者都患有身体或精神上的疾病，因而他们的心智是不健全的（*non compos mentis*）。当然，从宗教角度贬低自杀者的偏见从未完全消失，一些反对自杀的基本推测也出现了变化。由此，虽然自杀已经被视为一种需要治疗且值得同情（而非必须加以谴责和迫害）的疾病，但欧洲人仍然普遍鄙视自杀行为。

自杀之罪

欧洲第一份与自杀有关的司法记录来自 12 世纪英国的卷宗，其中记载了一个全身上下只有七先令的"上吊自杀的女人"的事迹。[9]中世纪晚期，随着罗马法诉讼程序的推广，有记录的自杀事件数量激增。自 18 世纪以来，随着自杀逐渐不被视为一种罪行，这方面的记录才有所减少。但上述转变过程在各地并不同步：英格兰和威尔士直到 1961 年才废除禁止自杀的法规；爱尔兰则一直将此法规保留到 1993 年；在苏格兰，直到现在，自杀者理论上依然有可能被指控犯有谋杀罪。

"自杀"（suicide）本身是个新造的概念，它在托马斯·布朗（Thomas Brown）写于 1643 年的《医者的宗教》中才首次被收录进英语："但在这里，他们也有偏颇之处，比如允许人

们做自己的刽子手，并对加图的结局和自杀大加赞赏。"①10 18
世纪，"suicide" 在其他欧洲语言中的传播 "反映了将终结自
己生命的行为变得病理化与非刑事化的渐进且复杂的历史过
程"。11因此，当时的学者希望通过这样一个被发明出来的拉丁
词来消除自杀被宗教赋予的污名并使其合法化。然而，他们在
对自杀的定义中依然将其与 "犯下"（commit）这一动词相结
合，从而在无意中强化了自杀与杀人，以及自杀者与犯罪者的
古老联系，这一含义至今依然存在。② 但这种联系有时并不完
全是无意为之的，例如，19 世纪就普遍存在由官方批准的将
贫穷自杀者的尸体送到解剖室由实习医生进行医学解剖的
现象。

在 "suicide" 一词出现之前，在对自杀罪的官方调查中最
常出现的一个词是 "*felo de se*"（对自己犯下的重罪），包括多
种自杀方式（自缢、自溺、将自己射杀等）。这类调查有多种
不同目的③，其中最重要的目的为确定死因是他杀、自杀还是
意外。自杀调查的程序往往十分复杂，不但涉及验尸官、目击
者、亲属和邻居的陈述，而且涉及医生、教区神父和牧师对死
者的身体与精神状态的专业证词。

考虑到当时人们处理尸体的落后方式，此类调查中还经常
会出现意想不到的情况。死因存在争议的尸体可能会在等候最

① 译文出自〔英〕托马斯·布朗《瓮葬》，缪哲译，北京：光明日报出版
社，2000 年，第 79 页。
② 在英语中，commit 一般被用于构成 "犯下某种罪行" 的短语，只有自杀
是例外，commit a suicide 指实施自杀行为。作者认为，这一至今仍在使
用的短语将自杀暗示为一种罪行。
③ 原文为 cross-purposes，意为互相冲突或相反的目的，据作者邮件回复，
这里就是表示许多不同目的的意思。

316

终裁决时在桶中腐烂，它们可能构成危害社区的传染病来源。1542 年，在一起发生于德意志地区的涉及财产没收纠纷的离奇案件中，法官在非公开状态下对一具尸体进行了正式检查。死者的亲属没有露面，法官因此判定死者为自杀，并判决将尸体焚烧，没收死者的财产。[12]确定死因的目的在于防止有人将谋杀伪装成自杀。但无论自杀的结果是成功（死亡）还是失败（活着），自杀者本人都会受到审判，同时面临法律的制裁和社会的唾弃。

教会和国家对自杀者的法律制裁逐渐演变为在其死后进行惩罚，主要包括没收财产以及举行有辱人格的下葬仪式。在早期近代欧洲社会中，此类地方仪式和习俗包括：从在门槛下挖掘的通道中将尸体搬走，用驴尾巴把尸体倒拖到最后的安葬之地（《耶利米书》第 36 章第 30 行描述的所谓"驴葬"①），把尸体放在桶中扔进附近的河里，把尸体埋在绞刑架下，把尸体埋在沼泽或其他废物场所中，用木桩穿过尸体的心脏并将其埋在十字路口，以及把尸体倒挂在草叉（*furca*）上或烧成灰烬。[13]

当时还有许多表示自杀的委婉说法，虽然它们的含义对当时的人们来说非常清楚，但如今这些说法经常受到误解。"绝望"（despair）就是一个典型的例子。由于"suicide"是 18 世纪才出现的新词，今天的研究者不可能在 14—17 世纪的文献中找到它。因此，我们需要特别注意"绝望"这个自杀的同义替换用法及其在其他欧洲语言中的对应概念。"绝望"产生

①　《耶利米书》的原文如下："他被埋葬，好像埋驴一样，要拉出去扔在耶路撒冷的城门之外。"

于魔鬼或撒旦的诱惑，他们在自杀者心中播下怀疑的种子，并试图让自杀者相信生命毫无意义。在整个欧洲的法律文本和文学作品中，有大量在魔鬼的怂恿下绝望自杀的事件。[14]17 世纪，伦敦的工艺大师尼西米·沃灵顿（Nehemiah Wallington）在回忆录中讲述道，他曾经在撒旦的诱惑下尝试结束自己的生命多达 11 次，撒旦幻化为乌鸦、自己的妹妹以及牧师，出现在自己的视听幻觉之中，但这些恶魔的化身从来不会直言自杀这一行为本身。[15]

除了受到官方制裁外，自杀者还会丧失自己的名誉。地方当局批准刽子手对自杀者的尸体进行搬运和处理，以防止有社会地位的人与其发生身体接触。除了公开羞辱，早期近代的荣誉准则还会系统性地执行自杀可能导致的法律后果，这类似于印度的种姓制度。使自杀者名誉扫地的法律严格禁止他们拥有城镇公民身份与行会成员身份、从事受人尊敬的职业以及在体面的社交圈内结婚。与自杀者的尸体发生接触的人同样会丧失自身名誉（接触过刽子手或绞刑架的人也如此），他们必须寻求法律措施进行补救才可能使名誉恢复。[16]刽子手以及被刽子手雇为助手的屠马者（knacker）① 本身从事的就是不体面的职业，因此不会受到与自杀者的身体产生接触所带来的法律与道德污点的影响。搬运自杀者的尸体是刽子手和屠马者从事的众多不光彩工作中的一种（类似的工作还有抓捕流浪狗、刑讯逼供、处理动物尸体和清除粪便），刽子手和屠马者因此获得了来自市镇议会和政府当局的可观酬劳。

318

---

① 屠马者，原意为"屠宰老马或病马的人"，后来泛指处理将死的动物或动物尸体并将其制成食品或其他产品的人。自中世纪以来，屠马者经常在行刑活动中受到雇用。

除了处理自杀者尸体所获得的法定报酬外，刽子手通常还拥有尸体周围一剑之长内全部物品的所有权。[17]早期近代关于如何处理自杀事件的观念与程序的可靠信息来源是与当地刽子手有关的文献记载。例如，在奥格斯堡，刽子手会将自杀者的尸体放入桶内，然后将其丢进莱赫河。当地议会存有制造每个木桶所花费用的官方记录，从这类记录以及其他文献来源中，我们可以大致确定该地的自杀率。[18]巴登的法典规定：

> 如果在我们镇上，在我们的管辖范围内发生了人尽皆知的自杀事件，那么这个自杀的男人或女人应该被关在一个桶里；然后在桶的两边各［系上］一张纸条，［写上］他做了什么，再将他扔进利马特河，任其漂走。[19]

桶上的纸条会被写上"不要靠近！官方物件！"以警示寻宝者和拾荒者。这一习俗在许多河边城镇都十分盛行，如巴塞尔、法兰克福、卢塞恩、雷根斯堡、斯特拉斯堡和苏黎世。

被法庭宣布为心智健全之人的自杀行为总是被归结于绝望和叛教，换句话说，自杀者放弃了获得救赎的希望。因此，人们认为这类自杀行为皆源于魔鬼的指使，这一观念催生了各种民间信仰。民众担心自杀者会变成亡魂回到这个世界，被困在现世与来世之间，无休止地四处游荡以寻求赎罪并纠缠生者。所以，很多家庭会通过在门槛下挖的通道把自杀者的尸体从建筑物中运走，并在事后将通道填满，以此来迷惑那些想要重返

319

家园的亡魂。自杀者的尸体还会被埋在十字路口（据说这样做也可以起到迷惑亡魂的效果），或者被木桩穿过心脏以固定。

在天主教地区，教会法律禁止在神圣之地（hallowed ground）① 下葬自杀者的尸体，因为这会构成对墓地的亵渎。[20] 人们还担心，如果在当地墓园中埋葬自杀者的尸体，就会遭到天谴。在依赖自给农业的社区中，农民们几个世纪以来观察到的恶劣天气（尤其是摧毁庄稼、伤害牲畜的冰雹）似乎总是与自杀者所引发的上帝之怒相吻合。[21] 对此，他们往往会动用私刑劫掠和摧毁自杀者的家庭，将其逐出社区，抹去这些人的存在痕迹。瑞士的一组木刻版画就描绘了一起此类事件：一群当地人挖出自杀者的尸体并将其焚烧。[22] 即使当局出面干预，并且通过报告证实自杀者患有慢性疾病或精神错乱，愤怒的人们还是粗暴地将尸体挖了出来。

有时，教会当局、世俗当局和民众之间因为埋葬自杀者而产生的紧张关系会导致暴力事件和法律制裁。农民和下层神职人员因怀有这类"迷信"而受到当局谴责。人们普遍相信，正是自杀事件导致了庄稼歉收和饥荒。然而，这类信仰所包含的基本逻辑恰恰颠倒了其中的因果关系。在仔细检视了历史上的自杀个案后，我们有充分的证据表明，受苦、挨饿以及慢性疾病才是自杀的重要动机。[23] 与巫术迫害运动的情形一样，关于自杀的民间信仰基本上与毫无根据的迷信别无二致，它们显然都是在解释环境和生物事件的复杂过程中受到过度简化的集体意识。当时的启蒙学者和医生将这种观念仅仅归咎于无

320

---

① 神圣之地，即教堂后面的墓地，此处指受到宗教力量庇佑的墓地。

知且迷信的农民，这是失之偏颇的。在今天，这类信仰同样饱受类似的不公谴责，如被视作犯有社会建构主义（social constructivism）①错误的证据，或将其统统归咎于宗教迷信。

欧洲社会中的这类仪式是否真的起到了如下作用，学界一直存在争议：对自杀行为的威慑；人类学意义上的"污染焦虑"（pollution anxieties）②；展现大众对自杀者的恐惧心理（这在日后被启蒙运动斥为毫无根据的偏见和普遍迷信）；或者如亚历山大·默里（Alexander Murray）所声称的那样，作为处理尸体的实用方式。尽管如此，即使在精英阶层不再谴责自杀行为之后，许多民众仍然将自杀视为一种可鄙的行为或者病态软弱的体现。

从道德恐慌的角度而言，上述观念十分值得注意，至少在自杀这一特定案例中，它表明了与气候有关的危机和民间文化之间的直接关联。为了说明对自杀的道德恐慌导致暴力骚乱的社会功能机制，我们只需将生存危机、自杀率峰值和巫术迫害运动的实例相结合进行分析。我们选择的时期是对其气候现象已有充分研究的所谓"小冰期"，尤其是 1580—1650 年这一恶劣天气、作物歉收、饥荒、物价膨胀和疫情不断加剧与循环

---

① 社会建构主义又称社会建构论，是一个社会学流派，内部派别众多。作者在这里提到的社会建构主义是在否定意义上使用的。社会建构主义的批评者认为，这一流派夸大了人类自身在社会发展中的能动性，从而忽视了社会本身的因素。参见林聚任《社会建构论的兴起与社会理论重建》，《天津社会科学》2015 年第 5 期。

② "污染焦虑"一般指人们以某种不可见的超自然元素对瘟疫等现象背后的传播因素进行解释，并认为死亡或者病症会传播这种元素而造成"污染"，对这种"污染"的"焦虑"使人们要求对死亡和病症的种种关联事物进行特殊隔离或者仪式化处理。这种情况是由人类学家在田野调查中整理并进行系统阐述的，因此为了和一般意义上所说的环境污染相区分，作者称之为"人类学意义上的"。

的时期。尽管记录自杀事件的原始文献并未按照 19 世纪以来的自杀学家所采用的系统定量的方式进行统计分析，但即使是对现有的自杀报告信息进行粗略的图形分析，我们也能从中看出一些端倪。这一时期出现的自杀浪潮往往与上述危机以及女巫猎杀率高峰相一致，许多定量研究者也注意到了这一点。[24]换句话说，对于当时的进步人士而言，这些看似愚蠢的迷信仪式中其实暗藏了依赖自足经济的农业社会的真正危机，正是这些危机导致了人们的道德恐慌以及为自然灾害寻找替罪羊的行为。一言以蔽之，这是一个关于气候事件如何影响公众情绪的人类学佐证。

全球比较：自我牺牲与性别

到目前为止，我们一直都在关注早期近代欧洲社会中的自杀历史，其中存在一个明显的原因：在所有地域和时代中，关于早期近代欧洲的研究成果比其他任何地域和时代的都多。这部分是因为，历史上（至少是从早期近代开始）的欧洲人比其他社会之人更看重自杀的观念，这又在很大程度上源于基督教神学的重要地位。因此，任何对早期近代全球自杀历史的比较研究都应该从宗教出发。尽管在早期近代的非基督教社会中，人们对于自杀持有非常不同的看法，但这些看法同样基于宗教和伦理价值观。然而，由于非西方社会对待自杀现象相对而言没有那么强烈的道德愤慨，想要对两者进行比较研究依然十分困难。

"自我牺牲"与宗教的内涵之间具有一种潜在的强烈关联性：尽管当局会严惩一些自杀者，但即使是基督徒，他们对待自杀的态度也摇摆不定，因为这种故意造成自己死亡的行为可能会有助于人们形成以宗教为基础的共同价值观和理想。几乎所有社会都崇尚为了更大的群体利益而自我牺牲的美德和英雄之举。殉教和自杀之间的直接联系初看起来似乎存在争议，对于任何宗教或道德信仰的追随者而言尤其如此。然而，读者只要粗略地查阅一下多卷本《宗教百科全书》中关于"殉教"的条目，就会立即被引向别处："关于跨文化背景下的仪式性死亡的讨论，参见'自杀'。"[25]事实上，意外死亡和凶杀都不是自杀，最严格意义上的自杀仅仅是指在不顾个人安危，以及在某种程度上知道这会导致自我毁灭的情况下采取的高风险行为，尤其是指为了履行宗教或仪式义务时采取的这类行为。当事人将自身置于迫在眉睫的危险和被他人施暴致死（如殉教和自我牺牲）的风险中，这种行为往往会导致自己的死亡。此外，殉教和自我牺牲的议题还强调，几乎在所有的文化中，宗教价值观关于人生意义的看法都对当时的人们看待自杀的方式产生了根本性影响。

　　在早期近代，最引人注目的将殉教解释为自杀举动的案例或许来自17世纪的英国牧师约翰·多恩（John Donne）撰写的报告，这份报告描述了史上最著名殉教者之一的令人难以忘怀的经历。多恩令人信服地指出，耶稣在十字架上的死可以被清晰地视为某种终极的自我牺牲行为；这实际上是我们今天可能会称之为"袭警自杀"（death by cop）①的早期近代解释。1608年，多恩在《论暴死：关于如下悖论或论点的声明，即自杀并不天生就是罪恶……》这篇引发巨大争议的文章中认

322

---

　　①　"袭警自杀"，指个人为了寻死而故意做出攻击性举动，从而迫使警察攻击并导致其死亡的行为。

为，存在各种为了上帝的仁慈和荣耀而合理牺牲自我的特殊情况，其中最重要的当数基督受难。多恩十分清楚，他的主张可能会被误解为对自杀全面合法化的提倡，从而给他个人及其事业带来危险。因此他拒绝在有生之年发表这篇文章，转而将手稿交给了自己的密友罗伯特·科尔（Robert Ker），并吩咐他"好好保存……不要将它发表，但也不要将它烧毁"。但在1647年，也就是在多恩去世16年后，他的儿子就授权将这篇文章公之于众。毋庸赘言，考虑到作者的神职人员身份，这篇文章在17世纪引发了轩然大波。

殉教是一种极端的自我牺牲形式，它与本章讨论的自杀现象密切相关。另一种普遍存在的故意自杀行为是战场上的自我牺牲。按照研究自杀史的学者乔治·米诺瓦（Georges Minois）的观点，战斗中的英雄式自我牺牲为有自杀倾向的贵族提供了光荣战死沙场的机会，并且成为可耻自杀罪行的替代——这与涂尔干①关于战争期间平民的自杀率会下降的论断完全相符。米诺瓦指出，在战场上自杀的普通平民依然面临耻辱，这种现象只是再一次证实了自杀现象中固有的阶级歧视观念。[26]

大多数早期近代文化崇尚战场上的自我牺牲之举，在1603—1868年的日本江户/德川时期的武士传统中尤其如此。武士道的道德规范使武士在逆境中平静地接受死亡，从而对其暴力的生活方式进行约束。上述观念融合了禅宗的坚忍克己、宋明理学（Neo-Confucianism）②的孝道和神道教的伦理倾向，将所有人类活动视为自然循环的一部分。[27]从孩提时代起，武

---

① 即埃米尔·涂尔干（Émile Durkheim，1858—1917年）。

② 在欧美学界，宋明理学与20世纪以来形成的新儒家（New Confucianism）词形相近，但意思不同。

士准则就教导年轻的武士不断思考自我牺牲带来的死亡。在战场上，武士们以无所畏惧而著称。但在战场之外，武士们习惯通过切腹来维护自身荣誉。这种做法通常需要另一人在场，后者在切腹者首次将刀插入自己的腹部后立即从背后发动致命一击（coup de grâce）①。严格意义上说，切腹不是自杀行为，而是一种只有武士才有资格进行的恢复自身名誉之举。

　　日本社会中的其他自我毁灭行为被交替视为殉教和自杀，这取决于旁观者的视角。虽然宗教和道德价值观在解释武士崇拜之外的自杀中发挥了重要作用，但性别在女性自我牺牲中的作用为本章的比较分析提供了另一块有用的试金石。一位日本贵族女性的自杀事件表明了对同一事件的不同文化视角。1549年，耶稣会士方济各·沙勿略（Francis Xavier）抵达日本，但遭到当局抵制。1587年，日本的实际统治者、大名丰臣秀吉宣布禁止基督教传教活动，同时开始迫害皈依者。1600年，一位教名为伽罗奢（Gracia）、本名为细川玉子的名门之女通过自杀避免使自己沦为一个敌对氏族的俘虏。当耶稣会士把她视为殉教者进行纪念时，当地人却谴责这场自杀是可耻的行径。[28]

　　对平民而言，"心中"是一种光荣的自我毁灭方式，该词的字面意为"在心里"，形容"一个人内心的忠诚"。"心中"是指一对违背社会习俗的不幸恋人双双殉情的行为，这类尤其常见于歌妓和她们的恋人之中的自杀现象"频繁"出现在江户/德川时期的文献记载里。[29]游走在色情边缘的木刻画和春画（字面意为"枕边书"）小册子热情赞颂了歌妓及其仰慕者之

①　关于切腹，参见本卷第12章。

323

间的情愫，当时的男女都会在自慰时使用这些物品来唤起自己的性欲。[30] 如果春画是通过赞美情感的自由空间来反对社会观念对自由恋爱者的压迫，那么"心中"也同样如此。多数殉情事件发生在游女①所在的非法城市娼馆，这也通常是武士和艺伎结为伴侣的场所。"与艺伎产生感情的嫖客"（customer-lover）可能会要求他的伴侣做出自残举动（如拔掉指甲、剪掉头发或用刀刺伤自己），以此证明她拥有值得通过婚姻来赎身的忠诚。但如果社会完全不允许两者结婚，这类恋人也可能拒绝向社会压力屈服，并最终双双殉情，以此表达对这个情感专制社会的抗议。[31]

印度的"萨蒂"（sati）是为证明忠贞不渝而自我牺牲的行为，这或许是历史上最著名的案例，该词意为寡妇在丈夫葬礼上的自焚仪式。许多对这种行为震惊不已的西方人有过相关记述：1587 年，来自威尼斯的珠宝商切萨雷·德·弗雷德里奇（Cesare de' Fredrici）肃然起敬地描述了一个寡妇的自焚，这名寡妇不但佩戴珠宝，而且被打扮成了新娘的模样；1580 年，一位名叫加斯帕罗·巴尔比（Gasparo Balbi）的商人也描述了一起与此类似的事件，当时一名寡妇被抬上轿子，随后在他人的搀扶下跳入火坑，与她死去的丈夫团聚。[32] 著名学者约尔格·弗里施（Jörg Frisch）认为，萨蒂（在丈夫死后通过自我毁灭来保持忠诚、贞洁与美德的妻子）的自我牺牲其实根本不是自愿的，这暗示了寡妇可能常常是被下药然后被推入丈夫的葬礼火堆之中的。[33]

---

① 游女是日本幕府时代对妓女的统称。此处原文为 yuri，经过和作者核对，作者指出此处为 yūjo 之误。

清朝时期的中国同样存在对忠贞寡妇的狂热崇拜现象，这些寡妇为捍卫自己的荣誉和贞洁而自杀。她们不但面临家族催促其改嫁的压力，还有许多人对她们所获得的亡夫遗产觊觎不已。在此双重压力下，这种崇拜观念体现为对寡妇忠贞美德的颂扬。改嫁的社会和经济压力不仅逼迫清代的寡妇们自杀，而且显然引发了一些暴力凶案。[34]清朝律法规定，寡妇有资格占有亡夫财产，除非她们改嫁。这项律法本来旨在保护寡妇的权利，但实际上损害了她们的权利，它在一个父权制社会中使孤立无援的寡妇受到家族阴谋的摆布。这类阴谋的发起者往往是她的姻亲以及她的潜在追求者，前者试图分走一部分财产，而后者则趁机借助寡妇不够稳固的社会地位获利。

然而，在中国传统文化中，人们并不会将自杀视为一种求救信号，而是将其视为对恶劣行径的愤怒控诉。面对姻亲的刁难或未来新郎的性侵犯，一些新娘宁愿选择死亡也不愿就此屈从。通过自杀，她们不仅保护了自己的名誉，也向整个社会证明了自己的贞洁。新娘还通过自杀来控诉男方，如果官府通过自杀事件发现，这段姻亲关系中存在不法行为，或者发现自杀的缘由是过度热情的追求者的性侵犯，那么便会对加害方进行严惩。[35]此外，寡妇的家属经常通过官府证明，女方的自杀是出于对亡夫的忠贞，其目的在于捍卫自身的名誉与贞洁，因此她有资格成为烈女，并被写入在全域各地建造的贞节牌坊上的烈女名册，从而受到公众的敬仰。[36]这种做法变得如此盛行，以至于到后来，皇帝亲自下令禁止寡妇和所谓的订婚寡妇（未婚妻）过分轻视自己的生命，贞节牌坊激增的现象才得到了限制。[37]

烈女自杀是早期近代日本和中国文学中的常见题材。[38]但在艺术领域，通过自杀来维护女性荣誉的最著名题材无疑是文

325

艺复兴时期的画家对卢克丽霞（Lucretia）的描绘。如此多的大师热衷于绘制卢克丽霞的肖像画，以至于当时诞生了数十幅此类作品。尽管卢克丽霞肖像画的重要性鲜为人知，但这一题材在当时的流行是不可否认的事实。为何卢克丽霞的自杀如此受到文艺复兴时期画家的青睐？答案在于共和主义的理想。根据古罗马传说的记载，卢克丽霞被罗马王政时代最后一位国王的儿子塞克斯特斯·塔克文（Sextus Tarquinius）强奸。在令人震惊的一幕中，她向自己的家人诉说了后者的暴行，然后当着他们的面将匕首插入自己的心脏。随后，卢克丽霞的家人对塔克文（Tarquin）①及其家人展开复仇，这导致暴政的垮台和罗马共和国的成立。对于文艺复兴时期的艺术家而言，在一个专制主义抬头的时代，卢克丽霞体现了共和主义的美德，选择以她为题材作画，等于公开宣布自己效忠于共和政体。

　　然而在现实中，早期近代欧洲女性的自杀动机往往并非如此崇高。代理自杀（suicide by proxy）②是这个时代与性别有关的一种特殊现象，该现象在 17 世纪末至 18 世纪初达到顶峰。女性代理自杀现象的兴起和衰落与反对杀婴的司法运动的开始和结束时间十分吻合，尽管两者之间的确切关系依然不甚清楚。阿恩·詹森（Arne Jansson）指出，在当时的瑞典，决心结束自己生命的绝望女性会因禁止自杀的宗教禁令而犹豫不决，因为自杀意味着永恒的诅咒。[39]她们在绝望中纷纷将自己或他人的孩子从斯德哥尔摩的桥上扔下去。这些妇女因杀人罪被

326

---

① 此处是指卢修斯·塔克文·苏佩布（Lucius Tarquinius Superbus），又称高傲者塔克文（Tarquin the Proud），罗马王政时代最后一位君主，于公元前 509 年被革命推翻。
② 代理自杀，指借助他人之手完成的自杀行为。

捕，她们对自己的罪行供认不讳，且在忏悔之后接受公开处刑。在如此扭曲的逻辑链条中，她们宁可忏悔杀人的罪过（这同样可以达到自我毁灭的目的），也要避免因自杀而受到诅咒。值得注意的是，随着杀婴案件在 18 世纪的减少，代理自杀事件的发生频率也有所下降。在早期近代，现实中的女性自杀现象与文学艺术中歌颂的美德和贞洁似乎并没有什么关系。

结　语

通过全球比较可以发现，早期近代欧洲在文艺复兴时期出现的自杀悖论与同时期的其他文明形成了鲜明对照。虽然基督教的规范可能使欧洲比任何同时期的其他社会更加猛烈地谴责自杀行为，但文艺复兴重新引入了古典时代的论据，允许在某些情况下为自杀的合理性进行辩护。最终，启蒙运动引入了"suicide"这个宗教偏见色彩较弱的拉丁新词。欧洲以外的社会从一开始就不存在这种语词上的转变，因为自杀在这些社会中本就没有太多的贬义色彩。但是，启蒙运动对自杀的病理学解释最终成为全球的通行范式。

自杀在人类社会中普遍存在，任何社会都可能根据道德价值观、社会环境和特定事件对这种行为做出积极或消极的解释。并不是所有的文化都将自杀视为公共问题并始终对其保持病态般的关注，西方社会在这方面始终处于突出位置，并且时至今日依然如此。尽管自杀不包括意外死亡，但无论动机如何，自杀都可能包括无视个人安危，以及在某种程度上知晓可能导致自我毁灭的高风险行为。自杀同样包括当事人将自身置于迫在眉睫的危险和被他人施暴致死（如殉教和自我牺牲）的风险中，这种行为往往以死亡收场。一个特定的社会对自我

327

暴力的看法是文化、思维方式或世界观的产物——总之，是历史的产物。人们对自杀的态度变化往往是缓慢的，而且平民的态度可能与那些受过教育的精英的态度有很大区别。性别和阶级在关于自杀的认知中发挥了重要作用，即使如今人们对自杀的看法已经出现了明显变化，其中依然暗藏了深刻的历史连续性。作为出现于启蒙时代的术语，"自杀"至今仍深深植根于传统的宗教和伦理信仰体系。

我们永远无法真正知道，为何一个人会选择结束自己的生命。对我们而言，历史上人们对自杀的态度更多体现的是生者的社会价值观，而不是自杀者本人的动机。出于此原因，相对于理解针对自身的暴力现象而言，早期近代的自杀历史在阐明信仰体系和当时人们对人生意义的反思方面具有更加重要的潜在作用。这个问题或许将长期存在。

参考论著

自杀史研究始于 19 世纪 80 年代的埃米利奥·莫塔（Emilio Motta）关于意大利文艺复兴时期自杀现象的几篇短文，他受到了瑞士文化历史学家雅各布·布克哈特（Jakob Burkhardt）和意大利精神病学家恩里科·莫尔塞利（Enrico Morselli）的著作 *Il suicidio: saggio di statistica morale comparata*（Milan：Fratelli Dumolard，1879）的影响。莫塔还撰写了一部名为 *Bibliographia de Suicidio*（Bellinzona：Salvioni，1890）的著作，后来这部著作的内容在一位德国教会历史学家笔下得到了扩充：Hans Rost, *Bibliographie des Selbstmordes*（Regensburg：Haas & Grabherr，1927）。由玛丽亚·特雷莎·布兰卡乔（Maria Teresa Brancaccio），埃里克·恩斯特龙（Eric Engstrom）以及大卫·莱德勒编辑的"自杀政治学"专刊载于 *Journal of Social History* 46.3（2014），这期专刊中的论文展示了公众对自杀的关注如何在 Durkheim, *Le Suicide*（Paris：F. Alcan，1897）一书中达到顶峰。

早期史学界始终关注早期近代世界中的自杀现象。关于对自杀者的司法惩处，参见长文 Jürgen Dieselhorst，'Die Bestrafung der Selbstmörderim Territorium der Reichsstadt Nürnberg'，*Mitteilungen des Vereins für Geschichte der Stadt Nürnberg* 24（1953），pp. 53-230。关于人类学视野下的自杀现象，参见 Jean Claude Schmitt，'Le suicide au Moyen Age'，in *Annales：E. S. C.* 31（1976），pp. 3 - 28。Markus Schär，*Seelennöten der Untertanen. Selbstmord，Melancholie und Religion in Alten Zürich*（Zürich：Chronos Verlag，1985）一书将其对当地人关于自杀行为心态的研究置于福柯和波特①发起的围绕疯癫症治疗的辩论中。

后面的这两部著作将自杀史确立为一个独立的研究领域：Michael MacDonald，*Mystical Bedlam：Madness，Anxiety and Healing in Seventeenth-Century England*（Cambridge：Cambridge University Press，1981）；Terence Murphy，*Sleepless Souls：Suicide in Early Modern England*（Oxford：Clarendon Press，1990）。早期近代欧洲的自杀史研究始终在该领域占据主导地位，例如 Georges Minois，*Histoire du suicide：La société occidentale face à la mort volontaire*（Paris：Fayard，1995）是该领域的首部综合性研究著作，它采取的是一种关注早期近代英国和法国的年鉴式个案研究模式。下面这两卷本的权威著作对文艺复兴时期的自杀现象进行了更详细的论述：Alexander Murray，*History of Suicide in the Middle Ages*，vol. I，*The Violent against Themselves*（Oxford：Oxford University Press，1998）；vol. II，*The Curse on Self-Murder*（Oxford：Oxford University Press，2000），其冷静的方法和全面的细节值得读者注意（该著正在计划出版第三卷）。

19 世纪的道德统计学家建立了所谓的社会学第一定律：新教徒的自杀现象要比天主教徒的自杀现象更加频繁。历史学家试图将这种观念的起源追溯到宗教改革时期。除了上面提到的马库斯·舍尔（Markus Schär）和迈克尔·麦克唐纳（Michael MacDonald）的著作外，Jeffrey Watt，*Choosing Death：Suicide and Calvinism in Early Modern Geneva*（Kirksville：Truman State University Press，2001）一书提供了来自改革宗教会诞生地的粗略统计证据。我们如今还可以参考如下著作中对路德宗的萨克森州相关案例的出色研究：Alexander Kästner，*Tödliche Geschichte（n）. Selbsttöttungen in Kursachsen im Spannungsfeld von Normen und Praktiken (1547 - 1815)*（Constance：UVK

328

---

① 此处提到的波特指的是罗伊·波特（Roy Porter，1946—2002 年），英国医学史学者，是与福柯齐名的欧洲疯癫史研究者。

Verlagsgesellschaft，2012）。来自天主教反宗教改革运动之自杀现象的比较统计数据参见 David Lederer，*Madness，Religion and the State in Early Modern Europe：A Bavarian Beacon*（Cambridge：Cambridge University Press，2006）。该著作者还在许多文章中批评了统计证据的作用，同时阐明了这些数据如何被用来证实环境对社会建构的心理压力，如巫术迫害以及（更普遍的）作为恶魔化身的替罪羊。

启蒙运动为自杀带来了世俗化、去基督教化以及随之而来的病理学态度。麦克唐纳、墨菲（Murphy）以及莱德勒都考虑了世俗化的影响。而 Vera Lind，*Selbstmord in der frühen Neuzeit*（Göttingen：Vandenhoeck& Ruprecht，1999）一书则指出了对待自杀态度的阶级分化因素，该著认为自杀的非刑事化背后的大众推动力是微不足道的。Craig Koslofsky，'Suicide and the Secularisation of the Body in Early Modern Saxony'，*Continuity and Change* 16.1（2001），pp. 45-70 一文批评了自杀的世俗化认知模式，但其论点在前文提到的亚历山大·凯斯特纳（Alexander Kästner）的著作中受到了对英国启蒙运动证据的更详细分析的挑战。Andreas Bähr，*Der Richter im Ich：Die Semantik der Selbsttöttung in der Aufklärung*（Göttingen：Vandenhoeck & Ruprecht，2002）一书对自杀者本人的证词进行了复杂而细致入微的剖析，并且巧妙揭示了从宗教律令到开明律令的转变过程，即对自杀的主观自我认知转变为病理方面的认识。

以下两部论文集对自杀史的研究方向产生了重大影响：Jeffrey Watt（ed.），*From Sin to Insanity：Suicide in Early Modern Europe*（Ithaca，NY：Cornell University Press，2004）；Hans Medick and Andreas Bähr（eds.），*Sterben von Eigener Hand. Selbsttöttung als kulturelle Praxis*（Vienna：Böhlau Verlag，2005）。前者从真正的泛欧视角看待自杀问题，而后者则首次尝试从全球视角出发来分析自杀现象。学界迈向全球自杀史的努力最终促成了如下著作对跨越时间和整个世界的自杀现象的社会学解释：Marzio Barbagli，*Congedarsi dal mondo. Il suicidio in Occidente e in Oriente*（Bologna：Il Mulino，2009）。如果读者想要快速获取定期更新的自杀史研究成果清单，参见亚历山大·凯斯特纳编写的在线书目清单：www. academia. edu/13164623/Suicide_ in_ Early_ Modern_ Europe_ and_ the_ European_ Colonies_ A_ Selected_ Bibliography。

注　释

1. Dante, *Inferno*, Canto XI, 28-33; Canto XIII, 40-2.

2. Georges Minois, *History of Suicide : Voluntary Death in Western Culture* (Baltimore, MD: Johns Hopkins University Press, 1999), p. 27 f.

3. 根据安东·范·霍夫 (Anton van Hoof) 对古希腊和古罗马历史上 1200 多起自杀事件的研究，绝望 (desperatio) 作为一个类别占所有可确定的自杀动机的 24%，仅次于羞耻 (pudor, 占 29%): Anton van Hoof, 'A Historical Perspective on Suicide', in Ronald Maris, Alan Bermann and Morton Silverman (eds.), *Comprehensive Textbook of Suicidology* (New York and London: Guilford Press, 2000), pp. 96-123。

4. Prudentius, *The Fight for Mansoul*, in H. J. Thomson (trans.), *Prudentius* (Cambridge, MA and London: Harvard University Press, 1949), vol. I, pp. 274-343.

5. Anton van Hoof, *From Authothanasia to Suicide : Self-Killing in Classical Antiquity* (London and New York: Routledge, 1990), pp. 10-21.

6. Thomas More, *Utopia*, trans. Paul Turner (Harmondsworth: Penguin, 1965), p. 102.

7. Michel de Montaigne, *The Complete Essays*, trans. M. A. Screech (Harmondsworth: Penguin, 1993), p. 394.

8. David Hume, *On Suicide* (Harmondsworth: Penguin, 2005), p. 8f.

9. Alexander Murray, *Suicide in the Middle Ages*, vol. I, *The Violent Against Themselves* (Oxford: Oxford University Press, 1998), p. 132.

10. Thomas Browne, *Religio Medici* (London: Sampson Low, Marston, Searle & Rivington, 1645), p. 92f., pdf facsimile, University of Chicago Library, http: // penelope. uchicago. edu/ relmed/ relmed1645. pdf. 据记载，小加图 (Cato the Younger) 于公元前 46 年在塔普苏斯之战失败后自尽。古罗马历史学家普鲁塔克 (Plutarch) 在一本关于恺撒的传记中记下了恺撒听闻加图死讯时的反应："加

图，我怨恨你的死亡，你则怨恨我保全你的生命。"对于正直的罗马公民而言，自杀已经成为宿怨的一种体现方式。

11. 参见 Andreas Bähr, 'Between "Self-Murder" and "Suicide"': The Modern Etymology of Self-Killing', *Journal of Social History* 46.3 (2013), pp. 620-32。

12. State Archives Munich, Reichskammergericht, Bestellnr. 14192.

13. 关于羞辱仪式的简要概览，参见 Lieven Vandekerckhove, *On Punishment: The Confrontation of Suicide in Old-Europe* (Leuven: Universitaire Pers Leuven, 2000), pp. 43-72。关于"驴葬"，参见 Mary Lindemann, 'Armen-und Eselsbegräbnis in der europäischen Früheneuzeit, eine Methode sozialer Kontrolle', in Paul Richard Blum (ed.), *Studien zur Thematik des Todes im 16. Jahrhundert* (Wolfenbüttel: Herzog August Bibliothek, 1983), pp. 125-40。

14. Michael MacDonald and Terrence Murphy, *Sleepless Souls: Suicide in Early Modern England* (Oxford: Oxford University Press, 1990), pp. 42-60.

15. 同上，p. 50；亦可参见 Paul Seaver, *Wallington's World: A Puritan Artisan in Seventeenth-Century London* (Stanford, CA: Stanford University Press, 1985)。

16. 关于刽子手的社会地位和角色，参见 Kathy Stuart, *Defiled Trades and Social Outcasts: Honor and Ritual Pollution in Early Modern Germany* (Cambridge: Cambridge University Press, 2000)。

17. 关于这一惯例，参见 David Lederer, *Madness, Religion and the State in Early Modern Europe: A Bavarian Beacon* (Cambridge: Cambridge University Press, 2006), pp. 242-58。

18. David Lederer, '"Wieder ein Fass aus Augsburg …"': Suizid in der frühneuzeitlichen Lechmetropole', Mitteilungen des Instituts für Europäische Kulturgeschichte (2005), pp. 47-72.

19. Alexander Murray, *Suicide in the Middle Ages*, vol. II, *The Curse on Self-Murder* (Oxford: Oxford University Press, 2000), pp. 37-41.

20. David Lederer, 'The Dishonorable Dead: Elite and Popular Perceptions of Suicide in Early Modern Germany', in Sibylle Backmann et al. (eds.), *Ehrekonzepte in der Frühen Neuzeit. Identität*

und Abgrenzungen (Augsburg: Colloquia Augustana, 1998), pp. 349-65.

21. Karl August Geiger, ' Selbstmord ', in Hanns Bächtold-Stäubli (ed.), *Handwörterbuch des deutschen Aberglaubens* (Berlin: De Gruyter, 1935), vol. VII, pp. 1627-33.

22. Zentralbibliothek Zürich, MS F29a, fo. 178r, reprinted in Marzio Barbagli, *Farewell to the World : A History of Suicide* (Cambridge: Cambridge University Press, 2015), illus. 4.

23. David Lederer, ' Aufruhr auf dem Friedhof. Pfarrer, Gemeinde und Selbstmord im frühneuzeitlichen Bayern ', in Gabriela Signori (ed.), *Trauer , Verzweiflung und Anfechtung. Selbstmord und Selbstmordversuche in mittelalterlichen und frühneuzeitlichen Gesellschaften* (Tübingen: Edition Diskord, 1994), pp. 189-209.

24. 关于统计数据的说明，参见同上。

25. Samuel Klausner, ' Martyrdom ', in Mircea Eliade, *Encyclopedia of Religion*, 16 vols. (New York: Macmillan, 1987), vol. IX, p. 230.

26. George Minois, *History of Suicide : Voluntary Death in Western Culture* (Baltimore, MD: Johns Hopkins University Press, 1999), pp. 10-18.

27. Reinhard Zöllner, ' " Selbsttöttungskulturen " unter Kriegern im vormodernen und modernen Japan ', in Andreas Bähr and Hand Medick (eds.), *Sterben von eigener Hand : Selbsttöttung als kulturelle Praxis* (Vienna: Böhlau Verlag, 2005), pp. 255-68.

28. Kenji Oda, ' Der Tod einer Fürstin und die Geburt einer " tapferen Märturerin " ', in Bähr and Medick (eds.), *Sterben von eigener Hand*, pp. 269-76.

29. Junzo Kawada, ' Moral and Aesthetic Aspects of Suicide Among the Japanese: Seppuku, Self-Immolation, and Shinjū, Double Suicide of Lovers ', in Bähr and Medick (eds.) *Sterben von eigener Hand*, pp. 277-90.

30. Timon Screech, *Sex and the Floating World : Erotic Images in Japan 1700-1820* (London: Reaktion, 1999) .

31. William Reddy, *The Navigation of Feeling : A Framework for the*

History of Emotions (Cambridge: Cambridge University Press, 2001), esp. pp. 112 – 40; William Reddy, *The Making of Romantic Love : Longing and Sexuality in Europe , South Asia , and Japan , 900–1200 CE* (Chicago: University of Chicago Press, 2012) .

32. 参见 Barbagli, *Farewell to the World*, pp. 192–5。

33. Jörg Frisch, ' Die indische Witwenverbrennung. Töttung oder Selbsttöttung? ', in Bähr and Medick (eds.), *Sterben von eigener Hand*, pp. 309 – 32; Jörg Frisch, *Tödliche Rituale : Die indische Witwenverbrennung und andere Formed der Totenfolge* (Frankfurt and New York: Campus Verlag, 1998) .

34. 个案研究成果参见 Jonathan Spence, *The Death of Woman Wang* (Harmondsworth: Penguin, 1978), pp. 59–78。

35. Paul Ropp, ' Passionate Women: Female Suicide in Late Imperial China – Introduction ', in Paul Ropp, Paola Zamperini and Harriet Zurndorfer (eds.), *Passionate Women : Female Suicide in Late Imperial China* (Leiden: Brill, 2001), pp. 3–21.

36. Paola Paderni, ' The Crime of Seduction and Women's Suicide in Eighteenth-Century China ', Bähr and Medick (eds.), *Sterben von eigener Hand*, pp. 241–53.

37. Janet Theiss, ' Managing Martyrdom: Female Suicide and Statecraft in Mid-Qing China ', in Ropp et al. , *Passionate Women*, pp. 47–76.

38. 案例参见 Paola Zamperini, ' Untamed Hearts: Eros and Suicide in Late Imperial Chinese Fiction '; Grace Fong, ' Signifying Bodies: The Cultural Significance of Suicide Writings by Women in Ming – Qing China ', 两篇文章均出自 Ropp et al. , *Passionate Women*, 页码分别为第 77—104 页和第 105—142 页。

39. Arne Jansson, *From Swords to Sorrow : Homicide and Suicide in Early Modern Stockholm* (Stockholm: Almquist & Wiksell, 1998); Kathy Stuart, ' Suicide by Proxy: The Unintended Consequences of Public Executions in Eighteenth-Century Germany ', *Central European History* 41. 3 (2008), pp. 413–45.